Dynamische Fiskalpolitik

FINANZWISSENSCHAFTLICHE SCHRIFTEN

Herausgegeben von den Professoren
Konrad, Krause-Junk, Littmann, Oberhauser, Pohmer, Schmidt

Band 107

PETER LANG
Frankfurt am Main · Berlin · Bern · Bruxelles · New York · Oxford · Wien

Martin Gasche

Dynamische Fiskalpolitik

Makroökonomische Wirkungen der Fiskalpolitik in einem Real Business Cycle-Modell

PETER LANG
Europäischer Verlag der Wissenschaften

Bibliografische Information Der Deutschen Bibliothek
Die Deutsche Bibliothek verzeichnet diese Publikation in der Deutschen Nationalbibliografie; detaillierte bibliografische Daten sind im Internet über <http://dnb.ddb.de> abrufbar.

Zugl.: Frankfurt (Main), Univ., Diss., 2002

D 30
ISSN 0170-8252
ISBN 3-631-50366-0

www.peterlang.de

Vorwort

Die vorliegende Arbeit wurde im Sommersemester 2002 vom Fachbereich Wirtschaftswissenschaften der Johann Wolfgang Goethe-Universität Frankfurt am Main als Dissertation angenommen.

Mein Dank gilt meinen akademischen Lehrern Prof. Dr. Dr. h.c. Roland Eisen und Prof. Dr. Norbert Andel. Herrn Prof. Eisen danke ich insbesondere dafür, dass er mein Interesse für die Konjunktur- und Wachstumstheorie, vor allem für die RBC-Modelle, geweckt hat, und Herrn Prof. Andel danke ich inbesondere dafür, dass er mich für die Finanzwissenschaft begeistert hat. Außerdem war für die Anfertigung der Arbeit von großer Bedeutung, dass mir Herr Prof. Andel Gelegenheit für die eigene Forschung neben der Lehrstuhltätigkeit gab. Herrn Prof. Kurt Schmidt bin ich für die freundliche Unterstützung bei der Aufnahme meiner Arbeit in die Reihe Finanzwissenschaftliche Schriften sehr verbunden.

Meinen ehemaligen Kollegen des Lehrstuhls von Prof. Norbert Andel und meinen derzeitigen Kollegen im wissenschaftlichen Stab des Sachverständigenrates danke ich für die gute Zusammenarbeit und die freundschaftliche Arbeitsatmosphäre, insbesondere Herrn Dr. Michael Broer für anregende Diskussionen über finanzwissenschaftliche Themen. Bei Herrn Diplom Volkswirt Lars Holstein, Herrn Diplom Volkswirt Wolfgang Knoke und Herrn Diplom Volkswirt Frank Vöhringer bedanke ich mich für hilfreiche Kommentare und redaktionelle Hinweise.

Eine solche Arbeit ist ohne Rückhalt im privaten Umfeld nicht möglich, weshalb ich meinem Freund Pierre Laporte für entspannende Gespräche bei einem Bierchen und meiner Lebensgefährtin Ann-Christin Bassermann für ihre Unterstützung und ihre Geduld danke.

Diese Arbeit ist Ann-Christin gewidmet.

Dynamische Fiskalpolitik

Makroökonomische Wirkungen der Fiskalpolitik in einem Real Business Cycle-Modell

Inhaltsverzeichnis

Abbildungsverzeichnis XI
Tabellenverzeichnis XIV
Verzeichnis der verwendeten Symbole XVIII
Abkürzungsverzeichnis XXI

1. Einleitung 1

2. Das Grundmodell 6

2.1. Modellannahmen 6
2.2. Optimierungsproblem und der deterministische Steady State 8
2.3. Stationarisierung der Modellökonomie 13
2.4. Das Marktgleichgewicht für die transformierte Ökonomie 15
2.5. Die Optimalitätsbedingungen 18
2.6. Spezifizierung der Modellökonomie 22
2.7. Linearisierung 25
2.8. Lösung des linearisierten Systems 30
2.8.1. Die Lösung „per Hand" 30
2.8.2. Die allgemeine Lösung 36
2.9. Vermögens-, Lohn- und Zinseffekte 38
2.10. Kalibrierung der Modellökonomie 43
2.11. Die Modelldynamik 45
2.11.1. Direkter und indirekter Transmissionskanal 45
2.11.2. Anpassungsprozesse im neoklassischen Wachstumsmodell 46
2.11.3. Anpassungsprozesse im RBC-Modell nach einem Technologieschock (Impuls-Antwort-Folgen) 49
2.11.3.1. Kurzfristige Effekte 49
2.11.3.2. Mittel- und langfristige Effekte 53
2.12. Ableitung der stilisierten Fakten für die Modellökonomie und Vergleich mit den realen Daten 59

3. Makroökonomische Wirkungen der Staatsausgaben 63

3.1. Einleitung 63
3.2. Der Staatskonsum 63
3.2.1. Das Modell 63
3.2.2. Kurzfristige Wirkungen 68
3.2.3. Temporäre vs. permanente Erhöhung der Staatsausgaben 72
3.2.4. Der kurzfristige Multiplikator 73
3.2.5. Mittel- und langfristige Wirkungen 75
3.2.6. Der langfristige Multiplikator 78
3.2.7. Evaluation durch Nutzenvergleich: Das Konsumäquivalent 80

3.2.8. Der Staatskonsum als (Teilweise-)Substitut für den privaten Konsum 83
3.2.8.1. Der zusammengesetzte Konsum 83
3.2.8.2. Wirkungsanalyse 84
3.2.9. Staatskonsumschocks und die stilisierten Fakten 88
3.3. Öffentliche Investitionen 92
3.3.1. Zum Begriff der öffentlichen Investitionen 92
3.3.2. Öffentliche Investitionen als vollkommene Substitute zu den privaten Investitionen 94
3.3.2.1. Das Modell 94
3.3.2.2. Wirkungsanalyse 95
3.3.3. Öffentliche Investitionen als einfache Substitute zu privaten Investitionen 96
3.3.3.1. Das Modell 96
3.3.3.2. Kurzfristige Wirkungen 100
3.3.3.3. Der kurzfristige Multiplikator 104
3.3.3.4. Mittel- und langfristige Wirkungen 106
3.3.3.5. Der langfristige Multiplikator 111
3.4. Öffentliche Investitionen vs. Staatskonsum – Änderung der Staatsausgabenstruktur 112
3.4.1. Einleitung 112
3.4.2. Das Modell 112
3.4.3. Kurzfristige Wirkungen 114
3.4.4. Der kurzfristige Multiplikator 120
3.4.5. Mittel- und langfristige Wirkungen 121
3.4.6. Der langfristige Multiplikator 125
3.4.7. Evaluation durch Nutzenvergleich 126
3.4.8. Modellvariationen 128

4. Makroökonomische Wirkungen der Staatseinnahmen 130

4.1. Besteuerung des Einkommens 130
4.1.1. Einleitung 130
4.1.2. Das Modell 131
4.1.3. Die Lohnsteuer 138
4.1.4. Die Kapitaleinkommensteuer 142
4.1.5. Die synthetische proportionale Einkommensteuer 147
4.1.5.1. Wirkungsanalyse 147
4.1.5.2. Der kurzfristige Laffer-Effekt 152
4.1.5.3. Der langfristige Laffer-Effekt 154
4.1.6. Die progressive Einkommensteuer 156
4.1.7. Die Senkung der Einkommensteuer als positiver Technologieschock 161
4.2. Besteuerung des Konsums 163
4.2.1. Das Modell 163
4.2.2. Wirkungsanalyse 166
4.2.3. Der Laffer-Effekt 172
4.2.4. Die Äquivalenz von Konsumsteuer und Lohnsteuer 172
4.3. Einkommensteuer oder Konsumsteuer? – Änderung der Steuereinnahmenstruktur 173
4.3.1. Einleitung 173
4.3.2. Das Modell 174
4.3.3. Spezifizierung der Modellökonomie 176

4.3.4. Kurzfristige Wirkungen 179
4.3.5. Mittel- und langfristige Wirkungen 186
4.3.6. Evaluation durch Nutzenvergleich 192
4.4. Staatsverschuldung 195
4.5. Kreditfinanzierte Einkommensteuersenkung 199
4.5.1. Das Modell 199
4.5.2. Steady State und Parametrisierung 201
4.5.3. Kurzfristige Wirkungen 203
4.5.4. Mittel- und langfristige Wirkungen 207
4.5.5. Evaluation durch Nutzenvergleich 211

5. Kredit- oder Steuerfinanzierung zusätzlicher Staatsausgaben? 213

5.1. Einleitung 213
5.2. Das Modell 213
5.3. Zusätzliche öffentliche Investitionen 218
5.3.1. Einkommensteuerfinanzierung 218
5.3.2. Konsumsteuerfinanzierung 224
5.3.3. Kreditfinanzierung 227
5.3.4. Die Finanzierungsarten im Vergleich 236
5.4. Zusätzlicher Staatskonsum 244
5.4.1. Einkommensteuerfinanzierung 244
5.4.2. Konsumsteuerfinanzierung 247
5.4.3. Kreditfinanzierung 248
5.4.4. Die Finanzierungsarten im Vergleich 252
5.5. Erhöhung der öffentlichen Investitionen vs. Erhöhung des Staatskonsums 254

6. Energiepreisschocks, die Ökosteuer und Handlungsalternativen der Fiskalpolitik 257

6.1. Einleitung 257
6.2. Das Modell 258
6.2.1. Die Unternehmen 258
6.2.2. Der Staat 258
6.2.3. Die Haushalte 259
6.2.4. Das Marktgleichgewicht 261
6.2.5. Parametrisierung 263
6.2.6. Bestimmungsgleichungen für die makroökonomischen Größen 265
6.3. Makroökonomische Effekte der Energiesteuer 268
6.3.1. Energiesteuererhöhung und Einkommensteuersenkung 268
6.3.2. Energiesteuererhöhung und Konsumsteuersenkung 273
6.3.3. Energiesteuererhöhung und Senkung der Beitragssätze zur Sozialversicherung – die Ökosteuer in Deutschland 276
6.3.4. Energiesteuererhöhung und Ausweitung des Staatskonsums 279
6.3.5. Energiesteuererhöhung und Reduktion des Defizits 282
6.3.6. Bewertung der Politikalternativen durch Nutzenvergleich 285
6.4. Makroökonomische Effekte eines Energiepreisschocks und Handlungsalternativen der Fiskalpolitik 287
6.4.1. Einleitung 287
6.4.2. Parallelpolitik I: Erhöhung der Einkommensteuer 288
6.4.3. Parallelpolitik II: Erhöhung der Konsumsteuer 290

6.4.4. Parallelpolitik III: Reduktion der Staatsausgaben 291
6.4.5. Built-in flexibility I: Erhöhung der Verschuldung und proportionale Einkommensteuer 292
6.4.6. Built-in flexibility II: Erhöhung der Verschuldung und progressive Einkommensteuer 294
6.4.7. Stabilisierung des Energiepreises 295
6.4.8. Expansive Fiskalpolitik 299

7. Zusammenfassung und kritische Würdigung 305

Literaturverzeichnis 311

Abbildungsverzeichnis

Abbildung 2.1: Anpassungsprozesse im neoklassischen Wachstumsmodell bei Überkapitalisierung 48
Abbildung 2.2: Impuls-Antwort-Folgen bei einem temporären Technologieschock (rho=0) 54
Abbildung 2.3: Impuls-Antwort-Folgen bei einem persistenten Technologieschock (rho=0,95) 56
Abbildung 2.4: Zerlegung in Einzeleffekte 58
Abbildung 2.5: Impuls-Antwort-Folgen bei einem permanenten Technologieschock (rho=1) 59
Abbildung 3.1: Staatskonsumpfad im Zeitablauf für unterschiedliche Persistenzwerte 64
Abbildung 3.2: Impuls-Antwort-Folgen bei persistenter Erhöhung des Staatskonsums (rho=0,95) 76
Abbildung 3.3: Impuls-Antwort-Folgen bei permanenter Erhöhung des Staatskonsums (rho=1) 76
Abbildung 3.4: Impuls-Antwort-Folgen bei einer persistenten Erhöhung des Staatskonsums und eta=10 77
Abbildung 3.5: Impuls-Antwort-Folgen bei einer persistenten Erhöhung des Staatskonsums und starrem Arbeitsangebot 77
Abbildung 3.6: Konsumäquivalente bei einer Erhöhung des Staatskonsums für unterschiedliche Parameterwerte 82
Abbildung 3.7: Schattenpreise bei unterschiedlichen Produktionselastizitäten des öffentlichen Kapitals 104
Abbildung 3.8: Impuls-Antwort-Folgen bei persistenter Erhöhung der öffentlichen Investitionen (chi=0,05) 108
Abbildung 3.9: Impuls-Antwort-Folgen bei permanenter Erhöhung der öffentlichen Investitionen (chi=0,05) 109
Abbildung 3.10: Impuls-Antwort-Folgen bei persistenter Erhöhung der öffentlichen Investitionen (chi=0,4) 110
Abbildung 3.11: Konsumäquivalente für unterschiedliche Persistenzwerte und unterschiedliche Produktionselastizitäten des öffentlichen Kapitals 110
Abbildung 3.12: Schattenpreise bei unterschiedlichen Persistenzwerten 117
Abbildung 3.13: Schattenpreise bei unterschiedlichen Produktionselastizitäten des öffentlichen Kapitals 119
Abbildung 3.14: Impuls-Antwort-Folgen bei persistenter Erhöhung des Staatskonsums und Reduktion der öffentlichen Investitionen 123
Abbildung 3.15: Impuls-Antwort-Folgen bei permanenter Erhöhung des Staatskonsums und Reduktion der öffentlichen Investitionen 124
Abbildung 3.16: Konsumäquivalente für unterschiedliche Persistenzwerte 127
Abbildung 4.1: Impuls-Antwort-Folgen bei persistenter Erhöhung des Lohnsteuersatzes 141
Abbildung 4.2: Impuls-Antwort-Folgen bei permanenter Erhöhung des Lohnsteuersatzes 141
Abbildung 4.3: Impuls-Antwort-Folgen bei persistenter Erhöhung des Kapitaleinkommensteuersatzes 146
Abbildung 4.4: Impuls-Antwort-Folgen bei permanenter Erhöhung des Kapitaleinkommmensteuersatzes 146

Abbildung 4.5: Impuls-Antwort-Folgen bei persistenter Erhöhung des Einkommensteuersatzes 150
Abbildung 4.6: Impuls-Antwort-Folgen bei permanenter Erhöhung des Einkommensteuersatzes 151
Abbildung 4.7: Konsumäquivalente für eine Erhöhung der unterschiedlichen Einkommensteuern 152
Abbildung 4.8: Laffer-Kurve 155
Abbildung 4.9: Grenzsteuersatz in Abhängigkeit vom zu versteuernden Einkommen für unterschiedliche "Progressionsparameter" 158
Abbildung 4.10: Impuls-Antwort-Folgen bei persistenter Erhöhung des Konsumsteuersatzes 171
Abbildung 4.11: Impuls-Antwort-Folgen bei permanenter Erhöhung des Konsumsteuersatzes 171
Abbildung 4.12: Impuls-Antwort-Folgen bei persistenter Erhöhung der Konsumsteuer und Reduktion der Einkommensteuer - Standardpräferenzen 188
Abbildung 4.13: Impuls-Antwort-Folgen bei persistenter Erhöhung der Konsumsteuer und Reduktion der Einkommensteuer - GHH-Präferenzen 189
Abbildung 4.14: Impuls-Antwort-Folgen bei permanenter Erhöhung der Konsumsteuer und Reduktion der Einkommensteuer- Standardpräferenzen 190
Abbildung 4.15: Impuls-Antwort-Folgen bei permanenter Erhöhung der Konsumsteuer und Reduktion der Einkommensteuer - GHH-Präferenzen 191
Abbildung 4.16: Konsumäquivalente für Standard- und für GHH-Präferenzen bei unterschiedlichen Persistenzen 193
Abbildung 4.17: Impuls-Antwort-Folgen bei einer persistenten kreditfinanzierten Einkommensteuersenkung (rho=0,95) 209
Abbildung 4.18: Impuls-Antwort-Folgen bei einer permanenten kreditfinanzierten Einkommensteuersenkung (rho=1) 210
Abbildung 4.19: Konsumäquivalente für unterschiedliche Parameterwerte bei einer kreditfinanzierten Einkommensteuersenkung 211
Abbildung 5.1: Erhöhung der öffentlichen Investitionen – Einkommensteuerfinanzierung (chi=0,05) 221
Abbildung 5.2: Erhöhung der öffentlichen Investitionen – Einkommensteuerfinanzierung (chi=0,4) 222
Abbildung 5.3: Erhöhung der öffentlichen Investitionen - Konsumsteuerfinanzierung (chi=0,05) 225
Abbildung 5.4: Erhöhung der öffentlichen Investitionen - Konsumsteuerfinanzierung (chi=0,4) 226
Abbildung 5.5: Erhöhung der öffentlichen Investitionen - Kreditfinanzierung Fall I (chi=0,05) 232
Abbildung 5.6: Erhöhung der öffentlichen Investitionen - Kreditfinanzierung Fall II (chi=0,05) 233
Abbildung 5.7: Erhöhung der öffentlichen Investitionen - Kreditfinanzierung Fall II (chi=0,4) 234
Abbildung 5.8: Pfad der öffentlichen Investitionen für die einzelnen Finanzierungsformen 237
Abbildung 5.9: Konsumäquivalente bei Erhöhung der öffentlichen Investitionen (chi=0,05) 241
Abbildung 5.10: Konsumäquivalente bei Erhöhung der öffentlichen Investitionen (chi=0,4) 241

Abbildung 5.11: Erhöhung des Staatskonsums – Einkommensteuerfinanzierung (rho=0,95) 246
Abbildung 5.12: Erhöhung des Staatskonsums - Kreditfinanzierung Fall I (rho=0,95) 251
Abbildung 5.13: Konsumäquivalente bei Erhöhung des Staatskonsums 253
Abbildung 6.1: Entwicklung des Energiesteuersatzes für rho=0,95 272
Abbildung 6.2: Erhöhung der Energiesteuer und Senkung der Einkommensteuer 272
Abbildung 6.3: Erhöhung der Energiesteuer und Senkung der Konsumsteuer 275
Abbildung 6.4: Erhöhung der Energiesteuer und Senkung des Beitragssatzes 278
Abbildung 6.5: Erhöhung der Energiesteuer und Ausweitung des Staatskonsums 281
Abbildung 6.6: Erhöhung der Energiesteuer und Senkung des Defizits 284
Abbildung 6.7: Konsumäquivalente für die unterschiedlichen fiskalpolitischen Handlungsalternativen 286
Abbildung 6.8: Impuls-Antwort-Folgen nach einem persistenten Energiepreisschock und Energiepreisstabilisierung 297
Abbildung 6.9: Konsumäquivalente für die verschiedenen Politikmaßnahmen 299
Abbildung 6.10: Konsumäquivalente für unterschiedliche Stabilisierungsmaßnahmen 303

Tabellenverzeichnis

Tabelle 2.1:	Benchmark-Parameter	45
Tabelle 2.2:	Elastizitäten bei einer „Überkapitalisierung“	46
Tabelle 2.3:	Elastizitäten bei einem Technologieschock in Abhängigkeit von der Persistenz des Schocks	50
Tabelle 2.4:	Elastizitäten bei einem Technologieschock in Abhängigkeit von der Grenznutzenelastizität der Freizeit η	52
Tabelle 2.5:	Standardabweichungen und Kreuzkorrelationen	61
Tabelle 3.1:	Elastizitäten bei Erhöhung des Staatskonsums in Abhängigkeit von der Persistenz des Schocks	69
Tabelle 3.2:	Elastizitäten bei Erhöhung des Staatskonsums in Abhängigkeit von der Grenznutzenelastizität der Freizeit	69
Tabelle 3.3:	Kurzfristiger Multiplikator bei Erhöhung des Staatskonsums	74
Tabelle 3.4:	Langfristiger Multiplikator bei Erhöhung des Staatskonsums in Abhängigkeit von der Grenznutzenelastizität η	80
Tabelle 3.5:	Elastizitäten bei Erhöhung des Staatskonsums in Abhängigkeit von der Persistenz	85
Tabelle 3.6:	Elastizitäten bei Erhöhung des Staatskonsums in Abhängigkeit von der Grenznutzenelastizität der Freizeit η	85
Tabelle 3.7:	Elastizitäten bei Erhöhung des Staatskonsums in Abhängigkeit vom Grad der Substituierbarkeit ψ	86
Tabelle 3.8:	Standardabweichung in % und Standardabweichung in % der Standardabweichung des BIP	89
Tabelle 3.9:	Kreuzkorrelationen des realen BIP mit x_{t+j}	91
Tabelle 3.10:	Elastizitäten bei Erhöhung der öffentlichen Investitionen in Abhängigkeit von der Persistenz ρ	102
Tabelle 3.11:	Elastizitäten bei Erhöhung der öffentlichen Investitionen in Abhängigkeit von der Grenznutzenelastizität der Freizeit η	102
Tabelle 3.12:	Elastizitäten bei Erhöhung der öffentlichen Investitionen in Abhängigkeit von der Produktionselastizität des öffentlichen Kapitals χ	104
Tabelle 3.13:	Kurzfristiger Multiplikator bei Erhöhung der öffentlichen Investitionen	105
Tabelle 3.14:	Langfristiger Multiplikator bei Erhöhung der öffentlichen Investitionen	111
Tabelle 3.15:	Parameterwerte	114
Tabelle 3.16:	Elastizitäten bei einer Änderung der Staatsausgabenstruktur in Abhängigkeit von der Persistenz	115
Tabelle 3.17:	Elastizitäten bei einer Änderung der Staatsausgabenstruktur in Abhängigkeit von der Grenznutzenelastizität η	115
Tabelle 3.18:	Elastizitäten bei einer Änderung der Staatsausgabenstruktur in Abhängigkeit von der Produktionselastizität des öffentlichen Kapitals	118
Tabelle 3.19:	Kurzfristiger Multiplikator bei einer Änderung der Staatsausgabenstruktur	120
Tabelle 3.20:	Langfristiger Multiplikator bei einer Änderung der Staatsausgabenstruktur	126
Tabelle 4.1:	Elastizitäten bei Erhöhung der Lohnsteuer in Abhängigkeit von der Persistenz	139

Tabelle 4.2:	Elastizitäten bei Erhöhung der Lohnsteuer in Abhängigkeit von der Grenznutzenelastizität der Freizeit η	139
Tabelle 4.3:	Elastizitäten bei Erhöhung der Kapitaleinkommensteuer in Abhängigkeit von der Persistenz	143
Tabelle 4.4:	Elastizitäten bei Erhöhung der Kapitaleinkommensteuer in Abhängigkeit von der Grenznutzenelastizität der Freizeit η	143
Tabelle 4.5:	Elastizitäten bei Erhöhung der Einkommensteuer in Abhängigkeit von der Persistenz	148
Tabelle 4.6:	Elastizitäten bei Erhöhung der Einkommensteuer in Abhängigkeit von der Grenznutzenelastizität der Freizeit η	148
Tabelle 4.7:	Elastizitäten bei Erhöhung einer progressiven Einkommensteuer im Vergleich zu einer proportionalen Einkommensteuer in Abhängigkeit von der Persistenz	159
Tabelle 4.8:	Die Senkung der Einkommensteuer als positiver Technologieschock	162
Tabelle 4.9:	Elastizitäten bei einer Konsumsteuererhöhung in Abhängigkeit von der Persistenz	167
Tabelle 4.10:	Elastizitäten bei einer Konsumsteuererhöhung in Abhängigkeit von der Grenznutzenelastizität der Freizeit η	167
Tabelle 4.11:	Modellökonomie bei Standardpräferenzen und bei GHH-Präferenzen	178
Tabelle 4.12:	Benchmark-Parameter und Steady-State Größen	179
Tabelle 4.13:	Elastizitäten bei Änderung der Steuerstruktur und Standardpräferenzen in Abhängigkeit von der Persistenz	180
Tabelle 4.14:	Elastizitäten bei Änderung der Steuerstruktur und GHH-Präferenzen in Abhängigkeit von der Persistenz	180
Tabelle 4.15:	Elastizitäten bei Änderung der Steuerstruktur und Standardpräferenzen in Abhängigkeit von der Grenznutzenelastizität der Freizeit η	183
Tabelle 4.16:	Elastizitäten bei Änderung der Steuerstruktur und GHH-Präferenzen für unterschiedliche Werte des Parameters ν	184
Tabelle 4.17:	Elastizität bei Änderung der Steuerstruktur und GHH-Präferenzen für unterschiedliche „Risikoparameter" σ	185
Tabelle 4.18:	Kurzfristiger Multiplikator bei Änderung der Steuerstruktur	186
Tabelle 4.19:	Langfristiger Multiplikator bei Änderung der Steuerstruktur	187
Tabelle 4.20:	Barwerte der Konsumäquivalente bei Änderung der Steuerstruktur	194
Tabelle 4.21:	Elastizitäten bei einer kreditfinanzierten Einkommensteuersenkung in Abhängigkeit von der Persistenz	205
Tabelle 4.22:	Elastizitäten bei einer kreditfinanzierten Einkommensteuersenkung in Abhängigkeit von der Grenznutzenelastizität der Freizeit η	205
Tabelle 4.23:	Kurzfristiger Multiplikator bei einer kreditfinanzierten Einkommensteuersenkung	207
Tabelle 4.24:	Langfristiger Multiplikator bei einer kreditfinanzierten Einkommensteuersenkung	208
Tabelle 4.25:	Barwerte der Konsumäquivalente bei einer kreditfinanzierten Einkommensteuersenkung	212
Tabelle 5.1:	Kurzfristige Reaktionen der Modellvariablen bei einer Erhöhung der öffentlichen Investitionen und Einkommensteuerfinanzierung in % des jeweiligen Steady-State-Wertes	219
Tabelle 5.2:	Kurzfristige Reaktionen der Modellvariablen bei Erhöhung der öffentlichen Investitionen und Konsumsteuerfinanzierung in % des jeweiligen Steady-State-Wertes	224

Tabelle 5.3:	Kurzfristige Reaktionen der Modellvariablen bei Erhöhung der öffentlichen Investitionen und Kreditfinanzierung in % des jeweiligen Steady-State-Wertes	229
Tabelle 5.4:	Kurzfristige Reaktionen der Modellvariablen bei Erhöhung der öffentlichen Investitionen und Pauschalsteuerfinanzierung in % des jeweiligen Steady-State-Wertes	235
Tabelle 5.5:	Kurzfristiger Multiplikator bei unterschiedlichen Finanzierungsformen zusätzlicher öffentlicher Investitionen	238
Tabelle 5.6:	Maximaler Multiplikator bei unterschiedlichen Finanzierungsformen zusätzlicher öffentlicher Investitionen	238
Tabelle 5.7:	Langfristiger Multiplikator bei unterschiedlichen Finanzierungsformen zusätzlicher öffentlicher Investitionen	238
Tabelle 5.8:	Barwerte der Konsumäquivalente	242
Tabelle 5.9:	Kurzfristige Reaktionen der Modellvariablen bei einer Erhöhung des Staatskonsums und Einkommensteuerfinanzierung in % des jeweiligen Steady-State-Wertes	244
Tabelle 5.10:	Kurzfristige Reaktionen der Modellvariablen bei einer Erhöhung des Staatskonsums und Konsumsteuerfinanzierung in % des jeweiligen Steady-State-Wertes	247
Tabelle 5.11:	Kurzfristige Reaktionen der Modellvariablen bei Kreditfinanzierung zusätzlicher Staatskonsumausgaben in % des jeweiligen Steady-State-Wertes	249
Tabelle 5.12:	Kurzfristige Reaktionen der Modellvariablen bei einer Erhöhung des Staatskonsums und Pauschalsteuerfinanzierung in % des jeweiligen Steady-State-Wertes	250
Tabelle 5.13:	Kurzfristiger Multiplikator bei unterschiedlichen Finanzierungsformen zusätzlicher Staatskonsumausgaben	252
Tabelle 5.14:	Langfristiger Multiplikator bei unterschiedlichen Finanzierungsformen zusätzlicher Staatskonsumausgaben	252
Tabelle 5.15:	Barwerte der Konsumäquivalente	254
Tabelle 5.16:	Multiplikatorwerte der beiden Staatsausgabenformen im Vergleich	255
Tabelle 5.17:	Barwerte der Konsumäquivalente für die beiden Staatsausgabenformen im Vergleich	255
Tabelle 6.1:	Steady-State- und Parameterwerte	264
Tabelle 6.2:	Kurzfristige Reaktionen auf eine Energiesteuererhöhung bei endogenem Einkommensteuersatz in % des jeweiligen Steady-State-Wertes	269
Tabelle 6.3:	Kurzfristige Reaktionen auf eine Energiesteuererhöhung bei endogenem Konsumsteuersatz in % des jeweiligen Steady-State-Wertes	274
Tabelle 6.4:	Kurzfristige Reaktionen auf eine Energiesteuererhöhung bei endogenem Beitragssatz in % des jeweiligen Steady-State-Werte	277
Tabelle 6.5:	Kurzfristige Reaktionen auf eine Energiesteuererhöhung bei endogenem Staatskonsum in % des jeweiligen Steady-State-Wertes	280
Tabelle 6.6:	Kurzfristige Reaktionen auf eine Energiesteuererhöhung bei endogener Reduktion des Defizits in % des jeweiligen Steady-State-Wertes	283
Tabelle 6.7:	Barwerte der Konsumäquivalente	287
Tabelle 6.8:	Kurzfristige Reaktionen nach einem Energiepreisschock bei Parallelpolitik I in % des jeweiligen Steady-State-Wertes	289

Tabelle 6.9:	Kurzfristige Reaktionen nach einem Energiepreisschock bei Parallelpolitik II in % des jeweiligen Steady-State-Wertes	290
Tabelle 6.10:	Kurzfristige Reaktionen nach einem Energiepreisschock bei Parallelpolitik III in % des jeweiligen Steady-State-Wertes	291
Tabelle 6.11:	Kurzfristige Reaktionen nach einem Energiepreisschock bei „Built-in flexibility I“ in % des jeweiligen Steady-State-Wertes	293
Tabelle 6.12:	Kurzfristige Reaktionen nach einem Energiepreisschock bei „Built-in flexibility II“ in % des jeweiligen Steady-State-Wertes	295
Tabelle 6.13:	Kurzfristige Reaktionen nach einem Energiepreisschock bei „Energiepreisstabilisierung“ in % des jeweiligen Steady-State-Wertes	296
Tabelle 6.14:	Kurzfristige Reaktionen nach einem Energiepreisschock bei „expansive Fiskalpolitik I“ in % des jeweiligen Steady State-Wertes	300
Tabelle 6.15:	Kurzfristige Reaktionen nach einem Energiepreisschock bei „expansive Fiskalpolitik II“in % des jeweiligen Steady-State-Wertes	301
Tabelle 6.16:	Kurzfristige Reaktionen nach einem Energiepreisschock bei „Energiepreisstabilisierung“ in % des jeweiligen Steady-State-Wertes	302

Verzeichnis der verwendeten Symbole

A_t	totale Faktorproduktivität
B_t	Budgetdefizit
C_t	privater Konsum
D_t	Schuldenstand
E_t	Erwartungswert
F	Funktionszeichen für die Produktionsfunktion
G_t	Staatskonsumausgaben
H_t	öffentliche Investitionsausgaben
K_t	privates Kapital
L_t	Freizeit
M	langfristiger Multiplikator bei einer Erhöhung der Staatskonsumquote
N_t	Arbeitseinsatz
N_t^*	Arbeitseinsatz in „Effizienzeinheiten"
P_t	Diskontfaktor in der intertemporalen Budgetrestriktion
R_t	Rendite
R^N_t	Nettorendite
T_t	Pauschalsteuereinnahmen
T^c_t	Konsumsteuereinnahmen
T^E_t	Einkommensteuereinnahmen
U	intertemporale Nutzenfunktion
$Ü_t$	Transferzahlungen an die privaten Haushalte
W_t	Vermögensgröße
X_t	Harrtod-neutraler technischer Fortschritt
Y_t	Output
ZQ	Nettozinsquote
b	Defizitquote im Steady State, Diskontierungsfaktor
c_t	privater Konsum, zusammengesetzter Konsum
e^H_t	Energiekonsum der privaten Haushalte
e^U_t	Energieverbrauch der Unternehmen in der Produktion
g	Staatskonsumquote im Steady State
h	öffentliche Investitionsquote im Steady State
i_t	private Investitionen
k_t	privates Kapital
k_t^*	privates Kapital in „Effizienzeinheiten"
m_t	Konsumäquivalent
p_t	Energiepreis
r_t	Zinssatz
t	Zeit

u	Funktionszeichen für die Periodennutzenfunktion
v	Elastizität
w_t	Reallohnsatz
x_t	Variable
y_t	Output
z_t	Grenznutzen des Kapitals
$ö_t$	öffentliches Kapital
α	Produktionselastizität der Arbeit
β	Diskontfaktor, Produktionselastizität des privaten Kapitals
χ	Produktionselastizität des öffentlichen Kapitals
δ	Abschreibungsrate
ε_t	„Innovation" im AR(1)-Prozeß
ϕ	Arbeitsangebotselastizität, Produktionselastizität des Produktionsfaktors Energie
γ	Wachstumsfaktor des Harrod-neutralen technischen Fortschritts
η	Grenznutzenelastizität der Freizeit
η_C	Grenznutzenelastizität des Konsums
φ	Parameter in der GHH-Nutzenfunktion, Parameter in der „Reaktionsfunktion"
κ	„Progressionsparameter" bei der progressiven Einkommensteuer
λ_t	Lagrangemultiplikator, Schattenpreis
μ	Grenznutzenelastizität des Energiekonsums, Produktionselastizität der Arbeit in „Effizienzeinheiten"
ν_t	„Niveauparameter" bei der progressiven Einkommensteuer,
ν	Parameter in der GHH-Nutzenfunktion, Produktionselastizität des privaten Kapitals in „Effizienzeinheiten"
π_t	Gewinn des Unternehmens
θ	Parameter in der Standardnutzenfunktion
ρ	Autokorrelationskoeffizient (Persistenzparameter)
σ	Substitutionselastizität, Maß für die relative Risikoaversion
σ_L	Substitutionselastizität der Freizeit
σ_N	Substitutionselastizität der Arbeit
σ_ε	Varianz des Technologieschocks
τ	Einkommensteuersatz, Grenzsteuersatz der Einkommensteuer
τ^c_t	Konsumsteuersatz
τ^E_t	Energiesteuersatz
τ^L_t	Lohnsteuersatz
τ^K_t	Kapitaleinkommensteuersatz
τ^W_t	Beitragssatz zur Sozialversicherung

υ	Parameter in der Nutzenfunktion
ϖ	Parameter in der „Reaktionsfunktion“
ω_t	Lagrangemultiplikator, Schattenpreis der Zeit
ψ	Parameter, der das Ausmaß angibt, mit dem der Staatskonsum dazu geeignet ist, den privaten Konsum zu ersetzen.
ζ_B	Bevölkerungswachstumsrate
ζ_{TF}	Rate des arbeitsvermehrenden technischen Fortschritts
$\Im_t$	Informationen

Abkürzungsverzeichnis

Abb.	:	Abbildung
Abs.	:	Absatz
Bd.	:	Band
BIP	:	Bruttoinlandsprodukt
BMF	:	Bundesministerium der Finanzen
BRD	:	Bundesrepublik Deutschland
CD-Funktion	:	Cobb-Douglas-Funktion
const.	:	konstant
c.p.	:	ceteris paribus
DM	:	Deutsche Mark
€	:	Euro
erw.	:	erweitert
Est	:	Einkommensteuer
Estab	:	Politik der Energiepreisstabilisierung
Fn.	:	Fußnote
GRS	:	Grenzrate der Substitution
HP-Filter	:	Hodrick-Prescott-Filter
H-Energie	:	Energie, die von den privaten Haushalten verbraucht wird.
i.d.R.	:	in der Regel
Jg.	:	Jahrgang
kurzfr.	:	kurzfristig
N.F.	:	Neue Folge
öff.	:	öffentlich
o.g.	:	oben genannt
OLG-Modell	:	Overlapping Generations-Modell
p.a.	:	per annum
priv.	:	privat
RBC-Theorie	:	Real Business Cycle-Theorie
S.	:	Seite
sog.	:	sogenannt
StSt	:	Steady State
Tab.	:	Tabelle
u.a.O.	:	und andere Orte
u.d.N.	:	unter der Nebenbedingung
U-Energie	:	Energie, die von den Unternehmen im Produktionsprozeß eingesetzt wird.
u.U.	:	unter Umständen
VGR	:	Volkswirtschaftliche Gesamtrechnung
Vol.	:	Volume
vs.	:	versus

z.B.	:	zum Beispiel
z.T.	:	zum Teil
zusg.	:	zusammengesetzt

1. Einleitung

Das stochastische neoklassische Wachstumsmodell (stochastic neoclassical growth model) ist in den letzten Jahren zum „Arbeitspferd“ der makroökonomischen Analyse avanciert.[1] Prescott (1986) spricht sogar überschwänglich von einem neuen Paradigma: *„I view the growth model as a paradigm for macro analysis – analogous to the supply and demand construct of price theory.“*[2]

Das „stochastic growth model“ bildet die Grundlage der sog. Real Business Cycle-Theorie (RBC-Theorie), auch Theorie realer Konjunkturzyklen genannt. Diese führt Konjunkturschwankungen auf reale stochastische Schocks zurück, auf die die Wirschaftssubjekte in optimaler Weise reagieren. Es herrscht auf allen Märkten vollkommene Konkurrenz, die Preise sind völlig flexibel, und die Wirtschaftssubjekte bilden rationale Erwartungen. Die Märkte sind immer geräumt, so daß Konjunkturschwankungen die Bewegung eines walrasianischen Gleichgewichts im Zeitablauf darstellen. RBC-Modelle beruhen auf dem um die Arbeitszeit-Freizeit-Entscheidung erweiterten neoklassischen Wachstumsmodell im Sinne von Solow (1956) und Swan (1956) bzw. im Sinne von Cass (1965) und Koopmanns (1965). Stochastische Schocks (meist Technologieschocks) führen zu Abweichungen vom Steady-State-Pfad des Wachstumsmodells und somit zu Konjunkturbewegungen. Damit hat das RBC-Modell die positive Eigenschaft, das Konjunktur- und das Wachstumsphänomen gleichzeitig erklären zu können.

Die RBC-Theorie wurde Anfang der 80er Jahre durch die Arbeiten von Kydland und Prescott (1982) einerseits sowie Long und Plosser (1983) andererseits begründet. Seitdem haben sich viele Makroökonomen eingehend mit diesem Thema befaßt, was zum Erscheinen von unzähligen Modellvarianten und Modellerweiterungen geführt hat. Der Erfolg des RBC-Ansatzes ist wohl darauf zurückzuführen, daß man schon mit dem einfachen, auf nur wenige Gleichungen beruhenden Grundmodell einige stilisierte Fakten der Konjunktur recht gut nachzeichnen kann. Die Modelle entwickelten sich dann dahingehend, daß das Grundmodell um viele Komponenten (Geldmarkt,[3] Staat, „Indivisible labor“,[4] Haushaltsproduktion,[5] „capital utilization“,[6] etc.) erweitert wurde mit dem einen Ziel, die stilisierten Konjunkturfakten der tatsächlichen Wirtschaft möglichst ge-

---

[1] Vgl. Campbell (1994), S. 463.
[2] Prescott (1986), S. 12.
[3] Vgl. z.B. Cooley/Hansen (1989).
[4] Vgl. Hansen (1985).
[5] Vgl. Benhabib/Rogerson/Wright (1991), Greenwood/Rogerson/Wright (1995) oder McGrattan/Rogerson/Wright (1997).
[6] Vgl. z.B. Greenwood/Hercowitz/Huffman (1988).

nau zu erklären, was aber nur teilweise gelang. Durch diese zum Teil komplexen Erweiterungen kann vielleicht in Teilbereichen eine bessere Übereinstimmung mit den realen Daten erreicht werden. Dies geschieht aber auf Kosten der Einfachheit, die das RBC-Modell gerade so attraktiv gemacht hat.[7] Es wird immer schwieriger zu verstehen, sowohl für den Leser, als auch offenbar für die Autoren selbst, wie das Modell eigentlich funktioniert, welche Mechanismen ablaufen. Somit besteht die Gefahr, daß die Modelle zu „black boxes" werden,[8] die zwar das Konjunkturphänomen einigermaßen gut erklären können, aber keiner weiß so richtig, warum sie es können.

Hier soll nun diese Arbeit ansetzen, denn sie hat ausdrücklich nicht zum Ziel, ein RBC-Modell zu liefern, das Zeitreihen erzeugt, deren Eigenschaften möglichst gut mit den Eigenschaften der Zeitreihen einer wirklichen Ökonomie übereinstimmen, sondern diese Arbeit will die Zusammenhänge und Mechanismen aufzeigen, die in einem RBC-Modell bzw. in einem stochastischen neoklassischen Wachstumsmodell ablaufen, wenn die Modellwirtschaft von einem stochastischen Schock getroffen wird. „*...one should focus on how the variables of a model respond to shocks instead of merely discribing the model's implications for variances and correlations.*"[9] Dies wird vor allem im Hinblick auf die Fiskalpolitik in solchen Modellen geschehen. Insofern soll diese Arbeit etwas Licht in die „black box" bringen und helfen, die Modelle zu verstehen. Denn gerade das Erkennen und Herausarbeiten der ökonomischen Prozesse, die in einem solchen Modell ablaufen, sind wichtig für die wissenschaftliche Auseinandersetzung mit dem Modell, aber auch für mögliche wirtschaftspolitische Implikationen und zur Ableitung von Empfehlungen.

Im Vordergrund steht eine ausführliche Analyse der Wirkungen der Fiskalpolitik in diesem Modell. Trotz der Tatsache, daß der Staat mit fiskalpolitischen Maßnahmen in unzähligen RBC-Modellen berücksichtigt wird und obwohl die Analyse der Fiskalpolitik innerhalb dieses Modellrahmens schon relativ früh als eine Aufgabe für die Forschung angesehen wurde,[10] gibt es doch kaum Arbeiten, die sich mit den Wirkungen der Fiskalpolitik innerhalb dieser Modellklasse befassen. Dies verwundert um so mehr, als das RBC-Modell doch – wie oben erwähnt – als „workhorse for macroeconomic analysis"[11] bezeichnet wird. Ausnahmen bilden vor allem die Arbeiten von Baxter/King (1993), Dotsey/Mao (1994) und Aiyagari/Christiano/Eichenbaum (1992). Allerdings werden dort jeweils nur Teilbereiche behandelt. Diese Arbeit soll dagegen eine umfassende Darstellung der Wirkungen fiskalpolitischer Maßnahmen in diesem Modell

[7] Vgl. Williamson (1996), S. 165.
[8] Vgl. Williamson (1996), S. 165.
[9] Romer (1996), S. 164.
[10] Vgl. King/Plosser (1988), S. 192, und Prescott (1986), S. 12 und S. 37.
[11] Campbell (1994), S. 463.

liefern, wobei eine dynamische Sichtweise im Vordergrund steht, die sowohl die kurzfristigen als auch die mittel- und langfristigen Wirkungen der Fiskalpolitik hinsichtlich ihrer Qualität, aber auch hinsichtlich ihrer Quantität beleuchtet.

Das RBC-Modell eignet sich sehr gut für eine Wirkungsanalyse der Fiskalpolitik, da man dazu nur anstatt eines Technologieschocks einen „Staatsausgaben-" oder einen „Staatseinnahmenschock" in das Modell integrieren muß. Die Vorgehensweise wird dabei dergestalt sein, daß zunächst die einzelnen fiskalpolitischen Komponenten (z.B. Staatskonsum, öffentliche Investitionen, Einkommensteuer, Konsumsteuer, Staatsverschuldung) isoliert im Hinblick auf ihre qualitativen und quantitativen Wirkungen betrachtet werden. Dies hat zwei entscheidende Vorteile: Erstens können bei der isolierten Betrachtung einzelner Instrumente Ergebnisse zu Tage kommen, die man bei der Betrachtung einer Kombination von verschiedenen fiskalpolitischen Komponenten wegen der Überlagerung von Einzelwirkungen nicht beobachten kann. Diese Ergebnisse sind vor allem auch aus finanzwissenschaftlicher Sicht interessant, weil sie so in der Literatur noch nicht präsentiert worden sind. Zweitens kann man zeigen, daß sich die qualitativen und quantitativen Wirkungen einer Kombination von fiskalpolitischen Instrumenten gerade als Kombination der Einzeleffekte darstellen lassen. Diese vielleicht etwas triviale Erkenntnis ist aber gerade für „Modellbauer" wichtig, die durch das Hinzufügen bestimmter Komponenten eine bessere Übereinstimmung mit den realen Daten erreichen wollen. Man kann dann die isolierte Analyse der einzelnen fiskalpolitischen Instrumente quasi als „Baukasten" betrachten, aus dem man ein Element, dessen Wirkung auf das Gesamtmodell bekannt ist, herausnehmen und in das Modell integrieren kann. Es ist außerdem somit möglich, in einem komplexen Modell, das viele verschiedene Komponenten umfaßt und von außen eher als eine „black box" erscheint, die Reaktionen der Modellvariablen zu erklären, da sie letztlich nur eine Kombination aus den Wirkungen der Einzelinstrumente darstellen. Wenn es also gelingt, die Modellmechanismen bezüglich der Wirkungen der Fiskalpolitik herauszuarbeiten, hat man einen Beitrag dazu geleistet, eine Lücke in der Analyse dieser Modelle zu schließen bzw. die oben beschriebene Fehlentwicklung in der Forschung etwas zu korrigieren.

In einem weiteren Schritt werden dann einige fiskalpolitische Instrumente ausgewählt und in einem Modell zusammengefaßt, um z.B. einen Vergleich zwischen Einkommensteuer und Konsumsteuer oder zwischen Staatskonsumausgaben und öffentlichen Investitionen durchzuführen. Auch soll untersucht werden, welche Antworten das Modell auf wirtschaftspolitische Fragestellungen liefert, wie z.B. die Frage, ob eine Kreditfinanzierung oder eine Steuerfinanzierung zusätzlicher öffentlicher Investitionen vorzuziehen ist, oder welche Ausgestaltungsformen einer aufkommensneutralen Ökosteuerreform die größten Vorteile aufweist oder schließlich, wie die Fiskalpolitik auf einen Energiepreisschock zur Stabilisierung der Wirtschaft am besten reagiert. Das Modell wird also gleichsam als „Laboratorium“[12] benutzt, um verschiedene fiskalpolitische Handlungsalternativen zu simulieren. Die Beurteilung solcher Politikmaßnahmen erfolgt in dieser Arbeit durchgehend anhand der Outputeffekte und Nutzeneffekte. Dazu werden ein kurz- und ein langfristiger Multiplikator einerseits und das Konzept der Konsumäquivalentkurven andererseits entwickelt.

Die Arbeit ist folgendermaßen gegliedert:
In Kapitel 2 wird zunächst ausführlich das Grundmodell der RBC-Theorie vorgestellt und dabei auch gezeigt, wie man das Modell auf recht einfache Weise linearisieren (Abschnitt 2.7.) und wie man das linearisierte Modell auch mit durchschnittlichen mathematischen Kenntnissen gleichsam „per Hand“ lösen kann (Abschnitt 2.8.). Es wird ferner in Abschnitt 2.9. ein Konzept entwickelt, mit dem man die Gesamtreaktion einer Modellvariablen auf Schocks in quantifizierbare Einzeleffekte zerlegen kann, was für die spätere Analyse von Fiskalschocks von großer Bedeutung ist.

Im dritten Kapitel werden die makroökonomischen Wirkungen der Staatsausgaben (Staatskonsum und öffentliche Investitionen) untersucht und in Abschnitt 3.4. herausgearbeitet, welche Effekte eine Änderung der Staatsausgabenstruktur hat.

In Kapitel 4 findet zunächst eine isolierte Analyse der Einnahmeinstrumente des Staates (Lohnsteuer, Kapitaleinkommensteuer, synthetische Einkommensteuer, Konsumsteuer, Staatsverschuldung) statt. Dann wird ein Modell entwickelt, in dem bei konstanten Staatsausgaben eine Änderung der Steuerstruktur von der Einkommensteuer hin zu einer stärkeren Konsumbesteuerung vorgenommen wird. Die Analyse der makroökonomischen Wirkungen erfolgt dabei anhand von zwei unterschiedlichen Nutzenfunktionen, die – wie sich zeigen wird – auch höchst unterschiedliche Ergebnisse generieren. Schließlich werden im letzten Abschnitt noch die makroökonomischen Effekte einer kreditfinanzierten Einkommensteuersenkung analysiert.

Im fünften Kapitel erfolgt dann gleichsam eine Zusammenführung der beiden Budgetseiten, indem ein Modell entwickelt wird, anhand dessen die Wirkungen verschiedener Finanzierungsformen (Einkommensteuer-, Konsumsteuer-, Kredit- und Pauschalsteuerfinanzierung) von zusätzlichen Staatsausgaben (zusätzliche öffentliche Investitionen einerseits und zusätzliche Staatskonsumausgaben andererseits) miteinander verglichen werden. Die Beurteilung erfolgt dabei anhand der oben angesprochenen Output- und Nutzeneffekte.

---

[12] Vgl. Hicks (1965), S. 4, Plosser (1989), S. 67, oder King/Rebelo (1998), S. 3.

In Kapitel 6 wird die Energie als Produktionsfaktor und als Konsumgut in ein vollständiges Modell mit Staat integriert, in dem zum einen die Wirkungen der verschiedenen Ausgestaltungsmöglichkeiten einer aufkommensneutralen Steuerreform mit Energiesteuererhöhung und zum anderen die verschiedenen Handlungsalternativen der Fiskalpolitik bei einem Energiepreisschock sowie ihre Auswirkungen auf Output und Wohlfahrt dargestellt werden. In diesem Zusammenhang wird die Idee einer Politik der Energiepreisstabilisierung vorgestellt und analysiert.
Schließlich wird die Arbeit in Kapitel 7 mit einer Zusammenfassung und einer kritischen Würdigung beendet.

2. Das Grundmodell

2.1. Modellannahmen

Betrachtet wird eine geschlossene Modellwirtschaft, die (zunächst) aus zwei Sektoren besteht:[13] Einem Unternehmenssektor mit einer großen Anzahl identischer Unternehmen und einem Haushaltssektor mit einer großen Anzahl identischer Haushalte. Die Ökonomie wird durch folgende Annahmen bezüglich Präferenzen, Technologie, Ausstattung, Informationen sowie exogener Einflüsse näher spezifiziert.[14]

Präferenzen

Es wird angenommen, daß die Modellökonomie mit einer großen Anzahl identischer Individuen (Haushalte) mit unendlich langer Lebenszeit bevölkert ist.[15] Der erwartete Nutzen eines repräsentativen Haushalts ergibt sich aus:[16]

$$U=E_0 \sum_{t=0}^{\infty} b^t u(C_t, L_t) \qquad \text{mit} \quad b>0,$$

wobei C_t den Konsum und L_t die Freizeit in der Periode t und b den Diskontierungsfaktor bezeichnen. E_0 steht für den bedingten Erwartungswert zum Zeitpunkt 0 gegebener Informationen. Der Nutzen sei eine steigende Funktion des Konsums und der Freizeit. Ferner stellen C_t und L_t normale Güter dar. Die Nutzenfunktion sei streng konkav und zweimal stetig differenzierbar und erfülle die Inada-Bedingungen.[17]

Technologie (Produktion)

Unter Einsatz der Produktionsfaktoren Kapital und Arbeit wird gemäß einer neoklassischen Produktionsfunktion[18] mit konstanten Skalenerträgen das homogene Gut Y_t (Output) produziert:

$$(2.1) \quad Y_t=A_t F(K_{t-1}, N_t X_t).$$

A_t ist die totale Faktorproduktivität, K_{t-1} bezeichnet den Kapitaleinsatz in der Periode t, N_t den Arbeitseinsatz und X_t den arbeitsvermehrenden Harrod-neutralen technischen Fortschritt. Somit ist $N_t X_t$ der Arbeitseinsatz gemessen in Effizienzeinheiten.

Etwas ungewöhnlich erscheint vielleicht die Tatsache, daß der Kapitalstock mit t-1 indexiert ist. Dies ist damit zu begründen, daß in dieser Arbeit durchgehend alle Variablen mit dem Zeitindex versehen werden sollen, der den Zeitpunkt

---

[13] Das hier dargestellte Grundmodell orientiert sich an die Ausführungen von King/Plosser/Rebelo (1988a) und King/Rebelo (1998).

[14] Vgl. Uhlig (1997), S. 6, King/Rebelo (1998), S. 12, Lenz (1995), S. 33/34.

[15] Vgl. King/Plosser/Rebelo (1988a), S. 198, und King/Rebelo (1998), S. 12.

[16] Vgl. King/Rebelo (1998), S. 12, und King/Plosser/Rebelo (1988a), S. 198.

[17] Vgl. King/Plosser/Rebelo (1988a), S. 199.

[18] Die Produktionsfunktion ist konkav, zweimal stetig differenzierbar und erfüllt die Inada-Bedingungen. Vgl. King/Plosser/Rebelo (1988a), S. 199, Fn. 4.

beschreibt, an dem die Variable tatsächlich bestimmt wird. So wird die Höhe des Kapitalstocks, der in der Periode t+1 in die Produktionsfunktion eingeht (K_t) bereits in der Periode t durch die Entscheidung über die Höhe der Nettoinvestitionen (I_t-δK_{t-1}) in dieser Periode festgelegt, was durch folgende Kapitalakkumulationsgleichung beschrieben wird:[19]

(2.2) $K_t=(1-\delta)K_{t-1}+I_t$.

I_t bezeichnet die Bruttoinvestitionen und δ die konstante Abschreibungsrate des Kapitalstocks.[20]

In der geschlossenen Volkswirtschaft kann Y_t sowohl für den Konsum C_t als auch für die Investitionen I_t verwendet werden, so daß sich die Ressourcengleichung der Volkswirtschaft ergibt als:

(2.3) $Y_t=C_t+I_t$.

Ausstattung

Jeder Haushalt ist in jeder Periode mit einer Einheit Zeit ausgestattet, die er in Arbeitszeit N_t und Freizeit L_t aufteilen kann:

(2.4) $N_t+L_t=1$.

Außerdem ist der Anfangskapitalstock K_{0-1} gegeben.[21] Weiterhin gelten die Nichtnegativitätsbedingungen $L_t\geq 0$, $N_t\geq 0$, $C_t\geq 0$, $K_t\geq 0$.[22]

Informationen

C_t, N_t und K_t werden auf der Basis aller Informationen $\Im_t$ zum Zeitpunkt t gewählt.[23]

Exogene Einflüsse

Es wird angenommen, daß der Harrod-neutrale arbeitsvermehrende technische Fortschritt X_t mit einer konstanten Rate γ-1=(X_{t+1}-X_t)/X_t wächst, so daß sich

(2.5) $X_{t+1}=\gamma X_t$

ergibt.[24] Für den Wachstumsfaktor gilt $\gamma\geq 1$.

---

[19] Eine solche Vorgehensweise wird von Uhlig (1997) gewählt. Vgl. Uhlig (1997), S. 7 und S. 7, Fn.7. Gegenüber der üblichen Indexierung mit t stellt dies letztlich nur einen Unterschied in der Notation dar, führt aber zu weniger Verwirrungen als bei der üblichen Notation: $Y_t=A_tF(K_t,N_tX_t)$ bzw. $K_{t+1}=(1-\delta)K_t+I_t$. Dort hängt z.B. I_t von Entscheidungen in der Periode t ab, die Größe K_t kann aber durch Entscheidungen in der Periode t nicht mehr beeinflußt werden. Sie liegt vielmehr durch die Höhe der Investitionen der Vorperiode t-1 schon fest.

[20] Nachfolgend wird meist der Begriff „Kapitalstock" verwendet. Genaugenommen handelt es sich aber um den Kapitaleinsatz in der Periode t.

[21] Vgl. Uhlig (1997), S. 7.

[22] Vgl. King/Plosser/Rebelo (1988a), S. 199.

[23] Vgl. Uhlig (1997), S. 7.

[24] Es muß außerdem $X_0>0$ gelten.

Das Modell wird durch eine Annahme über die totale Faktorproduktivität A_t geschlossen. Eine Möglichkeit besteht darin, $A_t=A=const.$ zu setzen. Es läge dann die zeitdiskrete Version eines neoklassischen Wachstumsmodells vor mit dem einzigen Unterschied, daß hier die Freizeit in der Nutzenfunktion der Individuen berücksichtigt wird, was in den Wachstumsmodellen oft nicht der Fall ist. Eine solche Modellwirtschaft wird einem langfristigen stabilen Gleichgewicht (Steady State) entgegen streben, in dem alle Variablen (außer N_t, L_t und A_t)[25] mit der konstanten Rate γ-1 wachsen.
Die andere Möglichkeit, das Modell zu schließen, ist die Annahme, daß die totale Faktorproduktivität einem autoregressiven Prozeß erster Ordnung (AR(1)-Prozeß) der Form

(2.6) $\ln A_t=\rho \ln A_{t-1}+\varepsilon_t \quad \text{mit } 0\leq\rho\leq 1$

folgt, wobei ε_t eine seriell unkorrelierte Zufallsvariable mit $E(\varepsilon_t)=0$ und $Var(\varepsilon_t)=\sigma_\varepsilon^2$ und ρ den sog. Autokorrelationskoeffizienten darstellen.[26]
In diesem Fall liegt das Grundmodell der realen Konjunkturtheorie, auch Real Business Cycle-Theorie genannt, vor.

Im folgenden soll von der zweiten Möglichkeit Gebrauch gemacht und angenommen werden, daß die totale Faktorproduktivität dem stochastischen Prozeß (2.6) folgt. Dies nicht nur deshalb, weil man mit diesem Modell Konjunkturschwankungen erzeugen kann, wie noch zu zeigen sein wird, sondern auch aufgrund der Tatsache, daß im zweiten Teil der Arbeit die Wirkungen verschiedener fiskalpolitischer Instrumente untersucht werden sollen, die annahmegemäß einem solchen AR(1)-Prozeß folgen. Insofern bildet die Analyse des Grundmodells der RBC-Theorie nicht nur die Möglichkeit, Einblicke in die reale Konjunkturtheorie zu gewinnen, sondern sie ist auch eine gute Grundlage für eine dynamische Analyse der Fiskalpolitik, bei der z.B. auch hinsichtlich des Lösungsverfahrens die Analogie zum RBC-Modell genutzt werden kann. Außerdem wird sich zeigen, daß in einem Modell mit Einkommensteuer und Staatskonsum eine Einkommensteuererhöhung auch als Technologieschock interpretiert werden kann.[27]

2.2. Optimierungsproblem und der deterministische Steady State

Für die später noch darzustellende Lösung des Modells muß der Steady State der Modellökonomie bestimmt werden, um dann eine lineare Approximation in der Umgebung dieses Gleichgewichts durchführen zu können.
Wie aus der neoklassischen Wachstumstheorie bekannt ist, zeichnet sich ein Steady State dadurch aus, daß alle Modellvariablen mit einer konstanten (aber nicht unbedingt gleichen) Rate wachsen. Da in einem stochastischen Modell,

---

[25] Diese Variablen bleiben im langfristigen Gleichgewicht unverändert, wachsen also nicht.
[26] Es muß zusätzlich $A_0>0$ gelten.
[27] Vgl. Abschnitt 4.1.7.

wie es oben beschrieben wurde, konstante Wachstumsraten der Variablen aufgrund der zufälligen Einflüsse wohl nie erreicht werden,[28] setzt man zur Ableitung des Steady States die Innovation ε_t des Prozesses (2.6) gleich ihrem Erwartungswert ($\varepsilon_t=E(\varepsilon_t)=0$) und erzeugt somit ein (quasi-)deterministisches Optimierungsproblem.[29] Zur Bestimmung des Steady States tut man also so, als ob der stochastische Charakter des Modells nicht existieren würde. Man geht somit letztlich von dem oben beschriebenen deterministischen Modell mit $A_t=A=1$ aus, um das langfristige Gleichgewicht (Steady State) der Modellwirtschaft zu generieren.

Der deterministische Steady State kann aus folgendem zentralen Planungsproblem abgeleitet werden:

$$\text{Max} \sum_{t=0}^{\infty} b^t u(C_t, L_t)$$

unter den Nebenbedingungen:

(2.7) $N_t=1-L_t$,

(2.8) $Y_t=C_t+I_t$,

(2.9) $Y_t=A_tF(K_{t-1},N_tX_t)$,

(2.10) $K_t=(1-\delta)K_{t-1}+I_t$,

(2.11) $A_t=1$.

Es handelt sich um ein dynamisches Optimierungsproblem, dessen Lösung auf unterschiedliche Arten erfolgen kann. So kann man Methoden der dynamischen Programmierung[30] oder Methoden der Kontrolltheorie[31] anwenden. Der hier verfolgte Weg besteht jedoch in der Anwendung eines Lagrange-Ansatzes.[32]
Faßt man (2.8) und (2.9) durch Einsetzen in (2.10) zu einer Nebenbedingung zusammen, erhält man folgenden Lagrange-Ansatz,[33] wobei $\tilde{\lambda}_t$ und $\tilde{\omega}_t$ die Lagrangemultiplikatoren darstellen:

$$\Lambda = \sum_{t=0}^{\infty} b^t u(C_t, L_t) + \sum_{t=0}^{\infty} b^t \tilde{\lambda}_t \left[A_t F(K_{t-1}, N_t X_t) - C_t + (1-\delta)K_{t-1} - K_t\right]$$
$$+ \sum_{t=0}^{\infty} b^t \tilde{\omega}_t (1 - L_t - N_t).$$

Daraus ergeben sich die Optimalitätsbedingungen durch

- Ableitung nach C_t:[34]

---

[28] Vgl. Lucke (1998), S. 82.

[29] Vgl. Lucke (1998), S. 82, und Christiano (1988), S. 255.

[30] Vgl. z.B. Sokey/Lucas (1989), Sargent (1987) oder Cooley (1995).

[31] Vgl. dazu z.B. Chiang (1992).

[32] Vgl. Huber (1996), S. 31. Zur Anwendung des Lagrange-Ansatzes auf dynamische Optimierungsprobleme vgl. Chow (1997).

[33] Vgl. Chow (1997), S. 22, King/Rebelo (1998), S. 16 und King/Plosser/Rebelo (1988a), S. 203.

[34] u_i bzw. F_i bezeichnen die jeweilige Ableitung nach dem i-ten Argument.

(2.12) $u_1(C_t,L_t)=\tilde{\lambda}_t$.

- Ableitung nach L_t:
(2.13) $u_2(C_t,L_t)=\tilde{\omega}_t$.

- Ableitung nach N_t:
(2.14) $\tilde{\lambda}_t A_t F_2(K_{t-1},N_t X_t)=\tilde{\omega}_t$.

- Ableitung nach K_t:[35]
(2.15) $b\tilde{\lambda}_{t+1}\left[A_{t+1}F_1(K_t,N_{t+1}X_{t+1})+(1-\delta)\right]=\tilde{\lambda}_t$.

Weiterhin muß eine optimale Wahl von Konsum, Arbeit und Kapitalstock auch noch die beiden Nebenbedingungen erfüllen. Die Ableitung nach $\tilde{\lambda}_t$ ergibt:

(2.16) $K_t=A_tF(K_{t-1},N_tX_t)-C_t+(1-\delta)K_t$ und
die Ableitung nach $\tilde{\omega}_t$:

(2.17) $L_t+N_t=1$.
Schließlich muß noch die sog. Transversalitätsbedingung erfüllt sein:[36]
(2.18) $\lim_{T\to\infty}\left[b^T\tilde{\lambda}_T K_T\right]=0$.

Dabei besagt Gleichung (2.12), daß im Optimum der Grenznutzen des Konsums gerade dem Lagrangemultiplikator $\tilde{\lambda}_t$ entspricht. Allgemein gibt der Lagrangemultiplikator die Änderung des Maximums der Zielfunktion an, wenn man die Nebenbedingung um eine infinitesimale Einheit erhöht.[37] Somit stellt $\tilde{\lambda}_t$ den Nutzenzuwachs dar, wenn man den Output um eine marginale Einheit erhöht. Oder anders ausgedrückt: Es ist der „Preis" gemessen in Nutzeneinheiten, den man zahlen muß, wenn man eine Gütereinheit konsumieren will. In diesem Sinne ist $\tilde{\lambda}_t$ der Schattenpreis einer Outputeinheit. Entsprechend kann Gleichung (2.13) so interpretiert werden, daß im Optimum der „Preis" einer marginalen Einheit Zeit gerade dem Grenznutzen der Freizeit entspricht.
Gleichung (2.14) drückt aus, daß die in Nutzeneinheiten bewertete zusätzliche Produktion aufgrund der Erhöhung der Arbeitszeit um eine marginale Einheit gerade dem Schattenpreis dieser marginalen Zeiteinheit entspricht, also dem

---

[35] Das Zustandekommen dieser Gleichung wird unmittelbar einsichtig, wenn man die Lagrange-Gleichung für die Perioden t und t+1 ausschreibt:
$\Lambda=...+b^t u(C_t,L_t)+b^{t+1}u(C_{t+1},L_{t+1})+...+b^t\tilde{\lambda}_t\left[A_tF(K_{t-1},N_tX_t)-C_t+(1-\delta)K_{t-1}-K_t\right]+$
$b^{t+1}\tilde{\lambda}_{t+1}\left[A_{t+1}F(K_t,N_{t+1}X_{t+1})-C_{t+1}+(1-\delta)K_t-K_{t+1}\right]+....$

[36] Vgl. z.B. Uhlig (1997), S. 8.
[37] Vgl. Dixit (1990), S. 41/42. Vgl. auch Barro/Sala-i-Martin (1998), S. 575.

Nutzenentgang der sich deshalb ergibt, weil die Zeiteinheit nicht für Freizeit sondern für Arbeit eingesetzt wird.
Gleichung (2.15) kann man dahingehend interpretieren, daß der erzeugte zusätzliche Gegenwartsnutzen einer Gütereinheit, die heute (Periode t) nicht konsumiert, sondern gespart wird und damit den Kapitalstock erhöht, gerade dem Nutzenzuwachs entspricht, den man gehabt hätte, wenn man die Gütereinheit heute konsumiert hätte. Der zusätzliche Gegenwartsnutzen ergibt sich dabei, indem man die in Nutzeneinheiten bewertete zusätzliche Produktion aufgrund der zusätzlichen marginalen Kapitaleinheit, vermindert um die Abschreibungen mit der Rate b diskontiert.
Schließlich muß noch die Transversalitätsbedingung (2.18) erfüllt sein, die gewährleistet, daß der diskontierte Wert des am Ende des Planungshorizonts vorhandenen Kapitalstocks gemessen in Nutzeneinheiten null ist. Der Akteur soll also keinen Nutzenentgang dadurch haben, daß er „Endkapital" zurückläßt.[38] Anders ausgedrückt: Wäre dieser Barwert positiv, könnte das Individuum durch Konsumption des Kapitalstocks seinen Nutzen noch steigern, was nicht optimal sein kann.[39]

Wie aus der neoklassischen Wachstumstheorie bekannt ist, ist das Ergebnis dieses dynamischen Optimierungsproblems ein langfristiges Gleichgewicht (Steady State), in dem die Variablen K_t, Y_t, C_t, I_t mit dem konstanten Wachstumsfaktor γ wachsen. Da N_t und L_t durch die Restriktion (2.4) beschränkt sind, muß für diese endogenen Variablen im Steady State gelten:[40]

$\gamma_N = \gamma_L = 1$,

d.h. sie müssen konstant bleiben.
Ein solcher Steady State ist aber nur gewährleistet, wenn außer einem Harrod-neutralen technischen Fortschritt und einer Produktionsfunktion mit konstanten Skalenerträgen, die schon durch die obigen Annahmen gegeben sind, noch bestimmte Restriktionen hinsichtlich der Form der Nutzenfunktion eingehalten werden.[41]

So muß erstens die Nutzenfunktion so gestaltet sein, daß sich im Steady State die von einer Reallohnänderung erzeugten Einkommens- und Substitutionseffekte gerade gegenseitig aufheben.[42] Nur dann ist der Arbeitseinsatz im Steady State konstant. Der Reallohnsatz bzw. das Grenzprodukt der Arbeit im Steady State wächst nämlich aufgrund des arbeitssparenden technischen Fortschritts auch um den Faktor γ. Ein höherer Reallohnsatz hat aber, wie später noch zu

[38] Vgl. Chiang (1992), S. 64 und S. 102.
[39] Vgl. Lessat (1994), S. 13.
[40] Dabei bezeichnet γ_N den Wachstumsfaktor der Arbeit N_t und γ_L den Wachstumsfaktor der Freizeit.
[41] Vgl. King/Plosser/Rebelo (1988a), S. 201.
[42] Vgl. King/Rebelo (1998), S. 15.

zeigen sein wird, einerseits zur Folge, daß die Arbeit attraktiver und somit die Arbeitszeit erhöht bzw. die Freizeit reduziert wird (Substitutionseffekt);[43]andererseits wird, soweit Konsum und Freizeit normale Güter sind, ein Einkommenseffekt induziert, der in Richtung Reduktion der Arbeitszeit und Erhöhung der Freizeit wirkt. Hinsichtlich der Arbeitszeit verhalten sich Einkommens- und Substitutionseffekt also gerade entgegengesetzt. Die Nutzenfunktion muß folglich so gestaltet sein, daß beide Effekte bezüglich ihrer Wirkung auf den Arbeitseinsatz im Steady State gleich groß sind und damit der Arbeitseinsatz konstant bleibt.

Die zweite Anforderung an die Nutzenfunktion ist die Invarianz der intertemporalen Substitutionselastizität des Konsums bezüglich des Konsumniveaus.[44] Im Steady State wächst der Konsum mit dem Faktor γ. Wie durch Kombination der Gleichung (2.12) mit (2.15) ersichtlich ist, muß im Optimum das intertemporale Grenznutzenverhältnis des Konsums gleich dem Ausdruck $A_{t+1}F_1(K_t,N_{t+1}X_{t+1})+(1-\delta)$ sein.[45] Das Grenzprodukt des Kapitals $A_{t+1}F_1(K_t,N_{t+1}X_{t+1})$ ist im Steady State aber konstant, so daß auch das intertemporale Substitutionsverhältnis konstant sein muß. Bei einem stetig wachsenden Konsum kann dies aber nur gewährleistet sein, wenn die Grenznutzenelastizität des Konsums bzw. die Substitutionselastizität[46] des Konsums konstant und unabhängig vom Konsumniveau ist.[47]
Diese Anforderungen werden nur von folgender Klasse von Nutzenfunktionen erfüllt:[48]

---

[43] Es wird Freizeit durch Konsum substituiert, den man sich aufgrund des höheren Arbeitseinsatzes und des höheren Lohnes leisten kann.

[44] Vgl. King/Plosser/Rebelo (1988a), S. 201.

[45] Der Ausdruck ist nichts anders als eins plus dem Bruttozinssatz für die Periode t+1 vermindert um die Abschreibungsrate. Vgl. King/Plosser/Rebelo (1988a), S. 201.

[46] Die Substitutionselastizität kann definiert werden als das Verhältnis der relativen marginalen Änderung der Konsummengenrelation in den Perioden t und t+1 zu der relativen marginalen Änderung der Grenzrate der Substitution (GRS):

$$\sigma_C=(GRS/dGRS)(d(C_t/C_{t+1})/(C_t/C_{t+1}))=-\frac{u_1(c_t,L_t)}{u_1(c_{t+1},L_{t+1})}\frac{1}{d(\frac{u_1(c_t,L_t)}{u_1(c_{t+1},L_{t+1})})}\frac{d\left(\frac{C_t}{C_{t+1}}\right)}{\frac{C_t}{C_{t+1}}}.$$

Wenn t gegen t+1 konvergiert, erhält man: $\sigma_C=-u_1/(cu_{11})$. Dieser Ausdruck stimmt mit dem Kehrwert der Grenznutzenelastizität η_C überein, die die relative marginale Änderung des Grenznutzens bei relativer marginaler Änderung des Konsums beschreibt. Vgl. Barro/Sala-i-Martin (1998), S. 74, Fn. 6.

[47] Vgl. King/Plosser/Rebelo (1988a), S. 201, Heinemann (1995), S.34, King/Rebelo (1998), S.15. Für eine Herleitung bzw. einen Beweis vgl. Niepelt (1997), S. 12-14.

[48] Vgl. King/Plosser/Rebelo (1988a), S. 202. Einen Beweis findet man bei Barro/Sala-i-Martin (1998), S. 377 und S. 381/382, oder bei Niepelt (1997), S. 12-14.

$$(2.19)\ u(C_t,L_t)=\frac{1}{1-\eta_C}C_t^{\,1-\eta_C}v(L_t) \quad \text{für } 0<\eta_C<1 \text{ und } \eta_C>1 \text{ sowie}$$

$$(2.20)\ u(C_t,L_t)=\ln C_t+v(L_t) \quad \text{für } \eta_C=1.$$ [49]

Dabei beschreibt η_C die Grenznutzenelastizität des Konsums und dessen Kehrwert die Substitutionselastizität des Konsums: $\sigma_C=1/\eta_C$. $v(L_t)$ ist eine Funktion der Freizeit und muß – damit die Konkavität der Nutzenfunktion $u(C_t,L_t)$ gewährleistet ist – für $0<\eta_C\leq 1$ zunehmend und konkav und für $\eta_C>1$ abnehmend und konvex sein.[50]

2.3. Stationarisierung der Modellökonomie

Sind die Bedingungen für die Existenz eines Steady States erfüllt, vor allem hinsichtlich der Nutzenfunktion, dann ist es möglich, die dynamische Ökonomie in eine stationäre Ökonomie zu transformieren, indem man die Wachstumskomponente eliminiert. Dies ist zum einen für die Modellanalyse hilfreich und zum anderen nötig, um später die approximative Lösung bestimmen zu können.[51]

Da im Steady State alle Variablen außer A_t und N_t bzw. L_t mit der gleichen Rate, nämlich mit der Rate des Harrod-neutralen technischen Fortschritts γ-1 wachsen, kann die Wachstumskomponente eliminiert werden, wenn man die entsprechenden Variablen durch X_t bzw. $X_0\gamma^t$ dividiert.[52]

Die so transformierte Ökonomie läßt sich somit durch folgende Gleichungen beschreiben:

$y_t=A_tF(k_{t-1},N_t)$,

$y_t=c_t+i_t$,

$\gamma k_t=i_t+(1-\delta)k_{t-1}$,

$N_t=1-L_t$.

Dabei gilt $y_t=Y_t/X_t$, $k_{t-1}=K_{t-1}/X_t$, $c_t=C_t/X_t$, $i_t=I_t/X_t$ und $k_t=K_t/X_{t+1}$. Die transformierte Kapitalakkumulationsgleichung erhält man, indem man (2.2) durch X_t dividiert und berücksichtigt, daß $X_t=X_{t+1}/\gamma$ gilt.

Die Nutzenfunktion wird transformiert zu:

$$U=\sum_{t=0}^{\infty}\beta^t u(c_t,L_t)$$

[49] Selbst wenn im weiteren Verlauf für eine Nutzenfunktion der allgemeine Ausdruck $u(C_t,L_t)$ verwendet wird, ist trotzdem implizit diese Klasse von Nutzenfunktionen gemeint.

[50] Vgl. King/Plosser/Rebelo (1988a), S. 202. Außerdem muß für $\eta_C\neq 1$ noch gelten: $-(1/\eta_C)(v''(L)/v'(L))L>(1-1/\eta_C)(v'(L)/v(L))L$.

[51] Vgl. Lucke (1998), S. 86.

[52] Vgl. Lenz (1995), S. 38.

mit $\beta = b\gamma^{1-\eta_C}$, wobei β einen modifizierten Diskontierungsfaktor darstellt. Für die oben spezifizierte Klasse der Nutzenfunktionen (2.19) und (2.20), die mit einem Steady State vereinbar sind, gilt entsprechend:[53]

$$U = X_0^{1-\eta_C} \sum_{t=0}^{\infty} \beta^t \frac{c_t^{1-\eta_C}}{1-\eta_C} v(L_t) \qquad \text{für } \eta_C \neq 1 \quad \text{und}$$

$$U = \sum_{t=0}^{\infty} \beta^t (\ln c_t + v(L_t) + \ln X_t) \qquad \text{für } \eta_C = 1.$$

Um die Nutzenfunktion in der ursprünglichen Form (2.19) bzw. (2.20) formulieren zu können, wird in der Literatur für die weitere Analyse der Term $X_0^{1-\eta_C}$ bzw. $\ln X_t$ entweder vernachlässigt[54] oder bei der späteren Optimierung in den Lagrangemultiplikator integriert.[55] Eine dritte Möglichkeit, den technischen Fortschritt aus der transformierten Nutzenfunktion zu eliminieren, besteht darin, für den Fall $\eta_C \neq 1$ $X_0=1$ anzunehmen und für den Fall $\eta_C=1$ $X_0=\gamma^{-\beta/(1+\beta)}$ festzulegen,[56] damit $\sum_{t=0}^{\infty} \beta^t \ln X_t = 0$ gilt, was auch in dieser Arbeit geschehen soll. Weiterhin muß gefordert werden, daß $\beta = b\gamma^{1-\eta_C} < 1$ gilt, damit der Gesamtnutzen beschränkt ist[57] und das Optimierungsproblem lösbar bleibt.

Da die ursprüngliche Ökonomie und die transformierte Wirtschaft durch eine einfache Skalierung ($Y_t=y_tX_t$ usw.) miteinander verbunden sind, befindet sich die originäre Ökonomie genau dann im Steady State, wenn die transformierte Ökonomie diesen erreicht hat. Der einzige Unterschied besteht darin, daß in der originären Ökonomie die Variablen (außer A_t und N_t bzw. L_t) mit gleicher Rate wachsen, während sie in der stationären Wirtschaft im Steady State konstant sind.[58]

In der RBC-Theorie wird oft die Wachstumskomponente gar nicht berücksichtigt, d.h man beginnt die Analyse sofort mit der transformierten Ökonomie und geht somit davon aus, daß $\gamma=1$ mit $X_0=1$ gilt.[59]

---

[53] Vgl. Hairault (1995), S. 28.

[54] Vgl. Hairault (1995), S. 28.

[55] Vgl. Heinemann (1995), S. 35.

[56] Vgl. auch Lenz (1995), S. 38. Allerdings ist dort für den Fall $\eta_C=1$ die Annahme für X_0 nicht korrekt.

[57] Vgl. King/Plosser/Rebelo (1988a), S. 203, Lenz (1995), S. 38 und Heinemann (1995), S. 35.

[58] Vgl. King/Rebelo (1998), S. 18.

[59] Vgl. King/Rebelo (1998), S. 16. Eine solche Vorgehensweise findet man zum Beispiel bei Hansen/Wright (1991), Prescott (1986) oder Uhlig (1997). Im übrigen läßt sich der Wachstumsfaktor γ auch dahingehend interpretieren, daß in ihm die Bevölkerungswachstumsrate und die Rate des technischen Fortschritts zusammengefasst werden. γ würde

2.4. Das Marktgleichgewicht für die transformierte Ökonomie

Da in dem bisher dargestellten Modell noch keine Verzerrungen wie z.B. eine Einkommensteuer berücksichtigt wurden, könnte man das dynamische Optimierungsproblem der transformierten Ökonomie auch als Zentralplanungsproblem behandeln und lösen. Gemäß dem zweiten Wohlfahrtstheorem kann das Zentralplanungsgleichgewicht nämlich auch als Wettbewerbsgleichgewicht der dezentralisierten Wirtschaft dargestellt werden.[60] Da aber im weiteren Verlauf der Arbeit (Kapitel 4) Verzerrungen in das Modell eingeführt werden, wird im folgenden für ein Modell immer das Wettbewerbsgleichgewicht der dezentralisierten Wirtschaft ermittelt, das aber für das Grundmodell und für die in Kapitel 3 zu behandelnden Staatsausgabenmodelle noch mit dem (pareto-optimalen) Zentralplanungsgleichgewicht übereinstimmt.

Betrachtet wird nun also eine dezentralisierte Wirtschaft, in der die ökonomischen Entscheidungen von Wirtschaftssubjekten auf Märkten mit vollkommener Konkurrenz getroffen werden. Es existiert eine große Anzahl identischer Haushalte und identischer Unternehmen. Die Haushalte besitzen sowohl den Kapitalstock als auch die Unternehmen und bieten in jeder Periode die Produktionsfaktoren Arbeit und Kapital an, die von den Unternehmen nachgefragt werden. Die Unternehmen produzieren das homogene Gut y_t, das von den Haushalten erworben und entweder konsumiert oder gespart und damit für die Kapitalakkumulation verwendet, also investiert wird.[61]

Die Unternehmen

Eine repräsentative Unternehmung produziert gemäß der Produktionsfunktion

$y_t=A_tF(k_{t-1},N_t)$

und entlohnt die eingesetzten Produktionsfaktoren mit dem Reallohnsatz w_t und dem Zinssatz r_t. Sie maximiert in jeder Periode t ihren Gewinn π_t gemäß

Max $\pi_t = A_tF(k_{t-1},N_t) - w_tN_t - r_tk_{t-1}$.

Daraus erhält man die bekannten notwendigen Bedingungen für ein Gewinnmaximum, nämlich, daß im Optimum der Zinssatz r_t gleich dem Grenzprodukt des Kapitals sein muß und der Reallohnsatz w_t gleich dem Grenzprodukt der Arbeit:

(2.21) $r_t = A_tF_1(k_{t-1},N_t)$,

---

sich dann aus einer „natürlichen" (physischen) Komponente und einer Effizienzkomponente zusammensetzen: $\gamma=1+\zeta_B+\zeta_{TF}$ mit ζ_B als Bevölkerungswachstumsrate („natürliche" Wachstumsrate) und ζ_{TF} als Rate des arbeitsvermehrenden technischen Fortschritts. Vgl. King/Rebelo (1998), S. 16, Fn. 21. In diesem Sinne kann auch die Wahl von $\gamma=1$ begründet werden, nämlich dann, wenn man eine Ökonomie betrachtet, die eine schrumpfende Bevölkerung aufweist und die Schrumpfungsrate gerade so groß ist wie die Fortschrittsrate.

[60] Vgl. King/Plosser/Rebelo (1988a), S. 200, und Cooley/Prescott (1995), S. 7.

[61] Vgl. Stokey/Lucas (1989), S. 23.

(2.22) $w_t = A_t F_2(k_{t-1}, N_t)$.

Für eine linear-homogene Produktionsfunktion gilt außerdem im Gleichgewicht:[62]

$\pi_t = A_t F(k_{t-1}, N_t) - A_t F_1(k_{t-1}, N_t)k_{t-1} - A_t F_2(k_{t-1}, N_t)N_t = 0$,

d.h. das Produkt wird durch die Bezahlung der Produktionsfaktoren voll ausgeschöpft.

Das Entscheidungsproblem der privaten Haushalte

Die Haushalte treffen in jeder Periode drei miteinander verbundene Entscheidungen[63] mit dem Ziel den erwarteten Lebensnutzen zu maximieren:

1. Entscheidung über die Höhe des Arbeitsangebotes N_t bzw. über die Freizeit L_t.
2. Entscheidung über die Höhe des Konsums c_t.
3. Entscheidung über die Höhe der Ersparnis und damit über die Höhe der Kapitalbildung bzw. der Investitionen.

Bei ihren Entscheidungen nehmen die Haushalte die Faktorpreise (den Zinssatz r_t und den Reallohnsatz w_t) sowie den Kapitalstock k_{t-1} als gegeben an.[64]

Der repräsentative Agent muß somit folgendes Problem lösen:

(2.23) Max $U = E_0 \sum_{t=0}^{\infty} \beta^t u(c_t, L_t)$

u.d.N.: $N_t + L_t = 1$,

$c_t + i_t = w_t N_t + r_t k_{t-1} + \pi_t$.

Die zweite Nebenbedingung stellt die Budgetrestriktion der privaten Haushalte dar und besagt, daß der Haushalt gerade das für Konsum und Ersparnis bzw. Investitionen verwenden kann, was er an Arbeitseinkommen $w_t N_t$, Kapitaleinkommen $r_t k_{t-1}$ und Gewinneinkommen π_t zur Verfügung hat. Definiert man $R_t = 1 + r_t - \delta$ als Rendite und berücksichtigt die Kapitalakkumulationsgleichung $i_t = \gamma k_t - (1-\delta)k_{t-1}$ sowie die Tatsache, daß $\pi_t = 0$ gilt, kann man die zweite Nebenbedingung auch schreiben als:

(2.24) $c_t + \gamma k_t = w_t N_t + R_t k_{t-1}$.

Diese Budgetrestriktion gilt in jeder Periode t. Die sog. intertemporale Budgetrestriktion erhält man, indem man k_t sukzessiv eliminiert:[65]

$$E_0[\sum_{t=0}^{\infty} P_t c_t] = E_0[\sum_{t=0}^{\infty} P_t w_t N_t + R_0 k_{0-1} - \lim_{T\to\infty} P_T k_T] \quad \text{mit}$$

[62] Vgl. King/Rebelo (1998), S. 83.

[63] Vgl. King/Rebelo (1998), S. 82.

[64] Vgl. Uhlig (1997), S. 10.

[65] Vgl. Huber (1996), S. 28. Vgl. auch Blanchard/Fisher (1989), S. 50.

$P_t = \frac{\gamma}{R_1}\frac{\gamma}{R_2}...\frac{\gamma}{R_t} = \prod_{j=1}^{t}\frac{\gamma}{R_j}$ für t>0 und $P_t=1$ für t=0.

Damit der Akteur kein sog. Ponzi-Spiel spielen kann, muß $\lim_{T\to\infty} E_0[P_T k_T] = 0$ („No-Ponzi-Game-Bedingung") gelten, d.h. der Grenzwert des diskontierten zukünftigen Kapitalstocks (Kapitalstock am Ende des Planungshorizonts) muß gleich null sein.[66] Der Haushalt darf also ausgedrückt in Gegenwartswerten kein Kapital am Ende des Planungshorizonts „übrig haben".[67] $V_0=R_0k_{0-1}$ stellt das Anfangskapitalvermögen bzw. Anfangskapitaleinkommen dar, das exogen vorgegeben werden muß. Somit erhält man schließlich folgende intertemporale Budgetrestriktion, die verlangt, daß der Barwert aller Konsumausgaben gerade dem Vermögen des Haushalts entsprechen soll:

$$(2.25)\ E_0[\sum_{t=0}^{\infty} P_t c_t] = E_0[\sum_{t=0}^{\infty} P_t w_t N_t + V_0],$$

wobei sich das Vermögen aus Kapitalvermögen V_0 und dem sog. Humanvermögen $E_0[\sum_{t=0}^{\infty} P_t w_t N_t]$ als erwarteten Barwert aller Arbeitseinkommen zusammensetzt.

Der Lagrange-Ansatz zum Optimierungsproblem der Haushalte lautet:

$$\Lambda = E_0[\sum_{t=0}^{\infty}\beta^t u(c_t, L_t) + \sum_{t=0}^{\infty}\beta^t \lambda_t (w_t N_t + R_t k_{t-1} - c_t - \gamma k_t) + \sum_{t=0}^{\infty}\beta^t \omega_t (1 - L_t - N_t)].$$

Daraus folgen die notwendigen Bedingungen:

$u_1(c_t,L_t)=\lambda_t$,

$u_2(c_t,L_t)=\omega_t$,

$\lambda_t w_t=\omega_t$,

$\beta E_t[\lambda_{t+1} R_{t+1}] = \gamma\lambda_t$,

$c_t+\gamma k_t=w_t N_t+R_t k_{t-1}$,

$L_t+N_t=1$.

Das Marktgleichgewicht

In der so beschriebenen dezentralisierten Ökonomie existieren drei Märkte: der Arbeitsmarkt, der Kapitalmarkt und der Gütermarkt. Ein Wettbewerbsgleichgewicht ist gegeben, wenn die Haushalte ihren Nutzen und die Unternehmen ihren Gewinn maximieren, die Faktorpreise durch die Gleichungen (2.21) und (2.22) gegeben sind und wenn auf allen Märkten Angebot und Nachfrage übereinstimmen.

Dies berücksichtigend erhält man ein System von Effizienzbedingungen, das die Modellökonomie im Marktgleichgewicht beschreibt:

[66] Vgl. Huber (1996), S. 28.

[67] Diese Bedingung entspricht der Transversalitätsbedingung (2.18). Vgl. Uhlig (1997), S. 11.

(2.26) $u_1(c_t,L_t)=\lambda_t$,
(2.27) $u_2(c_t,L_t)=\omega_t$,
(2.28) $\lambda_t w_t=\omega_t$,
(2.29) $\beta E_t[\lambda_{t+1} R_{t+1}]=\gamma\lambda_t$,
(2.30) $R_t=1+r_t-\delta$,
(2.31) $w_t=A_t F_2(k_{t-1},N_t)$,
(2.32) $r_t=A_t F_1(k_{t-1},N_t)$,
(2.33) $\gamma k_t=i_t+(1-\delta)k_{t-1}$,
(2.34) $y_t=A_t F(k_{t-1},N_t)$,
(2.35) $y_t=c_t+i_t$,
(2.36) $L_t+N_t=1$.

Schließlich wird das Modell durch den AR(1)-Prozeß
(2.37) $\ln A_t=\rho\ln A_{t-1}+\varepsilon_t$
geschlossen.

Im Marktgleichgewicht wird das obige Gleichungssystem durch die Sequenzen von $\{c_t,y_t,N_t,w_t,r_t,R_t,i_t,k_t,\lambda_t,\omega_t,A_t\}_{t=0}^{\infty}$ erfüllt. Das System von Effizienzbedingungen stimmt mit dem des sozialen Planers überein.[68] Somit ist auch klar, daß die resultierenden Allokationen aus dem zentralen Planungsproblem und dem Wettbewerbsgleichgewicht identisch sind.[69]

2.5. Optimalitätsbedingungen

Um RBC-Modelle überhaupt verstehen zu können, ist es besonders wichtig zu wissen, wie ein solches Modell „funktioniert“, d.h. welche ökonomischen Prozesse ablaufen, wenn die Modellwirtschaft z.B. von einem exogenen Schock getroffen wird, der die totale Faktorproduktivität verändert. Um so mehr verwundert es, daß in der RBC-Literatur die aufgrund eines Schocks einsetzenden Effekte gar nicht oder nur wenig ausführlich dargestellt werden.[70]
Im folgenden sollen diese Effekte idendifiziert, quantifiziert und beschrieben werden, so daß der Mechanismus, der solchen Modellen zugrunde liegt, gut nachvollziehbar ist. Denn letztlich kann man die Reaktionen des Modells auf Technologie- und Fiskalschocks stets auf das Zusammenwirken dieser Effekte zurückführen.
Dabei wird im folgenden immer in zwei Schritten vorgegangen: Zunächst werden die Optimalitätsbedingungen abgeleitet, die sich aufgrund des individuellen Entscheidungskalküls ergeben. Dies sind die Entscheidungen zwischen Konsum

---

[68] Dies folgt aus den beiden Theoremen der Wohlfahrtsökonomik. Vgl. King/Rebelo (1998), S. 84.
[69] Vgl. Azariadis (1993), S. 212. Vgl. dazu auch Stokey/Lucas (1989), S. 22-28.
[70] So z.B. bei Lucke (1998), Lenz (1995) oder Niepelt (1997). Eine Ausnahme bilden King/Rebelo (1998).

heute und Freizeit heute, zwischen Konsum heute und Konsum morgen und zwischen Freizeit heute und Freizeit morgen.[71] Anhand dieser Bedingungen kann man schon sehr gut die qualitativen Modellmechanismen erkennen, unabhängig von einer speziellen Produktions- oder Nutzenfunktion. Eine Quantifizierung der Effekte und eine genaue Beschreibung der Modellreaktionen ist aber ohne eine Spezifizierung der Produktions- und Nutzenfunktionen nicht möglich. In einem zweiten Schritt werden deshalb immer anhand einer spezifizierten Modellökonomie die Reaktionen durch eine Aufteilung in Vermögens-, Zins- und Lohneffekte genau beschrieben und quantifiziert (vgl. Abschnitt 2.9.).

Zunächst werden aus dem Gleichungssystem (2.26) bis (2.37), das die Modellökonomie beschreibt, die drei folgenden Optimalitätsbedingungen abgeleitet.

Intratemporale Optimalitätsbedingung

Durch die Kombination der Bedingungen (2.26) bis (2.28) mit Gleichung (2.36), erhält man die sog. intratemporale Optimalitätsbedingung. Sie besagt, daß im Optimum das Verhältnis der Grenznutzen von Freizeit und Konsum gleich dem Reallohnsatz sein muß:

$$(2.38)\ \frac{u_2(c_t, L_t)}{u_1(c_t, L_t)} = \frac{\omega_t}{\lambda_t} = w_t .$$

Schreibt man die Bedingung um zu $u_2(c_t,L_t)=w_t u_1(c_t,L_t)$, so kann die Interpretation dahingehend erfolgen, daß im Optimum der Grenznutzen einer als Freizeit verwendeten marginalen Zeiteinheit gerade dem Nutzen entspricht, der entstehen würde, wenn man diese marginale Zeiteinheit als Arbeitszeit verwenden und das dadurch erzielte Einkommen konsumieren würde.[72] Die Bedingung (2.38) beschreibt somit auch das Substitutionsverhältnis, das aufgrund der individuellen Präferenzen zwischen Konsum in der Periode t und Freizeit in der Periode t besteht.

Durch einen höheren Lohnsatz w_t wird die Arbeit attraktiver bzw. die Opportunitätskosten der Freizeit steigen. Aus Bedingung (2.38) wird deutlich, daß der Grenznutzen der Freizeit steigen bzw. der Grenznutzen des Konsums sinken muß, um weiterhin eine optimale Allokation zu gewährleisten. Da die Nutzenfunktion abnehmende Grenznutzen aufweist, ist dies nur möglich, wenn die Freizeit sinkt bzw. der Konsum steigt. Das Individuum wird also die Arbeitszeit erhöhen (Freizeit reduzieren), was den Grenznutzen der Freizeit erhöht und wird das wegen der Mehrarbeit entstehende höhere Einkommen (zumindest teilweise) zur Konsumerhöhung verwenden, so daß $u_1(c_t,L_t)$ sinkt. Diese Substitution von

[71] Vgl. Mankiw/Rotemberg/Summers (1985), S. 230.
[72] Vgl. Coenen (1997), S. 17.

Freizeit durch Konsum wird solange durchgeführt, bis Bedingung (2.38) wieder erfüllt ist.

Erste intertemporale Optimalitätsbedingung

Nun wird die Substitutionsbeziehung zwischen Konsum heute und Konsum morgen analysiert. Durch Kombination der Bedingungen (2.26) und (2.29) erhält man folgende intertemporale Optimalitätsbedingung:

$$(2.39)\quad E_t\left[\frac{\gamma u_l(c_t, L_t)}{\beta u_l(c_{t+1}, L_{t+1})}\right] = E_t[R_{t+1}].$$

Im Optimum entspricht das erwartete Verhältnis der Grenznutzen des Konsums in der Periode t zum Konsum in der Periode t+1 (Grenzrate der Substitution) dem intertemporalen Preisverhältnis zwischen Konsum heute und Konsum morgen, und das ist gerade gleich der erwarteten Rendite.

Stellt man die Bedingung um, erhält man $\gamma u_l(c_t,L_t)=\beta E_t[u_l(c_{t+1},L_{t+1})R_{t+1}]$. Der Grenznutzen der marginalen Konsumeinheit in der Periode t entspricht im Optimum gerade dem erwarteten Gegenwartsnutzen, der sich ergibt, wenn man die marginale Einheit sparen und diese zusätzliche Kapitaleinheit entsprechend verzinst erst in Periode t+1 konsumieren würde.[73]

Kommt es zu einer Zinssteigerung, so wird es für den Agenten attraktiver, heute nicht zu konsumieren, sondern zu sparen (investieren), um dann in der Periode t+1 den Konsum ausweiten zu können. Dies führt dazu, daß der Grenznutzen des Konsums in Periode t steigt, während der Grenznutzen für t+1 sinkt. Diese Substitution von Gegenwartskonsum durch Zukunftskonsum findet solange statt, bis die Bedingung (2.39) wieder erfüllt ist. Die Kapitalbildung wird also als Vehikel zur intertemporalen Substitution des Konsums benutzt.

Die Substitutionselastizität bestimmt dabei das Ausmaß der Substitutionsbereitschaft. Sie entspricht dem Kehrwert der Elastizität des Grenznutzens des momentanen Konsums.[74] Dieser wiederum kann als Maß für die relative Risikoaversion herangezogen werden.[75] Die in dieser Arbeit unterstellten isoelastischen Nutzenfunktionen weisen eine konstante relative Risikoaversion auf,[76] so daß die Risikoneigung invariant gegenüber verschiedenen Vermögensniveaus ist.[77]

---

[73] Vgl. Coenen (1997), S. 17.

[74] Vgl. Maußner/Klump (1996), S. 121.

[75] Vgl. Clemens (1998), S. 103. Vgl. zu den beiden Risikoaversionsmaßen (Maß der absoluten Risikoaversion und Maß der relativen Risikoaversion) Arrow (1965) und Pratt (1964).

[76] Deshalb werden diese Nutzenfunktionen auch CRRA-Nutzenfunktionen genannt (CRRA= constant-relative-risk-aversion). Vgl. Romer (1996), S. 40.

[77] Vgl. Clemens (1998), S. 103.

Je größer die Elastizität des Grenznutzens und damit die Risikoaversion ist, desto weniger sind die Haushalte gewillt, den Konsum über die Zeit schwanken zu lassen.[78] Sie werden Vorsichtsersparnisse bilden bzw. auflösen und damit Konsumglättung betreiben. Strebt die Substitutionselastizität gegen unendlich bzw. geht die Risikoaversion gegen null, so nähert sich die Nutzenfunktion einer linearen Form.[79] Die Haushalte weisen dann Risikoneutralität auf und sind mithin indifferent hinsichtlich des Konsumzeitpunktes.

Zweite intertemporale Optimalitätsbedingung

Um die Wirkungen einer Zinsänderung auf das Arbeitsangebot und um die Substitutionsbeziehungen zwischen Freizeit heute und Freizeit morgen darzustellen, kann man noch eine dritte Optimalitätsbedingung ableiten, die sich aus den beiden ersten Bedingungen (2.38) und (2.39) ergibt und somit redundant ist, d.h. diese Bedingung ist immer erfüllt, wenn die beiden ersten Bedingungen auch erfüllt sind.[80] Die dritte Bedingung erhält man durch Umformung von Gleichung (2.38) zu $u_1(c_t,L_t)=u_2(c_t,L_t)/w_t$ und Einsetzen in (2.39) für die Perioden t und t+1:

$$(2.40)\quad E_t\left[\frac{\gamma u_2(c_t,L_t)}{\beta u_2(c_{t+1},L_{t+1})}\right]=E_t\left[\frac{w_t}{w_{t+1}}R_{t+1}\right].$$

Es ist zwar richtig, daß man Freizeit nicht intertemporal transferieren kann[81] in dem Sinne, daß man sie anspart und die „angesammelte Freizeit" später wieder abbaut, aber es ist doch möglich im Hinblick z.B. auf sich ändernde Lohnsätze heute mehr (weniger) zu arbeiten und morgen weniger (mehr), weil der Lohn in der nächsten Periode niedriger (höher) sein wird. Die gegenwärtige Arbeitszeit wird also auf Kosten (zugunsten) zukünftiger Arbeitszeit ausgedehnt (eingeschränkt).

Stellt man die Bedingung (2.40) um zu $\gamma u_2(c_t,L_t)=\beta E_t[u_2(c_{t+1},L_{t+1})w_tR_{t+1}/w_{t+1}]$, zeigt sich, daß im Optimum der Grenznutzen einer marginalen Freizeiteinheit gerade dem erwarteten Gegenwartsnutzen entspricht, der sich ergibt, wenn man die marginale Zeiteinheit für Arbeit verwenden würde, den erzielten Reallohn w_t sparen würde, und es das zusätzliche verzinste Kapital in der Periode t+1 erlaubt, die Freizeit zu erhöhen und damit auf den Reallohn w_{t+1} zu verzichten.

Durch eine Erhöhung des Lohnsatzes w_t wird die Arbeit in der Periode t im Vergleich zur Arbeit in der Periode t+1 attraktiver,[82] was das Individuum dazu veranlaßt, in der Periode t mehr zu arbeiten und in der Periode t+1 entsprechend

---

[78] Vgl. Romer (1996), S. 40.

[79] Vgl. Barro/Sala-i-Martin (1998), S. 74.

[80] Vgl. Mankiw/Rotemberg/ Summers (1985), S. 231.

[81] Vgl. Rauch (1995), S. 404.

[82] Es wird hier angenommen, daß entweder w_{t+1} unverändert bleibt oder sich weniger erhöht, so daß w_t/w_{t+1} steigt.

weniger. Mithin sinkt der Grenznutzen der Freizeit in der Periode t+1, während derjenige in Periode t steigt, bis die Optimalitätsbedingung wieder erfüllt ist. Möglich wird dies dadurch, daß in der Periode t ein Teil des zusätzlichen Einkommens gespart wird, um auch in der nächsten Periode ein höheres Einkommen zu haben, das eine Reduktion der Arbeitszeit zuläßt. Die Kapitalbildung fungiert also auch als Vehikel zur intertemporalen Substitution der Freizeit bzw. der Arbeit.[83]

Es zeigt sich auch, daß die Ausweitung des Arbeitsangebotes in der Periode t um so größer sein wird, je stärker sich das Verhältnis w_t/w_{t+1} erhöht. Handelt es sich nämlich nur um einen temporären Schock ($\rho=0$), wird die Differenz zwischen w_t und w_{t+1} größer sein, als bei einem persistenten Schock (z.B $\rho=0{,}95$), bei dem die totale Faktorproduktivität bzw. das Grenzprodukt der Arbeit auch noch in den folgenden Perioden über dem Ausgangsniveau liegt. Wenn sich also der Schock nur langsam abbaut, wird die Differenz zwischen den beiden Lohnsätzen in jeder Periode nur gering sein, so daß insgesamt der Effekt auf das Arbeitsangebot klein ist. Somit hängt die Größe des intertemporalen Substitutionseffekts von der Persistenz des Schocks ab.[84]
Gemäß der Bedingung (2.40) führt eine höhere erwartete Rendite genauso wie der gestiegene Lohnsatz zu einer Reduktion der Freizeit in der Periode t (Erhöhung der Arbeitszeit) und einer Reduktion der Arbeitszeit in der Periode t+1.

2.6. Spezifizierung der Modellökonomie

Um genauere Aussagen über die Modelleigenschaften treffen und um später die Effekte eines Schocks quantitativ erfassen zu können, wird nun eine Spezifizierung der Produktionsfunktion und der Nutzenfunktion vorgenommen.
Die Technologie der Wirtschaft wird durch eine linear-homogene Cobb-Douglas-Produktionsfunktion spezifiziert:

(2.41) $y_t=A_t k_{t-1}^{\,1-\alpha} N_t^{\alpha}$,

wobei der Parameter α die Produktionselastizität der Arbeit und $1-\alpha$ die Produktionselastizität des Kapitals bezeichnet.
Die Präferenzen der privaten Haushalte werden durch eine additiv separable Nutzenfunktion beschrieben, wie sie in zahlreichen RBC-Modellen verwendet wird:[85]

---

[83] Vgl. Maußner (1994), S. 62.

[84] Ein persistenter Schock hat im Vergleich zu einem temporären nicht nur einen größeren Vermögenseffekt (vgl. King/Rebelo (1998), S. 43), sondern auch einen kleineren Substitutionseffekt der zu einer geringeren Ausweitung des Arbeitsangebotes führt.

[85] So zum Beispiel von King/Plosser/Rebelo (1988a), S. 213, Campbell (1994), S. 482, Christiano/Eichenbaum (1992), S. 433, Heinemann (1995), S. 47, Lucke (1998), S. 81, Burnside/Eichenbaum/Fisher (1999), S. 16.

$$(2.42)\, u(c_t,L_t)=\ln c_t+\frac{\theta}{1-\eta}(L_t^{1-\eta}-1).$$

η stellt die konstante Grenznutzenelastizität der Freizeit dar. Ihr Kehrwert ergibt die Substitutionselastizität bezüglich der Freizeit $\sigma_L=1/\eta$. Für $\eta\rightarrow 1$ liegt eine logarithmische Nutzenfunktion $u(c_t,L_t)=\ln c_t+\theta \ln L_t$ vor. Der Parameter θ wird später bei der Kalibrierung des Modells so festgelegt, daß der gewählte Steady-State-Wert für den Arbeitseinsatz (z.B. N=0,2) realisiert wird.[86] Die Nutzenfunktion (2.42) erfüllt die oben aufgeführten Anforderungen zur Gewährleistung eines konstanten Arbeitseinsatzes im Steady State.

Die Modellökonomie (2.26) bis (2.37) wird somit wie folgt spezifiziert:

$$(2.43)\, c_t^{-1}=\lambda_t,$$
$$(2.44)\, \theta L_t^{-\eta}=\omega_t,$$
$$(2.45)\, \lambda_t w_t=\omega_t,$$
$$(2.46)\, \beta E_t[\lambda_{t+1} R_{t+1}]=\gamma\lambda_t,$$
$$(2.47)\, R_t=1+r_t-\delta,$$
$$(2.48)\, w_t=\alpha\frac{y_t}{N_t},$$
$$(2.49)\, r_t=(1-\alpha)\frac{y_t}{k_{t-1}},$$
$$(2.50)\, \gamma k_t=i_t+(1-\delta)k_{t-1},$$
$$(2.51)\, y_t=A_t k_{t-1}^{1-\alpha} N_t^{\alpha},$$
$$(2.52)\, y_t=c_t+i_t,$$
$$(2.53)\, L_t+N_t=1,$$
$$(2.54)\, \ln A_t=\rho \ln A_{t-1}+\varepsilon_t.$$

Durch Kombination der Gleichungen (2.43) bis (2.45) und unter Berücksichtigung von (2.53) erhält man, wie schon in Abschnitt 2.5. allgemein dargestellt, die intratemporale Optimalitätsbedingung:

$$(2.55)\, \frac{c_t\theta}{(1-N_t)^{\eta}}=w_t.$$

Aus (2.46) wird nun die erste intertemporale Optimalitätsbedingung abgeleitet.[87] Um den Schattenpreis λ_t bzw. λ_{t+1} zu eliminieren, wird (2.43) in (2.46) eingesetzt:

---

[86] Vgl. King/Rebelo (1998), S. 26.

[87] Wie bereits in Abschnitt 2.5. erwähnt, ist die zweite intertemporale Optimalitätsbedingung redundant, so daß es an dieser Stelle ausreichend ist, die intratemporale und die erste intertemporale Optimalitätsbedingung zu betrachten.

$$(2.56)\ \frac{\beta}{\gamma}E_t\left[\frac{c_t}{c_{t+1}}R_{t+1}\right]=1.$$

Die spezifizierte Modellwirtschaft wird somit durch die beiden Optimalitätsbedingungen (2.55) und (2.56) sowie durch die Gleichungen (2.47) bis (2.54) beschrieben.[88]

Im Steady State sind die Variablen konstant, so daß auf die Zeitindizes verzichtet werden kann. Es gilt für jede Variable $x_{t+1}=x_t=x_{t-1}=x$. Ferner wird zur Bestimmung des Steady States Gewißheitsäquivalenz unterstellt und mithin von den stochastischen Schocks abstrahiert.[89] Man geht also zur Bestimmung des Steady States von einer quasi-deterministischen Ökonomie aus.[90]

Durch Weglassen der Zeitindizes in den Gleichungen (2.47) bis (2.56) ergeben sich somit folgende Steady-State-Beziehungen:

$$(2.57)\ c=\frac{(1-N)^{\eta}}{\theta}w,$$

$$(2.58)\ 1=\frac{\beta}{\gamma}R,$$

$$(2.59)\ \gamma k= i+(1-\delta)k,$$

$$(2.60)\ R=(1-\alpha)\frac{y}{k}+(1-\delta),$$

$$(2.61)\ r=(1-\alpha)\frac{y}{k},$$

$$(2.62)\ w=\alpha\frac{y}{N},$$

$$(2.63)\ y=Ak^{1-\alpha}N^{\alpha},$$

$$(2.64)\ y=c+i.$$

Die Steady-State-Größen können nun noch explizit bestimmt werden. Dazu löst man zunächst Gleichung (2.58) nach R auf, womit man als Rendite im Steady State $R=\gamma/\beta$ erhält. Damit kann die Kapitalproduktivität y/k bzw. der Kapitalkoeffizient k/y abgeleitet werden, indem man $R=\gamma/\beta$ in Gleichung (2.60) einsetzt:

---

[88] Das Gleichungssystem könnte auch leicht auf 3 Gleichungen reduziert werden. Allerdings geht dann vielleicht bei der Linearisierung der Gleichungen die Übersichtlichkeit verloren, so daß hier das übersichtlichere System mit 10 Gleichungen bevorzugt wird.

[89] Man setzt die „Innovation" ε_t gleich ihrem Erwartungswert. Vgl. Lenz (1995), S. 36.

[90] Vgl. Lucke (1998), S. 82.

$$\frac{y}{k}=\frac{\frac{\gamma}{\beta}-1+\delta}{1-\alpha} \quad \text{bzw.} \quad \frac{k}{y}=\frac{1-\alpha}{\frac{\gamma}{\beta}-1+\delta}.$$

Die errechnete Kapitalproduktivität kombiniert man nun mit der Produktionsfunktion (2.63), um k bzw. k/N zu bestimmen. Der Wert für k dient dann dazu, den Steady-State-Output y zu generieren. Aus Gleichung (2.59) kann $i=(\gamma-1+\delta)k$ abgeleitet werden. Dies wiederum wird benutzt, um aus (2.64) den Steady-State-Konsum c zu berechnen. Schließlich muß aus (2.57) noch der Parameter θ bestimmt werden und zwar gerade so, daß bei gegebener Grenznutzenelastizität der Freizeit η und dem schon errechneten Konsum c der vorgegebene Wert für den Steady-State-Arbeitseinsatz N realisiert wird: $\theta=((1-N)^{\eta}/c)\alpha y/N$.

2.7. Linearisierung

Außerhalb des Steady States stellt das hier betrachtete Modell ein System nichtlinearer Gleichungen dar. Diese Nichtlinearitäten werden durch die Verknüpfung von multiplikativen Elementen wie die Cobb-Douglas-Produktionsfunktion mit additiven Elementen wie die Kapitalakkumulation und die Kapitalabschreibung hervorgerufen.[91] Eine exakte analytische Lösung des Modells ist somit nicht möglich. Es ist deshalb erforderlich, eine Näherungslösung zu finden. Das geschieht, indem man das System in der Umgebung des Steady States linearisiert[92] und so tut, als ob die Abweichungen der Variablen vom Steady State diesem linearen System gehorchten. Diese Vorgehensweise ist für hinreichend kleine Abweichungen vom Steady State vertretbar, da sich dann die Ergebnisse des linearen Systems nicht sehr stark von denen des tatsächlichen nichtlinearen Systems unterscheiden.[93]

Das Prinzip der sog. Log-Linearisierung[94] besteht darin, eine sogenannte Taylor-Approximation um den Steady State zu bilden mit dem Ziel, alle Gleichungen approximativ als lineare Funktionen auszudrücken.[95] Die Linearisierung selbst erweist sich für den Einsteiger oft als Buch mit sieben Siegeln: *„...one might be under the impression, that magic and quite a bit of cleverness is involved in deriving the results.“*[96] Im folgenden soll eine Linearisierungsmethode aus-

---

[91] Vgl. Campbell (1994), S. 464. Die Nichtlinearitäten verschwinden nur, wenn man vollständige Kapitalabschreibungen ($\delta=1$) und eine logarithmische Nutzenfunktion unterstellt. Nur in diesem Fall kann eine analytische Lösung erfolgen. Vgl. Campbell (1994), S. 468. Ein solches einfaches Modell betrachtet z.B. McCallum (1989).

[92] Vgl. King/Plosser/Rebelo (1988a), S. 204.

[93] Zur Beurteilung der Qualität dieser Näherungslösungen vgl. z.B. Heinemann (1995), S. 42-46, oder Dotsey/Mao (1992).

[94] Obwohl hier der natürliche Logarithmus Anwendung findet, wird der Ausdruck „log“ verwendet, da das in der angelsächsischen Literatur so üblich ist.

[95] Vgl. Uhlig (1997), S. 4.

[96] Uhlig (1997), S. 4.

führlich dargestellt werden, um zu zeigen, daß keinerlei Magie und nur etwas Cleverness für die Durchführung der Linearisierung erforderlich ist.
Grundlage für die Linearisierung ist die Taylor-Approximation, nach der eine Funktion $f(x_t)$ am Punkt x (hier ist dies der Steady State) durch folgenden Zusammenhang angenähert werden kann:[97]

(2.65) $f(x_t)=f(x)+f'(x)(x_t-x)$ oder (2.65a) $f(x_t)-f(x)=f'(x)(x_t-x)$.

Es gibt zahlreiche unterschiedliche Methoden, wie die Linearisierung durchgeführt wird.[98] Hier wird die letztlich wohl einfachste Methode ausführlich vorgestellt.[99]

Jede Variable x_t wird nun als relative Abweichung vom Steady State dargestellt:[100]

$$\hat{x}_t = \ln x_t - \ln x \approx \frac{x_t - x}{x}.$$

$100\,\hat{x}_t$ beschreibt dabei näherungsweise die prozentuale Abweichung der Größe x_t von ihrem Steady-State-Niveau x.

Um die prinzipielle Einfachheit der Linearisierungstechnik zu demonstrieren, sollen zunächst einige „Bildungsgesetze" aufgezeigt werden. So ist es wichtig, sich klar zu machen, daß folgendes gilt:[101]

$$x_t = x e^{\hat{x}_t}.$$

Der Ausdruck $e^{\hat{x}_t}$ kann mit $(1+\hat{x}_t)$ approximiert werden:

$$e^{\hat{x}_t} \approx (1+\hat{x}_t).$$

Dies kann man mit Hilfe von Gleichung (2.65) zeigen. Man bildet folgenden funktionalen Zusammenhang: $f(\hat{x}_t)=e^{\hat{x}_t}$. Weiterhin muß man berücksichtigen, daß der Steady-State-Wert von $\hat{x}_t$ den Wert null annehmen muß ($\hat{x}=0$), weil definitionsgemäß im Steady State keine Abweichung vom Steady State existieren kann. Somit gilt auch: $f(\hat{x})=e^0=1$ und $f'(\hat{x})=e^0=1$. Setzt man nun in Gleichung (2.65) ein, folgt: $e^{\hat{x}_t} \approx (1+\hat{x}_t)$.
Damit ergibt sich insgesamt:

---

[97] Es handelt sich hierbei um eine sog. Taylorsche Entwicklung erster Ordnung. f'(x) bezeichnet dabei die erste Ableitung an der Stelle x.

[98] Als Beispiel für eine komplizierte Vorgehensweise vgl. Niepelt (1997), S. 17.

[99] Diese ausführliche Behandlung erfolgt ganz bewußt, gerade weil die Linearisierung in der Literatur etwas nebulös dargestellt und der Anschein erweckt wird, daß die oben angesprochene Magie im Spiel ist.

[100] Die hier angewendete Technik der Linearisierung orientiert sich an Uhlig (1997), S. 4-5.

[101] Für eine allgemeine Darstellung dieses Zusammenhangs vgl. Lucke (1998), S. 89. Es gilt $x_t = x e^{\hat{x}_t} = x e^{\ln x_t - \ln x}$. Logarithmieren ergibt:
$\ln x_t = \ln x + \ln e^{\hat{x}_t} = \ln x + \ln e^{\ln x_t - \ln x} = \ln x + \ln x_t - \ln x = \ln x_t$.

$x_t \approx x(1+\hat{x}_t)$

bzw. für $1/x_t$ entsprechend:

$\frac{1}{x_t} \approx \frac{1}{x}(1-\hat{x}_t)$.

Wenn ein konstanter Faktor a vor der Variable x steht, gilt analog:

$ax_t = ae^{\hat{x}_t} \approx ax(1+\hat{x}_t)$.

Ist ein Ausdruck x_t^b mit b als Konstante gegeben, so ergibt sich als Approximation:

$x_t^b = e^{b\hat{x}_t} \approx x^b(1+b\hat{x}_t)$.

Schließlich muß beachtet werden, daß $\hat{x}_t$ eine Größe nahe null ist, so daß für das Produkt zweier solcher Größen gilt:

$\hat{x}_t\hat{y}_t \approx 0$,

wobei $\hat{y}_t$ die prozentuale Abweichung vom Steady State für eine Variable y_t beschreibt.

Diese wenigen Regeln reichen aus, um die Gleichungen des Grundmodells linear zu approximieren. Sie sollen nun auf das vorliegende Gleichungssystem angewendet werden, das aus Gründen der Übersichtlichkeit hier noch einmal zusammenfassend dargestellt wird:

(2.66) $N_t+L_t=1$,

(2.67) $\lambda_t = \frac{1}{c_t}$,

(2.68) $c_t = \frac{L_t^{\eta}}{\theta} w_t$,

(2.69) $1 = \frac{\beta}{\gamma} E_t\left[\frac{c_t}{c_{t+1}} R_{t+1}\right]$,

(2.70) $R_t = 1+r_t-\delta$,

(2.71) $r_t = (1-\alpha)\frac{y_t}{k_{t-1}}$,

(2.72) $w_t = \alpha \frac{y_t}{N_t}$,

(2.73) $\gamma k_t = i_t + (1-\delta)k_{t-1}$,

(2.74) $y_t = A_t k_{t-1}^{1-\alpha} N_t^{\alpha}$,

(2.75) $y_t = c_t + i_t$,

(2.76) $\ln A_t = \rho \ln A_{t-1} + \varepsilon_t$.

Zeitbudgetgleichung

Zunächst wird Gleichung (2.66) linearisiert. Durch Anwendung der obigen Regeln ergibt sich:

$Ne^{\hat{N}_t} + Le^{\hat{L}_t} = 1$.

Diese Gleichung kann approximiert werden durch:

$N(1+\hat{N}_t) + L(1+\hat{L}_t) \approx 1 \Rightarrow \quad N + N\hat{N}_t + L + L\hat{L}_t \approx 1$.

Nun muß man berücksichtigen, daß im Steady State N+L=1 gilt, womit sich die Gleichung vereinfacht zu:

$$N\hat{N}_t + L\hat{L}_t \approx 0 \qquad \text{oder} \quad \hat{L}_t \approx -\frac{N}{L}\hat{N}_t.$$

Setzt man für L nun (1-N) ein, ergibt sich:

$$\hat{L}_t \approx -\frac{N}{(1-N)}\hat{N}_t.$$

Schattenpreis

Die Schattenpreisgleichung (2.67) kann geschrieben werden als

$\lambda e^{\hat{\lambda}_t} = \frac{1}{c} e^{\frac{1}{\hat{c}_t}}$ und wird wie folgt approximiert:

$\lambda(1+\hat{\lambda}_t) \approx \frac{1}{c}(1-\hat{c}_t)$. Da $\lambda=1/c$ gilt, läßt sich ableiten:

$\hat{\lambda}_t \approx -\hat{c}_t$.

Intratemporale Optimalitätsbedingung

Nun soll die intratemporale Optimalitätsbedingung (2.68) linearisiert werden. Man erhält dann durch Anwendung der obigen Regeln:

$$ce^{\hat{c}_t} = \frac{1}{\theta} L^{\eta} e^{\eta \hat{L}_t} w e^{\hat{w}_t}.$$

Diese Gleichung kann nun approximiert werden durch:

$$c(1+\hat{c}_t) \approx \frac{L^{\eta}}{\theta} w(1+\eta\hat{L}_t)(1+\hat{w}_t).$$

Da $\hat{L}_t \hat{w}_t \approx 0$ und $L^{\eta}w/\theta=c$ gilt, folgt daraus:

$\hat{c}_t \approx \eta\hat{L}_t + \hat{w}_t$.

Durch Einsetzen der linearisierten Zeitbudgetgleichung erhält man schließlich:

$$\hat{c}_t \approx -\frac{N\eta}{(1-N)}\hat{N}_t + \hat{w}_t.$$

Intertemporale Optimalitätsbedingung

Nun wird analog die intertemporale Optimalitätsbedingung (2.69) linearisiert.

$$1 = \frac{\beta}{\gamma} E_t\left[\frac{ce^{\hat{c}_t}}{ce^{\hat{c}_{t+1}}} Re^{\hat{R}_{t+1}}\right] \Rightarrow 1 \approx \frac{\beta}{\gamma} E_t\left[\frac{c}{c}(1+\hat{c}_t)(1-\hat{c}_{t+1})R(1+\hat{R}_{t+1})\right]$$

Da im Steady State $R\beta/\gamma=1$ gilt, vereinfacht sich die Gleichung zu

$1 \approx E_t[(1+\hat{c}_t)(1-\hat{c}_{t+1})(1+\hat{R}_{t+1})]$

$\Rightarrow 1 \approx E_t[(1+\hat{c}_t-\hat{c}_{t+1}+\hat{R}_{t+1}+\hat{c}_t\hat{R}_{t+1}-\hat{c}_{t+1}\hat{R}_{t+1}-\hat{c}_t\hat{c}_{t+1}-\hat{c}_t\hat{c}_{t+1}\hat{R}_{t+1})]$.

Wegen $\hat{c}_t\hat{R}_{t+1} \approx 0$, $\hat{c}_{t+1}\hat{R}_{t+1} \approx 0$, $\hat{c}_t\hat{c}_{t+1} \approx 0$ und $\hat{c}_t\hat{c}_{t+1}\hat{R}_{t+1} \approx 0$ erhält man:

$0 \approx E_t[\hat{c}_t-\hat{c}_{t+1}+\hat{R}_{t+1}]$.

Die Renditegleichung

Ausgangspunkt ist hier die Gleichung (2.70). Die Approximation ergibt: $R(1+\hat{R}_t) \approx r(1+\hat{r}_t)+(1-\delta)$. Da $R=r+(1-\delta)$ gilt, vereinfacht sich der Ausdruck zu:

$R\hat{R}_t \approx r\hat{r}_t$.

Der Zinssatz

Aus Gleichung (2.71) wird die linearisierte Zinsgleichung abgeleitet:

$r(1+\hat{r}_t) \approx (1-\alpha)\frac{y}{k}(1+\hat{y}_t)(1-\hat{k}_{t-1})$. Wegen $\hat{y}_t\hat{k}_{t-1} \approx 0$ und $r=(1-\alpha)y/k$ ergibt sich:

$\hat{r}_t \approx \hat{y}_t - \hat{k}_{t-1}$.

In analoger Weise kann man nun ableiten für:

- den Lohnsatz

$\hat{w}_t \approx \hat{y}_t - \hat{N}_t$,

- die Kapitalakkumulationsgleichung

$\gamma k\hat{k}_t \approx i\hat{i}_t + (1-\delta)k\hat{k}_{t-1}$,

- die Produktionsfunktion

$\hat{y}_t \approx \hat{A}_t + (1-\alpha)\hat{k}_{t-1} + \alpha\hat{N}_t$,

- die Ressourcenbeschränkung

$y\hat{y}_t \approx c\hat{c}_t + i\hat{i}_t$.

Der Technologieschock

Schließlich muß auch noch die Gleichung für den Technologieschock (2.76) umgeformt werden. Es handelt sich hier um keine Approximation, da die Gleichung für A=1 auch noch nach der Umformung exakt erfüllt ist, wobei A die totale Faktorproduktivität im Steady State bezeichnet.

$\ln(Ae^{\hat{A}_t}) = \rho\ln(Ae^{\hat{A}_t}) + \varepsilon_t \Rightarrow \ln A + \ln e^{\hat{A}_t} = \rho(\ln A + \ln e^{\hat{A}_t}) + \varepsilon_t$.

Für A=1 gilt lnA=0, so daß der Technologieschock durch folgende Gleichung beschrieben wird:

(2.77) $\hat{A}_t = \rho\hat{A}_{t-1} + \varepsilon_t$.

Wenn man die Annahme A=1 nicht trifft, müßte der AR(1)-Prozeß folgende Form haben:

(2.78) $\ln A_t = (1-\rho)\ln A + \rho \ln A_{t-1} + \varepsilon_t$.

Bei einer Linearisierung würde sich ebenfalls (2.77) ergeben.

2.8. Lösung des linearisierten Systems

2.8.1. Die Lösung „per Hand“

Neben einer in der Literatur meist vorgestellten „allgemeinen“ Lösung des linearisierten Systems ist es durchaus auch möglich, das Problem gleichsam „per Hand“ zu lösen, ohne komplizierte Matrizenoperationen. Der Vorteil besteht darin, daß dieses Verfahren leichter verständlich und für ökonomische Interpretationen besser zugänglich ist.

Es wird dazu die Methode der unbestimmten Koeffizienten verwendet.[102] Ausgangspunkt sind die im letzten Abschnitt abgeleiteten linearisierten Gleichungen, die zusammen folgendes Gleichungssystem bilden: [103]

(2.79) $\hat{L}_t = -\frac{N}{(1-N)}\hat{N}_t$,

(2.80) $\hat{\lambda}_t = -\hat{c}_t$,

(2.81) $\hat{c}_t = -\frac{N\eta}{(1-N)}\hat{N}_t + \hat{w}_t$,

(2.82) $0 = E_t[\hat{c}_t - \hat{c}_{t+1} + \hat{R}_{t+1}]$,

(2.83) $\gamma k\hat{k}_t = i\hat{i}_t + (1-\delta)k\hat{k}_{t-1}$,

(2.84) $R\hat{R}_t = r\hat{r}_t$,

(2.85) $\hat{r}_t = \hat{y}_t - \hat{k}_{t-1}$,

(2.86) $\hat{w}_t = \hat{y}_t - \hat{N}_t$,

(2.87) $\hat{y}_t = \hat{A}_t + (1-\alpha)\hat{k}_{t-1} + \alpha\hat{N}_t$,

(2.88) $y\hat{y}_t = c\hat{c}_t + i\hat{i}_t$,

(2.89) $\hat{A}_t = \rho\hat{A}_{t-1} + \varepsilon_t$.

An dem Gleichungssystem müssen einige Modifizierungen vorgenommen werden. Ziel ist es zunächst, das Gleichungssystem auf zwei Gleichungen zu redu-

[102] Die folgende Darstellung der Lösung orientiert sich an Uhlig (1997), Uhlig (1999) und Campbell (1994). Allerdings wird hier im Gegensatz zu Uhlig (1997) und Uhlig (1999) eine kompliziertere bzw. allgemeinere Modellversion gelöst und im Gegensatz zu Campbell (1994) eine einfachere und somit wohl auch verständlichere Darstellung gewählt.

[103] Obwohl es sich hier um keine exakten Gleichungen handelt, wird im folgenden der Ausdruck „Gleichungen“ benutzt und in der Formel selbst wird auch das Gleichheitszeichen verwendet. Trotzdem handelt es sich selbstverständlich weiterhin um Approximationen.

zieren, die nur noch von den Variablen $\hat{k}_t, \hat{A}_t$ und $\hat{c}_t$ (allerdings sind unterschiedliche Zeitindizes möglich) abhängen.[104]
Zunächst werden die Gleichungen (2.86) und (2.87) in die linearisierte intratemporale Optimalitätsbedingung (2.81) eingesetzt und nach $\hat{N}_t$ aufgelöst:

(A1) $\hat{N}_t = \phi[(1-\alpha)\hat{k}_{t-1} + \hat{A}_t - \hat{c}_t]$

mit $\phi = \dfrac{1}{(1-\alpha) + \dfrac{N}{1-N}\eta} = \dfrac{(1-N)\sigma_L}{(1-\alpha)(1-N)\sigma_L + N}$.

Der Koeffizient ϕ stellt eine Funktion der Substitutionelastizität der Freizeit[105] $\sigma_L = 1/\eta$ dar und mißt die Reagibilität des Arbeitsangebotes auf Schocks.[106]
Die Gleichung (A1) wird nun in die Produktionsfunktion (2.87) eingesetzt:

(A2) $\hat{y}_t = (1+\phi\alpha)\hat{A}_t + (1+\phi\alpha)(1-\alpha)\hat{k}_{t-1} - \phi\alpha\hat{c}_t$.

Nun wird (A2) zunächst mit der Kapitalakkumulationsgleichung[107]
$\gamma k\hat{k}_t = y\hat{y}_t - c\hat{c} + (1-\delta)k\hat{k}_{t-1}$ kombiniert, um $\hat{y}_t$ zu eliminieren:

(A3)

$$0 = -\hat{k}_t + \left[\frac{y}{\gamma k}(1+\phi\alpha)(1-\alpha) + \frac{(1-\delta)}{\gamma}\right]\hat{k}_{t-1} - \left[\frac{y}{\gamma k}\phi\alpha + \frac{c}{\gamma k}\right]\hat{c}_t + \left[\frac{y}{\gamma k}(1+\phi\alpha)\right]\hat{A}_t.$$

Damit ist die erste der beiden angestrebten Gleichungen bestimmt, da in (A3) nur noch die Variablen $\hat{k}_t, \hat{k}_{t-1}, \hat{A}_t$ und $\hat{c}_t$ vertreten sind.
Um auch noch die zweite Gleichung zu generieren, werden (A2) und die Zinsgleichung (2.85) in die Renditegleichung (2.84) eingesetzt und das Ergebnis in die intertemporale Optimalitätsbedingung (2.82), so daß man schließlich folgende Gleichung erhält:

(A4)

$$0 = E_t\left[\begin{array}{l} \hat{c}_t + \left[(\phi\alpha(1-\alpha)-\alpha)\dfrac{(1-\alpha)}{R}\dfrac{y}{k}\right]\hat{k}_t - \left[1+\phi\alpha\dfrac{(1-\alpha)}{R}\dfrac{y}{k}\right]\hat{c}_{t+1} \\ + \left[(1+\phi\alpha)\dfrac{(1-\alpha)}{R}\dfrac{y}{k}\right]\hat{A}_{t+1} \end{array}\right].$$

Die beiden Gleichungen werden nun aus Gründen der Übersichtlichkeit wie folgt geschrieben:

---

[104] Da $\hat{\lambda}_t = -\hat{c}_t$ gilt, wäre eine Darstellung in Abhängigkeit von der relativen Änderung des Schattenpreises $\hat{\lambda}_t$ ohne große Änderungen möglich.

[105] Die Substitutionselastizität der Arbeit σ_N ist gegeben durch $\sigma_N = -((1-N_t)/N_t)\sigma_L$. Vgl. Hairault (1995), S. 33. Damit kann der Parameter ϕ auch geschrieben werden als $\phi = \sigma_N/((1-\alpha)\sigma_N - 1)$.

[106] Vgl. dazu Abschnitt 2.9.

[107] Diese Gleichung erhält man durch Einsetzen von (2.88) in (2.83).

(A3a) $0 = -\hat{k}_t + a_1\hat{k}_{t-1} - a_2\hat{c}_t + a_3\hat{A}_t$,

(A4a) $0 = E_t[\hat{c}_t + a_4\hat{k}_t - a_5\hat{c}_{t+1} + a_6\hat{A}_{t+1}]$ mit

$$a_1 = \left[\frac{y}{\gamma k}(1+\phi\alpha)(1-\alpha) + \frac{(1-\delta)}{\gamma}\right],$$

$$a_2 = -\left[\frac{y}{\gamma k}\phi\alpha + \frac{c}{\gamma k}\right],$$

$$a_3 = \left[\frac{y}{\gamma k}(1+\phi\alpha)\right],$$

$$a_4 = \left[(\phi\alpha(1-\alpha)-\alpha)\frac{(1-\alpha)}{R}\frac{y}{k}\right],$$

$$a_5 = -\left[1+\phi\alpha\frac{(1-\alpha)}{R}\frac{y}{k}\right],$$

$$a_6 = \left[(1+\phi\alpha)\frac{(1-\alpha)}{R}\frac{y}{k}\right].$$

Nun findet die Methode der unbestimmten Koeffizienten Anwendung.[108] Es werden die Koeffizienten v_{kk}, v_{kA}, v_{ck} und v_{cA} gesucht, so daß die Variablen $\hat{k}_t$ und $\hat{c}_t$ in Abhängigkeit von den beiden Zustandsvariablen $\hat{k}_{t-1}$ und $\hat{A}_t$ ausgedrückt werden können. Man bestimmt mithin ein sog. „linear recursive law of motion" (linear rekursives Bewegungsgesetz) der folgenden Form:[109]

(A5) $\hat{k}_t = v_{kk}\hat{k}_{t-1} + v_{kA}\hat{A}_t$,

(A6) $\hat{c}_t = v_{ck}\hat{k}_{t-1} + v_{cA}\hat{A}_t$.

Die Koeffizienten v_{kk}, v_{kA}, v_{ck} und v_{cA} werden als konstant angenommen und können als Elastizitäten interpretiert werden. Weicht z.B. die totale Faktorproduktivität um 1% von ihrem Steady-State-Wert ab ($\hat{A}_t$=0,01), dann nimmt $\hat{k}_t$ den Wert $0{,}01v_{kA}$ an (unter der Annahme, daß $\hat{k}_{t-1}$=0 gilt) bzw. k_t steigt um v_{kA}%.[110]

Die Gleichungen (A5) und (A6) werden nun in die Gleichungen (A3a) und (A4a) eingesetzt, mit dem Ziel $\hat{k}_t$ und $\hat{c}_t$ zu eliminieren. Weiterhin muß berück-

---

[108] Vgl. dazu McCallum (1983), S. 141-143, Chiang (1984), S. 541-543 und S. 598/599, oder Chow (1997), S. 24.
[109] Vgl. Uhlig (1997), S. 16.
[110] Vgl. Uhlig (1999), S. 52.

sichtigt werden, daß $E_t[\hat{A}_{t+1}] = \rho\hat{A}_t$ gilt. Damit erhält man zwei Gleichungen, die nur noch von den beiden Zustandsvariablen $\hat{k}_{t-1}$ und $\hat{A}_t$ abhängig sind:

$$(A7)\, 0 = (a_1 - v_{kk} + a_2 v_{ck})\hat{k}_{t-1} + (a_2 v_{cA} - v_{kA} + a_3)\hat{A}_t$$

$$(A8)\, 0 = (v_{ck} + a_4 v_{kk} + a_5 v_{ck} v_{kk})\hat{k}_{t-1} + (v_{cA} + a_4 v_{kA} + a_5 v_{ck} v_{kA} + ((a_5 v_{cA} + a_6)\rho)\hat{A}_t$$

Nun wird der sog. Koeffizientenvergleich durchgeführt. Zunächst geschieht dies für $\hat{k}_{t-1}$:[111]

$$0 = (a_1 - v_{kk} + a_2 v_{ck}),$$

$$0 = (v_{ck} + a_4 v_{kk} + a_5 v_{ck} v_{kk}).$$

Löst man den ersten Ausdruck nach v_{ck} auf, erhält man:

$$v_{ck} = -\frac{a_1}{a_2} + \frac{1}{a_2} v_{kk}.$$

Die Gleichung für v_{ck} wird in den zweiten Ausdruck eingesetzt, und es ergibt sich eine quadratische Gleichung:[112]

$$0 = v_{kk}^2 + (\frac{1}{a_5} - a_1 + a_4 \frac{a_2}{a_5}) v_{kk} - \frac{a_1}{a_5},$$

die z.B. mit der „p-q-Formel“ gelöst werden kann:

$$v_{kk_{1/2}} = -\frac{1}{2}(\frac{1}{a_5} - a_1 + a_4 \frac{a_2}{a_5}) \pm \sqrt{\frac{\left(\frac{1}{a_5} - a_1 + a_4 \frac{a_2}{a_5}\right)^2}{4} + \frac{a_1}{a_5}}.$$

Eine stabile Lösung ist mit einem v_{kk}-Wert betragsmäßig kleiner als eins verbunden, so daß der kleinere Wert der beiden Größen gewählt werden muß.[113] Es zeigt sich, daß das Produkt der beiden v_{kk}-Werte konstant ist:[114]

$$v_{kk_1} v_{kk_2} = -\frac{a_1}{a_5} = \frac{1}{\beta}.$$

---

[111] Vgl. Uhlig (1999), S. 53 und Uhlig (1997), S. 17. Zum besseren Verständnis kann es hilfreich sein, wenn man die linke Seite von Gleichung (A7) bzw. (A8) wie folgt schreibt: $0\hat{k}_{t-1} + 0\hat{A}_t$. Vgl. dazu auch Chiang (1984), S. 599 und McCallum (1983), S. 142.

[112] Es ist sinnvoll, das System nach v_{kk} aufzulösen, da dieser Koeffizient eine Verbindung zwischen dem neuen Wert der endogenen Zustandsvariablen k_t und ihrem alten Wert k_{t-1} schafft und letztlich die Dynamik des Systems bestimmt. Vgl. Uhlig (1997), S. 18.

[113] Vgl. Uhlig (1997), S. 18, Uhlig (1999), S. 53, und Hartley (1998), S. 49. Die beiden Eigenwerte schließen den Wert 1 ein, so daß einer größer und der andere kleiner als 1 ist. Ein solches Ergebnis ist mit der Sattelpunktstabilität verbunden, die typisch für diese Art von Modellen ist. Vgl. Hartley (1998), S. 53.

[114] Vgl. Hairault (1995), S. 49. Für γ=1 gilt entsprechend $v_{kk1}v_{kk2}$=-a1/a5=1/β=R . Vgl. Uhlig (1999), S. 53.

Bemerkenswert ist das Ergebnis insofern, als die Elastizität v_{kk} nur von σ_L bzw. η und von den Steady-State-Größen abhängt, die durch die a-Parameter repräsentiert werden, und nicht von der Persistenz des Technologieschocks gemessen durch ρ.[115]

Das stabile Ergebnis für v_{kk} wird nun dazu verwendet, v_{ck} zu bestimmen.

Der Koeffizientenvergleich für $\hat{A}_t$ (Gleichung (A8)) ergibt:

$$0 = a_2 v_{cA} - v_{kA} + a_3,$$

$$0 = v_{cA} + a_4 v_{kA} + a_5 v_{ck} v_{cA} + ((a_5 v_{cA} + a_6)\rho.$$

Die Größen v_{kk} und v_{ck} sind schon bekannt, so daß man nur noch zwei lineare Gleichungen in v_{cA} und v_{kA} vorfindet, was ein einfach zu lösendes Problem darstellt. Man erhält schließlich:

$$v_{cA} = -\frac{a_3 a_4 + a_3 a_5 v_{ck} + a_6 \rho}{1 + a_2 a_4 + a_2 a_5 v_{ck} + a_5 \rho} \text{ und}$$

$$v_{kA} = a_2 v_{cA} + a_3.$$

Die Ergebnisse für die Elastizitäten v_{kk}, v_{ck}, v_{kA} und v_{cA} können nun zur Berechnung weiterer Elastizitäten (v-Werte) benutzt werden, so daß alle Variablen in Abhängigkeit von den beiden Zustandsvariablen k_{t-1} und A_t dargestellt werden können:

$$\text{(A9)} \quad \begin{bmatrix} \hat{k}_t \\ \hat{c}_t \\ \hat{y}_t \\ \hat{N}_t \\ \hat{i}_t \\ \hat{R}_t \\ \hat{r}_t \\ \hat{w}_t \\ \hat{\lambda}_t \end{bmatrix} = \begin{bmatrix} v_{kk} & v_{kA} \\ v_{ck} & v_{cA} \\ v_{yk} & v_{yA} \\ v_{Nk} & v_{NA} \\ v_{ik} & v_{iA} \\ v_{Rk} & v_{RA} \\ v_{rk} & v_{rA} \\ v_{wk} & v_{wA} \\ v_{\lambda k} & v_{\lambda A} \end{bmatrix} \begin{bmatrix} \hat{k}_{t-1} \\ \hat{A}_t \end{bmatrix} \quad \text{bzw.} \quad \mathbf{x_t = V q_t}.$$

Um zum Beispiel die Elastizität des Arbeitseinsatzes bezüglich eines Technologieschocks zu bestimmen (v_{NA}), bedient man sich der Gleichung (A1) $\hat{N}_t = \phi[(1-\alpha)\hat{k}_{t-1} + \hat{A}_t - \hat{c}_t]$. Da die Änderung $\hat{A}_t$ den Kapitalstock k_{t-1} nicht beeinflußt (denn der Kapitalstock k_{t-1}, der maßgeblich für die Produktion in der Periode t ist, wird schon in der Periode t-1 festgelegt und bleibt somit von einem Schock in der Periode t unberührt), kann man zunächst schreiben:[116]

---

[115] Vgl. Campbell (1994), S. 472.

[116] Diesen Zusammenhang erhält man, wenn man Gleichung (A1) durch dA_t/A dividiert und berücksichtigt, daß man die Elastizität v_{NA} definieren kann als $v_{NA}=(dN_t/N)/(dA_t/A)$. Weiterhin gilt $\hat{N}_t = \ln N_t - \ln N \approx dN_t/N$ (vgl. King/Rebelo (1998), S. 27). Generell erhält man

$v_{NA}=\phi(v_{AA}-v_{cA})$. Die Elastizität v_{AA} ist bei einer Erhöhung der totalen Faktorproduktivität um 1% gerade gleich 1, so daß letztlich gelten muß:
$v_{NA}=\phi(1-v_{cA})$.
Die Elastizität v_{NA} hängt also von der durch den Parameter ϕ gemessenen Arbeitsangebotselastizität ab und von der Stärke der Reaktion des Konsums auf den Schock (v_{cA}).
Will man die Reaktionen des Outputs bestimmen, muß man die linearisierte Produktionsfunktion $\hat{y}_t = \hat{A}_t + (1-\alpha)\hat{k}_{t-1} + \alpha\hat{N}_t$ heranziehen. Man erhält dann:
$v_{yA}=1+\alpha v_{NA}$.
Es zeigt sich, daß die Elastizität des Outputs nur durch die Elastizität des Arbeitseinsatzes und die Änderung der Faktorproduktivität selbst, nicht aber vom Kapitalstock beeinflußt wird.
Nun wird der oben errechnete Wert für v_{NA} eingesetzt und es ergibt sich:
$v_{yA}=1+\alpha\phi(1-v_{cA})$.
Dieses Ergebnis kann man aber auch sofort erhalten, indem man Gleichung (A2) entsprechend umformt.
Aus der linearisierten Ressourcengleichung (2.88) kann abgeleitet werden:

$$v_{iA} = \frac{y}{i} v_{yA} - \frac{c}{i} v_{cA}.$$

Die Elastizität der Investitionen hängt also von der Elastizität des Outputs und von der Elastizität des Konsums ab. Je größer c.p. die Elastizität des Konsums v_{cA} ist, desto geringer wird die Elastizität der Investitionen sein. Allerdings werden die Investitionen um so stärker reagieren, je stärker die Outputänderung ist (v_{yA}), d.h. je mehr Ressourcen für die Aufteilung auf Konsum und Investitionen zur Verfügung stehen. Die Outputänderung wiederum hängt von der Reaktion des Arbeitseinsatzes ab ($v_{yA}=1+\alpha v_{NA}$). Deren Größe wird aber wieder von der Reaktion des Konsums beeinflußt, so daß die Veränderung des Konsum direkt und indirekt auf die Investitionen einwirkt.
Durch Einsetzen für v_{yA} ergibt sich:

$$v_{iA} = \frac{y}{i}(1+\alpha\phi) - (\frac{y}{i}\alpha\phi + \frac{c}{i})v_{cA}.$$

Für die Elastizität der Rendite R_t kann man ableiten:

$$v_{RA} = \frac{(1-\alpha)}{R}\frac{y}{k} v_{yA}$$

und für die Elastizität des Reallohnsatzes:
$v_{wA}=v_{yA}-v_{NA}$.
Da $v_{yA}=1+\alpha v_{NA}$ gilt, zeigt sich, daß die Veränderung des Arbeitseinsatzes zum einen direkt und zum anderen indirekt über die Veränderung des Outputs auf

durch Division der Gleichungen (2.79) bis (2.88) durch dA_t/A die entsprechenden v_{xA}-Elastizitäten.

den Reallohnsatz einwirkt. Durch Einsetzen von v_{yA} und v_{NA} erhält man schließlich:

$v_{wA}=1-(1-\alpha)\phi(1-v_{cA})$.

Für den Zinssatz gilt $v_{rA}=v_{yA}$ und für den Schattenpreis $v_{\lambda A}=-v_{cA}$.

In analoger Weise werden nun noch die Elastizitäten, die die Reaktion der endogenen Modellvariablen auf eine relative Änderung des Kapitalstocks beschreiben, abgeleitet:[117]

$v_{Nk}=\phi((1-\alpha)-v_{ck})$,

$v_{yk}=(1-\alpha)+\alpha v_{Nk}$,

$$v_{ik}=\frac{y}{i}v_{yk}-\frac{c}{i}v_{ck},$$

$$v_{Rk}=\frac{(1-\alpha)}{R}\frac{y}{k}(v_{yk}-1),$$

$v_{wk}=v_{yk}-v_{Nk}$,

$v_{rk}=v_{yk}-1$,

$v_{\lambda k}=-v_{ck}$.

Somit erhält man alle Elastizitäten der endogenen Modellvariablen bezüglich der beiden Zustandsvariablen (v_{xA}- und v_{xk}-Werte), mit denen alle Variablen des Modells bestimmt werden können, was unter Berücksichtigung von (A9) durch folgendes Gleichungssystem ausgedrückt wird:

(2.90) $\mathbf{x}_t=\mathbf{V}\mathbf{q}_t$,

(2.91) $\hat{A}_t=\rho\hat{A}_{t-1}+\varepsilon_t$.

2.8.2. Die allgemeine Lösung

Nachdem gezeigt wurde, wie das Grundmodell der RBC-Theorie auch ohne große mathematische Kenntnisse gelöst werden kann, wird nun noch kurz eine „allgemeine" Lösung solcher Modelle skizziert. Dabei wird im folgenden ein Lösungsansatz von Uhlig (1997) und Uhlig (1999) dargestellt, der vom Autor als „with brute force" bezeichnet wird und ebenfalls auf der Methode der unbestimmten Koeffizienten beruht.[118]

Alle endogenen Variablen werden in einem Vektor endogener Zusandsvariablen $\mathbf{x}_{t-1}$ mit der Größe $m\times 1$ und die exogenen stochastischen Prozesse in einem Vektor $\mathbf{z}_t$ mit der Größe $k\times 1$ zusammengefaßt. Das Gleichungssystem (2.79) bis (2.89) läßt sich dann in Matrizenschreibweise wie folgt darstellen:

---

[117] Wobei hier $v_{Ak}=0$ gilt, da die Änderung des Kapitalstocks keinen Einfluß auf die totale Faktorproduktivität A_t hat.

[118] Uhlig (1997) und (1999) stellt noch eine weitere etwas ausführlichere Lösungsmöglichkeit vor, die er mit „...or with sensitivity" bezeichnet. Die „Methode der unbestimmten Koeffizienten" wird z.B. auch von Christiano (1998) angewendet. Es gibt noch zahlreiche andere Lösungsansätze. Hier sei, ob ihrer leichten Zugänglichkeit und ihrer guten Darstellung, auf Farmer (1993) und Hartley (1998) verwiesen.

(B1) $0=E_t[\mathbf{Fx}_{t+1}+\mathbf{Gx}_t+\mathbf{Hx}_{t-1}+\mathbf{Lz}_{t+1}+\mathbf{Mz}_t]$,

(B2) $\mathbf{z}_{t+1}=\mathbf{Nz}_t+\varepsilon_{t+1}$,

wobei **F,G,L,M** und **N** Matrizen sind, deren Komponenten von den Koeffizienten des Gleichungssystems (2.79) bis (2.89) gebildet werden. Es wird angenommen, daß **N** nur stabile Eigenwerte besitzt.

Gesucht wird nun nach dem „recursive equilibrium law of motion“ der Form

(B3) $\mathbf{x}_t=\mathbf{Px}_{t-1}+\mathbf{Qz}_t$,

wobei **P** und **Q** unbekannte Matrizen darstellen.

Gleichung (B3) wird in (B1) eingesetzt, so daß man folgende Gleichung erhält:[119]

(B4) $0=[(\mathbf{FP}+\mathbf{G})\mathbf{P}+\mathbf{H})]\mathbf{x}_{t-1}+[(\mathbf{FQ}+\mathbf{L})\mathbf{N}+(\mathbf{FP}+\mathbf{G})\mathbf{Q}+\mathbf{M}]\mathbf{z}_t$.

Die Koeffizientenmatrix von $\mathbf{x}_{t-1}$ und $\mathbf{z}_t$ muß null sein, woraus folgt:

(B5) $0=\mathbf{FP}^2+\mathbf{GP}+\mathbf{H}$ und

(B6) $0=(\mathbf{FQ}+\mathbf{L})\mathbf{N}+(\mathbf{FP}+\mathbf{G})\mathbf{Q}+\mathbf{M}$.

Aus Gleichung (B5) wird **P** bestimmt, mit dessen Hilfe man dann die Matrix **Q** aus Gleichung (B6) wie folgt generieren kann:[120]

(B7) $\mathbf{WQ}=-\mathrm{vec}(\mathbf{LN}+\mathbf{M})$,

wobei die Matrix **W** gegeben ist durch:[121]

(B8) $\mathbf{W}=\mathbf{N}'\otimes\mathbf{F}+\mathbf{I}_k\otimes(\mathbf{FP}+\mathbf{G})$.

W muß invertibel sein, um durch Multiplikation von (B7) mit $\mathbf{W}^{-1}$ die Matrix **Q** zu gewinnen.

Es muß nun also noch die Matrix **P** generiert werden, indem man die quadratische Matrizengleichung (B5) löst.

Dies geschieht durch Umwandlung in ein „verallgemeinertes Eigenwert-Eigenvektor-Problem“: Für den verallgemeinerten Eigenwert λ und einen Eigenvektor **s** der Matrix Θ bezüglich einer Matrix Φ gilt folgender Zusammenhang:[122]

(B9) $\lambda\Phi\mathbf{s}=\Theta\mathbf{s}$.

Die 2m×2m-Matrizen Θ und Φ werden wie folgt definiert:

$$\Theta=\begin{bmatrix}-G & -H\\ I_m & 0_{m,m}\end{bmatrix},\quad \Phi=\begin{bmatrix}F & 0_{m,m}\\ 0_{m,m} & I_m\end{bmatrix},$$

wobei I_m eine Einheitsmatrix der Größe m und $0_{m,m}$ eine m×m-Nullmatrix darstellen. Wenn **s** ein verallgemeinerter Eigenvektor ist und λ der korres-

---

[119] Dabei ist es erforderlich, (B3) gleichsam „zweimal“ für $\mathbf{x}_{t+1}$ und für $\mathbf{x}_t$ einzusetzen. Außerdem muß $E_t[\varepsilon_{t+1}]=0$ beachtet werden.

[120] vec(•) bezeichnet die spaltenweise Vektorisation. Vgl. dazu z.B. Hamilton (1994), S. 265.

[121] $\mathbf{I}_k$ stellt eine Einheitsmatrix mit der Größe k dar. ⊗ symbolisiert das „Kronecker-Produkt“. Vgl. dazu z.B. Hamilton (1994), S.732/733.

[122] Vgl. Uhlig (1999), S. 41.

pondierende verallgemeinerte Eigenwert der Matrix Θ bezüglich Φ, dann kann s geschrieben werden als $\mathbf{s}'=[\lambda\mathbf{x}',\mathbf{x}']$ für $\mathbf{x}\in R^m$.

Gibt es nun m verallgemeinerte Eigenwerte $\lambda_1,...,\lambda_m$ zusammen mit den verallgemeinerten Eigenvektoren $\mathbf{s}_1,...,\mathbf{s}_m$ von Θ bezüglich Φ mit $\mathbf{s}_i'=[\lambda_i\mathbf{x}_i',\mathbf{x}_i']$ und wenn $(\mathbf{x}_1,...,\mathbf{x}_m)$ linear unabhängig ist, dann ist

(B10) $\mathbf{P}=\Omega\Lambda\Omega^{-1}$

die Lösung der quadratischen Matrizengleichung (B5), wobei $\Omega=[\mathbf{x}_1,...,\mathbf{x}_m]$ gilt und Λ eine Diagonalmatrix darstellt, deren Diagonalelemente die Eigenwerte $\lambda_1,...,\lambda_m$ sind: $\Lambda=\text{diag}(\lambda_1,...,\lambda_m)$. Die Lösung ist stabil, wenn $|\lambda_i|<1$ für alle $i=1,...,m$ gilt.[123]

Für den Fall, daß das Gleichungssystem (2.79) bis (2.89) auf eine Gleichung reduziert wird, was man erreicht, wenn man (A3) in (A4) einsetzt; gilt also m=1, dann läßt sich Gleichung (B5) ganz einfach mit der p-q-Formel lösen:[124]

$P_{1/2}=-G/2\pm(G/2-H^2)^{1/2}$. Für F=0 gilt $P=-H/G$.[125]

Durch Umformungen kann das hier abgeleitete Ergebnis ebenfalls auf die Form (2.90) bis (2.91) gebracht werden. Auf diese Darstellung wird aber hier verzichtet.

2.9. Vermögens-, Lohn- und Zinseffekte

Mit den Optimalitätsbedingungen aus Abschnitt 2.5. kann man zwar schon einige qualitative Wirkungen eines Schocks identifizieren, für eine genaue Beschreibung bzw. Quantifizierung der Effekte sind sie allerdings ungeeignet. Da aber gerade die genaue Analyse der Modellmechanismen einen Schwerpunkt dieser Arbeit bildet, wird nun mit Hilfe der linearisierten Gleichungen (2.79) bis (2.89) die Gesamtreaktion einer Modellvariablen auf einen Schock in Einzeleffekte, nämlich Vermögens-, Zins- und Lohneffekte zerlegt.[126] Diese einzelnen Komponenten können, wie sich zeigen wird, sehr gut identifiziert und quantifiziert werden und sind deshalb für die Darstellung der Modellmechanismen äußerst wertvoll.

Vermögenseffekt

Da es sich hier um ein intertemporales Modell mit unendlichem Planungshorizont handelt, antizipieren die nutzenmaximierenden Individuen heute schon alle zukünftigen erwarteten Änderungen der Modellvariablen. Diese Änderungen der Modellvariablen haben letztlich in jeder Periode Einfluß auf das Einkommen, was sich auf heute bezogen in einer veränderten Vermögens-

[123] Vgl. Uhlig (1999), S. 42. Für einen Beweis vgl. Uhlig (1999), S. 42.
[124] P, H und G sind dann reelle Zahlen. Vgl. Uhlig (1997), S. 37.
[125] Vgl. Uhlig (1997), S. 38.
[126] Dies ist nur eine Möglichkeit, einen Gesamteffekt in Einzeleffekte zu zerlegen. So führen z.B. King (1989), King (1991) und King/Rebelo (1998) eine Zerlegung in sog. „Hicksian wealth and substitution effects" durch.

position der Haushalte ausdrückt. Dieser Vermögenseffekt wird von den privaten Haushalte bei ihren heutigen Entscheidungen berücksichtigt.

Hier soll der Vermögenseffekt durch die Änderung des Schattenpreises λ_t bzw. des erwarteten Schattenpreises $E_t[\lambda_{t+1}]$ quantifiziert werden.[127] Der Lagrangemultiplikator λ_t wird in der Literatur auch als „marginal utility of wealth" bezeichnet.[128] Die Tatsache, daß λ_t tatsächlich den Grenznutzen des Vermögens darstellt, kann begründet werden, wenn man das Nutzenmaximierungsproblem der privaten Haushalte anders formuliert. Der Kapitalstock bzw. das Vermögen – wenn man den Kapitalstock als das Vermögen des repräsentativen Haushalts definiert – entwickelt sich gemäß der Periodenbudgetrestriktion:

(2.92) $\gamma k_t = w_t N_t + R_t k_{t-1} - c_t$.

Löst man nun Gleichung (2.92) nach c_t auf und setzt sie in die Nutzenfunktion (2.23) ein, ergibt sich:

$$U = E_0[\sum_{t=0}^{\infty} \beta^t u(w_t N_t + R_t k_{t-1} - \gamma k_t, L_t)].$$

Gesucht werden nun die Sequenzen des Kapitalstocks bzw. des Vermögens $(k_t)_{t=0}^{\infty}$, die für jede Preissequenz (w_t, R_t) den Gesamtnutzen U maximieren.[129] Die notwendige Bedingung für dieses Optimierungsproblem lautet:

$$\frac{\partial U}{\partial k_t} \stackrel{!}{=} 0 \text{ bzw. } \quad \frac{\partial U}{\partial k_t} = E_t\left[-\frac{\partial u}{\partial k_t}\gamma + \beta \frac{\partial u}{\partial k_{t+1}} R_{t+1}\right] \stackrel{!}{=} 0.$$

Daraus folgt:

$$(2.93) \quad \frac{\partial u}{\partial k_t} = \frac{\beta}{\gamma} E_t\left[\frac{\partial u}{\partial k_{t+1}} R_{t+1}\right].$$

Diese notwendige Bedingung entspricht aber der Eulergleichung (2.46) $\lambda_t = (\beta/\gamma) E_t[\lambda_{t+1} R_{t+1}]$.[130] Damit zeigt sich, daß im Optimum λ_t gleich dem Grenznutzen des Kapitalstocks bzw. des Vermögens ist: $\lambda_t = \partial u / \partial k_t$.

Der Grenznutzen des Vermögens λ_t stellt eine Verbindung zwischen den heutigen und den zukünftigen Entscheidungen her[131] und spiegelt letztlich die Änderung aller zukünftigen Modellvariablen wider,[132] was sich anhand der linearisierten Eulerbedingung $\hat{\lambda}_t = E_t[\hat{\lambda}_{t+1} + \hat{R}_{t+1}]$ zeigen läßt. Durch Vorwärtseinsetzen ergibt sich:

---

[127] Vgl. auch Coenen (1997), S. 19.
[128] Vgl. z.B. Rotemberg/Woodford (1995), S. 255, oder Turnovsky (1995), S. 236.
[129] Vgl. Azariadis (1993), S. 212.
[130] Vgl. Azariadis (1993), S. 212.
[131] Vgl. Kim (1993), S. 447.
[132] Vgl. Rotemberg/Woodford (1995), S. 255.

$$\hat{\lambda}_t = \sum_{j=1}^{\infty} E_t[\hat{R}_{t+j}] + \lim_{T\to\infty} \hat{\lambda}_T .$$

Da $E_t[\hat{R}_{t+j}]$ in jeder Periode durch die Änderungen aller Modellvariablen beeinflußt wird, spiegeln sich alle Änderungen in allen Perioden in der Änderung von λ_t wider.

Steigt der Grenznutzen des Vermögens (maginal utility of wealth) λ_t bzw. der erwartete Grenznutzen $E_t[\lambda_{t+1}]$ an ($\hat{\lambda}_t>0$ bzw. $\hat{\lambda}_{t+1}>0$), so liegt ein negativer Vermögenseffekt vor. Sinkt der Schattenpreis, so ist der Vermögenseffekt positiv. Aufschluß über die Veränderung des Grenznutzens des Vermögens, kann man aus der intertemporalen Budgetrestriktion der privaten Haushalte gewinnen, die – wie oben gezeigt – aus der Periodenbudgetrestriktion (2.24) abgeleitet werden kann:

$$(2.94)\ E_t\left[\sum_{s=0}^{\infty} P_{t+s} c_{t+s}\right] = E_t\left[\sum_{s=0}^{\infty} P_{t+s} w_{t+s} N_{t+s} + R_t k_{t-1}\right] \text{ mit}$$

$$P_{t+s} = \prod_{j=1}^{s} \frac{\gamma}{R_j} \text{ für } s>0 \text{ und } P_{t+s}=1 \text{ für } s=0.$$

Das für Konsum zur Verfügung stehende Vermögen W_t setzt sich aus dem Barwert der Arbeitseinkommen (Humanvermögen) und der Anfangsausstattung mit Kapital bzw. Kapitaleinkommen $V_t=R_t k_{t-1}$ zusammen:

$$(2.95)\ W_t \equiv E_t\left[\sum_{s=0}^{\infty} P_{t+s} w_{t+s} N_{t+s} + V_t\right].$$

Änderungen dieses Vermögenswerts W_t können also durch eine Änderung der Summe der Arbeitseinkommen oder durch eine Änderung des Diskontfaktors P_{t+s} und damit durch eine Änderung der erwarteten Rendite induziert werden.[133] Da aufgrund der hier verwendeten Nutzenfunktion $c_t=1/\lambda_t$ gilt, kann hier leicht der Zusammenhang zwischen W_t und dem Schattenpreis abgeleitet werden. Einsetzen in (2.94) und Berücksichtigung von (2.95) ergibt:

$$E_t\left[\sum_{s=0}^{\infty} P_{t+s} \frac{1}{\lambda_{t+s}}\right] = W_t .$$

Daraus folgt unter Berücksichtigung von $P_{t+s}=1$ für $s=0$:

$$E_t\left[\frac{1}{\lambda_t} + \sum_{s=1}^{\infty} P_{t+s} \frac{1}{\lambda_{t+s}}\right] = W_t \qquad \text{und somit:}$$

$$\frac{1}{\lambda_t} = W_t - E_t\left[\sum_{s=1}^{\infty} P_{t+s} \frac{1}{\lambda_{t+s}}\right] = W_t - E_t\left[\sum_{s=1}^{\infty} P_{t+s} c_{t+s}\right] = W_t - W_{t+1} \qquad \text{bzw.}$$

---

133 Eine solche Änderung ergibt sich z.B. dann, wenn der Kapitalstock in zukünftigen Perioden größer ist, da dann der Zinssatz sinkt und damit auch R_{t+s}. Dies bewirkt einen Anstieg von P_{t+s} und damit tendenziell auch von W_t.

$$(2.96)\ \lambda_t = \frac{1}{W_t - E_t\left[\sum_{s=1}^{\infty} P_{t+s} c_{t+s}\right]} = E_t\left[\frac{1}{W_t - W_{t+1}}\right],$$

wobei immer $W_t > W_{t+1}$ gilt, solange in jeder Periode der Konsum positiv ist bzw. solange in jeder Periode ein positives Arbeitseinkommen realisiert wird, was durch die Modellannahmen gewährleistet ist.
Eine Zunahme von W_t verursacht somit einen Rückgang von λ_t:[134] $\partial\lambda_t/\partial W_t<0$ und identifiziert einen positiven Vermögenseffekt. Da W_t bzw. W_{t+1} von den heutigen und von allen zukünftigen Modellvariablen abhängen, zeigen sich auch hier die Auswirkungen, die zukünftige Änderungen auf die heutigen Entscheidungen der Wirtschaftssubjekte haben.

Lohn- und Zinseffekt

Unter einem Lohneffekt wird im folgenden das Ausmaß verstanden, mit dem eine Änderung des Reallohnsatzes $\hat{w}_t$ die Gesamtänderung einer Modellvariablen bestimmt. Der Zinseffekt ist dann entsprechend das Ausmaß, mit dem eine Änderung der erwarteten Rendite $E_t[\hat{R}_{t+1}]$ die Gesamtänderung einer Modellvariablen beeinflußt.
Aus den Gleichungen (2.80) und (2.81) kann für die Änderung des Arbeitseinsatzes abgeleitet werden:

$$(2.97)\ \hat{N}_t = \frac{1-N}{N\eta}\left[\hat{\lambda}_t + \hat{w}_t\right].$$

Liegt ein positiver Vermögenseffekt vor ($\hat{\lambda}_t<0$), fühlen sich die Individuen reicher, was sich in einem geringeren Arbeitseinsatz und einer höheren Freizeit niederschlägt. Steigt der Reallohnsatz, so erhöhen sich die Opportunitätskosten der Freizeit, was die Haushalte zu Mehrarbeit veranlaßt ($\hat{N}_t>0$). Durch Einsetzen von $\hat{\lambda}_t = E_t[\hat{\lambda}_{t+1} + \hat{R}_{t+1}]$ ergibt sich:

$$(2.98)\ \hat{N}_t = \frac{1-N}{N\eta} E_t[\hat{\lambda}_{t+1} + \hat{R}_{t+1} + \hat{w}_t].$$

Hier zeigt sich die Abhängigkeit des Arbeitseinsatzes von der erwarteten Rendite $E_t[R_{t+1}]$. Steigt diese an ($\hat{R}_{t+1}>0$), so ist es für die Haushalte vorteilhaft, mehr zu arbeiten und das höhere Einkommen zu dem höheren Zins zu sparen. Aus Gleichung (2.98) ist ersichtlich, daß die Änderung des Arbeitseinsatzes durch das Zusammenwirken von drei Effekten determiniert wird: Ein Vermögenseffekt, ein Zinseffekt und ein Lohneffekt, die alle quantifiziert werden können, was für die spätere Analyse der Wirkungen von Technologie- und vor allem von Fiskalschocks von großer Bedeutung ist.

[134] Vgl. Kim (1993), S. 448.

Zusätzlich hängt das Arbeitsangebot noch von der Grenznutzenelastizität η ab. Je größer η ist, desto geringer ist die Neigung zur intertemporalen Substitution, desto weniger wird also der Arbeitseinsatz auf Schocks reagieren. Für $\eta \to \infty$ ist das Arbeitsangebot völlig starr,[135] für $\eta=0$ sind die Präferenzen bezüglich der Freizeit linear.[136] Allerdings ist das Arbeitsangebot für $\eta=0$ nicht unendlich elastisch, da mit zunehmenden Arbeitseinsatz der Reallohnsatz w_t sinkt und somit der Ausweitung des Arbeitsangebotes entgegenwirkt, was man erkennen kann, wenn man $\hat{w}_t = (1-\alpha)\hat{k}_{t-1} - (1-\alpha)\hat{N}_t$ [137] in Gleichung (2.98) einsetzt und damit die aus Abschnitt 2.8. bekannte Gleichung:

$$(2.99)\ \hat{N}_t = \left[(1-\alpha) + \frac{N}{1-N}\eta\right]^{-1} E_t[\hat{\lambda}_{t+1} + \hat{R}_{t+1} + \hat{A}_t + (1-\alpha)\hat{k}_{t-1}]$$

erhält. Für $\eta=0$ wird also der erste Faktor von Gleichung (2.99) nicht unendlich sondern beträgt $1/(1-\alpha)$.[138]

Aus den Gleichungen (2.80) und (2.82) ergibt sich für die Änderung des Konsums:[139]

$$(2.100)\quad \hat{c}_t = E_t[-\hat{\lambda}_{t+1} - \hat{R}_{t+1}].$$

Eine Erhöhung der erwarteten Nettorendite $E_t[R_{t+1}]$ bewirkt, daß das Sparen attraktiver und der Konsum heute unattraktiver wird, was die Haushalte dazu veranlaßt, den heutigen Konsum einzuschränken. Ein positiver Vermögenseffekt ($\hat{\lambda}_t<0$), führt entsprechend zu einer Ausweitung des Konsums.

Nun können die Auswirkungen, die eine Änderung von $E_t[\lambda_{t+1}]$ auf den Konsum c_t und auf die Arbeit N_t hat, unter Berücksichtigung der Tatsache, daß $E_t[\lambda_{t+1}]$ im Gleichgewicht nichts anderes als den erwarteten Grenznutzen des zukünftigen Konsums beschreibt, auch wie folgt interpretiert werden: Eine Erhöhung des erwarteten Schattenpreises bedeutet eine Erhöhung des erwarteten Grenznutzens einer für Konsum verwendeten marginalen Outputeinheit in t+1 (bzw. einer in Periode t investiv verwendeten marginalen Outputeinheit) und führt somit zu einer Reduktion des Konsums in der Periode t. Dieser geringere Konsum hat einen höheren Grenznutzen des Konsums in Periode t zur Folge, was gemäß der

---

[135] Dies entspricht dem Fall, in dem der Arbeitseinsatz als konstant angenommen wird und nicht als Argument in die Nutzenfunktion eingeht. Vgl. Campbell (1994), S. 466, oder Uhlig (1997), S. 7, die nur den Konsum als Argument in der Nutzenfunktion verwenden.

[136] Es liegt dann der „Indivisible-labor-Fall“ von Hansen (1985) vor. Vgl. auch Hansen/ Wright (1992), S. 9.

[137] Diese Gleichung ergibt sich aus $w_t=\alpha y_t/N_t$ durch Einsetzen der Produktionsfunktion (2.51) und Linearisierung.

[138] Vgl. Campbell (1994), S. 484.

[139] Diese Gleichung stellt nichts anderes als die linearisierte Form der sog. Frisch-Nachfragefunktion dar. Vgl. Kim (1993), S. 448, Fn. 4. Vgl. auch Frisch (1959).

intratemporalen Optimalitätsbedingung (2.38) bzw. (2.68) auf die Arbeitszeit-Freizeit-Entscheidung rückwirkt und einen Rückgang der Freizeit sowie eine Erhöhung des Arbeitsangebotes auslöst.[140]

Die Änderung des Outputs ergibt sich aus der linearisierten Produktionsfunktion:

$$(2.101)\quad \hat{y}_t = \hat{A}_t + \alpha\hat{N}_t + (1-\alpha)\hat{k}_{t-1}$$

und die relative Veränderung der Investitionen kann man aus der Ressourcenbedingung (2.88) ableiten:

$$(2.102)\quad \hat{i}_t = \frac{y}{i}\hat{y}_t - \frac{c}{i}\hat{c}_t .$$

Die Investitionen werden also um so eher steigen, je mehr Ressourcen für Investitionsausgaben zur Verfügung stehen und je weniger diese Ressourcen durch den Konsum beansprucht werden. Steigt der Output ($\hat{y}_t > 0$), werden tendenziell Ressourcen für zusätzliche Investitionen frei. Sinkt der Konsum ($\hat{c}_t < 0$), so werden die Ressourcen weniger durch Konsumausgaben beansprucht, was ebenfalls einen positiven Effekt auf die Investitionen hat.
Durch Einsetzen von Gleichung (2.100) in Gleichung (2.102) ergibt sich:

$$(2.103)\quad \hat{i}_t = \frac{y}{i}\hat{y}_t + \frac{c}{i}E_t[\hat{\lambda}_{t+1} + \hat{R}_{t+1}] .$$

Hier zeigt sich, daß auch die Investitionen von einem Vermögens- und einem Zinseffekt determiniert werden. Steigt die erwartete Rendite, so rentiert sich die Kapitalbildung mehr und die Investitionen nehmen zu. Ein positiver Vermögenseffekt ($\hat{\lambda}_{t+1} < 0$) dagegen hat geringere Investitionen zur Konsequenz, da der Grenznutzen einer Vermögenseinheit (Kapitaleinheit) gesunken ist. Setzt man in Gleichung (2.103) die Gleichung (2.101) in Kombination mit (2.98) ein, kann man auch die Reaktionen der Investitionen auf die drei oben genannten Effekte zurückführen:

$$(2.104)\quad \hat{i}_t = \frac{y}{i}\left[\hat{A}_t + (1-\alpha)\hat{k}_{t-1}\right] + \left(\frac{y\alpha(1-N)}{iN\eta} + \frac{c}{i}\right)E_t\left[\hat{\lambda}_{t+1} + \hat{R}_{t+1}\right] + \frac{y\alpha(1-N)}{iN\eta}\hat{w}_t .$$

2.10. Kalibrierung der Modellökonomie

Die Modellparameter werden nun so festgelegt, daß die vom Modell erzeugten Steady-State-Werte in etwa mit den entsprechenden langfristigen Größen in der Bundesrepublik Deutschland übereinstimmen.[141] Dabei entspricht eine Periode im Modell einem Quartal.

---

140 Vgl. Coenen (1997), S. 36 und Gasche (2001), S. 11.

141 Grundlage für die Parameterwahl sind die Daten aus Institut der deutschen Wirtschaft (2000).

Für γ wird 1,005 angenommen, was einer durchschnittlichen Wachstumsrate von 2% p.a. entspricht. Der Parameter α kann als Anteil des Arbeitseinkommens am BIP interpretiert werden und wird hier auf α=0,63 festgelegt. Dies entspricht dem Anteil des Arbeitnehmerentgeltes plus dem kalkulatorischen Unternehmerlohn am BIP.[142] Für die Diskontrate β wird ein Wert von 0,9925 angenommen, so daß sich im Steady State $R=\gamma/\beta=1{,}0126$ ergibt, was einem Jahreszins von 5% entspricht. Die Abschreibungsrate δ wird auf 0,02 festgesetzt und ist damit der Abschreibungsrate in Deutschland, die zwischen 6% und 7% liegt, recht gut angenähert. Für den Kapitalkoeffizienten im Steady State erhält man somit: $k/y=(1-\alpha)/(R-1+\delta)=11{,}3$. Dieser Wert entspricht aufs Jahr bezogen in etwa dem Kapitalkoeffizienten in Deutschland von ca. 2,8. Die Arbeitszeit je Erwerbstätigen beträgt in Deutschland etwa 1600 Stunden pro Jahr. Berücksichtigt man noch einen gewissen Anteil an Schwarzarbeit, so ist N=0,2 recht realistisch. Der Parameter θ wird dann so festgelegt, damit dieser Steady-State-Arbeitseinsatz erzeugt wird.[143] Für die Grenznutzenelastizität η wird als Benchmark-Wert η=1 angenommen. Da die empirischen Schätzungen dieses Parameters in der Literatur uneinheitlich sind, soll die Sensitivität der Ergebnisse bezüglich Änderungen von η untersucht werden.

Schließlich müssen noch die Parameter ρ und σ_ε, die den Technologieschock determinieren, näher spezifiziert werden. Empirische Studien zeigen, daß der Schock eine hohe Persistenz aufweisen muß,[144] weshalb für den Autokorrelationskoeffizient ρ in der Literatur ein Wert zwischen 0,9 und 0,98 angenommen wird. Hier wird grundsätzlich von ρ=0,95 ausgegangen. Die Größe σ_ε gibt die Variabilität des Technologieschocks an und wird i.d.R. mit Hilfe des sogenannten Solow-Residuums[145] ermittelt. Die dabei generierten Ergebnisse in der Literatur unterscheiden sich kaum; sie werden immer im Bereich um 0,0075 geschätzt[146] und dies unabhängig davon, welches Land für die Berechnungen zugrunde gelegt wird. Hier soll deshalb σ_ε=0,0075 angenommen werden.

In Tabelle 2.1 sind die Parameterwerte und die wichtigen Steady-State-Größen nochmals zusammenfassend aufgeführt.

---

[142] Der Parameter α wird oft mit der Lohnquote gleichgesetzt und deshalb ein Wert von über 0,7 angenommen. Die Lohnquote ist aber auf das Volkseinkommen (Nettosozialprodukt zu Faktorkosten) bezogen und berücksichtigt auch nicht die Tatsache, daß Unternehmer ebenfalls arbeiten. Deshalb erscheint der hier angenommene Wert plausibler.

[143] θ beträgt 3,5185 und ergibt sich aus $\theta=((1-N)^\eta/c)\alpha y/N$.

[144] Vgl. King/Rebelo (1998), S. 24.

[145] Vgl. Solow (1957). Das Solow-Residuum stellt denjenigen Teil der Outputänderung dar, der nicht auf die Änderung des Faktoreinsatzes zurückgeführt werden kann. Zur Verwendung des Solow-Residuums als Maß für den Technologieschock vgl. z.B. Cooley/Prescott (1995), S. 21/22, und zu der damit verbundenen Problematik vgl. z.B. King/Rebelo (1998), S. 34.

[146] Heinemann (1995), S. 91, schätzt σ_ε=0,00763 genauso wie Prescott (1986), S. 27. Coenen (1997), S. 30, nimmt σ_ε=0,0075 an, Harjes (1997), S. 646, unterstellt σ_ε=0,0072 und Cooley/Prescott (1995), S. 22, gehen von σ_ε=0,007 aus.

Tabelle 2.1: Benchmark-Parameter

γ	α	β	δ	η	ρ	σ_ε	N	R
1,005	0,63	0,9925	0,02	1	0,95	0,0075	0,2	1,0126

2.11. Die Modelldynamik

2.11.1. Direkter und indirekter Transmissionskanal

Die in Abschnitt 2.8. errechneten Elastizitäten (v_{xx}-Werte) bestimmen die Modelldynamik als Reaktion auf einen Schock.

Es gilt allgemein für eine Variable x_t:[147]

$$\hat{x}_t = v_{xk}\hat{k}_{t-1} + v_{xA}\hat{A}_t$$

Die Modellvariablen folgen also einem linear rekursiven Bewegungsgesetz:

$$(2.105)\quad \begin{bmatrix} \hat{k}_t \\ \hat{c}_t \\ \hat{y}_t \\ \hat{N}_t \\ \hat{i}_t \\ \hat{R}_t \\ \hat{r}_t \\ \hat{w}_t \\ \hat{\lambda}_t \end{bmatrix} = \begin{bmatrix} v_{kk} & v_{kA} \\ v_{ck} & v_{cA} \\ v_{yk} & v_{yA} \\ v_{Nk} & v_{NA} \\ v_{ik} & v_{iA} \\ v_{Rk} & v_{RA} \\ v_{rk} & v_{rA} \\ v_{wk} & v_{wA} \\ v_{\lambda k} & v_{\lambda A} \end{bmatrix} \begin{bmatrix} \hat{k}_{t-1} \\ \hat{A}_t \end{bmatrix} \quad \text{oder} \quad (2.105a)\ \mathbf{x}_t = \mathbf{V}\mathbf{q}_t,$$

$$(2.106)\quad \hat{A}_t = \rho\hat{A}_{t-1} + \varepsilon_t$$

Wird die Wirtschaft von einem Schock getroffen, muß bezüglich der Auswirkungen auf die Modellvariablen unterschieden werden zwischen einem direkten Transmissionskanal, repräsentiert durch diejenigen Elastizitäten, die die prozentuale Änderung einer Variablen bei einer einprozentigen Änderung der Technologievariable A_t beschreiben (rechter Spaltenvektor der Matrix **V**), und einem indirekten Transmissionskanal, der auf eine Abweichung des Kapitalstocks von seinem Steady-State-Wert zurückzuführen ist (linker Spaltenvektor der Matrix **V**).[148] Die Modelldynamik wird somit direkt bestimmt vom Verlauf des Schocks selbst und indirekt durch die Anpassungsprozesse, die sich ergeben, weil sich der Kapitalstock nicht auf seinem Steady-State-Niveau befindet.[149] Diese letztgenannten Anpassungsprozesse treten typischerweise in einem neo-

[147] Vgl. Abschnitt 2.8.1.

[148] Vgl. Hairault (1995), S. 31. Gemäß King/Plosser/Rebelo (1988a), S. 219, könnte man dies auch als exogene und endogene Modelldynamik bezeichnen.

[149] Vgl. Hairault (1995), S. 31.

klassischen Wachstumsmodell auf und sind Gegenstand der Analyse im nächsten Abschnitt.

2.11.2. Anpassungsprozesse im neoklassischen Wachstumsmodell

Sieht man zunächst von der Existenz eines Technologieschocks ab, so ergeben sich in diesem Modell immer dann Anpassungsprozesse hin zum Steady State, wenn der Kapitalstock von seinem Steady-State-Wert abweicht. Diese Anpassungsprozesse treten in dem hier betrachteten Modell immer parallel zu den durch einen Technologieschock oder Fiskalschock ausgelösten Effekten auf und sind somit für das Verständnis der Modellmechanismen von großer Bedeutung.

Es soll deshalb kurz eine Wirtschaft ohne stochastische Schocks betrachtet werden, das heißt, es gilt $\varepsilon_t=0$ und damit $\hat{A}_t=0$, so daß die Modelldynamik für eine Variable x_t nur durch

$$\hat{x}_t = v_{xk}\hat{k}_{t-1}$$

bestimmt wird, sofern k_{t-1} von seinem Steady-State-Wert abweicht, also $\hat{k}_{t-1}\neq 0$ gilt.

Man erhält:

$$\begin{bmatrix} \hat{k}_t \\ \hat{c}_t \\ \hat{y}_t \\ \hat{N}_t \\ \hat{i}_t \\ \hat{R}_t \\ \hat{r}_t \\ \hat{w}_t \\ \hat{\lambda}_t \end{bmatrix} = \begin{bmatrix} v_{kk} \\ v_{ck} \\ v_{yk} \\ v_{Nk} \\ v_{ik} \\ v_{Rk} \\ v_{rk} \\ v_{wk} \\ v_{\lambda k} \end{bmatrix} \hat{k}_{t-1}.$$

Die Modelldynamik wird nun also alleine durch die erste Spalte der ursprünglichen Matrix **V** bestimmt, wobei die Koeffizienten jeweils die Elastizität der Modellvariablen bezüglich einer relativen Abweichung des Kapitalstocks von seinem Steady-State-Wert angeben. Liegt z.B. der Kapitalstock 1% über seinem langfristigen Gleichgewichtswert, bedeutet dies, daß die Variable x_t um v_{xk}% von ihrem Steady-State-Niveau abweicht. Tabelle 2.2 zeigt die Koeffizienten der Matrix **V** für die oben angegebenen Benchmark-Parameter.

Tabelle 2.2: Elastizitäten bei einer „Überkapitalisierung"

v_{kk}	v_{ck}	v_{yk}	v_{Nk}	v_{Rk}	v_{rk}	v_{wk}	v_{ik}	$v_{\lambda k}$
0.9549	0.5637	0.1732	-0.3124	-0.0266	-0.8268	0.4856	-0.8124	-0.5637

Die Abbildung 2.1[150] stellt die Anpassungspfade der Modellvariablen dar, die sich bei einer solchen einprozentigen Abweichung des Kapitalstocks ergeben. Es handelt sich also um eine überkapitalisierte Wirtschaft, die den zu großen Kapitalstock durch Ausweitung des Konsums, Reduktion der Investitionen und des Arbeitseinsatzes wieder abbaut.

Der hohe Kapitalstock impliziert einerseits einen positiven Vermögenseffekt und andererseits ein niedriges Grenzprodukt des Kapitals, welches im Gleichgewicht dem Zinssatz r_t entspricht. Letzteres bedeutet gemäß der ersten intertemporalen Optimalitätsbedingung oder Gleichung (2.100), daß der Konsum heute attraktiver ist. Es kommt also zu einem Zinseffekt, der in Richtung Erhöhung des Konsums und Reduktion der Investitionen wirkt. Unterstützt wird die Erhöhung des Konsums durch den erwähnten Vermögenseffekt.
Hinsichtlich des Arbeitseinsatzes wirken der Vermögenseffekt und der Zinseffekt ebenfalls in die gleiche Richtung, nämlich in Richtung Reduktion der Arbeitsanstrengungen. Die Wirkung des Zinseffektes kann dabei aus der zweiten intertemporalen Optimalitätsbedingung bzw. Gleichung (2.98) abgelesen werden: Die niedrigere erwartete Rendite hat zur Folge, daß die Freizeit heute im Vergleich zur Arbeit heute attraktiver ist.

Allerdings existiert noch ein Lohneffekt, der aufgrund des höheren Grenzprodukts der Arbeit entsteht. Die intratemporale Optimalitätsbedingung (2.38) und Gleichung (2.97) zeigen, daß durch den größeren Lohnsatz der Arbeitseinsatz tendenziell erhöht wird. Was den Arbeitseinsatz angeht, wirkt also der Lohneffekt dem Vermögens- und dem Zinseffekt entgegen. Die Spezifikation der Modellwirtschaft und die Wahl der Parameterwerte gewährleisten aber, daß der Lohneffekt überkompensiert wird und somit der Arbeitseinsatz im Verlauf des Anpassungsprozesses unter seinem Steady-State-Niveau liegt, welches in Abbildung 2.1 durch die „Nullinie" veranschaulicht wird.

Die geringere Rendite und der Vermögenseffekt ruft gemäß Gleichung (2.103) einen Rückgang der Investitionen hervor, was auch nicht mit dem durch den höheren Output erzeugten „Ressourceneffekt" ausgeglichen werden kann.

Die niedrigeren Investitionen in jeder Periode bewirken eine allmähliche Reduktion des Kapitalstocks,[151] so daß die Differenz zum Steady-State-Niveau kleiner und somit auch die Auswirkungen auf die anderen endogenen Variablen kleiner werden. Die Anpassungspfade streben mithin alle ihrem Steady-State-

[150] Da es sich hier um ein zeitdiskretes Modell handelt, sind eigentlich nur einzelne Punkte im Diagramm definiert. Trotzdem werden in dieser Arbeit wegen der besseren Anschaulichkeit (durchgezogene) Kurven verwendet.
[151] Die Bruttoinvestitionen sind niedriger als die Ersatzinvestitionen δk_{t-1}, die erforderlich wären, um den Kapitalstock aufrecht zu erhalten.

Niveau entgegen, das in Abbildung 2.1 durch die „Nullinie“ repräsentiert wird. Da die Entwicklung der einzelnen Variablen im Zeitablauf letztlich nur vom Anpassungspfad des Kapitalstocks abhängen, haben alle Anpassungskurven die gleiche Form.

Abbildung 2.1: Anpassungsprozesse im neoklassischen Wachstumsmodell bei Überkapitalisierung

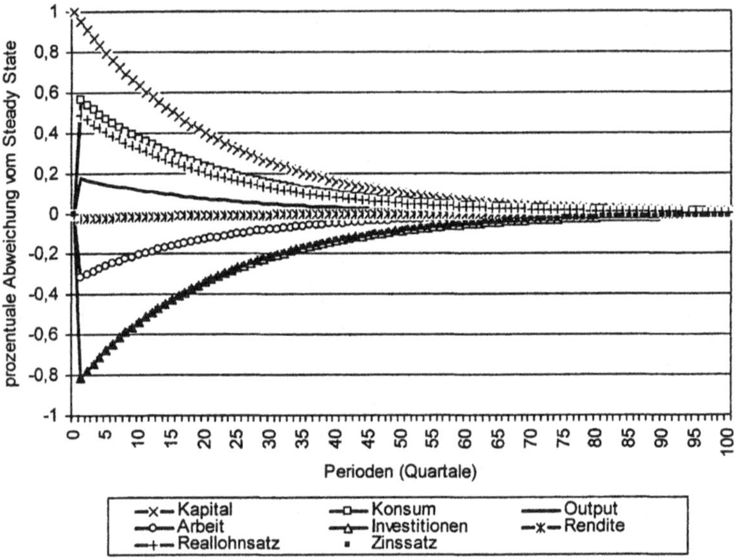

Eine besondere Bedeutung für die Geschwindigkeit des Anpassungsprozesses kommt der Größe v_{kk} zu: Ist v_{kk} groß (nahe eins), erfolgt der Anpassungsprozeß relativ langsam, da $\hat{k}_t$ immer nur relativ wenig von $\hat{k}_{t-1}$ abweichen wird.[152]

Bei der Betrachtung der Anpassungspfade wird weiterhin deutlich, daß die Variablen keinen aus den Konjunkturzyklen bekannten „Gleichlauf“ zwischen Output, Konsum, Investitionen und Arbeitseinsatz aufweisen, so daß der Vorgang der Kapitalakkumulation bzw. – wie hier – des Kapitalabbaus nicht geeignet ist, die stilisierten Fakten der Konjunktur zu erklären. Um dies zu leisten,

[152] Vgl. King/Plosser/Rebelo (1988a), S. 206. Die Größe 1-v_{kk} mißt die Anpassungsgeschwindigkeit zum Steady State und wird auch als „β-Koeffizient“ bezeichnet. Vgl. Campbell (1994), S. 474. Zum „β-Koeffizienten“ als Konvergenzmaß vgl. z.B. Barro/Sala-i-Martin (1992).

muß ein Technologieschock in das Modell eingeführt werden, was im folgenden gemacht wird.

2.11.3. Anpassungsprozesse im RBC-Modell nach einem Technologieschock (Impuls-Antwort-Folgen)

2.11.3.1. Kurzfristige Effekte

Es werden nun die Effekte aufgezeigt, die ein Technologieschock in der Periode t für die Modellvariablen hat. Dabei soll jetzt und auch im weiteren Verlauf der Arbeit zwischen kurz-, mittel- und langfristigen Effekten unterschieden werden. Unter einem kurzfristigen Effekt werden die Reaktionen der Modellvariablen unmittelbar nach dem Schock (also in der Periode t) verstanden. Langfristige Effekte beschreiben die Auswirkungen des Schocks auf die Steady-State-Größen, während die mittelfristigen Effekte die Anpassungsprozesse zurück zum alten Steady State oder hin zu einem neuen Steady State – je nach Persistenz des Schocks – wiedergeben.[153]

Es wird nun angenommen, daß die Wirtschaft in der Periode t (und nur in der Periode t) von einem positiven Technologieschock getroffen wird; es gilt also $\varepsilon_t>0$ und damit $\hat{A}_t>0$. Die Dynamik des Modells wird beschrieben durch die Gleichungen (2.105) und (2.106). Da der Kapitalstock, der in der Periode t in die Produktionsfunktion eingeht, aber schon feststeht bzw. durch den Technologieschock in der Periode t nicht verändert werden kann, gilt $\hat{k}_{t-1}=0$. Das heißt für die Modelldynamik, daß sie in der Periode t (Periode des Schocks) nur von der rechten Spalte der Matrix V bestimmt wird, deren Koeffizienten die Elastizitäten der Modellvariablen bezüglich der totalen Faktorproduktivität angeben (v_{xA}-Werte). Da sich in der Periode t nur A_t ändert, beschreiben sie auch die unmittelbare Reaktion der Modellvariablen auf den Technologieschock. Will man also zunächst die kurzfristigen Effekte dieses Schocks betrachten, vereinfacht sich das System zu:

$$\hat{x}_t = \begin{bmatrix} v_{kA} \\ v_{cA} \\ v_{yA} \\ v_{NA} \\ v_{iA} \\ v_{RA} \\ v_{rA} \\ v_{wA} \\ v_{\lambda A} \end{bmatrix} \hat{A}_t,$$

[153] Für $\rho<1$ strebt die Wirtschaft langfristig wieder ihrem ursprünglichen Steady State zu, während für $\rho=1$ ein neuer Steady State etabliert wird.

$\hat{A}_t = \rho \hat{A}_{t-1} + \varepsilon_t$.

Es sei nun ein Technologieschock in der Periode t angenommen, der zu einer Abweichung der totalen Faktorproduktivität von ihrem langfristigen Gleichgewichtswert um ein Prozent führt.[154] Da die v_{xA}-Werte definitionsgemäß die prozentuale Änderung der Variablen x_t bei einer einprozentigen Änderung der totalen Faktorproduktivität angeben,[155] quantifizieren die v_{xA}-Werte die kurzfristigen Wirkungen eines Technologieschocks. Die v_{xA}-Werte in Tabelle 2.3 geben also die prozentuale Abweichung der jeweiligen Variablen von ihrem Steady-State-Wert in der Periode des Schocks an. In der Darstellung der Impuls-Antwort-Folgen (Abbildungen 2.2 bis 2.5) können diese Werte an der Ordinate als Schnittpunkte mit der jeweiligen Kurve abgelesen werden. Im weiteren Verlauf der Arbeit werden diese v-Werte immer dann betrachtet, wenn die kurzfristigen Wirkungen eines Schocks auf die Modellvariablen analysiert werden.

Tabelle 2.3: Elastizitäten bei einem Technologieschock in Abhängigkeit von der Persistenz des Schocks

	ρ=0	ρ=0,5	ρ=0,95	ρ=0,98	ρ=1
v_{kA}	0.1622	0.1577	0.1170	0.0970	0.0716
v_{cA}	0.0957	0.1254	0.3930	0.5249	0.6925
v_{yA}	1.9188	1.8887	1.6167	1.4828	1.3124
v_{NA}	1.4585	1.4107	0.9790	0.7663	0.4959
v_{RA}	0.0618	0.0608	0.0520	0.0477	0.0422
v_{rA}	1.9188	1.8887	1.6167	1.4828	1.3124
v_{wA}	0.4604	0.4780	0.6378	0.7165	0.8165
v_{iA}	6.5199	6.3390	4.7050	3.9002	2.8769

Durch den positiven Technologieschock erhöhen sich die beiden Faktorproduktivitäten. Eine höhere Faktorproduktivität führt zu einem höheren Einkommen. Dauert der Technologieschock länger an (ρ>0), kann dieses höhere Einkommen auch in zukünftigen Perioden realisiert werden, was von den Individuen schon heute antizipiert wird und sich in einem positiven Vermögenseffekt niederschlägt, d.h. der Schattenpreis λ_t bzw. der erwartete Schattenpreis $E_t[\lambda_{t+1}]$ sinken. Der Vermögenseffekt ist dabei um so größer, je länger das Einkommen über seinem Ausgangsniveau ist, je länger also der Technologieschock andauert (ρ-Wert).

Die höheren Faktorproduktivitäten wirken sich auch direkt auf die Optimalitätsbedingungen (2.38) bis (2.40) aus und lösen mithin gemäß den Gleichungen (2.97) bis (2.100) Lohn- und Zinseffekte aus:

Ein höherer Lohnsatz und die höhere erwartete Rendite rufen gemäß Gleichung (2.98) eine Ausweitung des Arbeitseinsatzes hervor, da sich einerseits die

[154] Es gelte also $\hat{A}_t$=0,01.

[155] Vgl. Abschnitt 2.8.

Opportunitätskosten der Freizeit erhöht haben und weil es sich andererseits lohnt, das durch Mehrarbeit erzielte Einkommen zu der höheren Rendite zu sparen.
Der positive Vermögenseffekt wirkt zudem, wie Gleichung (2.98) und auch Abbildung 2.4 zeigen, dem Lohn- und Zinseffekt entgegen. Allerdings überwiegen die beiden Faktorpreiseffekte, so daß es zu einer Ausweitung des Arbeitseinsatzes kommt. Da aber mit zunehmender Persistenz des Schocks der Vermögenseffekt bedeutender wird, nimmt die Ausweitung des Arbeitseinsatzes mit zunehmenden ρ ab, wie Tabelle 2.3 zeigt. Für $\rho=0$ ist der Vermögenseffekt wegen des temporären Charakters des Technologieschocks kaum vorhanden, so daß der Arbeitseinsatz in diesem Fall am stärksten steigt.

Durch die höhere Rendite wird der Konsum heute unattraktiver (Gleichung (2.100)). Allerdings dominiert hier der positive Vermögenseffekt: Die Individuen fühlen sich reicher, was sie zu einer Ausweitung des Konsums veranlaßt. Mithin ist ein Anstieg des Konsums um so größer, je größer die Persistenz des Technologieschocks ist, da dann der Vermögenseffekt größer ausfällt.

Die beschriebenen positiven Zinseffekte ergeben sich aber nur im Falle $\rho>0$, da hier $E_t[R_{t+1}]$ tatsächlich steigt. Für $\rho=0$ dagegen wird sich zwar der Zins in der Periode t erhöhen, in t+1 ist er aber schon unter sein Ausgangsniveau gesunken.[156] Wie die beiden intertemporalen Optimalitätsbedingungen (2.39) und (2.40) bzw. die Gleichungen (2.98) und (2.100) zeigen, ist nicht die Rendite R_t sondern die erwartete Rendite $E_t[R_{t+1}]$ für die intertemporalen Konsum- bzw. Arbeitsentscheidungen bedeutsam, so daß für $\rho=0$ wegen der Zinssenkung der Konsum heute begünstigt und der Arbeitseinsatz in der Periode t etwas gedämpft wird, ohne daß dies aber die Variablen entscheidend beeinflußt.

Die Wirkungen auf den Output kann man anhand der linearisierten Produktionsfunktion ablesen. Da in der Periode des Schocks $\hat{k}_{t-1}=0$ gilt, wird die Outputänderung in dieser Periode nur durch die Änderung des Arbeitseinsatzes und die Änderung der totalen Faktorproduktivität bestimmt:
$\hat{y}_t = \hat{A}_t + \alpha\hat{N}_t$.
Wegen $v_{AA}=1$ gilt damit: $v_{yA}=1+\alpha v_{NA}$.
Die Stärke des Outputeffekts bei einem gegebenen Technologieschock hängt also nur von der Reaktion des Arbeitseinsatzes ab. Diese ist für kleine Per-

---

156 Es gilt $E_t[\hat{R}_{t+1}] = (1-\alpha)\frac{y}{k}E_t[\hat{A}_{t+1} + \alpha(\hat{N}_{t+1} - \hat{k}_t)]$. Nur k_t liegt in der Periode t+1 wegen der relativ hohen Investitionen in der Periode t noch wesentlich über seinem Gleichgewichtsniveau; A_{t+1} hat wegen $\rho=0$ wieder sein Ausgangsniveau erreicht und N_{t+1} ist ebenfalls unter seinen Steady-State-Wert gesunken, so daß $E_t[\hat{R}_{t+1}]<0$ gilt. Vgl. Abbildung 2.2.

sistenzwerte am größten, so daß auch der Output in diesen Fällen am stärksten steigt. Für die gewählten Benchmark-Parameter beträgt die Outputsteigerung zwischen 1,9% und 1,3% (vgl. Tabelle 2.3).[157]

Die Größe des Outputeffekts beeinflußt, wie die Gleichungen (2.102) bzw. (2.103) zeigen, auch das Ausmaß des Investitionsanstiegs. Dieser ist am größten, wenn der Output am stärksten steigt, da dann um so mehr „Ressourcen" für Investitionsausweitungen vorhanden sind. Die Individuen müssen sich entscheiden, was sie mit dem zusätzlichen Output anfangen wollen. Wegen des abnehmenden Grenznutzens des Konsums werden sie nur einen Teil zur Ausweitung des Konsums in der Periode t verwenden. Den Rest werden sie sparen bzw. investieren und somit Konsumglättung betreiben. Wie ausgeprägt diese Konsumglättung ist, hängt von der intertemporalen Substitutionselastizität des Konsums bzw. von der Grenznutzenelastizität des Konsums ab. Für die hier angenommene Substitutionselastizität von eins, wird ein relativ großer Anteil des zusätzlichen Outputs gespart, so daß die Ausweitung der Investitionen entsprechend groß und am größten dann ist, wenn auch die Outputsteigerung das größte Ausmaß erreicht hat, nämlich für $\rho=0$. Das Phänomen der Konsumglättung ist somit mitverantwortlich dafür, daß sich Konsum und Investitionen prozyklisch verhalten und daß die Investitionen eine größere Volatilität aufweisen als der Konsum.[158] Schließlich wird der Investitionsanstieg noch durch die erwartete höhere Rendite unterstützt, wie Gleichung (2.103) beweist.

Tabelle 2.4: Elastizitäten bei einem Technologieschock in Abhängigkeit von der Grenznutzenelastizität der Freizeit η

	$\eta=0$ $\sigma_L\to\infty$	$\eta=0,5$ $\sigma_L=2$	$\eta=1$ $\sigma_L=1$	$\eta=4$ $\sigma_L=0,25$	$\eta=10$ $\sigma_L=0,1$	$\eta\to\infty$[159] $\sigma_L=0$
v_{kA}	0.1432	0.1272	0.1170	0.0928	0.0811	0.0697
v_{cA}	0.4420	0.4128	0.3930	0.3415	0.3142	0.2853
v_{yA}	1.9501	1.7473	1.6167	1.3028	1.1505	1.0000
v_{NA}	1.5081	1.1862	0.9790	0.4806	0.2390	0.0000
v_{RA}	0.0628	0.0562	0.0520	0.0419	0.0370	0.0322
v_{rA}	1.9501	1.7473	1.6167	1.3028	1.1505	1.0000
v_{wA}	0.4420	0.5611	0.6378	0.8222	0.9116	1.0000
v_{iA}	5.7562	5.1151	4.7050	3.7288	3.2613	2.8037

[157] Davon ist jeweils ein Prozentpunkt direkt auf die Erhöhung der totalen Faktorproduktivität zurückzuführen.

[158] Vgl. King/Rebelo (1998), S. 37. Somit ist die hohe Volatilität der Investitionen, die Keynes auf die „animal spirits" der Investoren zurückführt, in diesem Modell nicht anderes als die Kehrseite der Konsumglättung. Vgl. King/Rebelo (1998), S. 37.

[159] Die Elastizitäten für $\eta\to\infty$ werden in dieser Arbeit immer ermittelt, indem $\eta=10^{10}$ gesetzt wird.

Es zeigt sich weiterhin, daß die Erhöhung des Outputs, des Konsums, der Investitionen und des Arbeitseinsatzes um so größer ist, je geringer die Grenznutzenelastizität der Freizeit η ist bzw. je größer die Substitutionselastizität der Freizeit σ_L ausfällt, was anhand der Gleichungen (2.97) bis (2.99) und anhand von Tabelle 2.4 abgelesen werden kann. Die Grenznutzenelastizität determiniert – wie schon in Abschnitt 2.9. hervorgehoben – die Reagibilität des Arbeitseinsatzes, wobei für $\eta=0$ der Arbeitseinsatz auf Faktorpreisänderungen und auf einen Vermögenseffekt am stärksten und für $\eta\rightarrow\infty$ gar nicht reagiert, also konstant ist. Somit ruft ein Technologieschock für den Fall $\eta=0$ die größte Erhöhung der Arbeit hervor, was auch wegen $v_{yA}=1+\alpha v_{NA}$ zu der stärksten Outputsteigerung führen muß.[160] Für $\eta\rightarrow\infty$ ist der Arbeitseinsatz konstant; somit ist die Outputsteigerung nur noch auf die einprozentige Erhöhung der totalen Faktorproduktivität A_t zurückzuführen, was folglich auch zu einer Erhöhung des Outputs um genau 1% führen muß (vgl. Tabelle 2.4). Im Falle linearer Präferenzen bezüglich der Freizeit ($\eta=0$) ist das Konsum-Reallohnsatz-Verhältnis konstant, weshalb $v_{wA}=v_{cA}$ gilt.[161]

Die Grenznutzenelastizität beeinflußt aber auch die Größe des Vermögenseffektes: Je kleiner η ist, desto größer ist der Anstieg des Arbeitseinsatzes und damit auch des Arbeitseinkommens, was gemäß Gleichung (2.95) zu einem stärkeren Anstieg des Humanvermögens führt. Der Vermögenseffekt fällt also um so größer aus, je kleiner die Grenznutzenelastizität ist. Deshalb ist z.B. der Anstieg des Konsums für zunehmende η-Werte geringer (vgl. Tabelle 2.4).

2.11.3.2 Mittel- und langfristige Effekte

Die Anpassungsprozesse zurück zum alten Gleichgewicht ($\rho<1$) oder hin zu einem neuen Steady State ($\rho=1$) stellen die mittelfristigen Wirkungen dar und werden für die drei Persistenzparameter $\rho=0$ (temporärer Technologieschock), $\rho=0,95$ (persistenter Technologieschock) und $\rho=1$ (permanenter Technologieschock) anhand der Impuls-Antwort-Folgen in den Abbildungen (2.2) bis (2.5) beschrieben. Langfristige Effekte sind die Änderungen der Modellvariablen im neuen Steady State im Vergleich zum alten Steady State und treten nur bei einer permanenten Änderung der totalen Faktorproduktivität ($\rho=1$) auf.

Anpassungsprozesse bei einem temporären Technologieschock ($\rho=0$)

Die Impuls-Antwort-Folgen zeigen, wie sich der Schock über die Zeit hinweg auf die Modellvariablen auswirkt, und sind letztlich das Ergebnis einer Überlagerung der beiden vorher analysierten Transmissionsmechanismen. Dies sind

[160] Da der Schock den für die Produktion in der Periode t maßgeblichen Kapitalstock k_{t-1} unberührt läßt, kann die Outputsteigerung unmittelbar nach den Schock nur auf die Änderung des Arbeitseinsatzes und die Änderung der totalen Faktorproduktivität zurückgeführt werden.
[161] Vgl. Campbell (1994), S. 487.

die Effekte, die eine höhere totale Faktorproduktivität für sich genommen auf die Modellvariablen hat (direkter Transmissionskanal), und die Effekte, die sich aufgrund der Abweichung des Kapitalstocks von seinem langfristigen Gleichgewichtsniveau ergeben (indirekter Transmissionskanal).

Abbildung 2.2: Impuls-Antwort-Folgen bei einem temporären Technologieschock (rho=0)

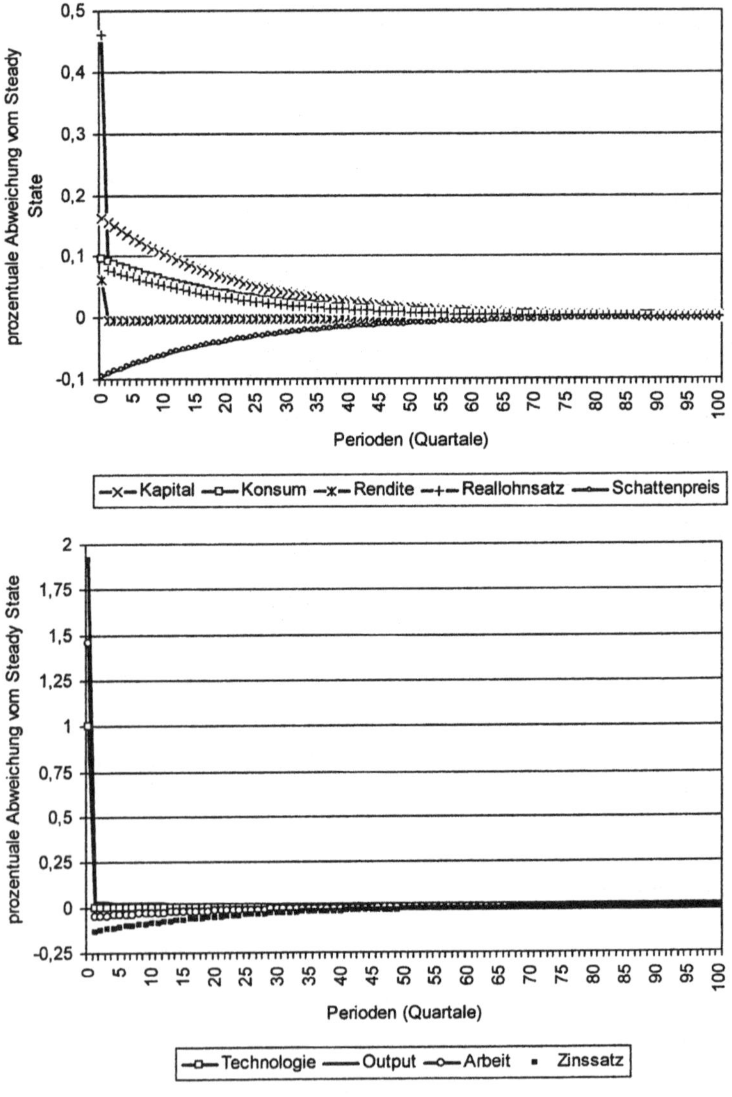

Für $\rho=0$ handelt es sich um einen temporären Schock, d.h. die totale Faktorproduktivität liegt nur für eine Periode über ihrem Ausgangsniveau (Periode 0 in Abbildung 2.2). In der nächsten Periode (Periode 1 in Abbildung 2.2) sind die direkten Effekte des Technologieschocks wieder verschwunden. Da in der Periode des Schocks der Kapitalstock vom Schock unbeeinflußt bleibt und erst in der nächsten Periode durch die höheren Investitionen steigt, steht fest, daß die beiden oben beschriebenen dynamischen Prozesse nacheinander ablaufen. In der Periode des Schocks (Periode 0) ergeben sich die in Abschnitt 2.11.3.1. beschriebenen und in Tabelle 2.3, zweite Spalte, aufgeführten Effekte, die ausschließlich auf die höhere Faktorproduktivität zurückzuführen sind: Die Arbeit, der Output, der Konsum und die Investitionen steigen an. Der Investitionsanstieg hat aber zur Folge, daß in der nächsten Periode der Kapitalstock höher, also über seinem Gleichgewichtswert liegt, weshalb nun die Anpassungsprozesse eines zu großen Kapitalstocks in Gang gesetzt werden.[162] Die direkten Wirkungen der höheren Faktorproduktivität sind zu dieser Zeit aber schon wieder verschwunden.
Es kommt somit unmittelbar nach dem anfänglichen Anstieg des Arbeitseinsatzes und der Investitionen zu einem abrupten Rückgang derselben, um den Kapitalstock wieder abzubauen. Der Konsum dagegen sinkt nur allmählich. Allerdings muß man sich klar machen, daß in der Periode 0 die höhere totale Faktorproduktivität und ab Periode 1 letztlich der zu hohe Kapitalstock für den höheren Konsum verantwortlich sind. Entsprechendes gilt für den Anpassungsprozeß des Outputs. Mit der Zeit nimmt der Abstand des Kapitalstocks von seinem Gleichgewichtsniveau ab, weshalb auch der Arbeitseinsatz und die Investitionen im Vergleich zu ihrem Steady-State-Niveau nicht mehr so stark eingeschränkt sein müssen. Die Variablen passen sich mithin wieder an ihr altes langfristiges Gleichgewichtsniveau, repräsentiert durch die Nullinie in Abbildung 2.2, an.

Anpassungsprozesse bei einem persistenten Technologieschock ($\rho=0{,}95$)
Für $\rho=0{,}95$ ist der Technologieschock persistent, d.h. die totale Faktorproduktivität liegt für längere Zeit über ihrem Ausgangsniveau. Jetzt überlagern sich die beiden dynamischen Prozesse; sie laufen mithin gleichzeitig ab und bestimmen die Impuls-Antwort-Folgen in Abbildung 2.3. Da in der Periode 0 der Kapitalstock k_{t-1} unverändert bleibt, wirkt zunächst nur der direkte Transmissionsmechanismus, genauso wie in Abschnitt 2.11.3.1. beschrieben. Die höheren Investitionen induzieren auch hier einen höheren Kapitalstock. Nun ist aber im Gegensatz zum Fall $\rho=0$ in der Periode 1 die höhere Faktorproduktivität immer noch wirksam. Es gilt nämlich $\hat{A}_1=\rho\,\hat{A}_0=0{,}95*0{,}01=0{,}0095$. Die Effekte des direkten und des indirekten Transmissionskanals überlagern sich also. Mit-

[162] Vgl. Abschnitt 2.11.2.

hin sinken der Arbeitseinsatz als auch die Investitionen langsamer als im Fall ρ=0.

Abbildung 2.3: Impuls-Antwort-Folgen bei einem persistenten Technologieschock (rho=0,95)

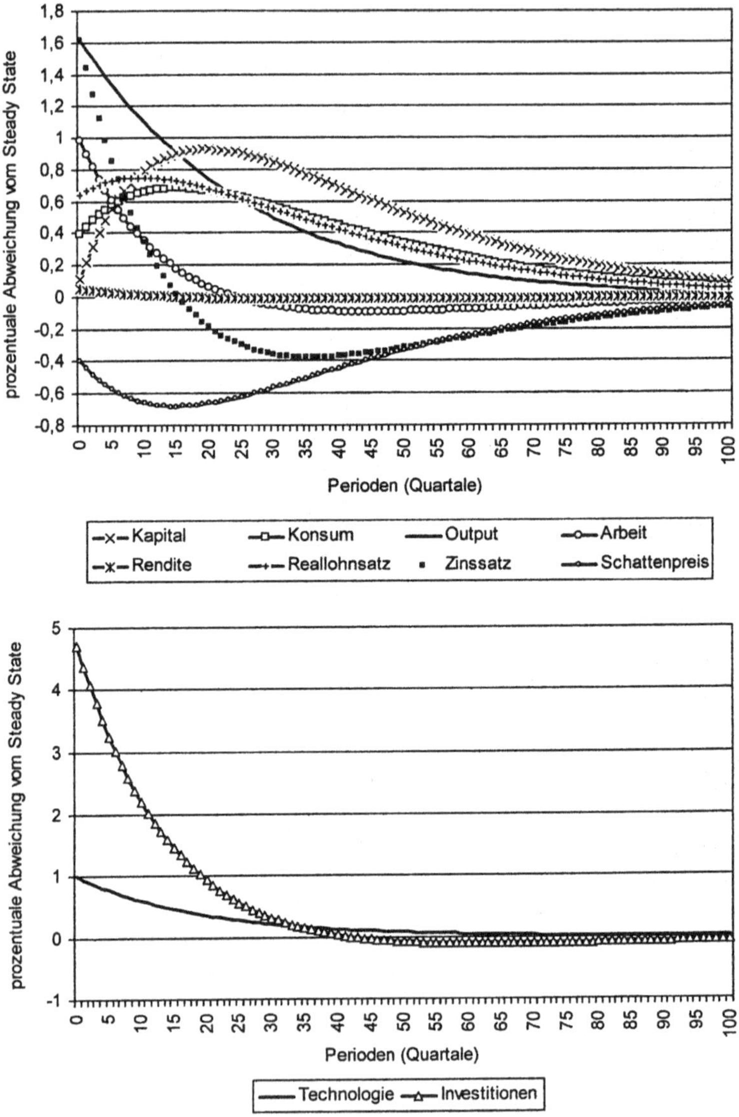

Der Konsum steigt sogar noch etwas weiter an, was einerseits auf den mit dem höheren Kapitalstock verbundenen Anstieg des Vermögenseffektes und andererseits mit der zwar immer noch über dem Ausgangsniveau liegenden aber sinkenden Rendite begründet werden kann. (Gleichung (2.100)).
Auch der Output steigt weiter an, da nun, wie die linearisierte Produktionsfunktion (2.101) zeigt, nicht nur die höhere totale Faktorproduktivität und der höhere Arbeitseinsatz positiv auf die Produktion wirken, sondern auch der höhere Kapitalstock. Der ansteigende positive Vermögenseffekt sorgt dafür, daß der Arbeitseinsatz unter sein Ausgangsniveau sinkt. Mit der Zeit schwächt sich der Technologieschock ab, und der Kapitalstock wird allmählich auch wieder abgebaut, so daß die Variablen wieder ihrem Ausgangsniveau entgegen streben.

In Abbildung 2.4 sind die Gesamtänderungen des Konsums und des Arbeitseinsatzes jeweils in ihre Einzeleffekte zerlegt worden. Hier zeigt sich bezüglich des Arbeitseinsatzes, daß der Vermögenseffekt dem Lohneffekt und dem Zinseffekt entgegenwirkt. Zunächst überwiegen die Faktorpreiseffekte, weshalb es im Vergleich zur Ausgangssituation zu einem höheren Arbeitseinsatz kommt. Später im Anpassungsprozeß ist der Vermögenseffekt betragsmäßig größer und der Arbeitseinsatz sinkt leicht unter sein Ausgangsniveau. Weiterhin wird besonders bei der Reaktion des Konsums die quantitativ geringe Bedeutung des Zinseffektes deutlich: Die Änderung des Konsums wird fast ausschließlich vom Vermögenseffekt bestimmt, weshalb die Kurven des Gesamteffekts und des Vermögenseffektes fast deckungsgleich sind.

Anpassungsprozesse bei einem permanenten Technologieschock (ρ=1)

Ist der Technologieschock permanent (ρ=1), so treten zunächst die gleichen Effekte wie bei einem persistenten Schock auf. Allerdings sind hier die Wirkungen der höheren Faktorproduktivität permanent vorhanden und der Kapitalstock strebt einem höheren Niveau entgegen, so daß nicht die Anpassungsprozesse eines zu großen, sondern die eines zu kleinen Kapitalstocks wirken. Insgesamt wird durch die Kapitalakkumulation, die höhere Faktorproduktivität und die damit einhergehende Zunahme der Arbeitseinkommen ein starker positiver Vermögenseffekt induziert ($\hat{\lambda}_t$ ist stark negativ), so daß der Konsum gemäß Gleichung (2.100) ebenfalls auf ein höheres Niveau ansteigt und der Arbeitseinsatz wieder auf seinen ursprünglichen Gleichgewichtswert fällt. Eine permanente Erhöhung der totalen Faktorproduktivität sorgt also langfristig für einen größeren Kapitalstock, einen höheren Output, einen höheren Konsum und höhere Investitionen.

Abbildung 2.4: Zerlegung in Einzeleffekte:

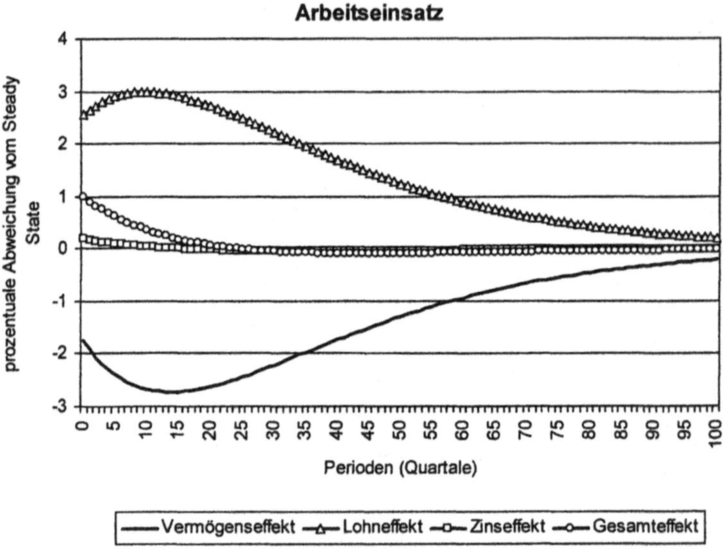

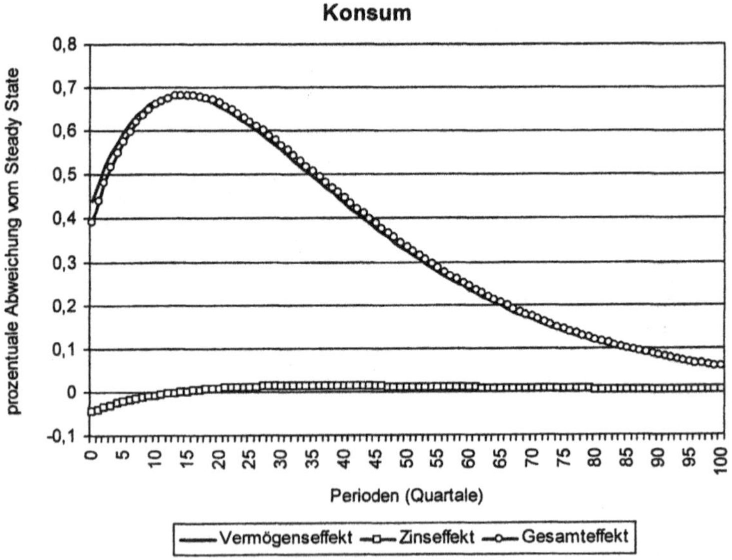

Abbildung 2.5: Impuls-Antwort-Folgen bei einem permanenten Technologieschock (rho=1)

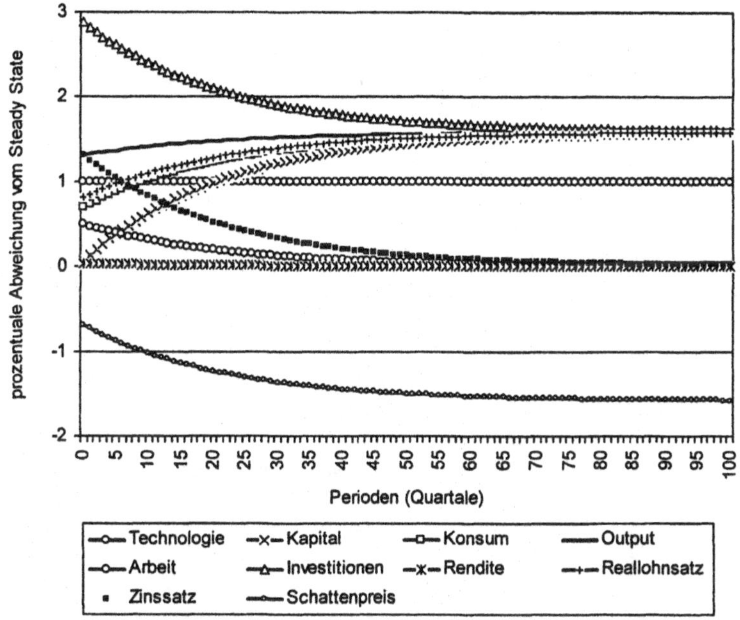

2.12. Ableitung der stilisierten Fakten für die Modellökonomie und Vergleich mit den realen Daten

Das hier dargestellte Grundmodell der RBC-Theorie soll nun zur Erzeugung von Zeitreihen benutzt werden. Die stilisierten Fakten dieser Zeitreihen werden dann mit den stilisierten Fakten der Zeitreihen der tatsächlichen Wirtschaft in der Bundesrepublik Deutschland verglichen.

Da der Schwerpunkt dieser Arbeit ein anderer ist und da die generierten Ergebnisse keine neuen Erkenntnisse in sich bergen, soll hier auf eine Bestimmung der stilisierten Fakten für Deutschland verzichtet werden. Es wird vielmehr auf die Ergebnisse anderer Arbeiten zurückgegriffen.

In Tabelle 2.5 sind Zeitreihenmomente für die Bundesrepublik Deutschland aufgeführt, wie sie von verschiedenen Autoren ermittelt wurden, wobei die Zeitreihen jeweils mit dem sog. Hodrick-Prescott-Filter (HP-Filter)[163] trendbereinigt wurden.

[163] Vgl. Hodrick/Prescott (1980). Mit dem HP-Filter wird eine Ursprungsreihe x_t in eine Trendkomponente h_t und in eine Zykluskomponente z_t zerlegt, indem derjenige Trend ermittelt wird, der den folgenden Ausdruck minimiert:

Hinsichtlich der Volatilität der Zeitreihen, die durch die Standardabweichungen gemessen wird, kann man folgendes festhalten:

- Der Konsum schwankt weniger als der Output.
- Die Investitionen sind 2½ bis 3 mal so volatil wie der Output.
- Der Arbeitseinsatz schwankt weniger stark als der Output.
- Der Reallohn ist nicht so variabel wie der Output.

Die Kreuzkorrelationen der jeweiligen Reihe mit dem BIP geben Aufschluß über das zyklische Verhalten der einzelnen Variablen. Alle hier betrachteten Zeitreihen sind prozyklisch, wobei dieses Verhalten vor allem bei den Investitionen, beim Konsum und beim Arbeitseinsatz recht stark und beim Reallohnsatz nur schwach ausgeprägt ist. In einigen Arbeiten wird eher ein azyklisches Verhalten des Reallohnsatzes festgestellt, in dem Sinne, daß die entsprechende Kreuzkorrelation mit dem Output nahe null liegt.[164] Sollten die Daten aber ein prozyklisches Verhalten suggerieren, so wird auf Meßfehler bzw. Verzerrungen hingewiesen, die ein solches Ergebnis provozieren.[165]

Diese stilisierten Fakten aus den realen Daten sollen nun mit denen verglichen werden, die durch das Modell erzeugt werden. Hierzu wird die Modellökonomie mit den in Abschnitt 2.10. angenommenen Parameterwerten spezifiziert. Es werden sodann 50 Simulationen mit einer Länge von 120 Perioden vorgenommen. Die durch eine Simulation erzeugten Zeitreihen werden mit Hilfe des HP-Filters trendbereinigt und für die zyklischen Komponenten werden Standardabweichungen sowie Kreuzkorrelationen ermittelt. In Tabelle 2.5 sind die Mittelwerte der jeweiligen Daten aus den 50 Simulationen aufgeführt.
Vergleicht man die vom Modell erzeugten Zeitreihenmomente mit den entsprechenden realen Daten, kommt man zu dem Ergebnis, daß das Modell einige stilisierte Fakten recht gut nachzeichnen kann. So stimmen die Standardabweichungen des Outputs in etwa überein und die Investitionen schwanken ca. 2,5 bis 3 mal so stark wie der Output. Der Konsum ist weniger volatil als der Output, wie das auch in der tatsächlichen Wirtschaft der Fall ist. Allerdings ist die vom Modell erzeugte Variabilität des Konsums viel zu gering, was auch für den Reallohn gilt. Das Grundmodell mit $\eta=1$ generiert außerdem eine etwas zu geringe Volatilität des Arbeitseinsatzes. Betrachtet man die Kreuzkorrelationen

---

$\sum_{t=1}^{T}(x_t - h_t)^2 + \frac{\lambda}{T}\sum_{t=2}^{T-1}\left[(h_{t+1} - h_t) - (h_t - h_{t-1})\right]^2$, wobei λ den Grad der Anpassung des Trends an die Originalreihe widerspiegelt. Für weitere Erläuterungen zum HP-Filter vgl. zum Beispiel Cooley/Prescott (1995), S. 27-29.

[164] Vgl. King/Rebelo (1998), S. 8.

[165] Vgl. King/Rebelo (1998), S. 8, Fn. 12. Zum Beispiel werden Unternehmen in Boomzeiten Überstunden bezahlen und in Rezessionszeiten werden Überstunden abgebaut, was dazu führen kann, daß ein prozyklisches Verhalten des Reallohns gemessen wird.

der einzelnen Zeitreihen mit dem Output, so stellt man fest, daß sie grundsätzlich etwas zu hoch und bezüglich des Reallohnsatzes viel zu hoch sind.

Tabelle 2.5: Standardabweichungen und Kreuzkorrelationen

Standardabweichung in % und Standardabweichung in % der Standardabweichung des BIP										
	BIP		**Konsum**		**Investitionen**		**Arbeit**		**Reallohn**	
Heinemann (1995)	1,51	1,00	1,45	0,96	4,11	2,17	1,16[166]	0,77	0,84	0,56
Holstein (1998)	1,49	1,00	1,36	0,91	3,92	2,63	0,90[167]	0,60	1,38	0,93
Coenen (1997)	1,54	1,00	1,37	0,89	4,03	2,62	1,24	0,81	1,55	1,01
	y_t		c_t		i_t		N_t		w_t	
Grundmodell (η=1;ρ=0,95)	1,5489	1,00	0,4399	0,28	4,5088	2,91	0,9433	0,61	0,6422	0,41
Grundmodell (η=0;ρ=0,95)	1,8578	1,00	0,4992	0,27	5,4860	2,95	1,4449	0,78	0,4992	0,27
Grundmodell (η=1;ρ=0,98)	1,4240	1,00	0,5398	0,38	3,7481	2,63	0,7415	0,52	0,7080	0,50
Grundmodell (η=1;ρ=1)	1,2682	1,00	0,6871	0,54	2,7769	2,19	0,4826	0,38	0,8007	0,63

	Kreuzkorrelationen des realen BIP mit x_{t+j}														
x_t	**BIP**			**Konsum**			**Investitionen**			**Arbeit**			**Reallohn**		
j	-1	0	1	-1	0	1	-1	0	1	-1	0	1	-1	0	1
Heinemann (1995)	---	1,00	0,85	0,67	0,74	0,67	0,76	0,86	0,77	0,74	0,79	0,59	0,50	0,36	0,13
Holstein (1998)	0,86	1,00	0,86	0,70	0,76	0,64	0,78	0,86	0,76	0,54	0,69	0,74	0,19	0,26	0,33
Coenen (1997)	---	1,00	---	---	0,59	---	---	0,84	---	---	---	---	---	---	---
	y_t			c_t			i_t			N_t			w_t		
Grundmodell (η=1;ρ=0,95)	0,69	1,00	0,69	0,75	0,88	0,52	0,65	0,99	0,71	0,63	0,98	0,71	0,75	0,97	0,62
Grundmodell (η=0;ρ=0,95)	0,68	1,00	0,68	0,75	0,87	0,49	0,65	0,99	0,70	0,62	0,99	0,71	0,75	0,87	0,49
Grundmodell (η=1;ρ=0,98)	0,70	1,00	0,70	0,75	0,95	0,60	0,66	0,99	0,71	0,63	0,98	0,72	0,68	1,00	0,70
Grundmodell (η=1;ρ=1)	0,71	1,00	0,71	0,75	0,99	0,66	0,67	0,99	0,73	0,64	0,98	0,73	0,74	0,99	0,68

Die Variabilität des Arbeitseinsatzes kann durch die Annahme einer geringeren Grenznutzenelastizität η erhöht werden. Der Fall η=0 entspricht dem „Indivisible labor- Modell" von Hansen (1985).[168] Hier wird eine größere

[166] Arbeitsvolumen=Beschäftigung (Anzahl der Beschäftigten)*Arbeitszeit pro Beschäftigten.
[167] Der Wert bezieht sich auf die Beschäftigung.
[168] Vgl. auch Hansen/Wright (1992), S. 9.

Variabilität des Arbeitseinsatzes erzeugt. Allerdings führt die Tatsache, daß dann die Arbeitsangebotskurve flach verläuft zu einem weniger variablen Reallohn (vgl. Tabelle 2.5). Die gleiche Eigenschaft lockert den Zusammenhang zwischen Reallohn und Output, so daß die Korrelation zwischen beiden Variablen im Vergleich zum Grundmodell etwas sinkt.

Mit zunehmender Persistenz des Schocks (höherer ρ-Wert) ist der Vermögenseffekt größer, weshalb die Volatilität des Outputs und der Arbeit sinkt, während die des Konsums und des Reallohnsatzes ansteigt.

Insgesamt kann man festhalten, daß die Modellerweiterungen u.a. zum Ziel haben müssen, die Volatilität des Konsums zu erhöhen und den starken Zusammenhang zwischen Reallohnsatz und Output zu reduzieren. Wie im weiteren Verlauf gezeigt wird, ist beides durch die Einführung von fiskalpolitischen Instrumenten in das Modell möglich.[169]

[169] Dies wird aber nur ein Randthema darstellen, da der Schwerpunkt der Arbeit eben nicht auf die Ableitung von möglichst „realitätsnahen" stilisierten Fakten gelegt wird, sondern auf die Darstellung und Analyse der makroökonomischen Wirkungen der Fiskalpolitik.

3. Makroökonomische Wirkungen der Staatsausgaben

3.1. Einleitung

Das im vorigen Kapitel dargestellte Grundmodell der realen Konjunkturtheorie soll nun als Analyserahmen für unterschiedliche fiskalpolitische Maßnahmen und verschiedene Steuersysteme dienen. Es fällt auf, daß in der Literatur zur realen Konjunkturtheorie zwar der Staat mit seinen unterschiedlichen Einnahmen- und Ausgabeninstrumenten berücksichtigt wird, allerdings unterbleibt eine Darstellung der Wirkungen und Effekte, die die einzelnen Modellbestandteile haben, so daß der Mechanismus des Modells nie richtig klar wird und auch den Autoren selbst oft nicht klar zu sein scheint.

Im folgenden Kapitel soll ein Beitrag zur Schließung dieser Lücke in der Literatur geleistet werden, indem in diesem makroökonomischen Totalmodell zunächst eine dynamische Wirkungsanalyse der beiden Ausgabeninstrumente des Staates, Staatskonsum und öffentliche Investitionen, hinsichtlich ihrer kurz-, mittel- und langfristigen Wirkungen durchgeführt wird. Dabei wird ein besonderes Augenmerk auf die Outputeffekte gelegt, die durch die Berechnung eines „kurzfristigen Multiplikators" und eines „langfristigen Multiplikators" quantifiziert werden. Außerdem werden ein sog. Konsumäquivalent bzw. Konsumäquivalentkurven abgeleitet, die eine Quantifizierung der Wohlfahrtseffekte von fiskalpolitischen Maßnahmen erlauben. Zum Abschluß findet ein Vergleich der beiden Staatsausgabenarten im Rahmen einer differentiellen Wirkungsanalyse bezüglich ihrer Output- und Nutzeneffekte statt. Hier können gleichzeitig auch die makroökonomischen Wirkungen einer Änderung in der Staatsausgabenstruktur herausgearbeitet werden.

3.2. Der Staatskonsum

3.2.1. Das Modell

Zunächst werden die Wirkungen des Staatskonsums[170] als ein Instrument der Ausgabenseite dargestellt. Um die Effekte der Staatsausgaben und hier speziell des Staatskonsums isoliert von der Einnahmeerhebung betrachten zu können, wird angenommen, daß die Staatsausgaben über lump sum taxes (Pauschalsteuern) finanziert werden.[171] Eine lump sum tax wird allgemein dadurch definiert, daß sie Einkommenseffekte, aber keine Substitutionseffekte hervorruft und der einzelne durch Verhaltensänderungen ihr nicht ausweichen kann.[172] Ferner wird nun von einem Technologieschock abstrahiert und A_t=A=1 ange-

---

[170] Unter Staatskonsumausgaben werden in dieser Arbeit Staatsausgaben verstanden, die nicht als Transfers an die privaten Haushalte fließen und die unproduktiv in dem Sinne sind, daß sie keinen direkten positiven Einfluß auf die Produktionsmöglichkeiten haben. Eine Abgrenzung zu den öffentlichen Investitionen wird in Abschnitt 3.3.1. vorgenommen.

[171] Vgl. Aiyagari/Christiano/Eichenbaum (1992), S. 85.

[172] Vgl. Richter/Wiegard (1993), S. 339.

nommen. Eine solche isolierte Betrachtung kann damit gerechtfertigt werden, daß das Vorhandensein des Technologieschocks die Reaktionen der Wirtschaft auf Staatsausgabenschocks nur sehr wenig beeinflußt und umgekehrt.[173] Es würde nur eine Vermischung der Effekte aufgrund der Schocks stattfinden, was eine isolierte Darstellung der Staatsausgabenwirkungen verhindern würde.

Abbildung 3.1: Staatskonsumpfad im Zeitablauf für unterschiedliche Persistenzwerte

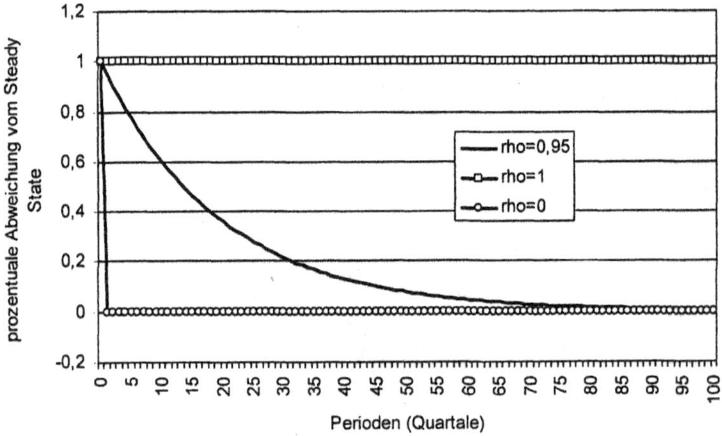

Der Staat

Der Staat finanziert seine Konsumausgaben G_t durch die Erhebung einer Pauschalsteuer T_t, wobei in jeder Periode das Budget ausgeglichen sein soll:[174]

(3.1) $G_t=T_t$.

Die Staatskonsumausgaben G_t folgen einem autoregressiven Prozeß erster Ordnung:

(3.2) $\ln G_t=(1-\rho)\ln G+\rho\ln G_{t-1}+\varepsilon_t$.

ε_t ist eine seriell unkorrelierte Zufallsvariable mit $E(\varepsilon_t)=0$ und $Var(\varepsilon_t)=\sigma_\varepsilon^2$. Der Schock ist nun also auf eine Änderung des Staatskonsums zurückzuführen und nicht mehr – wie noch im Grundmodell – auf eine Technologieänderung. Der Parameter ρ ist ein Maß für die Persistenz der Staatskonsumänderung, wobei $0\leq\rho\leq1$ gilt. Für $\rho=0$ währt die Änderung des Staatskonsums nur eine Periode, für $\rho=1$ ist die Änderung dauerhaft und für $\rho<1$ weicht der Staatskonsum über

---

[173] Vgl. Campbell (1994), S. 492/493, und Ludvigson (1996), S. 31, Fn. 4.

[174] G_t und T_t stellen aggregierte Pro-Kopf-Größen dar.

längere Zeit von seinem Ausgangsniveau ab, kehrt aber wieder zu diesem ursprünglichen Niveau zurück (vgl. Abbildung 3.1).

Die Unternehmen

Kompetitive Unternehmen produzieren gemäß einer Produktionsfunktion $y_t=F(k_{t-1},N_t)$, die durch die Cobb-Douglas-Funktion

(3.3) $y_t=k_{t-1}^{(1-\alpha)}N_t^{\alpha}$

spezifiziert wird, den Output y_t. Aus der Gewinnmaximierung folgt für die Faktorpreise:

(3.4) $r_t=F_1(k_{t-1},N_t)=(1-\alpha)y_t/k_{t-1}$ sowie

(3.5) $w_t=F_2(k_{t-1},N_t)=\alpha y_t/N_t$.

Die privaten Haushalte

Die privaten Haushalte maximieren ihren Nutzen unter Zugrundelegung der Periodennutzenfunktion $u(c_t,L_t)$, die durch

(3.6) $u(c_t,L_t)=\ln c_t+\frac{\theta}{1-\eta}\left[L_t^{1-\eta}-1\right]$

spezifiziert wird.

Die privaten Haushalte betrachten den Staatskonsum G_t als auch die Pauschalsteuer T_t als exogen gegeben. Es sei zunächst angenommen, daß der Staatskonsum bei den Haushalten keinen Nutzen stiftet, also nicht als Argument in die Nutzenfunktion eingeht.

Die Budgetbeschränkung der Haushalte verändert sich zu $c_t+i_t=w_tN_t+r_tk_{t-1}-T_t$, d.h. der Haushalt kann gerade das für Konsum und Ersparnis bzw. Investitionen ausgeben, was er an Arbeitseinkommen w_tN_t und Kapitaleinkommen r_tk_{t-1} abzüglich der Pauschalsteuer T_t zur Verfügung hat.[175] Unter Berücksichtigung von $i_t=\gamma k_t-(1-\delta)k_{t-1}$ und $R_t=1+r_t-\delta$, erhält man für die Periodenbudgetbedingung schließlich:

(3.7) $c_t+\gamma k_t=w_tN_t+R_tk_{t-1}-T_t$.

Entsprechend lautet die intertemporale Budgetrestriktion der privaten Haushalte:

$$E_0\left[\sum_{t=0}^{\infty}P_tc_t\right]=E_0\left[\sum_{t=0}^{\infty}P_tw_tN_t-\sum_{t=0}^{\infty}T_t+R_0k_{0-1}-\lim_{T\to\infty}P_Tk_T\right]$$

mit $P_t=\frac{\gamma}{R_1}\frac{\gamma}{R_2}.....\frac{\gamma}{R_t}=\prod_{j=1}^{t}\frac{\gamma}{R_j}$ für t>0 und $P_t=1$ für t=0.

Unter Einhaltung der No-Ponzi-Game-Bedingung $\lim_{T\to\infty}E_0\left[P_Tk_T\right]=0$ und unter Berücksichtigung von $V_0=R_0k_{0-1}$ sowie Gleichung (3.1) ergibt sich:

[175] Das Gewinneinkommen wird nicht mehr berücksichtigt, da für die hier unterstellte Produktionsfunktion $\pi_t=0$ gilt.

(3.8) $E_0\left[\sum_{t=0}^{\infty} P_t c_t\right] = E_0\left[\sum_{t=0}^{\infty} P_t w_t N_t - \sum_{t=0}^{\infty} P_t G_t + V_0\right]$,

womit sich die Abhängigkeit der Vermögensposition der privaten Haushalte von den Konsumausgaben des Staates zeigt: Je größer der Barwert der Staatskonsumausgaben ist, desto größer ist die Steuerbelastung und desto geringer ist das Vermögen, das von den privaten Haushalten für Konsumzwecke verwendet werden kann.

Das Marktgleichgewicht

Das Marktgleichgewicht[176] ist charakterisiert durch eine Zusammenstellung von individuellen und aggregierten Entscheidungsregeln sowie einen Preisvektor, so daß das Optimierungsproblem der Haushalte gelöst wird, die aggregierten mit den individuellen Variablen übereinstimmen, der Reallohnsatz und der Zinssatz durch die Gleichungen (3.4) und (3.5) gegeben sind, die Unternehmen ihre Gewinne maximieren und zu jeder Zeit die Budgetbedingung des Staates erfüllt ist.[177] Dies berücksichtigend ergibt sich folgendes Gleichungssystem, das die Modellökonomie beschreibt:

(3.9) $u_1(c_t,L_t)=c_t^{-1}=\lambda_t$,

(3.10) $u_2(c_t,L_t)=L_t^{-\eta}=\omega_t$,

(3.11) $\lambda_t w_t=\omega_t$,

(3.12) $\beta E_t[\lambda_{t+1} R_{t+1}] = \gamma \lambda_t$,

(3.13) $\gamma k_t=i_t+(1-\delta)k_{t-1}$,

(3.14) $R_t=1+r_t-\delta$,

(3.15) $r_t = F_1(k_{t-1}, N_t) = (1-\alpha)\frac{y_t}{k_{t-1}}$,

(3.16) $w_t = F_2(k_{t-1}, N_t) = \alpha \frac{y_t}{N_t}$,

(3.17) $y_t=F(k_{t-1},N_t)=k_{t-1}^{(1-\alpha)} N_t^{\alpha}$,

(3.18) $y_t=c_t+i_t+G_t$,

(3.19) $L_t+N_t=1$,

(3.20) $\ln G_t=(1-\rho)\ln G+\rho \ln G_{t-1}+\varepsilon_t$.

Im Vergleich zum Grundmodell hat sich – abgesehen vom stochastischen Prozeß – nur die Ressourcengleichung der Volkswirtschaft (3.18) verändert. Diese ergibt sich aus der neuen Budgetbeschränkung der privaten Haushalte $c_t+\gamma k_t=w_t N_t+R_t k_{t-1}-T_t$

[176] Da bis jetzt noch keine verzerrende Steuer eingeführt wurde, könnte man auch einen Zentralplanungsansatz wählen.

[177] Vgl. Heer/Trede (1998), S. 144/145.

unter Berücksichtigung von $y_t = w_t N_t + r_t k_{t-1}$ und der Kapitalakkumulationsgleichung (3.13). Weiterhin muß beachtet werden, daß die Pauschalsteuer T_t für den einzelnen Agenten zwar exogen gegeben ist. Dies trifft aber nicht für die Wirtschaft als ganzes zu, denn hier gilt $T_t = G_t$.[178] Gleichung (3.18) zeigt, daß dem Haushalt für Konsum und Investitionen nicht mehr der gesamte Output zur Verfügung steht, denn einen Teil G_t beansprucht der Staat. Ansonsten ergeben sich im Vergleich zum Grundmodell keine Veränderungen der notwendigen Bedingungen. Insbesondere zeigt sich, daß das Entscheidungskalkül der Haushalte durch die Anwesenheit des Staates nicht direkt beeinflußt wird. Für die Haushalte verändert sich nur das verfügbare Einkommen von y_t auf $y_t - T_t$ bzw. $y_t - G_t$. Das hat aber keine Auswirkungen auf die Gestalt der Optimalitätsbedingungen. Die intratemporale Optimalitätsbedingung ergibt sich nämlich aus (3.9) bis (3.11) unter Berücksichtigung von (3.19) als

$$(3.21)\ \frac{u_2(c_t, 1-N_t)}{u_1(c_t, 1-N_t)} = \frac{\theta c_t}{(1-N_t)^{\eta}} = w_t$$

und die (erste) intertemporale Optimalitätsbedingung aus (3.9) und (3.12) unter Berücksichtigung von (3.19) als

$$(3.22)\ \frac{\beta}{\gamma} E_t\left[\frac{u_1(c_{t+1}, 1-N_{t+1})}{u_1(c_t, 1-N_t)} R_{t+1}\right] = \frac{\beta}{\gamma} E_t\left[\frac{c_t}{c_{t+1}} R_{t+1}\right] = 1.$$

Auch die für die Wirkungsanalyse bedeutenden „Bestimmungsgleichungen“, die sich aus der linearisierten Form des Gleichungssystems (3.9) bis (3.20) ableiten lassen, sind bis auf die Bestimmungsgleichung der Investitionen mit denen des Grundmodells identisch. Für die relative Abweichung des Arbeitseinsatzes von seinem Steady-State-Niveau erhält man:

$$(3.23)\ \hat{N}_t = \frac{1-N}{N\eta}\left[\hat{\lambda}_t + \hat{w}_t\right].$$

Unter Berücksichtigung von $\hat{\lambda}_t = E_t[\hat{\lambda}_{t+1} + \hat{R}_{t+1}]$ kann man die Gleichung (3.23) umformen zu:

$$(3.24)\ \hat{N}_t = \frac{1-N}{N\eta} E_t\left[\hat{\lambda}_{t+1} + \hat{R}_{t+1} + \hat{w}_t\right].$$

Die relative Abweichung des Konsums von seinem Steady-State-Niveau ergibt sich aus der linearisierten intertemporalen Optimalitätsbedingung (3.22) unter Berücksichtigung von (3.9):

$$(3.25)\ \hat{c}_t = E_t[-\hat{\lambda}_{t+1} - \hat{R}_{t+1}].$$

Die Änderung des Outputs erhält man aus der linearisierten Produktionsfunktion:

$$(3.26)\ \hat{y}_t = \alpha \hat{N}_t + (1-\alpha)\hat{k}_{t-1}$$

[178] Vgl. King/Plosser/Rebelo (1988b), S. 328.

und die relative Veränderung der Investitionen kann man aus der Ressourcenbedingung (3.18) ableiten:

$$(3.27)\ \hat{i}_t = \frac{y}{i}\hat{y}_t - \frac{c}{i}\hat{c}_t - \frac{G}{i}\hat{G}_t.$$

Die Höhe der Investitionen wird nun also auch dadurch bestimmt, wie viele Ressourcen durch den Staatskonsum beansprucht werden. Außerdem werden die Investitionen selbstverständlich auch von der Änderung der erwarteten Rendite $E_t[R_{t+1}]$ und damit von der intertemporalen Konsumentscheidung beeinflußt, was sich zeigt, wenn man (3.25) in (3.27) einsetzt.

Man kann das Modell wieder mit der oben dargestellten allgemeinen Methode lösen oder auf die Lösung „per Hand" zurückgreifen, die hier genauso wie im Grundmodell recht einfach durchzuführen ist. Aus dem obigen Gleichungssystem können nach erfolgter Linearisierung analog zum Vorgehen im Grundmodell die Gleichungen abgeleitet werden, die die einzelnen Elastizitäten bestimmen.
Für die Simulationsrechnungen wird der Staatskonsum im Steady State so festgelegt, daß eine Staatskonsumquote von G/y=g=0,2 realisiert wird. Ansonsten werden die Parameterwerte aus dem Grundmodell beibehalten. Es sollen nun die Effekte herausgearbeitet werden, die sich aufgrund einer einprozentigen Erhöhung der Staatskonsumausgaben ergeben.[179]

3.2.2. Kurzfristige Wirkungen

Unter den kurzfristigen Wirkungen des Staatskonsumschocks werden diejenigen Effekte verstanden, die sich unmittelbar nach einer Erhöhung des Staatskonsums um 1%, also in der Periode des Schocks, ergeben. Sie werden durch die Elastizitäten der endogenen Modellvariablen bezüglich einer Erhöhung des Staatskonsums (v_{xG}-Werte) für unterschiedliche Persistenzwerte ρ in Tabelle 3.1 und für unterschiedliche Grenznutzenelastizitäten η in Tabelle 3.2 wiedergegeben.

Es fällt auf, daß durch einen einmaligen Staatskonsumschock der Konsum tendenziell reduziert wird; der Arbeitseinsatz und auch der Output steigen. Die Reaktion der Investitionen ist ambivalent und hängt von den Parameterwerten ab: Die Investitionen sinken für relativ kleine ρ-Werte ($v_{iG}<0$) und steigen für ρ-Werte nahe 1 sowie im Falle eines relativ elastischen Arbeitsangebotes (große σ_L-Werte bzw. kleine η-Werte). Die Reduktion des Konsums ist um so größer, je größer der Persistenzwert ρ und je größer die Grenznutzenelastizität η bzw. je kleiner die Substitutionselastizität der Freizeit σ_L sind. Der Arbeitseinsatz und der Output reagieren dagegen um so stärker, je größer ρ und σ_L ausfallen.

---

[179] ε_t wird also so festgesetzt, daß $\hat{G}_t$=0,01 gilt.

Tabelle 3.1: Elastizitäten bei Erhöhung des Staatskonsums in Abhängigkeit von der Persistenz des Schocks

η=1	**ρ=0**	**ρ=0,5**	**ρ=0,95**	**ρ=0,98**	**ρ=1**
v_{kG}	-0.0161	-0.0148	-0.0031	0.0028	0.0104
v_{cG}	-0.0106	-0.0201	-0.1074	-0.1512	-0.2076
v_{yG}	0.0107	0.0204	0.1092	0.1536	0.2109
v_{NG}	0.0170	0.0324	0.1733	0.2439	0.3348
v_{RG}	0.0003	0.0007	0.0035	0.0049	0.0068
v_{rG}	0.0107	0.0204	0.1092	0.1536	0.2109
v_{wG}	-0.0063	-0.0120	-0.0641	-0.0902	-0.1239
v_{iG}	-0.6477	-0.5961	-0.1246	0.1117	0.4161
v_{GG}	1	1	1	1	1

Tabelle 3.2: Elastizitäten bei Erhöhung des Staatskonsums in Abhängigkeit von der Grenznutzenelastizität der Freizeit

ρ=0,95	**η=0** **σ_L=∞**	**η=0,5** **σ_L=2**	**η=1** **σ_L=1**	**η=10** **σ_L=0,1**	**$\eta\to\infty$** **σ_L=0**
v_{kG}	0.0003	-0.0017	-0.0031	-0.0084	-0.0103
v_{cG}	-0.0917	-0.1007	-0.1074	-0.1417	-0.1591
v_{yG}	0.1561	0.1282	0.1092	0.0311	0
v_{NG}	0.2478	0.2034	0.1733	0.0494	0
v_{RG}	0.0050	0.0041	0.0035	0.0010	0
v_{rG}	0.1561	0.1282	0.1092	0.0311	0
v_{wG}	-0.0917	-0.0753	-0.0641	-0.0183	0
v_{iG}	0.0123	-0.0699	-0.1246	-0.3373	-0.4154
v_{GG}	1	1	1	1	1

Wie die Gleichungen (3.21) und (3.22) bzw. (3.23) bis (3.25) zeigen, beeinflußt die Erhöhung des Staatskonsums das optimale Entscheidungskalkül nicht direkt. Eine Wirkung auf die Modellwirtschaft kann deshalb zunächst nur über einen Vermögenseffekt erfolgen. Der Vermögenseffekt wird hier wieder durch die Änderung des Schattenpreises λ_t bzw. des erwarteten Schattenpreises $E_t[\lambda_{t+1}]$ gemessen. Seine Größe und Richtung kann mit Hilfe der intertemporalen Budgetrestriktion (3.8) abgeschätzt werden:[180] Eine Erhöhung von G_t hat eine höhere Steuerbelastung der privaten Haushalte zur Folge, was sich negativ auf deren Vermögensposition auswirkt. λ_t steigt deshalb an, und es liegt ein negativer Vermögenseffekt vor. Der negative Vermögenseffekt ist um so bedeutender, je länger der Staatskonsum über seinem Ausgangsniveau liegt, je größer also die Persistenz des Schocks ist (ρ-Wert).

Der negative Vermögenseffekt sorgt gemäß Gleichung (3.23) für einen höheren Arbeitseinsatz (v_{NG}>0); dies induziert einen Outputanstieg (v_{yG}>0), da in der

[180] Es gilt wieder λ_t=$E_t[1/(W_t-W_{t+1})]$ mit $W_t \equiv E_t\left[\sum_{s=0}^{\infty} P_{t+s}(w_{t+s}N_{t+s} - G_{t+s}) + V_t\right]$.

Periode des Schocks Outputänderungen nur durch die Änderung des Arbeitseinsatzes determiniert werden:[181] $\hat{y}_t = \alpha\hat{N}_t$ bzw. $v_{yG}=\alpha v_{NG}$.
Der Konsum wird durch den negativen Vermögenseffekt gemäß Gleichung (3.25) gedämpft ($v_{cG}<0$). Deshalb ist auch der Rückgang des Konsums mit zunehmender Dauer der Staatskonsumerhöhung (ρ-Wert) größer.

Sehr interessant sind die Auswirkungen auf die Investitionen: Für eine geringe Persistenz sinken sie als Reaktion auf den Staatsausgabenschock (v_{iG}-Werte negativ). Mit zunehmender Persistenz des Schocks wird die negative Reaktion aber immer schwächer, bis sie schließlich etwa bei $\rho=0{,}96834$ gerade null wird ($v_{iG}=0$). Weist der Schock eine größere Persistenz als diesen „Break-even-Wert" auf, sind die Reaktionen der Investitionen positiv. Es zeigt sich also im Unterschied zu anders lautenden Ergebnissen,[182] daß temporäre Staatsausgabenerhöhungen durchaus zu höheren Investitionen führen können.[183] Für $v_{iG}=0$ gilt $v_{kG}=0$ und somit auch $\hat{k}_{t-1}=\hat{k}_t=0$, so daß für $\rho\approx 0{,}968$ ein Anpassungsprozeß aufgrund der Abweichung des Kapitalstocks von seinem Steady-State-Niveau nicht zustande kommt. Die Modelldynamik wird mithin in diesem Fall alleine durch den Staatskonsumschock bestimmt bzw. durch die rechte Spalte der Matrix **V**.[184]
Wie kann nun dieses Investitionsverhalten begründet werden? Aus der Ressourcengleichung (3.18) läßt sich für die Reaktion der Investitionen ableiten:

$$\hat{i}_t = \frac{y}{i}\hat{y}_t - \frac{c}{i}\hat{c}_t - \frac{G}{i}\hat{G}_t \qquad \text{bzw.} \qquad v_{iG} = \frac{y}{i}v_{yG} - \frac{c}{i}v_{cG} - \frac{G}{i}v_{GG}.$$

Eine Erhöhung des Staatskonsums beansprucht zusätzlich Ressourcen in der Volkswirtschaft, was sich tendenziell negativ auf die Investitionen auswirkt. Dagegen hat ein Outputanstieg und ein Konsumrückgang für die Investitionen einen positiven Effekt. Da der Output um so stärker steigt und der Konsum um so mehr sinkt, je größer die Persistenz der Staatskonsumerhöhung ist, wirkt sich mit zunehmenden ρ der positive Effekt der Outputsteigerung und der Konsumreduktion immer mehr aus, bis er für $\rho>0{,}96834$ groß genug ist, um einen Anstieg der Investitionen zu induzieren.

Tabelle 3.2 zeigt die Abhängigkeit der Modellergebnisse von der Grenznutzenelastizität η. Gemäß Gleichung (3.23) ist die Reaktion des Arbeitseinsatzes bei einem gegebenen Vermögenseffekt um so größer, je kleiner η ist. Für $\eta=0$ ist die Arbeitsangebotselastizität am größten und für $\eta\rightarrow\infty$ bleibt das Arbeits-

---

[181] Es gilt in der Periode t (des Schocks) $\hat{k}_{t-1}=0$.
[182] So z.B. Barro (1989), S.189, Romer (1996), S. 174, Holstein (1998), S. 78, oder Ludvigson (1996), S. 39.
[183] Vgl. dazu auch Dotsey/Mao (1994), S. 22.
[184] Vgl. Abschnitt 2.11.

angebot unverändert. Mithin ist der Outputeffekt um so größer, je kleiner η ist, bzw. der Outputeffekt ist null für $\eta \rightarrow \infty$.
Aber auch die Größe des Vermögenseffekts selbst hängt von der Grenznutzenelastizität η ab. Je größer die Arbeitsangebotssteigerungen sind, desto größer ist die Erhöhung des Arbeitseinkommens w_tN_t in zukünftigen Perioden, was gemäß der intertemporalen Budgetrestriktion (3.8) die Vermögensposition der Haushalte positiv beeinflußt und dem tendenziell negativen Vermögenseffekt des höheren Staatskonsums etwas entgegenwirkt.[185] Der negative Vermögenseffekt ist somit betragsmäßig um so kleiner, je kleiner η gewählt wird. Deshalb sinkt auch der Konsum mit zunehmenden η stärker, da dann der negative Vermögenseffekt bedeutender wird. Wenn der Haushalt also seine Arbeitszeit bzw. Freizeit nicht so stark schwanken lassen will (große η-Werte), reagiert er mit einer entsprechend größeren Variation des Konsums.[186]

Auch die Reaktion der Investitionen wird sehr stark von der Größe der Grenznutzenelastizität η beeinflußt. Bei einer großen Elastizität des Arbeitsangebotes (η klein) zeigt sich eine positive Reaktion der privaten Investitionen auf den Schock ($v_{iG}>0$). Mit zunehmenden Werten von η schlägt die Reaktion der Investitionen aber um. Die v_{iG}-Werte werden negativ. Für die hier gewählte Parameterkombination ergibt sich schon bei einer Grenznutzenelastizität $\eta>0{,}06$ ein Rückgang der Investitionen.[187] Dieses Verhalten der Investitionen kann man wieder anhand von Gleichung (3.27) begründen: Ist $\eta<0{,}06$, so reicht die Arbeitsangebotselastizität aus, um nach dem Staatskonsumschock aufgrund des negativen Vermögenseffekts eine Outputsteigerung zu induzieren, die den Ressourcenentzugseffekt des höheren Staatskonsums überkompensiert. Gilt dagegen $\eta>0{,}06$, so reicht der positive Ressourceneffekt der Outputsteigerung nicht aus, und es kommt zu einer Einschränkung der Investitionen. Für $\eta \rightarrow \infty$ ist das Arbeitsangebot starr, die zusätzliche Staatsnachfrage kann keine Outputsteigerung induzieren, sondern verdrängt in vollem Ausmaß die beiden privaten Nachfragegrößen Konsum und Investitionen (vgl. Tabelle 3.2).

Schließlich muß berücksichtigt werden, daß die Faktorpreise keineswegs konstant bleiben. Es kommt vielmehr aufgrund der durch den Vermögenseffekt induzierten Veränderungen der endogenen Modellvariablen zu sog. Feedback-Effekten:[188] Der Reallohnsatz w_t sinkt, weil durch den erhöhten Arbeitseinsatz das Grenzprodukt der Arbeit reduziert wird. Dies wirkt gemäß Gleichung (3.23) bzw. (3.24) dem Anstieg des Arbeitseinsatzes entgegen. Der Zinssatz nimmt zu, da für einen zunächst unveränderten Kapitalstock aufgrund der Outputerhöhung

[185] Vgl. Campbell (1994), S. 494.
[186] Vgl. Burnside/Eichenbaum/Fisher (1999), S. 21.
[187] Wobei $\rho=0{,}95$ unterstellt wird.
[188] Vgl. Auerbach/Kotlikoff (1987), S. 33.

das Grenzprodukt des Kapitals ansteigt. Ein höherer Zinssatz macht den Konsum heute unattraktiver, was ebenfalls tendenziell zu einer Einschränkung desselben führt. Gemäß der zweiten intertemporalen Optimalitätsbedingung[189] bzw. gemäß Gleichung (3.24) hat der höhere Zins aber auch eine Ausweitung des Arbeitseinsatzes zur Folge, was tendenziell den positiven Outputeffekt unterstützt. Allerdings sind diese Feedback-Effekte recht klein.

3.2.3. Temporäre vs. permanente Erhöhung der Staatsausgaben

Mit den abgeleiteten Ergebnissen ist es nun möglich, eine Antwort auf die in der Literatur kontrovers diskutierte Frage zu geben, ob temporäre Staatsausgabenerhöhungen einen größeren Outputeffekt hervorrufen als permanente Staatsausgabenerhöhungen. Dazu muß man die jeweiligen Elastizitäten v_{yG} für $\rho=1$ (permanente Ausgabenerhöhung) und für $\rho<1$ (temporäre Ausgabenerhöhung) miteinander vergleichen. Für eine temporäre Erhöhung der Staatsausgaben wird gewöhnlich das Beispiel von höheren Ausgaben aufgrund eines Krieges angeführt, wobei der Krieg und die Mehrausgaben des Staates für die Wirtschaftssubjekte völlig überraschend, das Ende des Krieges und der Verlauf der höheren Staatsausgaben aber bekannt sind.[190] In der hier gewählten Modellwelt bauen sich (aufgrund des AR(1)-Prozesses) die hohen Staatsausgaben für $0<\rho<1$ nur allmählich ab. Dies entspricht eher der Realität als eine abrupte Reduktion der Staatsausgaben bei Kriegsende.[191] Bei dieser Modellierweise ist es dann gar nicht mehr erforderlich, daß die Individuen den genauen Zeitpunkt des Kriegsendes schon vorher kennen, sie müssen vielmehr „nur" den Verlauf des Staatskonsums antizipieren. Es zeigt sich, daß der Wert für v_{yG}, also die Reaktion des Outputs y_t auf eine Erhöhung des Staatskonsums, um so größer ausfällt, je höher der Persistenzparameter ρ ist. Der (kurzfristige) Outputeffekt ist somit immer bei einer permanenten Staatsausgabenerhöhung größer als bei einer temporären. Begründen kann man dies mit dem größeren (negativen) Vermögenseffekt aufgrund der Steuererhebung, der betragsmäßig um so höher ausfällt, je dauerhafter die Ausweitung des Staatskonsums ist. Entsprechend ist auch der Anstieg des Arbeitseinsatzes bedeutender und damit der Outputeffekt größer.[192]

Somit ist das Ergebnis gerade umgekehrt zu dem, was in der Literatur (Barro (1981) und Hall (1980)) zunächst konstatiert wurde, nämlich daß der Outputeffekt bei permanenter Änderung des Staatskonsums kleiner sei als bei einer transitorischen.

---

[189] Diese Optimalitätsbedingung läßt sich durch Kombination von (3.21) mit (3.23) ableiten. Vgl. Gleichung (2.40) in Kapitel 2.

[190] Vgl. z.B. Barro (1989), S. 185.

[191] Die Annahme einer abrupten Reduktion der Staatsausgaben am Ende des Krieges trifft z.B. Barro (1989), S. 185.

[192] Zum gleichen (richtigen) Ergebnis kommen u.a. auch Aiyagari/Christiano/Eichenbaum (1992), Baxter/King (1993) oder Campbell (1994).

3.2.4. Der kurzfristige Multiplikator[193]

Es stellt sich nun allerdings die Frage, ob eine Erhöhung der Staatsausgaben eine Outputsteigerung induzieren kann, die größer ist als die Staatsausgabenerhöhung selbst. Man fragt also, ob der Multiplikator $\Delta y/\Delta G$ größer als eins ist.[194] Dabei wird im folgenden zwischen einem kurzfristigen und einem langfristigen Multiplikator unterschieden. Der kurzfristige Multiplikator beschreibt die Änderung des Outputs unmittelbar nach der Staatskonsumerhöhung, also in der Periode t. Der langfristige Multiplikator dagegen mißt die Veränderung des Outputs im neuen Steady State. Somit ist klar, daß es einen langfristigen Multiplikator ungleich null nur im Falle einer permanenten Staatskonsumänderung geben kann ($\rho=1$).

Es gilt $v_{yG} \approx (\Delta y/y)(G/\Delta G)$, wobei Δy die Veränderung des Outputs in der Periode t im Vergleich zum Ausgangs-Steady-State bezeichnet ($\Delta y = y_t - y$) und ΔG die entsprechende Änderung des Staatskonsums. Durch Umformung ergibt sich somit für den kurzfristigen Multiplikator:[195]

$$(3.28)\quad \frac{\Delta y}{\Delta G} = v_{yG}\frac{y}{G} = \frac{v_{yG}}{g}.$$

Im Beispiel wurde unterstellt, daß der Staatskonsum im Steady State einen Anteil $G/y=g=0{,}2$ am Output y ausmacht. Eine Erhöhung des Staatskonsums um 1% müßte also bei einem Multiplikator von 1 gerade eine Erhöhung des Outputs um 0,2% hervorrufen ($v_{yG}=0{,}2$). Die Multiplikatoren für unterschiedliche Persistenzen und unterschiedliche η-Werte können in Tabelle 3.3 abgelesen werden.[196]

Der Multiplikator ist um so größer, je größer die Persistenz des Schocks und je kleiner die Grenznutzenelastizität der Freizeit η sind. Wie oben erläutert, steigt v_{yG} mit zunehmender Persistenz der Staatskonsumausweitung, was auf den betragsmäßig steigenden negativen Vermögenseffekt zurückgeführt werden kann.

---

[193] Die Bestimmung von Staatsausgabenmultiplikatoren innerhalb eines ähnlichen Modellrahmens findet man auch bei Campbell (1994) und mit einem anderen Berechnungsverfahren bei Baxter/King (1993).

[194] Die Veränderung des Outputs als Maßstab für die Güte einer staatlichen Maßnahme zu verwenden, widerspricht eigentlich dem Grundgedanken des Modells, in dem ja der Nutzen den Maßstab darstellt. Allerdings werden in der Realität Regierungen und ganze Volkswirtschaften anhand ihrer „Wachstumszahlen" („Wachstum" hier benutzt im Sinne von Änderung des Outputs in einer Periode) beurteilt, so daß zumindest die Frage nach einem Outputeffekt bzw. nach einem Multiplikator durchaus berechtigt ist. In Abschnitt 3.2.7. werden – in Übereinstimmung mit den Grundgedanken des Modells – auch die Nutzeneffekte betrachtet.

[195] Vgl. Campbell (1994), S. 495.

[196] Den Multiplikatorwerten liegen die üblichen Parameterwerte sowie $G/y=g=0{,}2$ zugrunde.

Mithin nimmt auch der kurzfristige Multiplikator mit der Persistenz zu. Da $v_{yG}=\alpha v_{NG}$ gilt, kann man den kurzfristigen Multiplikator auch schreiben als:

$$(3.29)\ \frac{\Delta y}{\Delta G} = \frac{\alpha v_{NG}}{g}.$$

Tabelle 3.3: Kurzfristiger Multiplikator bei Erhöhung des Staatskonsums

	ρ=0	ρ=0,95	ρ=0,98	ρ=1
η=0	0,0830	0,7805	1,0635	1,4025
η=1	0,0535	0,5460	0,7680	1,0545
η=10	0,0135	0,1555	0,2335	0,3510
η→∞	0	0	0	0

Die Größe des Multiplikators steigt also mit der Elastizität v_{NG}. Diese wiederum ist um so größer, je kleiner der Parameter η und je größer der Vermögenseffekt sind, so daß damit die beobachtete Abhängigkeit des Multiplikators von der Grenznutzenelastizität erklärt werden kann. Für η→∞ ist der Multiplikator gleich null, da in diesem Fall das Arbeitsangebot völlig unelastisch ist, sich also bei einer Erhöhung des Staatskonsums nicht ausweitet und somit $v_{NG}=0$ gilt. Es kommt dann zu einem vollständigen Crowding out der privaten Nachfragegrößen Konsum und Investitionen.

Somit muß sich für η=0 und ρ=1 der größte Multiplikator ergeben. Dieser beträgt im Beispiel ungefähr 1,4, d.h. eine Erhöhung des Staatskonsums um eine Einheit ruft eine Outputsteigerung von 1,4 Einheiten hervor (vgl. Tabelle 3.3). Für kleinere Arbeitsangebotselastizitäten und kleinere Persistenzwerte ist der Multiplikator allerdings meist kleiner als 1. So beträgt er für die Benchmark-Parameter η=1 und ρ=0,95 gerade 0,546. Eine Erhöhung der Staatsausgaben um eine Einheit kann also den Output nur um etwas mehr als die Hälfte dieser Einheit erhöhen. Der Rest der zusätzlichen Staatsnachfrage wird durch die Verdrängung der privaten Nachfrage aufgebracht.

Interessant ist auch die Abhängigkeit des Multiplikators von der Produktionselastitzität der Arbeit α. Je größer α, desto eher führt eine gegebene Erhöhung des Arbeitseinsatzes zu einer Ausweitung des Outputs, desto größer ist also der Multiplikator,[197] was man leicht anhand der Produktionsfunktion nachvollziehen kann.

[197] Wie oben gezeigt wurde, hängt v_{NG} selbst von α ab. Allerdings ist v_{NG} für kleinere α-Werte auch kleiner, so daß die gemachte Aussage ihre Gültigkeit behält. Für α=0,5 sowie ρ=0,95 und η=1 gilt z.B. $v_{NG}=0{,}1631$ und somit $\Delta y/\Delta G=0{,}408$. Dieser Wert ist kleiner als der Multiplikator von 0,546 für α=0,63.

3.2.5. Mittel- und langfristige Wirkungen

Die mittel- und langfristigen Wirkungen einer Erhöhung des Staatskonsums werden durch die Anpassungspfade der Modellvariablen in Abbildung 3.2 für $\rho=0,95$ und in Abbildung 3.3 für $\rho=1$ wiedergegeben. Für $\rho<1$ (Abbildung 3.2) baut sich der Schock allmählich wieder ab, so daß die Modellvariablen mit der Zeit wieder ihrem ursprünglichen Niveau entgegen streben.

Sind die Parameterkombinationen so gewählt, daß es zu einem zeitweiligen Anstieg des Kapitalstocks kommt (große ρ-Werte und kleine η-Werte), tritt die Anpassungsdynamik eines zu großen Kapitalstocks auf, weshalb der allmähliche Rückgang der Arbeit und der Wiederanstieg des Konsum etwas unterstützt werden. Für geringere Persistenzwerte und größere Grenznutzenelastizitäten η kommt es zu einem zeitweiligen Abbau des Kapitalstocks, was sich entgegengesetzt auswirkt (Abbildung 3.2).

Für $\rho=1$ (Abbildung 3.3) strebt die Wirtschaft einem neuen langfristigen Gleichgewichtsniveau entgegen, das durch einen höheren Output, größeren Faktoreinsatz sowie durch einen geringeren Konsum charakterisiert ist. Dies ist hauptsächlich mit dem negativen Vermögenseffekt zu begründen, der sich negativ auf die Freizeit und den Konsum auswirkt.

Auch bei den mittel- und langfristigen Wirkungen ist die Elastizität des Arbeitseinsatzes von großer Bedeutung. Solange η relativ klein ist (elastisches Arbeitsangebot), kommt es aufgrund des negativen Vermögenseffektes zu einem anfänglichen Ansteigen des Arbeitseinsatzes, was sich positiv auf den Output auswirkt. Dieser verläuft für den gesamten Anpassungsprozeß oberhalb seines Ausgangsniveaus (vgl. Abbildung 3.2). Mit zunehmenden η wird aus den oben genannten Gründen die anfängliche positive Reaktion des Outputs reduziert und im Verlauf des Anpassungsprozesses machen sich die Auswirkungen der Investitionsrückgänge bemerkbar, die ja um so stärker ausfallen, je größer η ist. Der dadurch reduzierte Kapitalstock dämpft die Produktion und führt dazu, daß für hinreichend große Werte von η (z.B. $\eta=10$) der Output sogar unter sein Ausgangsniveau fällt, bevor er sich für $\rho<1$ „von unten" wieder seinem alten Niveau annähert, wie Abbildung 3.4 zeigt. Für $\eta\rightarrow\infty$ ist der Arbeitseinsatz starr. Mithin kommt es z.B. für $\rho=0,95$ zu einem Rückgang des Kapitals und damit zu einer Outputreduktion über den gesamten Anpassungsprozeß, was aus Abbildung 3.5 ersichtlich ist. Wegen $\hat{w}_t = \hat{y}_t - \hat{N}_t$ und $\hat{N}_t = 0$ sind in diesem Fall der Anpassungspfad des Reallohns und des Outputs identisch.

Abbildung 3.2: Impuls-Antwort-Folgen bei persistenter Erhöhung des Staatskonsums (rho=0,95)

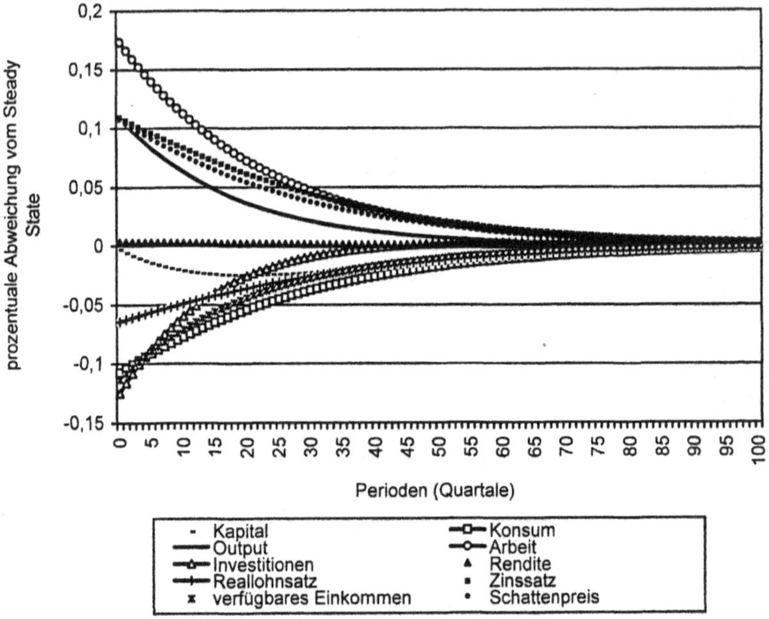

Abbildung 3.3: Impuls-Antwort-Folgen bei permanenter Erhöhung des Staatskonsums (rho=1)

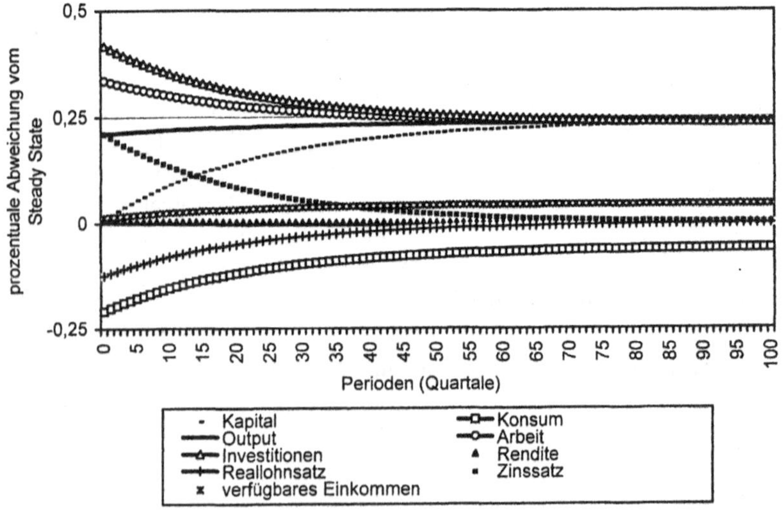

Abbildung 3.4: Impuls-Antwort-Folgen bei einer persistenten Erhöhung des Staatskonsums und eta=10

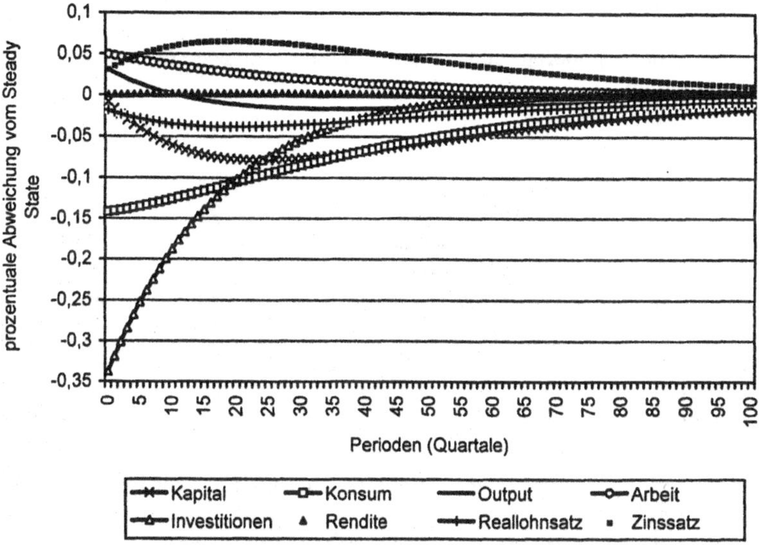

Abbildung 3.5: Impuls-Antwort-Folgen bei einer persistenten Erhöhung des Staatskonsums und starrem Arbeitsangebot

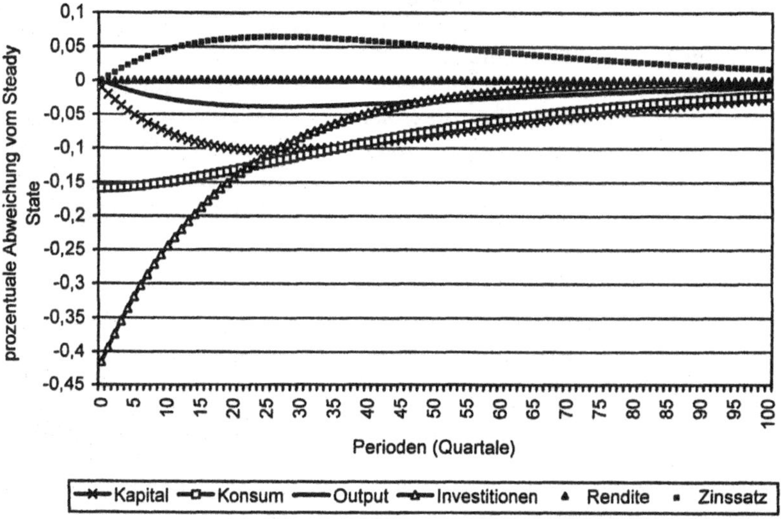

Je nach unterstellter Arbeitsangebotselastizität kann es somit für $\rho<1$ im Vergleich zum Steady-State-Niveau

- zu einem höheren Output über den gesamten Anpassungsprozeß (Abbildung 3.2),
- erst zu einem höheren und dann zu einem niedrigeren Output (Abbildung 3.4) oder
- zu einem ausschließlich niedrigeren Output kommen (Abbildung 3.5).

3.2.6. Der langfristige Multiplikator

Der langfristige Multiplikator gibt die Veränderung des Outputs im neuen Steady State im Vergleich zum Ausgangs-Steady-State bei einer dauerhaften Veränderung des Staatskonsums an ($\rho=1$).

Nimmt man an, daß sich der Arbeitseinsatz beim Übergang von einem Steady State zum anderen nicht ändert, so entspricht dies dem Fall $\eta\rightarrow\infty$, $\rho=1$, in dem der Arbeitseinsatz konstant ist. Die Erhöhung des Staatskonsums bewirkt dann langfristig nur einen Rückgang des privaten Konsums im Ausmaß eins zu eins („vollständiges Crowding out"); die anderen endogenen Variablen bleiben unverändert.

Will man also einen langfristigen Multiplikator (ungleich null) ermitteln, muß der Arbeitseinsatz beim Übergang von einem Steady State zu einem anderen variabel sein. Dies erreicht man, indem der Parameter θ bei der Ableitung der Steady-State-Beziehungen exogen vorgegeben und somit der Arbeitseinsatz endogenisiert wird.[198]

Zur Herleitung des langfristigen Multiplikators[199] $\Delta y^L/\Delta G^L$ wird zunächst die Veränderung des Outputs im neuen Steady State, ausgelöst durch eine gegebene infinitesimale Veränderung der Staatskonsumquote (dy/dg), im Vergleich zum Ausgangsgleichgewicht bestimmt.[200] Um diese Größe ableiten zu können, muß der Steady-State-Output y in Abhängigkeit von der Staatskonsumquote g dargestellt werden. Zu den Steady-State-Beziehungen gelangt man durch Weglassen der Zeitindizes im Gleichungssystem (3.13) bis (3.23) und durch die Annahme von $\varepsilon_t=E(\varepsilon_t)=0$. Durch geeignete Kombination der Gleichungen und einige Umformungen erhält man dann den Output y im Steady State in Abhängigkeit von der Staatskonsumquote g:[201]

---

[198] Bezogen auf das Gleichungssystem, das die Steady-State-Werte bestimmt, heißt das zunächst lediglich, daß durch die Gleichung $c\theta/(1-N)^{\eta}=\alpha y/N$ nun nicht mehr θ sondern N bestimmt wird. Vgl. Abschnitt 2.6.

[199] Δy^L beschreibt dabei die Differenz zwischen dem Output im neuen Steady State und dem Output im alten Steady State. Entsprechendes gilt für ΔG^L.

[200] Dieser Zwischenschritt ist deshalb erforderlich, weil eine explizite Darstellung von y als Funktion von G nicht möglich ist.

[201] Es wurde $\eta=1$ unterstellt, da ansonsten eine explizite Auflösung nach y nicht möglich ist.

$$y=\left[\frac{\frac{\gamma}{\beta}-1+\delta}{1-\alpha}\right]^{\frac{\alpha-1}{\alpha}}\left[1+(1-g)\frac{\theta}{\alpha}-(\gamma-1+\delta)\frac{\theta}{\alpha}\frac{(1-\alpha)}{\left(\frac{\gamma}{\beta}-1+\delta\right)}\right]^{-1}.$$

Durch Differenzieren nach g ergibt sich der „langfristige Multiplikator" M:

$$M=\frac{dy}{dg}=\frac{\theta}{\alpha}\left[\frac{\frac{\gamma}{\beta}-1+\delta}{1-\alpha}\right]^{\frac{\alpha-1}{\alpha}}\left(1+(1-g)\frac{\theta}{\alpha}-(\gamma-1+\delta)\frac{\theta}{\alpha}\frac{(1-\alpha)}{\left(\frac{\gamma}{\beta}-1+\delta\right)}\right)^{-2}>0.$$

Der hier abgeleitete Multiplikator M gibt allerdings nur die Reaktionen des Steady-State-Outputs y auf eine Änderung der Staatskonsumquote g wieder, was nicht der üblichen Definition eines Multiplikators entspricht. Dieser wird nämlich – analog zum kurzfristigen Multiplikator – definiert als Änderung des Outputs im neuen Steady State bei einer dauerhaften Erhöhung des Staatskonsums. Der Multiplikator $\Delta y^L/\Delta G^L$ kann aber leicht bestimmt werden, wenn man berücksichtigt, daß $M \approx \Delta y/\Delta g$ und $\Delta G=\Delta g\Delta y+\Delta gy+\Delta yg$ gilt. Der langfristige Multiplikator ergibt sich dann als:

$$(3.30)\quad \frac{\Delta y^L}{\Delta G^L}=\frac{M}{M(\Delta g+g)+y}.$$

Er beträgt für die hier unterstellten Benchmark-Parameter 1,180.[202] Es zeigt sich also, daß der Multiplikator für diese Parameterwerte nur wenig über den Wert von 1 hinauskommt.

Eine andere Möglichkeit, einen langfristigen Multiplikator zu generieren, besteht darin, ihn direkt aus den Simulationsrechnungen abzuleiten. Er wird dann wie folgt ermittelt:

$$(3.31)\quad \frac{\Delta y^*}{\Delta G^*}=\frac{y^*-y}{G^*-G},$$

wobei y* und G* den Output bzw. den Staatskonsum im neuen Steady State und G und y den Staatskonsum und den Output im Ausgangsgleichgewicht bezeichnen. Wie auch die Impuls-Antwort-Folgen in Abbildung 3.3 zeigen, führt eine permanente Erhöhung des Staatskonsums ($\rho=1$) um 1% zu einem Anstieg des Outputs um ca. 0,2367% im neuen langfristigen Gleichgewicht. Es gilt also

[202] Dabei wurde hier der Parameter θ so gewählt, daß der Arbeitseinsatz im „Ausgangs-Steady-State" bei N=0,2 liegt (θ=4,8817). Für die Berechnungen wurde außerdem Δg=0,002 unterstellt, so daß für g=0,2 eine Erhöhung von g um 1% angenommen wird. M beträgt 1,2910 und für den Output im Steady State gilt 0,8330.

$\Delta G^*/G=(G^*-G)/G=0{,}01$ und $\Delta y^*/y=(y^*-y)/y=0{,}002367$,[203] woraus sich unter Berücksichtigung von $G/y=0{,}2$ der langfristige Multiplikator $\Delta y^*/\Delta G^*=1{,}183$ ableiten läßt. Ein Vergleich mit dem oben aus Gleichung (3.30) ermittelten Multiplikator von 1,180 zeigt, daß die Multiplikatorwerte fast identisch sind. Durch diese (approximative) Berechnung des Multiplikators ergeben sich also keine großen Unterschiede, so daß im folgenden, ob der leichteren Berechenbarkeit, der langfristige Multiplikator aus den Simulationsrechnungen generiert werden soll. Diese Art der Berechnung des langfristigen Multiplikators hat zudem noch den Vorteil, daß so ein langfristiger Multiplikator auch für Grenznutzenelastizitäten $\eta\neq1$ bestimmt werden kann. Wie Tabelle 3.4[204] zeigt, ist die Arbeitsangebotselastizität, repräsentiert durch den η-Wert, für die Größe des langfristigen Multiplikators von enormer Bedeutung.

Tabelle 3.4: Langfristiger Multiplikator bei Erhöhung des Staatskonsums in Abhängigkeit von der Grenznutzenelastizität η

	$\eta=1$	$\eta=10$	$\eta\rightarrow\infty$
$\Delta y^*/\Delta G^*$	1,183	0,4985	0

Je größer η ist, desto weniger reagiert das Arbeitsangebot auf den negativen Vermögenseffekt und desto geringer ist der Anstieg der Investitionen und damit die Kapitalakkumulation, was die Produktion nicht so stark erhöht und den Multiplikator beeinträchtigt.

Als Ergebnis ist festzuhalten, daß die Erhöhung des Staatskonsums kurzfristig positive Outputeffekte erzeugt, die aber für die meisten Parameterkombinationen relativ unbedeutend sind. Langfristig können die Outputeffekte größer sein. Das Ausmaß hängt aber ganz entscheidend von der Arbeitsangebotselastizität ab.

3.2.7. Evaluation durch Nutzenvergleich: Das Konsumäquivalent

Die fiskalpolitische Maßnahme wurde bisher anhand der Outputeffekte bewertet, die mit den Multiplikatoren gemessen wurden. Eine Maßnahme anhand der Outputeffekte zu beurteilen, ist aber in einem Modell mit nutzenmaximierenden Individuen nicht ganz konsequent. Folglich werden nun die Nutzenveränderungen betrachtet, die mit der Erhöhung des Staatskonsums verbunden sind.

Als Maß für die Nutzenänderung im Vergleich zum Nutzen im Steady State (Referenzsituation) soll in dieser Arbeit das Konsumäquivalent m_t dienen, das

---

[203] Als Approximation für $\Delta y^*/y$ wurde die prozentuale Änderung von y_t in der Periode 1000 $\hat{y}_{1000}=0{,}002367$ verwendet.

[204] Die Ergebnisse in Tabelle 3.4 sind denen von Baxter/King (1993), S. 323 sehr ähnlich.

den Anteil des Steady-State-Konsums c angibt, den man dem Haushalt in jeder Periode t der Steady-State-Situation zusätzlich geben müßte, damit er dasselbe Nutzenniveau wie bei Durchführung der staatlichen Maßnahme erreicht.[205] Ist m_t positiv ($m_t>0$), so liegt ein durch die staatliche Maßnahme verursachter Nutzenanstieg vor, da man dem Haushalt in jeder Periode t der Steady-State-Situation $m_t c$ Konsumeinheiten geben müßte, damit er das gleiche Nutzenniveau erreicht wie mit der Maßnahme. Für $m_t<0$ liegt ein Nutzenverlust vor. Dem Haushalt müßten in jeder Periode t der Steady-State-Situation $m_t c$ Konsumeinheiten abgenommen werden, damit er zwischen dem Unterlassen der staatlichen Maßnahme und ihrer Durchführung gerade indifferent ist.
Es wird in jeder Periode t die Nutzenänderung im Vergleich zur Ausgangssituation (Steady State) betrachtet,[206] d.h. man ermittelt für jede Periode das Konsumäquivalent anhand folgender Gleichung:

$$(3.32)\ \ln(c+cm_t)+\frac{\theta}{1-\eta}(L^{1-\eta}-1)=\ln c_t+\frac{\theta}{1-\eta}(L_t^{\,1-\eta}-1).$$

Daraus ergibt sich nach einigen Umformungen:[207]

$$(3.33)\ m_t=\hat{c}_t+\frac{\theta}{1-\eta}(1-N)^{1-\eta}\left[(1-\frac{N}{(1-N)}\hat{N}_t)^{1-\eta}-1\right].$$

Für den Fall $\eta=1$ vereinfachen sich die Gleichungen zu:

$$(3.34)\ \ln(c+cm_t)+\theta\ln L=\ln c_t+\theta\ln L_t \qquad \text{und}$$

$$(3.35)\ m_t=\hat{c}_t-\theta\frac{N}{(1-N)}\hat{N}_t.$$

Das Konsumäquivalent und damit die Nutzenänderung hängt positiv von der Veränderung des Konsums und negativ von der Veränderung des Arbeitseinsatzes ab. Steigt der Konsum ($\hat{c}_t>0$), so ist c.p. das Konsumäquivalent positiv, was einen Nutzenanstieg bedeutet. Ein größerer Arbeitseinsatz ($\hat{N}_t>0$) und damit eine Reduktion der Freizeit wirkt sich dagegen nutzenmindernd aus.

---

[205] Diese Vorgehensweise ist somit analog zur äquivalenten Variation in der Mikrotheorie. Dort wird als äquivalente Variation derjenige Geldbetrag bezeichnet, den man dem Konsumenten vor einer Preisänderung wegnehmen müßte, damit er denselben Nutzen hätte, wie nach der Preisänderung. Vgl. Varian (1999), S. 246. Da in dieser Arbeit positive Werte von m_t einen Nutzengewinn und negative Werte einen Nutzenverlust angeben sollen, bezeichnet m_t den Anteil des Steady-State-Konsums, den man dem Haushalt in der Steady-State-Situation jeweils geben müßte ($m_t>0$) bzw. abnehmen müßte ($m_t<0$).

[206] Etwas anders gehen z.B. Coenen (1998), S. 30 und McGrattan (1994), S. 597 vor, die das Konsumäquivalent bzw. den kompensatorischen Konsum nur für den neuen Steady State ermitteln.

[207] Die Gleichungen (3.33) bzw. (3.34) erhält man, wenn man berücksichtigt, daß $\ln c_t - \ln c = \hat{c}_t$, $\ln L_t - \ln L = \hat{L}_t$, $L_t = L(1+\hat{L}_t)$ und $\ln(1+m_t) \approx m_t$ gilt. Weiterhin muß $N_t=(1-L_t)$ und $\hat{L}_t=-(N/(1-N))\hat{N}_t$ beachtet werden.

In der Abbildung 3.6 ist m_t für jede Periode t für verschiedene Persistenzwerte und verschiedene Grenznutzenelastizitäten abgetragen. Das Konsumäquivalent ist durchweg negativ, was bedeutet, daß dem Haushalt in jeder Periode t der Steady-State-Situation – diese wird in Abbildung 3.6 repräsentiert durch die „Nullinie" – cm_t Konsumeinheiten weggenommen werden müßten, damit er zwischen der Staatskonsumerhöhung und deren Unterlassung gerade indifferent ist. Es liegt also ein Wohlfahrtsverlust vor, da die alternative Steady-State-Situation ein höheres Nutzenniveau impliziert.

Abbildung 3.6: Konsumäquivalente bei einer Erhöhung des Staatskonsums für unterschiedliche Parameterwerte

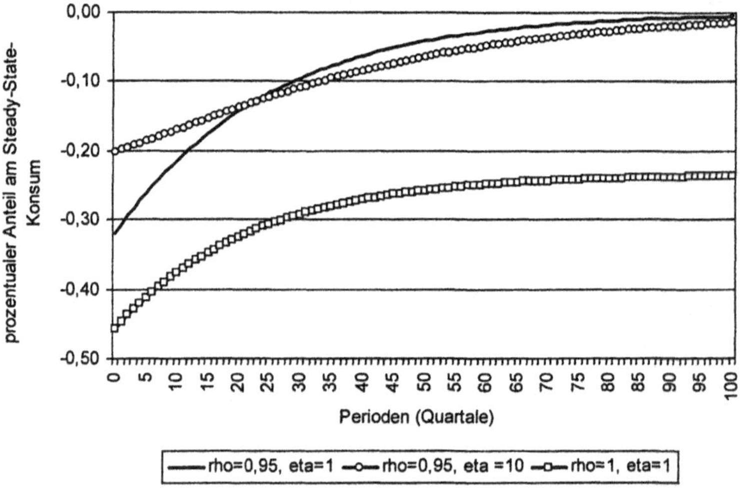

Im Verlauf der „Konsumäquivalentkurve" spiegelt sich die Entwicklung des Arbeitseinsatzes und des Konsums wider. Zunächst kommt es unmittelbar nach dem Schock zu einer Erhöhung der Arbeitszeit und damit zu einer Reduktion der Freizeit sowie zu einer Einschränkung des Konsums, was sich beides nutzenmindernd auswirkt und gemäß Gleichung (3.35) zu einem negativen Konsumäquivalent führt ($m_t<0$). Im Verlauf des Anpassungsprozesses schwächt sich für $\rho=0{,}95$ der Schock langsam ab und die „Konsumäquivalentkurve" und damit das Nutzenniveau nähern sich wieder ihrem Ausgangswert an. Für $\rho=1$ strebt die Wirtschaft dagegen einem neuem Steady State mit geringerem Konsum und geringerer Freizeit entgegen, weshalb auch das Nutzenniveau zu einem niedrigeren Wert konvergiert. Nimmt man eine geringere Arbeitsangebotselastizität an ($\eta=10$), steigt der Arbeitseinsatz zunächst nicht so stark, weshalb der Nutzenverlust auch nicht so groß ist. Im Verlauf des Anpassungsprozesses ist der relative Nutzenverlust für $\eta=1$ aber kleiner, da der Konsum dort nicht so lange unter seinem Ausgangsniveau verläuft (vgl. Abbildungen 3.2 und 3.4).[208]

Zusammenfassend ist die Erhöhung des Staatskonsums bei Betrachtung der Nutzenänderungen also negativ zu beurteilen. Bei der Betrachtung der Outputeffekte war die Beurteilung eher positiv, da dort kurz- und auch langfristig positive Outputeffekte erzielt wurden.

3.2.8. Der Staatskonsum als (Teilweise-)Substitut für den privaten Konsum

3.2.8.1. Der zusammengesetzte Konsum

Das Modell mit Staatskonsumschocks soll nun etwas erweitert werden. Bisher wurde implizit angenommen, daß der Staatskonsum keinerlei Nutzen stiftet, da er nicht in die Nutzenfunktion der Individuen eingeht. Dies ist aber sicherlich keine plausible Annahme. Man kann vielmehr zum einen davon ausgehen, daß der Staatskonsum in bestimmtem Ausmaß durchaus die Wohlfahrt der Individuen erhöhen kann und zum anderen, daß Staatskonsumausgaben auch teilweise dazu geeignet sind, private Konsumausgaben zu substituieren. In der Literatur wird dieser Sachverhalt durch die Einführung des sog. zusammengesetzten Konsums c_t berücksichtigt, der sich aus dem privaten Konsum c^p_t und einem bestimmten Anteil ψ des Staatskonsums ergibt:[209]

(3.36) $c_t=c^p_t+\psi G_t$.

Der Parameter ψ gibt dabei den Anteil des Staatskonsums an, der dazu geeignet ist, private Konsumausgaben zu ersetzen.[210] Für $\psi=1$ wären Staatskonsum und privater Konsum vollständige Substitute und für $\psi=0$ – was bisher implizit angenommen wurde – ergibt sich gar kein Substitutionsverhältnis. Als Beispiele für staatliche Leistungen mit einem solchen substitutiven Charakter werden häufig die staatliche Bereitstellung von Schulmahlzeiten oder die Einrichtung von öffentlichen Bibliotheken genannt, d.h. für solche Güter würde ψ nahe 1 liegen. Für allgemeine Verwaltungsausgaben oder Ausgaben für das Rechtssystem wird ψ wohl eher klein sein bzw. null betragen. Der Parameter ψ kann auch größer als 1 sein, nämlich dann wenn eine Einheit eines vom Staat bereitgestellten Gutes mehr als eine Einheit privater Konsumausgaben ersetzen kann. Somit ist es möglich, die Eigenschaft der Nicht-Rivalität von öffentlichen Gütern zu erfassen.[211] Für die aggregierten Konsumausgaben des Staates wird der Wert im

---

[208] Dies ist darauf zurückzuführen, daß für $\eta=10$, ob der geringen Variabilität des Arbeitseinsatzes, der nötige Investitionsanstieg hauptsächlich durch eine Einschränkung des Konsums aufgebracht werden muß.

[209] Vgl. Barro (1989), S. 183.

[210] Dieser Ansatz geht ursprünglich auf Bailey (1971), S. 153 zurück.

[211] Vgl. Ambler/Paquet (1996), S. 240, Fn. 2. So könnte sich z.B. ein vom Staat bezahlter Polizist um die Sicherheit mehrerer Haushalte kümmern, so daß nicht jeder Haushalt privat

Intervall $0<\psi<1$ zu finden sein. Empirische Studien schätzen den Parameter ψ für die USA nach dem 2. Weltkrieg zwischen 0,2 und 0,4.[212] Im folgenden soll deshalb zunächst $\psi=0{,}3$ angenommen werden. Der Parameter ψ bildet aber nicht unbedingt die Wertschätzung einer zusätzlichen Einheit Staatskonsums ab, da es u.U. auch vom Staat bereitgestellte Güter gibt, die eine hohe Wertschätzung erfahren, die aber kaum als Substitute zu privaten Konsumausgaben betrachtet werden können.[213]

Die so beschriebene Modellmodifikation wirkt sich auf die Ressourcenbeschränkung (3.18) aus, da nun zwischen dem Konsum c_t, der in die Nutzenfunktion $u(c_t,L_t)$ der Individuen eingeht, dem privaten Konsum $c^P{}_t$, der auch als solcher am Markt wirksam wird, und dem Staatskonsum G_t unterschieden werden muß. Dies berücksichtigend ergibt sich für die Ressourcenbeschränkung:

(3.37) $y_t=c^P{}_t+i_t+G_t$.

Mit der Größe $c^P{}_t$ ist eine zusätzliche endogene Variable hinzugekommen, so daß das Gleichungssystem um eine weitere Gleichung erweitert werden muß, nämlich um die Bestimmungsgleichung für den zusammengesetzten Konsum c_t:

(3.38) $c_t=c^P{}_t+\psi G_t$.

Faßt man beide Gleichungen zusammen, ergibt sich für die Ressourcengleichung der Volkswirtschaft:

(3.39) $y_t=c_t+i_t+(1-\psi)G_t$.

Die Linearisierung der beiden Bedingungen (3.37) und (3.38) ergibt:

(3.40) $y\hat{y}_t \approx c^P\hat{c}^P{}_t + i\hat{i}_t + G\hat{G}_t$ und

(3.41) $c\hat{c}_t \approx c^P\hat{c}^P{}_t + \psi G\hat{G}_t$.

3.2.8.2. Wirkungsanalyse

Qualitativ ergeben sich im Vergleich zum oben dargestellten Modell ($\psi=0$) keine Differenzen, wie aus den Tabellen 3.5 und 3.6 hervorgeht. Auch hier wird der Konsum aufgrund des Schocks reduziert, der Arbeitseinsatz und der Output steigen und die Investitionen steigen oder fallen in Abhängigkeit von der Persistenz des Schocks und der Grenznutzenelastizität η.

---

einen Wachmann engagieren muß. Dadurch daß sich der Polizist auch um die Sicherheit des Haushalts A kümmert, wird die Sicherheit des Haushalts B nicht beeinträchtigt, so daß Nicht-Rivalität vorliegt.

[212] So schätzt z.B. Aschauer (1985), S. 124, für ψ einen Wert von ca. 0,23, Kormendi (1983), S. 1006, einen Wert von 0,28 und Ahmed (1986), S. 213, geht von $\psi=0{,}4$ aus.

[213] Vgl. Barro (1992), S. 339. Hier können Ausgaben für das Rechtssystem wieder als Beispiel dienen.

Tabelle 3.5: Elastizitäten bei Erhöhung des Staatskonsums in Abhängigkeit von der Persistenz

η=1;ψ=0,3	**ρ=0**	**ρ=0,5**	**ρ=0,95**	**ρ=0,98**	**ρ=1**
v_{kG}	-0.0113	-0.0104	-0.0022	0.0019	0.0072
v_{cG}	-0.0072	-0.0136	-0.0724	-0.1018	-0.1394
v_{yG}	0.0073	0.0138	0.0736	0.1034	0.1416
v_{NG}	0.0115	0.0220	0.1168	0.1641	0.2248
v_{RG}	0.0002	0.0004	0.0024	0.0033	0.0046
v_{rG}	0.0073	0.0138	0.0736	0.1034	0.1416
v_{wG}	-0.0043	-0.0081	-0.0432	-0.0607	-0.0832
v_{iG}	-0.4532	-0.4170	-0.0869	0.0777	0.2888
v_{cpG}	-0.1242	-0.1314	-0.1971	-0.2298	-0.2718

Tabelle 3.6: Elastizitäten bei Erhöhung des Staatskonsums in Abhängigkeit von der Grenznutzenelastizität der Freizeit η

ρ=0,95 ψ=0,3	**η=0** **$\sigma_L\to\infty$**	**η=0,5** **σ_L=2**	**η=1** **σ_L=1**	**η=10** **σ_L=0,1**	**$\eta\to\infty$** **σ_L=0**
v_{kG}	0.0002	-0.0012	-0.0022	-0.0058	-0.0071
v_{cG}	-0.0625	-0.0682	-0.0724	-0.0930	-0.1027
v_{yG}	0.1064	0.0868	0.0736	0.0204	0
v_{NG}	0.1689	0.1378	0.1168	0.0324	0
v_{RG}	0.0034	0.0028	0.0024	0.0007	0
v_{rG}	0.1064	0.0868	0.0736	0.0204	0
v_{wG}	-0.0625	-0.0510	-0.0432	-0.0120	0
v_{iG}	0.0086	-0.0488	-0.0869	-0.2327	-0.2849
v_{cpG}	-0.1860	-0.1924	-0.1971	-0.2200	-0.2308

Quantitativ ergeben sich aber Unterschiede: Wie Tabelle 3.7 zeigt, fällt die Erhöhung des Arbeitseinsatzes und damit auch der Outputeffekt um so geringer aus, je größer der Parameter ψ ist. Man könnte also konstatieren, daß der Outputeffekt einer Erhöhung des Staatskonsums um so größer ist, je nutzloser die Staatskonsumausgabe für die Individuen ist. Allerdings erscheint die Sache in einem etwas anderen Licht, wenn man das Ergebnis anders formuliert: Je weniger der Staatskonsum dazu geeignet ist, private Konsumausgaben zu ersetzen, desto größer ist der Outputeffekt der zusätzlichen Staatsausgabe. Verwendet man eine nachfrageseitige Betrachtungsweise, kann man dieses Ergebnis wie folgt begründen: Wenn die zusätzliche Staatsnachfrage dazu führt, daß private Nachfrage (teilweise) eingeschränkt wird, weil der Staat nun dasselbe Gut bereitstellt und dieses deshalb nicht mehr gekauft werden muß, ergibt sich hinsichtlich der Gesamtnachfrage ein geringerer Effekt, als wenn die zusätzlichen Staatsausgaben zur Substitution von privaten Konsumausgaben ungeeignet sind und somit vollständig die Gesamtnachfrage ausdehnen.

Von der Angebotsseite her betrachtet kann man das Ergebnis so interpretieren, daß durch die Staatsausgaben, die private Konsumausgaben ersetzen, gleichsam ein positiver Vermögenseffekt induziert wird,[214] der dem negativen Vermögenseffekt der höheren Steuer entgegenwirkt. Dies zeigt sich bei Betrachtung der intertemporalen Budgetrestriktion der privaten Haushalte, die nun wie folgt aussieht:

$$(3.42)\ E_0\left[\sum_{t=0}^{\infty} P_t c_t\right] = E_0\left[\sum_{t=0}^{\infty} P_t w_t N_t - \sum_{t=0}^{\infty} P_t (1-\psi) G_t + V_0\right].$$

Der negative Vermögenseffekt ist betragsmäßig um so geringer, je größer ψ ist, was dazu führt, daß der Arbeitseinsatz nicht so stark ausgeweitet wird und somit auch die Outputzunahme nicht so groß ausfällt. Die expansiven Effekte einer Erhöhung des Staatskonsums sind also lediglich dann gegeben, wenn der Staatskonsum nur wenig dazu geeignet ist, den privaten Konsum zu ersetzen.[215] Der genauen Schätzung des Parameters ψ kommt deshalb eine große Bedeutung zu.

Tabelle 3.7: Elastizitäten bei Erhöhung des Staatskonsums in Abhängigkeit vom Grad der Substituierbarkeit ψ

ρ=0,95; η=1	ψ=0	ψ=0,3	ψ=0,5	ψ=1	ψ=1,2
v_{kG}	-0.0031	-0.0022	-0.0015	0	0.0006
v_{cG}	-0.1074	-0.0724	-0.0505	0	0.0186
v_{yG}	0.1092	0.0736	0.0513	0	-0.0189
v_{NG}	0.1733	0.1168	0.0815	0	-0.0301
v_{RG}	0.0035	0.0024	0.0017	0	-0.0006
v_{rG}	0.1092	0.0736	0.0513	0	-0.0189
v_{wG}	-0.0641	-0.0432	-0.0301	0	0.0111
v_{iG}	-0.1246	-0.0869	-0.0619	0	0.0245
v_{cpG}	-0.1074	-0.1971	-0.2540	-0.3874	-0.4376

Da der negative Vermögenseffekt mit zunehmenden ψ kleiner wird, wird auch der zusammengesetzte Konsum c_t gemäß Gleichung (3.25) für größere Werte von ψ nicht so stark sinken. Der private Konsum $c^P{}_t$ dagegen wird wegen[216]

$$(3.43)\ \hat{c}^P{}_t = \frac{c}{c^P} E_t\left[-\hat{\lambda}_{t+1} - \hat{R}_{t+1}\right] - \frac{G}{c^P}\psi \hat{G}_t$$

um so stärker zurückgehen, je größer ψ ist, was auch die v_{cpG}-Werte in Tabelle 3.7 zeigen.

Für ψ=1 kommt es bis auf die Reduktion des privaten Konsums sogar zu gar keiner Reaktion der Modellgrößen. In diesem Fall sind die öffentlichen Konsumausgaben vollkommene Substitute zu den privaten Konsumausgaben, so daß

[214] In diesem Sinne kann ψ auch als Ausmaß interpretiert werden, mit dem der Staatskonsum das Vermögen der privaten Haushalte beeinflußt. Vgl. Aschauer (1988), S. 52.

[215] Vgl. Aschauer (1985), S. 124.

[216] Diese Gleichung erhält man aus der Bestimmungsgleichung für die Änderung des zusammengesetzten Konsums (3.25) und aus (3.41).

die Haushalte den privaten Konsum im genau gleichem Ausmaß einschränken wie der Staat seine Konsumausgaben ausweitet („vollständiges Crowding out"). Wie die intertemporale Budgetgleichung (3.43) zeigt, hat für $\psi=1$ eine Erhöhung von G_t keinen Vermögenseffekt.[217] Der positive Einfluß des Staatskonsums auf das Vermögen kompensiert gerade den negativen Einfluß der höheren Steuer, was zu einem Nettoeffekt von null führt. Es kommt somit zu keiner Veränderung der übrigen Variablen. Diesen Zusammenhang kann man auch anhand der Tatsache zeigen, daß für $\psi=1$ die Ressourcenbeschränkung $y_t=c_t+i_t+(1-\psi)G_t$ mit der aus dem Grundmodell bekannten Ressourcenbedingung $y_t=c_t+i_t$ identisch ist. Der Fall $\psi=1$ ist somit auch gleichzusetzen mit einer Modellversion, in der einerseits der Staat Pauschalsteuern erhebt, die eingenommenen Mittel aber wieder als Transferzahlungen an die privaten Haushalte zurückgibt, so daß diese die Mittel wieder gemäß ihren Präferenzen einsetzen können. In einem solchen Modell macht aber die Berücksichtigung des Staates keinen Sinn.

Als Konsequenz kann man festhalten, daß Modelle, die den Staatskonsum einführen, gleichzeitig aber $\psi=1$ setzen[218] nichts anders darstellen als das Grundmodell, in dem der (private) Konsum durch den zusammengesetzten Konsum ersetzt wird. Da privater Konsum und Staatskonsum für die Haushalte vollkommene Substitute darstellen, ergeben sich für sie keine Veränderungen, wenn der Staat seine Konsumausgaben erhöht. Sie schränken ihrerseits den Konsum im genau gleichen Ausmaß ein; sonst passiert nichts. Ein höherer Staatskonsum hat also keine makroökonomischen Effekte. Das einzige, was man erreicht, ist eine relativ große Volatilität des privaten Konsums und eine Irreführung des Lesers, der glaubt, die Wirkungen des Staatskonsums seien im Modell berücksichtigt. In Wirklichkeit handelt es sich aber um ein „Pseudo-Modell mit Staatskonsum".

Wenn $\psi>1$ gilt, so bedeutet dies, daß eine Einheit des Staatskonsums mehr als eine Einheit des privaten Konsums ersetzen kann. Mit dieser Annahme ist es – wie oben erwähnt – möglich, die Eigenschaft der Nicht-Rivalität von öffentlichen Gütern zu modellieren.[219] Für $\psi>1$ wird ein positiver Vermögenseffekt bei Erhöhung der Staatskonsums erzeugt, so daß es unmittelbar nach dem Schock nicht zu einem Anstieg der Arbeit, sondern zu einem Rückgang mit den entsprechenden Auswirkungen für den Output (vgl. Tabelle 3.7) kommt.

---

[217] Vgl. Aschauer (1988), S. 52.
[218] Das geschieht z.B. bei Coenen (1998), S. 22.
[219] Vgl. Ambler/Paquet (1996), S. 240, Fn. 2.

3.2.9. Staatskonsumschocks und die stilisierten Fakten

Nun wird noch kurz gezeigt, wie mit dem Staatskonsummodell stilisierte Fakten erzeugt werden können, die besser mit den realen Daten übereinstimmen als die vom Grundmodell erzeugten stilisierten Fakten. Dazu wird dem Modell aus Abschnitt 3.2.1. mit der Erweiterung aus Abschnitt 3.2.8. ein Technologieschock hinzugefügt. Die Produktionsfunktion hat folgende Form:

$y_t = A_t k_{t-1}^{(1-\alpha)} N_t^{\alpha}$

und der Staatskonsum G_t sowie die totale Faktorproduktivität A_t folgen einem AR(1)-Prozeß:

(3.44) $\ln A_t = (1-\rho_A)\ln A + \rho_A \ln A_{t-1} + \varepsilon^A_t$ bzw. $\hat{A}_t = \rho_A \hat{A}_{t-1} + \varepsilon^A{}_t$,

(3.35) $\ln G_t = (1-\rho_G)\ln G + \rho_G \ln G_{t-1} + \varepsilon^G_t$ bzw. $\hat{G}_t = \rho_G \hat{G}_{t-1} + \varepsilon^G{}_t$,

wobei $\rho_A=0{,}95$ und $\sigma_{\varepsilon A}=0{,}0075$ und als Benchmark für den Staatskonsumschock $\rho_G=0{,}95$ und $\sigma_{\varepsilon G}=0{,}02$ angenommen wird.[220] Weiterhin wird unterstellt, daß Staatskonsumschock und Technologieschock nicht miteinander korreliert sind.[221] In den Tabellen 3.8 und 3.9 sind für verschiedene Parameterkombinationen und Modellvariationen zum einen die Standardabweichungen für die wichtigsten Modellvariablen und zum anderen die Kreuzkorrelationen mit dem Output abgetragen.

Wie in Abschnitt 2.12. festgestellt wurde, ist im Vergleich zur tatsächlichen Wirtschaft u.a. die vom Modell erzeugte Variabilität des privaten Konsums zu gering und der Zusammenhang zwischen Reallohn und Output zu hoch. Die Analyse der Wirkungen des Staatskonsums hat gezeigt, daß durch einen Staatsausgabenschock ein Anstieg des Arbeitseinsatzes und damit einhergehend ein Rückgang des Reallohnsatzes induziert wird. Ein (positiver) Staatsausgabenschock wirkt somit in Richtung eines geringeren Reallohnsatzes und ein (positiver) Technologieschock in Richtung eines höheren Reallohnsatzes. Hinsichtlich des Outputs induzieren beide Schocks einen Anstieg, wirken also in die gleiche Richtung, so daß letztlich der Zusammenhang zwischen Reallohn und Arbeitseinsatz und damit zwischen Reallohn und Output etwas abgemildert wird.[222] Dieser Effekt hängt allerdings entscheidend davon ab, wie stark der

---

[220] Christiano/Eichenbaum (1992), S. 441, schätzen für die USA $\sigma_{\varepsilon G}=0{,}021$. Ambler/Paquet (1996), S. 246, nehmen $\sigma_{\varepsilon G}=0{,}0237$ an. Burnside/Eichenbaum/Rebelo (1993), S. 256, gehen von $\sigma_{\varepsilon G}=0{,}015$ aus und Finn (1995), S. 1264, von $\sigma_{\varepsilon G}=0{,}0284$. Für Frankreich schätzen Fairise/Langot (1995), S. 72, $\sigma_{\varepsilon G}=0{,}0083$. Für Deutschland schätzt Coenen (1997), S. 69 – allerdings nur für die Staatskonsumquote g_t – $\sigma_{\varepsilon g}=0{,}0035$.

[221] Die Aussagen in der Literatur hierzu sind nicht eindeutig. So gehen zum Beispiel Burnside/Eichenbaum/Rebelo (1993), S. 257, von einer positiven und Finn (1995), S. 1264, sowie Ambler/Paquet (1996), S. 246, dagegen von einer negativen Korrelation aus. Hier wird deshalb zur Vereinfachung eine Korrelation von null angenommen.

[222] Letztlich ist dies darauf zurückzuführen, daß ein Technologieschock eine Verschiebung der Arbeitsnachfragekurve entlang einer stabilen Arbeitsangebotskurve und ein Staats-

Technologieschock bzw. der Staatsausgabenschock ist. Geht man von plausibleren Parameterwerten aus, dominieren die Wirkungen des Technologieschocks eindeutig, so daß nur eine leichte Verbesserung zu beobachten ist. Die Kreuzkorrelation zwischen Reallohn und Output ist zwar im Vergleich zum Grundmodell niedriger aber immer noch zu hoch. Dies wird deutlich anhand von Tabelle 3.9, in der die Kreuzkorrelationen mit dem Output, wie sie vom erweiterten Modell erzeugt werden, abgetragen sind.

Tabelle 3.8: Standardabweichung in % und Standardabweichung in % der Standardabweichung des BIP

	BIP		**Konsum**		**Invest.**		**Arbeit**		**Reallohn**	
Heinemann (1995)	1,51	1,00	1,45	0,96	4,11	2,17	1,16[223]	0,77	0,84	0,56
Holstein (1998)	1,49	1,00	1,36	0,91	3,92	2,63	0,90[224]	0,60	1,38	0,93
Coenen (1997)	1,54	1,00	1,37	0,89	4,03	2,62	1,24[225]	0,81	1,55	1,01
	y_t		c_t[226]		i_t		N_t		w_t	
Grundmodell ($\eta=1;\rho_A=0,95$)	1,5489	1,00	0,4399	0,28	4,5088	2,91	0,9433	0,61	0,6422	0,41
Grundmodell ($\eta=0;\rho_A=0,95$);	1,8578	1,00	0,4992	0,27	5,4860	2,95	1,4449	0,78	0,4992	0,27
Grundmodell ($\eta=1;\rho_A=0,98$)	1,4240	1,00	0,5398	0,38	3,7481	2,63	0,7415	0,52	0,7080	0,50
erw. Modell ($\eta=1$; $\rho_G=0,95$ $\psi=0;\sigma_{\varepsilon G}=0,02$)	1,4491	1,00	0,5991	0,41	4,1782	2,88	0,8797	0,61	0,7170	0,49
erw. Modell ($\eta=0$; $\rho_G=0,95$, $\psi=0;\sigma_{\varepsilon G}=0,02$)	1,7269	1,00	0,6260	0,36	5,0162	2,90	1,3366	0,77	0,6260	0,36
erw. Modell ($\eta=1$; $\rho_G=0,95$ $\psi=0,3;\sigma_{\varepsilon G}=0,02$)	1,4462	1,00	0,7501	0,52	4,2002	2,90	0,8526	0,59	0,6798	0,47
erw. Modell ($\eta=1$; $\rho_G=0,95$, $\psi=1,5;\sigma_{\varepsilon G}=0,02$)	1,6207	1,00	1,3986	0,86	4,7602	2,94	1,0407	0,64	0,6334	0,39
erw. Modell ($\eta=0$; $\rho_G=0,95$, $\psi=0,3;\sigma_{\varepsilon G}=0,02$)	1,7714	1,00	0,7769	0,44	5,1753	2,92	1,3464	0,76	0,5795	0,33

ausgabenschock eine Verschiebung der Arbeitsangebotskurve entlang einer stabilen Arbeitsnachfragekurve bewirkt (vgl. Hansen/Wright (1992), S. 10, so daß insgesamt der Zusammenhang zwischen Reallohn und Arbeitseinsatz und damit auch zwischen Reallohn und Output gelockert wird.

223 Der angegebene Wert bezieht sich auf das Arbeitsvolumen=Beschäftigung*Arbeitszeit pro Beschäftigten.

224 Der angegebene Wert bezieht sich auf die Beschäftigung (Anzahl der Beschäftigten).

225 Der angegebene Wert bezieht sich auf das Arbeitsvolumen. Vgl. Coenen (1997), S. 184.

226 Für $\psi>0$ sind die Werte für den privaten Konsum c^P_t abgetragen.

Bei der Analyse der stilisierten Fakten des Grundmodells hat sich gezeigt, daß durch die Annahme von η=0 (Indivisible-labor-Fall) die Variabilität des Arbeitseinsatzes erhöht und der Zusammenhang zwischen Reallohn und Output reduziert werden kann. Gleichzeitig wird dadurch aber auch die Standardabweichung des Outputs über realistische Maße erhöht und die des Reallohnsatzes weiter gesenkt. Da ein Staatskonsumschock die Variabilität des Outputs reduziert, die des Reallohns und des Konsums erhöht und tendenziell auch den Zusammenhang zwischen Output und Reallohn lockert, müßte also die Kombination (η=0, ρ_A=0,95, ρ_G=0,95, ψ=0, $\sigma_{\varepsilon G}$=0,02) die besten Ergebnisse liefern. In der Tat kann, wie die Tabellen 3.8 und 3.9 zeigen, eine Verbesserung erreicht werden. Trotzdem ist die Variabilität des Reallohns und des Konsums noch zu gering und die Kreuzkorrelation zwischen Reallohn und Output zu hoch. Eine mit den Daten der tatsächlichen Wirtschaft übereinstimmende Korrelation zwischen Reallohn und Output von 0,35 ergibt sich erst, wenn man für die Parameterkombination (η=0, ρ_A=0,95, ρ_G=0,95, ψ=0) eine wenig plausible Standardabweichung des Staatsausgabenschocks von $\sigma_{\varepsilon G}$=0,04 annimmt.

Wie in Abschnitt 3.2.8. erwähnt, kann durch die Annahme eines hohen Wertes für ψ die Variabilität des privaten Konsums erhöht werden. Für einen plausiblen Parameterwert von ψ=0,3 wird aber nur eine leicht bessere Übereinstimmung mit den realen Daten erreicht, wie Tabelle 3.8 zeigt. Die Standardabweichung des privaten Konsums nimmt im Vergleich zum Grundmodell zwar zu, ist aber noch viel zu niedrig. Nur für ψ=1,5 kann eine mit den realen Daten übereinstimmende Variabilität des Konsums erreicht werden. In diesem Fall wird aber der Zusammenhang zwischen Reallohn und Output nicht reduziert, weil es für ψ>1 bei einem Staatskonsumschock nicht zu einem Rückgang des Reallohns kommt. Auch hier ist also die nur mäßige Verbesserung der stilisierten Fakten darauf zurückzuführen, daß die Effekte, die von einer Änderung der fiskalpolitischen Variablen ausgehen, im Vergleich zu den Effekten des Technologieschocks relativ schwach sind.[227]

Schließlich zeigt sich, daß durch die Berücksichtigung des Staatskonsumschocks die Kreuzkorrelationen der betrachteten Variablen bezüglich des Outputs insgesamt etwas reduziert werden, was ebenfalls eine Verbesserung darstellt. Bei den später noch zu behandelnden Modellen, insbesondere denen mit verzerrenden Steuern, kann in ähnlicher Weise im Vergleich zum Grundmodell eine etwas bessere Übereinstimmung mit den realen Daten erreicht werden. Da dies aber

[227] Letztlich ist dies darauf zurückzuführen, daß eine Änderung von A_t direkt die Produktionsfunktion beeinflußt und z.B. Änderungen von G_t nur indirekt über eine durch einen Vermögenseffekt induzierte Änderung des Arbeitseinsatzes auf die Produktion wirken und deshalb relativ schwach sind.

nicht der Schwerpunkt dieser Arbeit ist, soll auf die Darstellung dieser Ergebnisse im folgenden verzichtet werden.

Tabelle 3.9: Kreuzkorrelationen des realen BIP mit x_{t+j}

x_t	BIP			Konsum			Investitionen			Arbeit			Reallohn		
j	-1	0	1	-1	0	1	-1	0	1	-1	0	1	-1	0	1
Heinemann (1995)	---	1,00	0,85	0,67	0,74	0,67	0,76	0,86	0,77	0,74	0,79	0,59	0,50	0,36	0,13
Holstein (1998)	0,86	1,00	0,86	0,70	0,76	0,64	0,78	0,86	0,76	0,54	0,69	0,74	0,19	0,26	0,33
Coenen (1997)	---	1,00	---	---	0,59	---	---	0,84	---	---	---	---	---	---	---
	y_t			c_t[228]			i_t			N_t			w_t		
Grundmodell (η=1;ρ_A=0,95)	0,69	1,00	0,69	0,75	0,88	0,52	0,65	0,99	0,71	0,63	0,98	0,71	0,75	0,97	0,62
Grundmodell (η=0;ρ_A=0,95)	0,68	1,00	0,68	0,75	0,87	0,49	0,65	0,99	0,70	0,62	0,99	0,71	0,75	0,87	0,49
Grundmodell (η=1;ρ_A=0,98)	0,70	1,00	0,70	0,75	0,95	0,60	0,66	0,99	0,71	0,63	0,98	0,72	0,68	1,00	0,70
erw. Modell (η=1; ρ_G =0,95 ψ=0;$\sigma_{\varepsilon G}$=0,02)	0,70	1,00	0,70	0,59	0,70	0,44	0,64	0,95	0,69	0,59	0,92	0,67	0,68	0,88	0,58
erw. Modell (η=0; ρ_G =0,95, ψ=0;$\sigma_{\varepsilon G}$=0,02)	0,69	1,00	0,69	0,62	0,73	0,44	0,64	0,97	0,70	0,60	0,95	0,69	0,62	0,73	0,44
erw. Modell (η=1; ρ_G =0,95 ψ=0,3;$\sigma_{\varepsilon G}$=0,02)	0,69	1,00	0,69	0,51	0,60	0,36	0,65	0,98	0,70	0,60	0,96	0,70	0,71	0,93	0,56
erw. Modell (η=1; ρ_G =0,95, ψ=1,5;$\sigma_{\varepsilon G}$=0,02)	0,70	1,00	0,70	0,35	0,41	0,32	0,64	0,98	0,72	0,64	0,98	0,72	0,74	0,95	0,61
erw. Modell (η=0; ρ_G =0,95, ψ=0,3;$\sigma_{\varepsilon G}$=0,02)	0,69	1,00	0,69	0,53	0,61	0,35	0,65	0,98	0,70	0,60	0,97	0,70	0,69	0,81	0,47

Die Tatsache, daß die Einbeziehung von Fiskalschocks in das Grundmodell der RBC-Theorie eine bessere Übereinstimmung des Modells mit den Daten der tatsächlichen Wirtschaft bringt, ist ein Beweis für die Notwendigkeit, den Staat mit seinen Handlungsparametern zu berücksichtigen.[229] Es zeigt aber auch, daß dies alleine nicht ausreicht, sondern noch andere Komponenten (z.B. Haushaltsproduktion, capital utilization, usw.) hinzugefügt werden müssen, um am Ende ein „vollständiges" RBC-Modell zu generieren, das die meisten stilisierten Fakten der Konjunktur erklären kann.

[228] Für ψ>0 sind die Werte für den privaten Konsum c^p_t abgetragen.

[229] Ein offensichtlicheres Indiz für diese Notwendigkeit ist selbstverständlich die Tatsache, daß der Staat mit einer Staatsquote von ca. 40-50% einen enormen Einfluß auf die Ökonomie hat und deshalb eine Berücksichtigung in Modellen, die das Konjunktur- oder Wachstumsphänomen erklären wollen, unerläßlich ist.

Es ist aber hier schon ersichtlich, daß eine „zielorientierte“ Parameterwahl die Übereinstimmung mit den realen Daten verbessern kann. Da sich meist sehr leicht eine plausible Begründung finden läßt, für einen bestimmten Parameter einen bestimmten Wert anzunehmen, wird hier dem Modellbauer ein enormer „Manipulationsspielraum“ eröffnet.

3.3. Öffentliche Investitionen

3.3.1. Zum Begriff der öffentlichen Investitionen

Der Begriff der öffentlichen Investitionen ist durch große Unklarheiten gekennzeichnet. Es existiert weder eine Legaldefinition noch eine verbindliche rechtliche Abgrenzung.[230] Auch in der amtlichen Statistik gibt es bezüglich des Investitionsbegriffs keine Übereinstimmung: So zeigen sich zwischen der Finanzstatistik und der VGR z.T. erhebliche Abweichungen in der Höhe der ausgewiesenen öffentlichen Investitionen.[231]

Trotz enormer Abgrenzungs- und Operationalisierungsprobleme wird den öffentlichen Investitionen im Gegensatz zu den staatlichen Konsumausgaben von vornherein ein produktiver, zukunftsbegünstigender Charakter zugesprochen und somit als „gute“ Ausgaben betrachtet, während der öffentliche Konsum hingegen als eine qualitativ geringwertige Art der Staatsausgaben angesehen wird.[232] Dies geschieht aber meist ohne genau zu sagen, was man unter öffentlichen Investitionen eigentlich versteht und wie sie sich vom Staatskonsum unterscheiden.

Für die hier betrachtete Fragestellung ist es angebracht, die Zukunftswirksamkeit von öffentlichen Ausgaben an ihren Wirkungen auf die gesamtwirtschaftlichen Produktionsmöglichkeiten festzumachen.[233] Eine Staatsausgabe soll als produktiv und damit als öffentliche Investition bezeichnet werden, wenn sie einen direkten positiven Einfluß auf den Faktorbestand hat, d.h. wenn sie die Quantität und/oder Qualität des Arbeitseinsatzes bzw. die Quantität und/oder die Qualität des volkswirtschaftlichen Kapitalstocks direkt positiv beeinflußt.[234] Un-

---

[230] Vgl. Wissenschaftlicher Beirat beim Bundesministerium der Finanzen (1980), S. 356.

[231] Vgl. Toillie′ (1980), S. 43. Diese Unterschiede sind unter anderem darauf zurückzuführen, daß der öffentliche Sektor nicht in gleicher Weise abgegrenzt wird. Vgl. Littmann (1988), S. 817. Vgl. auch Wissenschaftlicher Beirat beim BMF (1980), S. 318-327 und Deutsche Bundesbank (1999), S. 31.

[232] Vgl. Littmann (1988), S. 815.

[233] Eine andere Möglichkeit besteht darin, die Zukunftswirksamkeit an der zukünftigen Nutzenstiftung festzumachen. Dies erscheint aber weniger sinnvoll, *„da die öffentliche Aktivität ökonomisch nur dadurch legitimiert ist, daß alle ihre Leistungen einen positiven Nutzen stiften und nahezu jede öffentliche Aktivität auch für die ökonomische Entwicklung zukünftiger Perioden von Bedeutung ist.“* Wissenschaftlicher Beirat beim BMF: (1980), S. 341. Vgl. auch Kronenberger (1988), S. 223 und Littmann (1988), S. 815.

[234] Vgl. Müller, K. (1990), S. 26 und Hellner (1995), S. 9.

produktiv sind demnach Staatsausgaben, die keinen direkten positiven Einfluß auf Arbeitseinsatz und Kapitalstock haben.[235] Solche Ausgaben sind Staatskonsum.[236] Diese Definition der öffentlichen Investitionen ist für diese Arbeit zweckmäßig, da in der folgenden Modellanalyse die öffentlichen Investitionen direkt den Faktorbestand in der Produktionsfunktion erhöhen werden.

Betrachtet man die Abgrenzung der öffentlichen Investitionen in der Finanzstatistik oder der VGR, so zeigt sich, abgesehen von unterschiedlichen Definitionen und Abgrenzungen im Vergleich der beiden Statistiken untereinander, daß keineswegs immer diejenigen Staatsausgaben als öffentliche Investitionen gelten, die nach obiger Definition produktiv, also faktorbestandsvermehrend sind. Als Beispiel seien die Bildungsausgaben genannt, die zweifelsohne einen faktorvermehrenden Einfluß im o.g. Sinne auf den Faktor Arbeit ausüben. Sie werden aber nur zum Teil als öffentliche Investitionen erfaßt, nämlich nur insofern es sich um Ausgaben für die Bereitstellung der entsprechenden Sachkapazitäten (z.B. Schulgebäude) handelt. Die laufenden Ausgaben, wie beispielsweise die Ausgaben für das Lehrpersonal, zählen aber zum Staatskonsum.[237] Andererseits gibt es auch Ausgaben, die in der amtlichen Statistik als öffentliche Investitionen erfaßt werden, die aber eher unproduktiv sind. Dazu zählen z.B. Parks, Theater, Schwimmbäder und ähnliche Einrichtungen, die eher den Charakter langlebiger Konsumgüter aufweisen.[238]

Selbstverständlich gibt es auch bei der hier gewählten Definition der öffentlichen Investitionen Operationalisierungsprobleme, da die Antwort auf die Frage, ob eine bestimmte Staatsausgabe als produktiv oder unproduktiv charakterisiert werden kann, oft nicht nur von der Art der öffentlichen Leistung selbst, sondern auch von der Art der Nutzung durch die privaten Wirtschaftssubjekte bestimmt wird.[239] So hängt beispielsweise der produktive Charakter von Bildungsausgaben davon ab, ob die Bildungsleistung lediglich einer per-

---

[235] Vgl. Hellner (1995), S. 9.

[236] Die Deutsche Bundesbank wählt eine etwas andere Abgrenzung, indem sie den Unterschied zwischen öffentlichen Investitionen und Staatskonsum darin sieht, daß öffentliche Investitionen im Gegensatz zu den konsumtiven Ausgaben das staatliche Vermögen vergrößern. Vgl. Deutsche Bundesbank (1999), S. 29. Wenn man das staatliche Vermögen mit dem öffentlichen Kapitalstock gleichsetzt, wird sich aber in Abschnitt 3.3.3. zeigen, daß diese Abgrenzung der Bundesbank in ihrer Konsequenz letztlich mit der hier gewählten Abgrenzung übereinstimmt.

[237] Vgl. Kronenberger (1988), S. 229.

[238] Vgl. Kronenberger (1988), S. 229. Vgl. dazu auch Deutsche Bundesbank (1999), S. 40. Man könnte argumentieren, daß diese Ausgaben der Regeneration und damit der Erhaltung der Arbeitskraft dienen. Dem ist aber entgegen zu halten, daß mit zunehmendem staatlichen Angebot von der Freizeit komplementären Gütern die Opportunitätskosten der Arbeit steigen und damit der Arbeitseinsatz beeinträchtigt wird. Vgl. Hellner (1995), S. 19.

[239] Vgl. Ehrlicher (1977), S. 770.

sönlichen Bedürfnisbefriedigung dient oder ob die erlernten Fähigkeiten auch tatsächlich im Produktionsprozeß eingesetzt werden.[240] Allerdings kann man bei den Bildungsausgaben davon ausgehen, daß die produktiven Elemente überwiegen und die Entwicklung der Arbeitsproduktivität und des technischen Fortschritts wesentlich durch Bildungsausgaben determiniert werden.[241] Für andere Ausgabenbereiche kann man ähnliche tendenzielle Aussagen machen und solche Ausgaben als produktiv bezeichnen, von denen zu vermuten ist, daß der positive Effekt auf die Produktionsmöglichkeiten dominiert.[242]

3.3.2. Öffentliche Investitionen als vollkommene Substitute zu den privaten Investitionen

3.3.2.1. Das Modell

Die einfachste Möglichkeit, öffentliche Investitionen in das hier betrachtete Modell einzuführen, besteht darin, staatliche Investitionen als vollkommene Substitute zu den privaten Investitionen zu betrachten. Mithin sind die Wirkungen von öffentlichen und privaten Investitionen auf die Kapitalakkumulation völlig identisch.[243] Damit ist eine Unterscheidung zwischen öffentlichem und privatem Kapitalstock nicht notwendig. Man kann vielmehr von einem homogenen Kapitalstock ausgehen und die Produktionstechnik weiterhin durch die bekannte Produktionsfunktion $y_t=AF(k_{t-1},N_t)$ beschreiben.[244] Die öffentlichen Investitionen wirken also nur hinsichtlich des Faktors Kapital faktorvermehrend. Um die makroökonomischen Effekte solcher öffentlicher Investitionen darzustellen, soll ein Modell betrachtet werden, in dem der Staat nur öffentliche Investitionen H_t tätigt, die er über Pauschalsteuern finanziert.

(3.46) $H_t=T_t$.

H_t folgt nun einem AR(1)-Prozeß:

(3.47) $\ln H_t=(1-\rho)\ln H+\rho\ln H_{t-1}+\varepsilon_t$.

Da die öffentlichen Investitionen vollkommene Substitute zu den privaten Investitionen darstellen, erhöhen sie den Kapitalstock k_t:

(3.48) $\gamma k_t= i_t+H_t+(1-\delta)k_{t-1}$.

---

[240] Vgl. Kronenberger (1988), S. 229, und Ehrlicher (1977), S. 770.

[241] Vgl. Müller (1991), S. 572, und Ehrlicher (1977), S. 771.

[242] Vgl. Hellner (1995), S. 27. So kommt Hellner (1995) zu dem Ergebnis, daß Forschung und Ausbildung produktiv, Ausgaben für Verkehrswesen, Militär und institutionelle Infrastruktur bedingt produktiv sind, während dort z.B. Ausgaben für Freizeitanlagen und Gesundheit als unproduktiv bezeichnet werden. Vgl. Hellner (1995) S. 11-27. Anders bezüglich der Gesundheitsausgaben: Deutsche Bundesbank (1999), S. 42.

[243] Vgl. Wenzel/Wrede (1993), S. 126.

[244] Einen solchen Ansatz wählen im Rahmen eines neoklassischen Wachstumsmodells mit Staat zum Beispiel Maußner/Klump (1996), Wenzel (1986), Wenzel/Wrede (1993) oder Bartsch/Tolkemitt (1990).

Die Periodenbudgetrestriktion der privaten Haushalte lautet somit:[245]

(3.49) $c_t+\gamma k_t=w_tN_t+r_tk_{t-1}+H_t-T_t$

und die intertemporale Budgetrestriktion:

$$(3.50)\ E_0\left[\sum_{t=0}^{\infty}P_tc_t\right]=E_0\left[\sum_{t=0}^{\infty}P_t(w_tN_t+H_t-T_t)+V_0\right]$$

mit $P_t=\prod_{j=1}^{t}\frac{\gamma}{R_j}$ für t>0 und $P_t=1$ für t=0.

Da $H_t=T_t$ gilt, zeigt sich also, daß die öffentlichen Investitionen das Vermögen der privaten Haushalte im gleichen Ausmaß erhöhen wie die zu ihrer Finanzierung benötigten Steuern es reduzieren. Eine Erhöhung der öffentlichen Investitionen hat somit keinen Vermögenseffekt.

Ein Teil des Outputs wird für öffentliche Investitionen beansprucht, so daß die Ressourcenbeschränkung ebenfalls modifiziert werden muß:

(3.50) $y_t=c_t+i_t+H_t$.

Ansonsten wird die Volkswirtschaft weiterhin durch die Gleichungen (3.9) bis (3.19) beschrieben.

3.3.2.2. Wirkungsanalyse

Es zeigt sich, daß die Erhöhung der öffentlichen Investitionen bis auf eine Reduktion der privaten Investitionen im gleichen Ausmaß keine weiteren Veränderungen generiert. Dies gilt unabhängig davon, ob es sich um permanente oder nur temporäre Ausgabenänderungen handelt oder ob das Arbeitsangebot elastisch ist oder nicht. Wie anhand der intertemporalen Budgetrestriktion gezeigt wurde, heben sich die positiven Wirkungen der zusätzlichen staatlichen Investitionen und die negativen Wirkungen der höheren Steuern bezüglich des Vermögens gerade auf. Die Haushalte sparen bzw. investieren genau den Betrag weniger, den sie an höheren Steuern zu leisten haben und der Staat verwendet seine Steuereinnahmen wieder für dieselben Investitionen, so daß es bei der Kapitalakkumulation letztlich nur einen Umweg über den Staat gegeben hat und somit keine makroökonomischen Effekte erzeugt werden, außer einer Verdrängung der privaten Investitionen durch die öffentlichen Investitionen im Ausmaß eins zu eins. Modelliert man also die öffentlichen Investitionen als vollkommene Substitute zu den privaten Investitionen finanziert über Pauschalsteuern, liegt genauso wie im Staatskonsummodell mit $\psi=1$ ein „Pseudo-Modell mit Staat" vor, da der Staat eigentlich keinerlei Funktion hat und das Modell mit dem Grundmodell übereinstimmt. Die einzige Wirkung, die man erzielen kann, ist eine größere Variabilität der privaten Investitionen.

---

[245] Damit wird implizit unterstellt, daß den privaten Haushalten das Einkommen des Produktionsfaktors öffentliches Kapital zufällt.

Eine adäquate Berücksichtigung der öffentlichen Investitionen erfordert somit eine andere Modellgestaltung. Man könnte genauso wie im Modell mit Staatskonsum einen Parameter einführen, der die Eignung der öffentlichen Investitionen beschreibt, private Investitionen zu ersetzen. Man würde dann für einen Parameterwert von null den größten Outputeffekt erhalten und hätte ein Modell, das identisch mit dem Staatskonsummodell für $\psi=0$ wäre. Ähnlich wie dort könnte man auch hier bei kurzfristiger Betrachtung festhalten, daß der Outputeffekt offenbar um so kleiner sein wird, je stärker die öffentlichen Investitionen den privaten Investitionen entsprechen oder anders ausgedrückt: Je unproduktiver der öffentliche Kapitalstock ist, desto eher sind zusätzlichen Investitionen in diesen Kapitalstock dazu geeignet, einen positiven Multiplikatoreffekt zu erzeugen. Denn in dieser Situation ist der negative Vermögenseffekt am größten, der letztlich für den Outputanstieg verantwortlich ist. Nachfolgend soll aber ein anderer Weg gegangen werden: Es wird explizit ein öffentlicher Kapitalstock eingeführt, der als Produktionsfaktor in die Produktionsfunktion eingeht.

3.3.3. Öffentliche Investitionen als einfache Substitute zu privaten Investitionen

3.3.3.1. Das Modell

Bei der Analyse makroökonomischer Effekte der Staatsausgaben wird meist auf die Berücksichtigung von öffentlichen Investitionen verzichtet[246] oder man berücksichtigt zwar öffentliche Investitionen, abstrahiert aber von der Akkumulation eines öffentlichen Kapitalstocks.[247] Hier wird dagegen angenommen, daß die öffentlichen Investitionen H_t einen öffentlichen Kapitalstock $ö_t$ bilden, der als Produktionsfaktor in die Produktionsfunktion eingeht[248] und folgender Kapitalakkumulationsgleichung folgt:

(3.51) $\gamma ö_t = H_t + (1-\delta) ö_{t-1}$.

Zur Vereinfachung wird angenommen, daß der öffentliche Kapitalstock der selben Abschreibungsrate δ unterliegt wie der private Kapitalstock. Die Produktionsfunktion lautet allgemein:

(3.52) $y_t = F(k_{t-1}, N_t, ö_{t-1})$.

Weiterhin sei unterstellt, daß die öffentlichen Investitionen einfache Substitute zu den privaten Investitionen darstellen. Dieser Sachverhalt läßt sich mit Hilfe

246 So z.B. bei Aiyagari/Christiano/Eichenbaum (1992) oder Dotsey/Mao (1994).

247 So z.B. bei Turnovsky/Fisher (1995).

248 Die explizite Berücksichtigung eines Faktors öffentliches Kapital in der Produktionsfunktion findet man z.B. bei Arrow/Kurz (1970), Baxter/King (1993) sowie Ambler/Paquet (1994) und (1996).

folgender Cobb-Douglas-Produktionsfunktion beschreiben:[249]

$(3.53)\, y_t = k_{t-1}^{\beta} N_t^{\alpha} ö_{t-1}^{\chi}$,

wobei der Parameter β hier die Produktionselastizität des privaten Kapitals beschreibt und χ die Produktionselastizität des öffentlichen Kapitals.

Die Annahme, daß die öffentlichen Investitionen die Quantität und/oder die Qualität der Produktionsfaktoren Arbeit und privates Kapital positiv verändern, kann berücksichtigt werden, indem man davon ausgeht, daß das öffentliche Kapital sowohl im Faktor Arbeit als auch im Faktor Kapital „verkörpert" ist. Dies bedeutet, daß das öffentliche Kapital die Produktivität des privaten Kapitals und der Arbeit erhöht.

Es sei angenommen, daß das öffentliche Kapital in Kombination mit privatem Kapital in „physischen" Einheiten k_t das private Kapital in „Effizienzeinheiten" k_t^* gemäß einer Cobb-Douglas-Produktionsfunktion bildet:[250]

$(3.54)\, k_t^* = k_t^{\nu} ö_t^{1-\nu}$ mit $0<\nu<1$.

Entsprechendes gilt auch für den Faktor Arbeit in „Effizienzeinheiten" N_t^*, der aus der Arbeit N_t und dem öffentlichen Kapital gebildet wird:[251]

$(3.55)\, N_t^* = N_t^{\mu} ö_{t-1}^{1-\mu}$ mit $0<\mu<1$.

Die öffentlichen Investitionen wirken also sowohl faktorbestandsvermehrend hinsichtlich des privaten Kapitals als auch hinsichtlich der Arbeit, womit diese Darstellung der obigen Definition der öffentlichen Investitionen sehr nahe kommt.[252]

Das homogene Gut y_t wird mit den Produktionsfaktoren in Effizienzeinheiten erstellt, ebenfalls gemäß einer Cobb-Douglas-Produktionsfunktion:

$(3.56)\, y_t = (k_{t-1}^*)^{\beta/\nu} (N_t^*)^{\alpha/\mu}$.

Setzt man (3.54) und (3.55) in (3.56) ein, erhält man

$y_t = k_{t-1}^{\beta} N_t^{\alpha} ö_{t-1}^{\beta(1-\nu)/\nu+\alpha(1-\mu)/\mu}$

Definiert man $\chi \equiv \beta(1-\nu)/\nu + \alpha(1-\mu)/\mu$, ergibt sich wieder die ursprüngliche Produktionsfunktion (3.53).

In der Literatur finden sich zwei Ausgestaltungsformen dieser Produktionsfunktion:

---

[249] Vgl. Michaelis (1989), S. 36, und Grill (1989), S. 45. Eine solche Produktionsfunktion benutzen im Rahmen von Wachstumsmodellen bzw. OLG-Modellen z.B. auch Carlberg (1985), S. 266, und Kitterer (1994), S. 166.

[250] Als Beispiel kann man hier die Ausgaben des Staates für Forschung und Entwicklung nennen, die die Produktivität des Faktors Kapital verbessern.

[251] Arrow/ Kurz (1970) nennen N_t^* „trained labour". Vgl. Arrow/Kurz (1970), S. xvii. Als Beispiel sind hier die Bildungsausgaben des Staates anzuführen.

[252] Da der öffentliche Kapitalstock $ö_t$ gleichzeitig in Arbeit und in Kapital verkörpert ist, liegt hier Nicht-Rivalität in der Nutzung des öffentlichen Kapitals vor. Vgl. Grill (1989), S. 48.

1. Homogenität bezüglich aller Produktionsfaktoren:[253]

$$(3.57)\ y_t = k_{t-1}^{1-\alpha-\chi} N_t^{\alpha} ö_{t-1}^{\chi}.$$

Es gilt also $\alpha/\mu+\beta/\nu=1$ und damit $\chi=1-\alpha-\beta$ bzw. $\beta=1-\alpha-\chi$.[254]

2. Homogenität bezüglich der privaten Produktionsfaktoren Arbeit und Kapital:

$$(3.58)\ y_t = k_{t-1}^{1-\alpha} N_t^{\alpha} ö_{t-1}^{\chi}.$$

Es gilt entsprechend $\alpha+\beta=1$ und $\alpha/\mu+\beta/\nu=\alpha+\beta+\chi$.[255]

Für die hier betrachteten Modelle unterscheiden sich die Modellergebnisse unter Verwendung der beiden Produktionsfunktionen qualitativ nicht und auch quantitativ gibt es nur minimale Differenzen,[256] so daß die Beschränkung auf eine dieser Produktionsfunktionen ausreichend ist. Hier wird im folgenden die Produktionsfunktion (3.58) verwendet, da mit ihr eine größere Bandbreite der Produktionselastizität des öffentlichen Kapitals untersucht werden kann.

Der Staat finanziert die öffentlichen Investitionen H_t und seine Staatskonsumausgaben G_t durch die Erhebung einer Pauschalsteuer T_t, womit sich die Budgetrestriktion des Staates ergibt als:[257]

$$(3.59)\ G_t+H_t=T_t.$$

Um die Effekte einer Erhöhung der öffentlichen Investitionen isoliert von den Effekten des Staatskonsums herausarbeiten zu können, wird für den Staatskonsum angenommen, daß er auf seinem Steady-Stade-Niveau konstant bleibt. Es gilt mithin:

$$G_t=G=\text{const.}$$

Die öffentlichen Investitionen sind durch den AR(1)-Prozeß

$$(3.60)\ \ln H_t=(1-\rho)\ln H+\rho \ln H_{t-1}+\varepsilon_t$$

exogen gegeben. Die Steuereinnahmen T_t passen sich so an, daß die Budgetbedingung (3.59) erfüllt wird.

---

[253] Diese Produktionsfunktion verwenden z.B. Ambler/Paquet (1994).

[254] Für die Produktionsfunktion (3.57) entsteht das Problem eines unverteilten Einkommens in Höhe von χy_t. Ist der Produktionsfaktor öffentliches Kapital im oben dargestellten Sinne in den beiden anderen Produktionsfaktoren „verkörpert", wird das unverteilte Einkommen wie folgt verteilt: $\alpha(1-\mu)/\mu$ für den Produktionsfaktor Arbeit und $\beta(1-\nu)/\nu$ für den Produktionsfaktor privates Kapital. Vgl. Gasche (1998), S. 80, Kitterer (1994), S. 176. Ausführlicher zum Problem des unverteilten Einkommens: Grill (1989), S. 46-50, und Michaelis (1989), S. 36-41.

[255] Diese Produktionsfunktion verwenden z.B. Baxter/King (1993), S. 317 und Ambler/Paquet (1996), S. 241. Das öffentliche Kapital wirkt in diesem Fall für die Bestimmung des privaten Faktoreinsatzes im Prinzip wie die totale Faktorproduktivität A_t: Eine Änderung erzeugt eine Verschiebung der Produktionsfunktion. Vgl. Baxter/King (1993), S. 330.

[256] Vgl. Turnovsky/Fisher (1995), S. 753.

[257] Es handelt sich hierbei um aggregierte Pro-Kopf-Größen.

Für Unternehmen und Haushalte gelten die gleichen Annahmen wie im Modell mit Staatskonsum (Abschnitt 3.2.) bzw. wie im Grundmodell mit den entsprechenden Effizienzbedingungen.

In der geschlossenen Volkswirtschaft kann y_t für Konsum c_t, für Investitionen i_t sowie für die Staatsausgaben G_t und H_t verwendet werden. Die Ressourcengleichung der Volkswirtschaft lautet somit:

(3.61) $y_t=c_t+i_t+G_t+H_t$.

Die oben genannten Spezifikationen hinsichtlich der Produktions- und Nutzenfunktionen (Gleichungen (3.58) und (3.6)), die Ressourcenbedingung der Volkswirtschaft (3.61), die Budgetgleichung des Staates (3.59), die Kapitalakkumulationsgleichungen (3.13) und (3.51), die Gleichungen (3.9) und (3.14) bis (3.16), die beiden Optimalitätsbedingungen (3.21) und (3.23) sowie der AR(1)-Prozeß (3.60), der die öffentlichen Investitionen determiniert, ergeben durch geeignete Kombination ein Gleichungssystem mit 12 Gleichungen, das die Modellökonomie im Marktgleichgewicht beschreibt:

(3.62) $\lambda_t = \frac{1}{c_t}$,

(3.63) $c_t = \frac{(1-N_t)^{\eta}}{\theta} w_t$,

(3.64) $\frac{\beta}{\gamma} E_t\left[\frac{c_t}{c_{t+1}} R_{t+1}\right] = 1$,

(3.65) $R_t = 1 + r_t - \delta$,

(3.66) $r_t = (1-\alpha)\frac{y_t}{k_{t-1}}$,

(3.67) $w_t = \alpha \frac{y_t}{N_t}$,

(3.68) $\gamma k_t=i_t+(1-\delta)k_{t-1}$,

(3.69) $\gamma ö_t=H_t+(1-\delta)ö_{t-1}$,

(3.70) $y_t=k_{t-1}^{(1-\alpha)}N_t^{\alpha}ö_{t-1}^{\chi}$,

(3.71) $y_t=c_t+i_t+G_t+H_t$,

(3.72) $G_t+H_t=T_t$,

(3.73) $\ln H_t=(1-\rho)\ln H+\rho \ln H_{t-1}+\varepsilon_t$.

Ein Vergleich mit dem Grundmodell und dem Modell aus Abschnitt 3.2. zeigt, daß sich neben dem stochastischen Prozeß nur die Ressourcenbedingung der Volkswirtschaft geändert hat, da nun der Output auch für öffentliche Investitionen beansprucht wird, und daß die Akkumulationsgleichung für das öffentliche Kapital (3.51) hinzugekommen ist. Die Optimalitätsbedingungen

(3.21) und (3.22), genauso wie die Bestimmungsgleichungen (3.23) bis (3.25), dagegen bleiben gegenüber dem Staatskonsummodell und dem Grundmodell unverändert. Abweichungen ergeben sich für die relative Änderung des Outputs, da nun ein weiterer Produktionsfaktor hinzugekommen ist:[258]

$$(3.74)\ \hat{y}_t = (1-\alpha)\hat{k}_{t-1} + \alpha\hat{N}_t + \chi\hat{ö}_{t-1},$$

und für die relative Änderung der Investitionen:

$$(3.75)\ \hat{i}_t = \frac{y}{i}\hat{y}_t - \frac{c}{i}\hat{c}_t - \frac{G}{i}\hat{G}_t - \frac{H}{i}\hat{H}_t .$$

Die Lösung des Modells erfolgt wieder durch Anwendung der sog. Methode der unbestimmten Koeffizienten.[259] Dabei wird nun für drei Zustandsvariablen $\hat{k}_{t-1}$, $\hat{ö}_{t-1}$ und $\hat{H}_t$ ein linear-rekursives Bewegungsgesetz abgeleitet:[260]

$$\mathbf{q}_{t+1}=\begin{pmatrix}\hat{k}_t\\ \hat{ö}_t\\ \hat{H}_{t+1}\end{pmatrix}=\begin{bmatrix}v_{kk} & v_{kö} & v_{kH}\\ v_{ök} & v_{öö} & v_{öH}\\ 0 & 0 & \rho\end{bmatrix}\begin{pmatrix}\hat{k}_{t-1}\\ \hat{ö}_{t-1}\\ \hat{H}_t\end{pmatrix}+\begin{pmatrix}0\\ 0\\ \varepsilon_{t+1}\end{pmatrix}=\mathbf{V_s q_t}+\varepsilon_{t+1},$$

mit dessen Hilfe dann der Vektor $\mathbf{z_t}'=(\hat{c}_t, \hat{y}_t, \hat{N}_t, \hat{R}_t, \hat{w}_t, \hat{r}_t, \hat{i}_t, \hat{T}_t, \hat{\lambda}_t)$ bestimmt werden kann: $\mathbf{z_t}=\mathbf{V_z q_t}$.

3.3.3.2. Kurzfristige Wirkungen

Es sollen nun die Wirkungen qualifiziert und quantifiziert werden, die aufgrund einer Erhöhung der öffentlichen Investitionen um 1% entstehen. Für die Simulationsrechnungen seien weiterhin die Parameterwerte aus dem Grundmodell und eine öffentliche Investitionsquote im Steady State h=H/y=0,05 sowie G/y=0,2 angenommen. Für die Produktionselastizität des öffentlichen Kapitals χ wird als Benchmark-Wert χ=0,05 unterstellt.[261] Die Tabellen 3.10 und 3.11 zeigen die kurzfristigen Reaktionen der endogenen Modellvariablen in Abhängigkeit von der Persistenz des Schocks bzw. von der Grenznutzenelastizität der Freizeit η.

Da die öffentlichen Investitionen über eine Pauschalsteuer finanziert werden, bleiben – wie schon erwähnt – die intratemporale und die intertemporale Optimalitätsbedingung (3.21) und (3.22) gegenüber dem Modell mit Staatskonsum und auch gegenüber dem Grundmodell unverändert. Ebenso verändern sich die linearisierten Bestimmungsgleichungen für den Konsum und den Arbeitseinsatz

[258] Diese Gleichung erhält man durch Linearisierung der Produktionsfunktion (3.70).
[259] Vgl. Abschnitt 2.8.2. Vgl. auch Uhlig (1997) und Uhlig (1999), S. 35-47.
[260] Vgl. King/Plosser/Rebelo (1988a), S. 212.
[261] Vgl. dazu Baxter/King (1993), S. 330.

(3.24) $\hat{N}_t = \frac{1-N}{N\eta} E_t(\hat{\lambda}_{t+1} + \hat{w}_t + \hat{R}_{t+1})$ bzw.

(3.25) $\hat{c}_t = E_t(-\hat{\lambda}_{t+1} - \hat{R}_{t+1})$

nicht. Es werden somit durch die höheren öffentlichen Investitionen (zunächst) keine Zins- oder Lohneffekte ausgelöst. Die einzige Einflußmöglichkeit kann über einen Vermögenseffekt erfolgen, der durch die Veränderung von $E_t[\lambda_{t+1}]$ gemessen wird. Schon die Periodenbudgetrestriktion der privaten Haushalte $c_t+i_t=y_t-H_t-G_t$ zeigt, daß auf die jeweiligen Periodeneinkommen zwei entgegengesetzte Kräfte wirken. Höhere öffentliche Investitionen reduzieren wegen den zu ihrer Finanzierung erforderlichen höheren Steuern die verfügbaren Periodeneinkommen und damit die Konsummöglichkeiten der privaten Haushalte (Entzugseffekt). Andererseits führen die höheren öffentlichen Investitionen zu einem (zumindest vorübergehend) höheren öffentlichen Kapitalstock, der in der Zukunft ein höheres Einkommen y_t induziert (Angebotseffekt). Dieser Effekt ist um so größer, je größer die Produktionselastizität des öffentlichen Kapitals χ ist. Insgesamt bleibt also unklar, ob es einen positiven oder einen negativen Vermögenseffekt gibt.

Grundsätzlich kann auch hier die Größe und die Richtung des Vermögenseffektes anhand der intertemporalen Budgetrestriktion der privaten Haushalte

(3.76) $E_t\left[\sum_{s=0}^{\infty} P_{t+s} c_{t+s}\right] = E_t\left[\sum_{s=0}^{\infty} P_{t+s}(w_{t+s}N_{t+s} - G_{t+s} - H_{t+s}) + V_t\right] = W_t$

abgeschätzt werden. Da H_t steigt, wird tendenziell W_t sinken und damit ein negativer Vermögenseffekt erzeugt. Allerdings wird durch die zusätzlichen öffentlichen Investitionen ein zusätzlicher öffentlicher Kapitalstock akkumuliert, der in zukünftigen Perioden die Arbeitsproduktivität und damit letztlich das Arbeitseinkommen erhöht. Dies läßt W_t tendenziell ansteigen. Welcher Effekt überwiegt, wird durch die Produktionselastizität des öffentlichen Kapitals χ bestimmt. Je größer diese ist, desto eher kommt es in zukünftigen Perioden zu Produktivitätssteigerungen und mithin kann der Angebotseffekt den Entzugseffekt überkompensieren, was einen positiven Vermögenseffekt bedeutet.

Für die in den Tabellen 3.10 und 3.11 unterstellte Produktionselastizität von $\chi=0{,}05$ reicht aber der Produktivitätsanstieg in den zukünftigen Perioden nicht aus, so daß der Vermögenseffekt negativ ist. Dieser Vermögenseffekt wird um so bedeutender sein und damit einen Anstieg des Arbeitseinsatzes ($v_{NH}>0$) und einen Rückgang des Konsums ($v_{cH}<0$) induzieren, je größer die Persistenz der Ausgabenerhöhung und damit die Steuerbelastung der Haushalte ist. Der Konsumrückgang und der Anstieg des Arbeitseinsatzes werden also mit zunehmenden ρ-Werten größer. Ein höherer Arbeitseinsatz induziert wiederum eine höhere Produktion ($v_{yH}>0$), die ebenfalls mit zunehmender Dauer des Schocks größer ausfällt (vgl. Tabelle 3.10).[262]

Tabelle 3.10: Elastizitäten bei Erhöhung der öffentlichen Investitionen in Abhängigkeit von der Persistenz ρ

χ=0,05; η=1	ρ=0	ρ=0,5	ρ=0,95	ρ=0,98	ρ=1
v_{kH}	-0.0041	-0.0039	-0.0018	-0.0008	0.0006
$v_{öH}$	0.0249	0.0250	0.0254	0.0256	0.0258
v_{cH}	-0.0020	-0.0037	-0.0198	-0.0278	-0.0381
v_{yH}	0.0020	0.0038	0.0201	0.0283	0.0387
v_{NH}	0.0032	0.0060	0.0320	0.0449	0.0615
v_{RH}	0.0001	0.0001	0.0006	0.0009	0.0012
v_{rH}	0.0020	0.0038	0.0201	0.0283	0.0387
v_{wH}	-0.0012	-0.0022	-0.0118	-0.0166	-0.0228
v_{iH}	-0.1660	-0.1567	-0.0726	-0.0307	0.0229

Tabelle 3.11: Elastizitäten bei Erhöhung der öffentlichen Investitionen in Abhängigkeit von der Grenznutzenelastizität der Freizeit η

χ=0,05 ρ=0,95	η=0 $\sigma_L \to \infty$	η=0,5 σ_L=2	η=1 σ_L=1	η=10 σ_L=0,1	$\eta \to \infty$ σ_L=0
v_{kH}	-0.0013	-0.0016	-0.0018	-0.0027	-0.0030
$v_{öH}$	0.0256	0.0255	0.0254	0.0250	0.0249
v_{cH}	-0.0162	-0.0182	-0.0198	-0.0284	-0.0330
v_{yH}	0.0275	0.0232	0.0201	0.0062	0
v_{NH}	0.0436	0.0368	0.0320	0.0099	0
v_{RH}	0.0009	0.0007	0.0006	0.0002	0
v_{rH}	0.0275	0.0232	0.0201	0.0062	0
v_{wH}	-0.0162	-0.0136	-0.0118	-0.0037	0
v_{iH}	-0.0528	-0.0645	-0.0726	-0.1076	-0.1220

Die aufgrund des Vermögenseffektes erzeugten Veränderungen rufen nun allerdings Feedback-Effekte hervor, die sich in Änderungen der Faktorpreise ausdrücken, was zusätzlich Lohn- und Zinseffekte induziert. So steigt z.B. der Zinssatz, da sich das Grenzprodukt des privaten Kapitals aufgrund der höheren Produktion erhöht. Der Rückgang des Konsums aufgrund des Vermögenseffektes wird also durch einen gleichgerichteten Zinseffekt noch etwas unterstützt. Ferner kommt es in der Periode des Schocks durch die Tatsache, daß der Arbeitseinsatz stärker steigt als der Output, zu einer Reduktion des Reallohnsatzes ($v_{wH}=v_{yH}-v_{NH}$), was gemäß Gleichung (3.24) dem Anstieg des Arbeitseinsatzes etwas entgegenwirkt.

[262] Die Erhöhung des öffentlichen Kapitalstocks durch die öffentlichen Investitionen wirkt sich erst in der Periode t+1 auf die Produktion aus und spielt somit für die unmittelbare Reaktion des Outputs nach dem Schock (v_{yH}-Wert) keine Rolle.

Besonders interessant ist wieder die Reaktion der privaten Investitionen. Für das verwendete Parameterbeispiel ergibt sich nämlich ein Vorzeichenwechsel des Elastizitätswertes v_{iH} (vgl. Tabelle 3.10). Dies bedeutet, daß ab einem bestimmten Persistenzwert sogar mit steigenden privaten Investitionen gerechnet werden kann, wenn der Staat die öffentlichen Investitionen erhöht. Die relative Änderung der Investitionen bzw. die Elastizität der privaten Investitionen bezüglich einer relativen Änderung der öffentlichen Investitionen v_{iH} ergibt sich aus Gleichung (3.75):[263]

$$(3.77)\ \hat{i}_t = \frac{y}{i}\hat{y}_t - \frac{c}{i}\hat{c}_t - \frac{H}{i}\hat{H}_t \quad \text{bzw.} \quad (3.78)\ v_{iH} = \frac{y}{i}v_{yH} - \frac{c}{i}v_{cH} - \frac{H}{i}.$$

Für große Persistenzwerte sinkt der Konsum am stärksten und der Output steigt gleichzeitig relativ stark. Es werden also „Ressourcen" für die zusätzliche öffentliche Investitionsnachfrage frei und schließlich bei hinreichend großen ρ-Wert auch für zusätzliche private Investitionen, was den Vorzeichenwechsel von v_{iH} mit zunehmender Persistenz erklärt.
Mit abnehmender Grenznutzenelastizität η nimmt die Variabilität des Arbeitsangebotes und damit auch die Outputerhöhung zu, so daß auch hier grundsätzlich für kleine η-Werte in Kombination mit großen ρ-Werten ein Anstieg der privaten Investitionen möglich ist.[264] Für $\eta \rightarrow \infty$ ist das Arbeitsangebot starr, eine Erhöhung der öffentlichen Investitionen führt dann kurzfristig zu keiner Outputänderung mehr. Es werden vielmehr die beiden anderen Nachfragekomponenten Konsum und private Investitionen im Ausmaß eins zu eins verdrängt.

Tabelle 3.12 zeigt die Abhängigkeit der Modellergebnisse von der Produktionselastizität des öffentlichen Kapitals χ.[265] Ist diese Elastizität relativ klein, überwiegt für die zukünftigen Periodeneinkommen der „Entzugseffekt" der höheren Steuer den „Angebotseffekt" des höheren öffentlichen Kapitalstocks, so daß der Vermögenseffekt insgesamt negativ ist und für einen Rückgang des Konsums sowie für einen Anstieg des Arbeitseinsatzes sorgt. Für χ=0 gibt es diesen „Angebotseffekt" gar nicht, die öffentlichen Investitionen sind vom Charakter her Konsumausgaben des Staates. Das Modell entspricht dann dem Modell aus Abschnitt 3.2. Mit zunehmenden χ wächst aber der „Angebotseffekt", so daß für einen bestimmten χ-Wert der Vermögenseffekt gleich null und für größere Werte sogar positiv wird. Der positive Vermögenseffekt bewirkt dann einen Anstieg des Konsums und einen Rückgang der Arbeit und somit auch des Outputs (vgl. Tabelle 3.12). Die Modellreaktionen

---

[263] Dabei wurde berücksichtigt, daß hier G_t=G=const. angenommen wurde und deshalb $\hat{G}_t$=0 bzw. v_{GH}=0 gilt. Außerdem wurde oben eine Erhöhung der öffentlichen Investitionen um 1% unterstellt, weshalb v_{HH}=1 ist.
[264] Ein solcher Anstieg tritt z.B. für χ=0,05, η=0 und ρ=0,985 auf: v_{iH} beträgt 0,0019.
[265] Folgende Parameterwerte liegen zugrunde: α=0,63; δ=0,02; γ=1,005; η=1; ρ=0,95; N=0,2.

sind also genau entgegengesetzt. Wie aus Abbildung 3.7[266] hervorgeht, ist die anfängliche Veränderung des Schattenpreises λ_t für χ=0 am größten, wird mit größeren χ kleiner und ist schließlich für χ=0,4[267] negativ, was einen positiven Vermögenseffekt anzeigt.

Tabelle 3.12: Elastizitäten bei Erhöhung der öffentlichen Investitionen in Abhängigkeit von der Produktionselastizität des öffentlichen Kapitals χ

ρ=0,95; η=1	χ=0	χ=0,05	χ=0,1	χ=0,2	χ=0,4
v_{kH}	-0.0008	-0.0018	-0.0029	-0.0051	-0.0097
$v_{öH}$	0.0256	0.0254	0.0252	0.0247	0.0238
v_{cH}	-0.0277	-0.0198	-0.0117	0.0051	0.0410
v_{yH}	0.0282	0.0201	0.0119	-0.0052	-0.0417
v_{NH}	0.0447	0.0320	0.0189	-0.0083	-0.0661
v_{RH}	0.0009	0.0006	0.0004	-0.0002	-0.0013
v_{rH}	0.0282	0.0201	0.0119	-0.0052	-0.0417
v_{wH}	-0.0166	-0.0118	-0.0070	0.0031	0.0245
v_{iH}	-0.0313	-0.0726	-0.1151	-0.2031	-0.3903

Abbildung 3.7: Schattenpreise bei unterschiedlichen Produktionselastizitäten des öffentlichen Kapitals

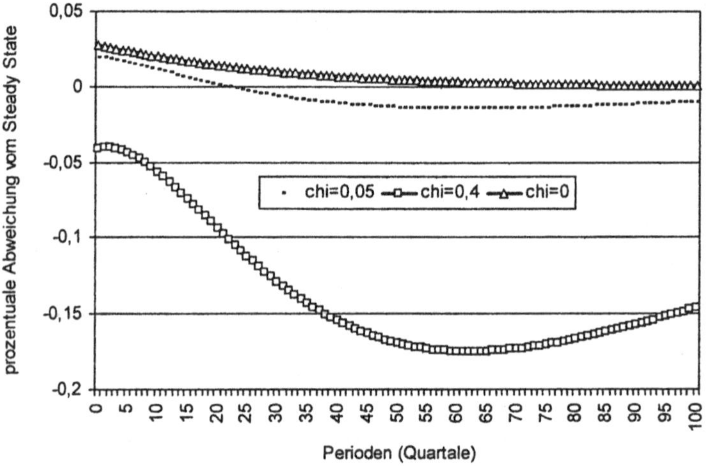

3.3.3.3. Der kurzfristige Multiplikator

Die Erhöhung der öffentlichen Investitionen wird gemeinhin als vorteilhaft angesehen, da sie – so die implizite Annahme – die wirtschaftliche Aktivität (mehr

[266] In der Abbildung 3.7 wurde H/y=h=0,05, ρ=0,95 und η=1 unterstellt.

[267] χ=0,4 entspricht den Schätzungen von Aschauer (1989), S. 183 bzw. S. 186.

als alle anderen Staatsausgaben) zu steigern vermögen. Deshalb sollen nun für unterschiedliche Parameterwerte der kurzfristige sowie der langfristige Multiplikator nach einer Erhöhung der öffentlichen Investitionen bestimmt werden.

Der kurzfristige Multiplikator beschreibt wieder die Outputänderung Δy aufgrund einer gegeben Erhöhung der öffentlichen Investitionen ΔH unmittelbar in der Periode des Schocks. Er errechnet sich anhand folgender Gleichung:

$$(3.79)\ \frac{\Delta y}{\Delta H} = \frac{v_{yH}}{h},$$

wobei $h=H/y$ die staatliche Investitionsquote im Steady State bezeichnet.

Tabelle 3.13: Kurzfristiger Multiplikator bei Erhöhung der öffentlichen Investitionen

	ρ=0,95 χ=0,05	**ρ=1 χ=0,05**	**ρ=0,95 χ=0**	**ρ=0,95 χ=0,4**	**ρ=1 χ=0,4**
η=0	0,550	0,978	0,798	-1,284	-2,142
η=1	0,402	0,774	0,564	-0,834	-1,508
η=10	0,124	0,284	0,164	-0.214	-0,466
η→∞	0	0	0	0	0

Da in der Periode des Schocks (Periode t) der für die Produktion in der Periode t relevante private und der öffentliche Kapitalstock von der Erhöhung der öffentlichen Investitionen unberührt bleiben, kann ein kurzfristiger Outputeffekt nur auf eine Änderung des Arbeitseinsatzes zurückzuführen sein. Vor diesem Hintergrund müssen die in Tabelle 3.13 aufgeführten Ergebnisse für den kurzfristigen Multiplikator interpretiert werden.
Der kurzfristige Multiplikator steigt betragsmäßig mit zunehmender Persistenz des Schocks, was wieder mit dem betragsmäßig größeren Vermögenseffekt und seinen entsprechend größeren Wirkungen auf den Arbeitseinsatz begründet werden kann.[268]
Ein sehr interessantes Ergebnis besteht in der Tatsache, daß mit zunehmender Produktionselastizität des öffentlichen Kapitals χ der kurzfristige Multiplikator kleiner wird. Je produktiver also das öffentliche Kapital ist, desto geringer ist der kurzfristige Outputeffekt. Ist χ hinreichend groß, wird ein positiver Vermögenseffekt erzeugt, der sogar zu einem Rückgang des Arbeitseinsatzes und damit zu einem negativen Multiplikator führt (z.B. für $\chi=0{,}4$). Für $\chi=0$ sind das öffentliche Kapital und auch die öffentlichen Investitionen unproduktiv, so daß dieser Fall mit dem Staatskonsummodell gleichzusetzen ist und eine Erhöhung der Investitionen nichts anderes als eine Erhöhung der Staatskonsumausgaben

---

[268] Grundsätzlich gilt, daß die Persistenz ρ (im Gegensatz zu den Parametern η und χ) das Vorzeichen des Vermögenseffekts nicht beeinflußt, sondern nur dessen (betragsmäßige) Größe.

mit ψ=0 bedeutet.[269] Da der negative Vermögenseffekt in diesem Fall am größten ist, ist der kurzfristige Multiplikator des Staatskonsums größer als der der öffentlichen Investitionen.[270] Dieses Ergebnis stellt somit die Bedeutung des Vermögenseffektes in dieser Modellklasse besonders heraus.
Weiterhin ist festzustellen, daß die Multiplikatorwerte nicht über den Wert von 1 hinauskommen. Eine Erhöhung der öffentlichen Investitionen um eine Gütereinheit ruft also kurzfristig eine Outputzunahme um weniger als eine Einheit hervor.

Hier zeigt sich ganz besonders, daß die Betrachtung der kurzfristigen Modellreaktionen nicht ausreicht, da man nun zumindest bezüglich der kurzfristigen Outputreaktionen zu einer negativen Beurteilung der Maßnahme kommen müßte, was aber zu kurz greift. Denn dieser negative Effekt ist nur von sehr kurzer Dauer, bevor die positiven Wirkungen des höheren öffentlichen Kapitalstocks durchschlagen, was durch die Betrachtung der mittel- und langfristigen Wirkungen gezeigt werden kann.

3.3.3.4. Mittel- und langfristige Wirkungen

Abbildung 3.8 zeigt die Impuls-Antwort-Folgen der Modellvariablen für ρ=0,95, η=1 und χ=0,05. Bei dieser Parameterkombination ist – wie oben erläutert – der Vermögenseffekt in der Periode des Schocks negativ, so daß es anfänglich zu einem Anstieg des Arbeitseinsatzes sowie des Outputs und zu einem Rückgang des Konsums kommt. Der Einbruch bei den privaten Investitionen führt zu einem Abbau des privaten Kapitalstocks. Dem steht aber ein höherer öffentlicher Kapitalstock gegenüber, so daß es sogar zu einem weiteren Outputanstieg kommen kann. Dies macht – unterstützt von den allmählich wieder sinkenden öffentlichen Investitionen – „Ressourcen" für private Investitionen und Konsum frei, so daß beide Größen über ihr Ausgangsniveau steigen. Somit erhöht sich im Zeitablauf auch der private Kapitalstock über sein ursprüngliches Gleichgewichtsniveau hinaus und unterstützt die Produktion. Mit der Zeit schwächt sich der Schock immer mehr ab, der zu hohe Kapitalstock wird durch einen Anstieg des Konsums, Rückgang der Investitionen und des Arbeitseinsatzes abgebaut, bis alle Variablen wieder ihrem ursprünglichen Gleich-

---

[269] Da die Steady-State-Werte mit denen des Modells aus Abschnitt 3.2.1. wegen der höheren Staatsausgabenquote von g+h=0,25 nicht ganz übereinstimmen, sind auch die Multiplikatorwerte nicht ganz identisch. So liegt der Multiplikator z.B. für ρ=0,95, η=1 und χ=0 hier bei 0,564 und der entsprechende Wert aus dem Staatskonsummodell bei 0,546 (vgl. Tabelle 3.3).

[270] Dieses etwas überraschende Ergebnis wird in Abschnitt 3.4. beim direkten Vergleich zwischen Staatskonsumausgaben und öffentlichen Investitionen anhand einer differentiellen Analyse noch stärker herausgearbeitet. Es zeigt sich aber auch schon, wenn man die kurzfristigen Multiplikatoren aus Abschnitt 3.2.3. mit den Multiplikatoren bei einer Erhöhung der öffentlichen Investitionen vergleicht: Die kurzfristigen Multiplikatorwerte einer Staatskonsumerhöhung sind stets größer.

gewichtsniveau entgegen streben. Es zeigt sich, daß der Output während des gesamten Anpassungsprozesses oberhalb seines Ausgangsniveaus verläuft. Allerdings beträgt die maximale Outputsteigerung nur 0,0234% (vgl. Abbildung 3.8), was einem Multiplikator von 0,468 entspricht.[271]

Andere Ergebnisse ergeben sich, wenn eine größere Produktionselastizität des öffentlichen Kapitals unterstellt wird, wie in Abbildung 3.10 (χ=0,4). Denn dann ist der anfängliche Vermögenseffekt positiv, der Output und der Arbeitseinsatz sinken zunächst und steigen erst allmählich über ihr Ausgangsniveau hinaus. Der Konsum dagegen verläuft durchweg oberhalb seines ursprünglichen Niveaus. Die maximale Outputerhöhung beträgt hier 0,1441% (vgl. Abbildung 3.10), was einem Multiplikator von 2,882 entspricht.

Ist die Erhöhung der öffentlichen Investitionen permanent (ρ=1), strebt die Wirtschaft einem neuen langfristigen Gleichgewichtsniveau entgegen, das für alle makroökonomischen Größen höher liegt,[272] wie Abbildung 3.9 zeigt. Die Auswirkungen einer Erhöhung der öffentlichen Investitionen sind also in diesem Sinne positiv zu beurteilen. Allerdings muß auch hier wieder zwischen den unterstellten Produktionselastizitäten des Kapitals unterschieden werden: Während für χ=0,05 (Abbildung 3.9) der Output immer über seinem Ausgangsniveau liegt, verläuft der Anpassungspfad z.B. für χ=0,4 zeitweilig unterhalb dieses Niveaus.

Diese unterschiedlichen Kurvenverläufe in Abhängigkeit von der Produktionselastizität des öffentlichen Kapitals spiegeln sich auch in den Nutzenänderungen, dargestellt durch die Konsumäquivalentkurven in Abbildung 3.11 wider. Für χ=0,4 führen die Konsum- und Freizeiterhöhungen gleich zu Beginn zu einer Wohlfahrtssteigerung, die Konsumäquivalente sind positiv. Dagegen steigt das Konsumäquivalent für χ=0,05 erst nach einiger Zeit über die Nullinie, was auf die anfänglichen Konsum- und Freizeiteinschränkungen zurückzuführen ist. Da für ρ=1 und χ=0,05 der anfängliche negative Vermögenseffekt bedeutender ist als für ρ=0,95 und deshalb der Konsum und die Freizeit stärker sinken, erreicht auch die Konsumäquivalentkurve erst später den positiven Bereich (vgl. Abbildung 3.11).

---

[271] Zur Berechnung dieses „maximalen Multiplikators" wird der maximale Outputanstieg (in Periode 15) $\hat{y}_{15}$=0,000234 bezogen auf die anfängliche Erhöhung der öffentlichen Investitionen $\hat{H}_t=\Delta H/H$=0,01: Es gilt $\hat{y}_t=(y_t-y)/y=\Delta y/y$ und H/y=0,05 , weshalb man für diesen Multiplikator $\Delta y/\Delta H$=0,000234/(0,01*0,05)=0,468 errechnen kann.

[272] Für größere χ-Werte, z.B. χ=0,4, liegt aufgrund des großen positiven Vermögenseffekts das neue Gleichgewichtsniveau des Arbeitseinsatzes unter seinem Ausgangswert.

Abbildung 3.8: Impuls-Antwort-Folgen bei persistenter Erhöhung der öffentlichen Investitionen (chi=0,05)

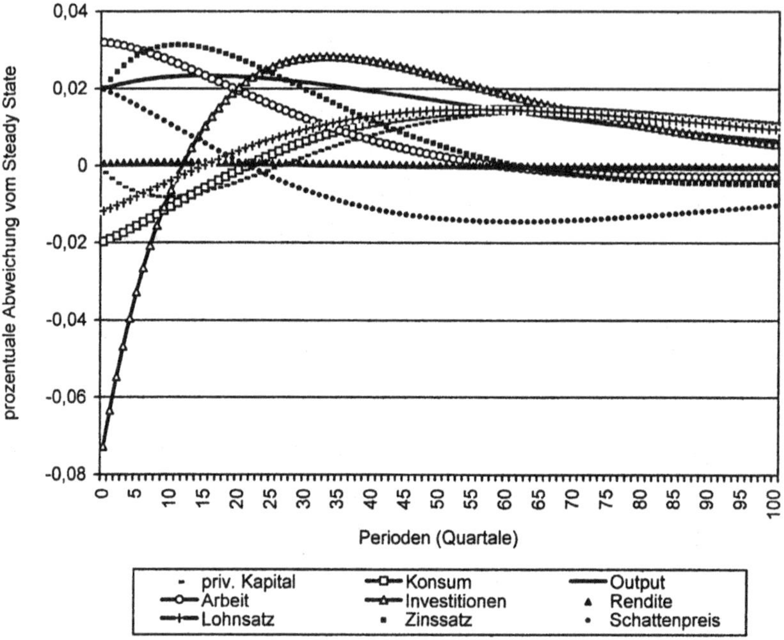

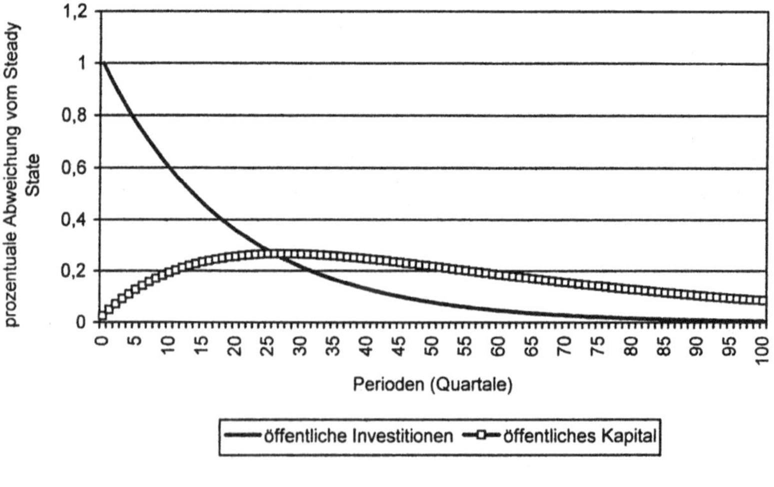

Abbildung 3.9: Impuls-Antwort-Folgen bei permanenter Erhöhung der öffentlichen Investitionen (chi=0,05)

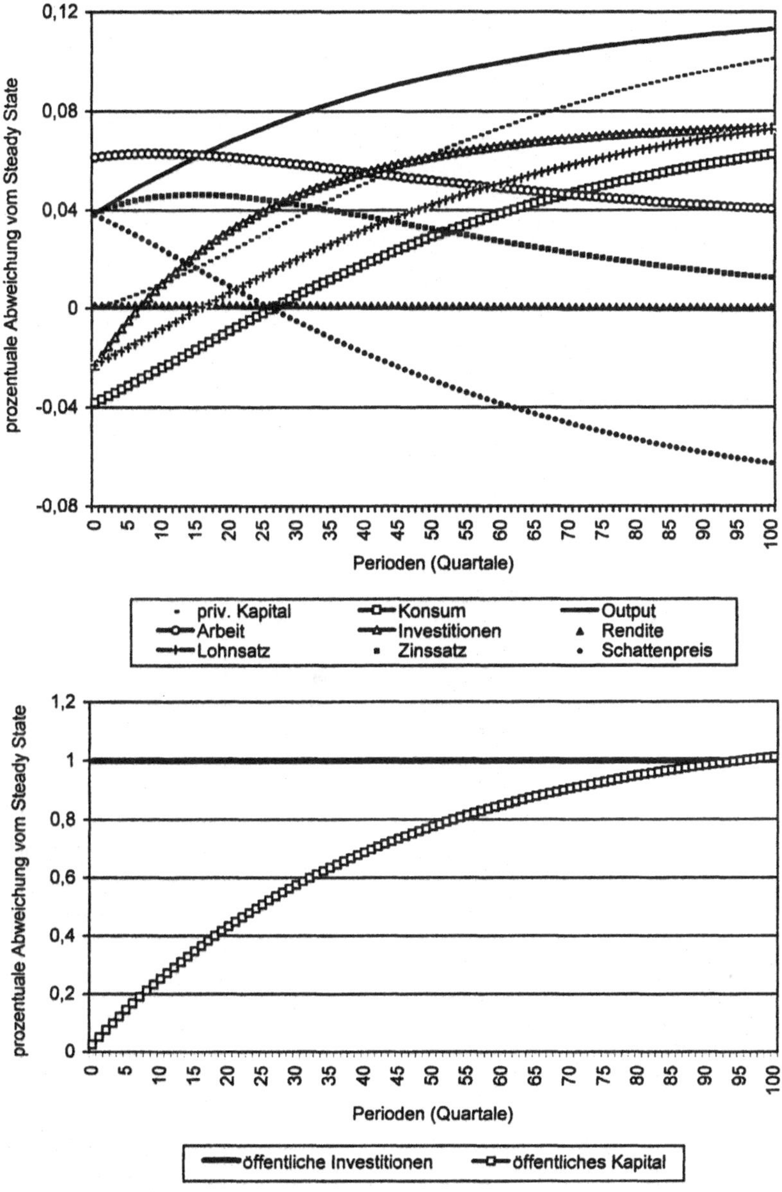

Abbildung 3.10: Impuls-Antwort-Folgen bei persistenter Erhöhung der öffentlichen Investitionen (chi=0,4)

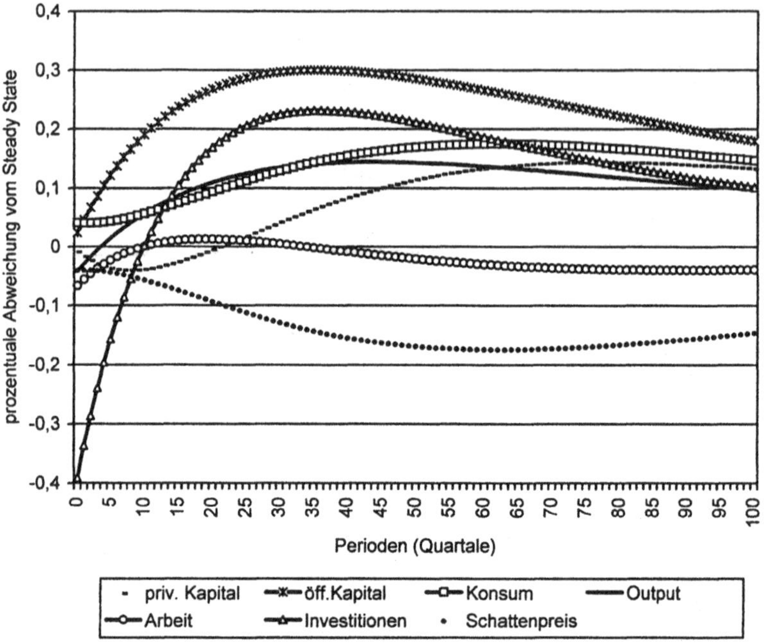

Abbildung 3.11: Konsumäquivalente für unterschiedliche Persistenzwerte und unterschiedliche Produktionselastizitäten des öffentlichen Kapitals

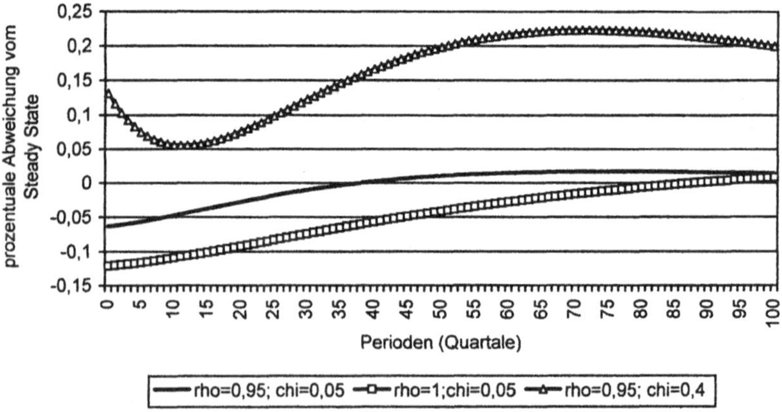

Während also für χ=0,05 der Output noch dauerhaft über seinem Ausgangsniveau war und in diesem Sinne die Erhöhung der öffentlichen Investitionen positiv zu beurteilen ist, zeigt die Betrachtung der Nutzenänderungen erst mit der Zeit einen Nutzengewinn, ist also nicht durchweg positiv zu bewerten. Für χ=0,4 ist das Ergebnis genau umgekehrt: Bei Betrachtung der Outputeffekte kommt es erst zu einer Reduktion und mit der Zeit zu einem Anstieg; die Nutzenänderungen sind dagegen durchweg positiv.

3.3.3.5. Der langfristige Multiplikator

Ein langfristiger Multiplikator ergibt sich – wie aus den vorangegangenen Abschnitt bekannt ist – immer dann, wenn die Erhöhung der öffentlichen Investitionen dauerhaft ist, mithin also ρ=1 unterstellt wird.

Tabelle 3.14: Langfristiger Multiplikator bei Erhöhung der öffentlichen Investitionen

η=1; χ=0	η=1; χ=0,05	η=0; χ=0,05	η=1; χ=0,4	η=0; χ=0,4
1,201	2,441	2,559	18,255	16,471

Gilt χ=0, ist das öffentliche Kapital also unproduktiv, so liegt im Prinzip das Staatskonsummodell aus Abschnitt 3.2.1. vor.[273] Der Staat erhöht seine (unproduktiven) Ausgaben und erzeugt dadurch über die zusätzliche Beanspruchung von Ressourcen einen negativen Vermögenseffekt, auf den die privaten Haushalte mit einer Ausweitung des Arbeitseinsatzes reagieren, was langfristig den Output erhöht. Der Multiplikator von 1,2 stimmt deshalb mit dem entsprechenden Multiplikator aus dem Staatskonsummodell überein.[274]

Für einen produktiven öffentlichen Kapitalstock (χ>0) dagegen ist der Multiplikator um so größer, je größer die Produktionselastizität des öffentlichen Kapitals χ ist, je mehr also das öffentliche Kapital zur Produktion beiträgt. Die Abhängigkeit des Multiplikators von der unterstellten Grenznutzenelastizität η ist nicht so eindeutig, sondern wird ebenfalls von der Höhe der Produktionselastizität des öffentlichen Kapitals bestimmt. Für χ=0,05 ergibt sich im neuen langfristigen Gleichgewicht ein Anstieg des Arbeitseinsatzes, weshalb der Outputeffekt mit der Elastizität des Produktionsfaktors Arbeit (kleinere η-Werte) wächst. Für χ=0,4 dagegen sinkt der Arbeitseinsatz aufgrund des großen Vermögenseffektes langfristig, weshalb der Multiplikator kleiner ausfällt, wenn die Arbeit elastischer (η=0) ist.

[273] Wobei ψ=0 gilt.

[274] Die leichte Differenz (1,2 im Vergleich zu 1,18) ist auf die unterschiedlichen Ausgangssituationen aufgrund der unterschiedlichen Staatsausgabenquoten von 0,25 (g+h=0,25) hier und 0,2 im Modell mit Staatskonsum zurückzuführen.

Als Ergebnis kann man festhalten, daß die Ausweitung der öffentlichen Investitionen langfristig relativ hohe Outputeffekte erzeugen kann, die immer größer sind als bei einer Ausweitung des Staatskonsums und die um so bedeutender sind, je größer die Produktivität des öffentlichen Kapitals ist. Diese Ergebnisse ändern sich nicht grundlegend, wenn andere Finanzierungsformen als die Pauschalsteuerfinanzierung unterstellt werden, was in Kapitel 5 gezeigt wird.

3.4. Öffentliche Investitionen vs. Staatskonsum – Änderung der Staatsausgabenstruktur

3.4.1. Einleitung

Es sollen nun die Wirkungen des Staatskonsums und der Investitionsausgaben direkt miteinander verglichen werden. Ein solcher Vergleich ist deshalb sinnvoll, weil im allgemeinen die Investitionsausgaben des Staates seinen Konsumausgaben vorgezogen werden, da die öffentlichen Investitionen im Ruf stehen, eine besondere Zukunftswirksamkeit zu besitzen und mithin die Wohlfahrt und das Wachstum der Volkswirtschaft positiv zu beeinflussen. Es wird untersucht, ob auch in diesem Modell die öffentlichen Investitionen im Vergleich zum Staatskonsum immer vorzuziehen sind. Als Beurteilungskriterien sollen die Outputeffekte sowie die Wohlfahrtsänderungen herangezogen werden. Es wird das Instrument der differentiellen Wirkungsanalyse angewendet, das sich für einen bisher in der Literatur weitgehend unterbliebenen[275] direkten Vergleich der beiden Staatsausgabenarten hinsichtlich ihrer Wirkungen in besonderem Maße eignet. Dabei wird angenommen, daß bei konstanten Steuereinnahmen der Staatskonsum exogen erhöht wird, was eine endogene Reduktion der öffentlichen Investitionen zur Folge hat und eine Änderung in der Staatsausgabenstruktur bedeutet. Als Ergebnis zeigt sich, daß diese Maßnahme zunächst zu einer Outputerhöhung führt, was den üblichen Ansichten über die Outputeffekte der beiden Staatsausgabenarten widerspricht. Bei bestimmten Annahmen bezüglich der Parameterwerte können diese kurzfristigen Outputeffekte sogar recht bedeutend sein. Mittel- und langfristig ergibt sich aber das erwartete Ergebnis, daß die Erhöhung des Staatskonsums bei gleichzeitiger Reduktion der öffentlichen Investitionen zu Einkommenseinbußen und Wohlfahrtsverlusten führt.

3.4.2. Das Modell

Für den Vergleich der Staatskonsumausgaben mit den öffentlichen Investitionsausgaben wird im wesentlichen das Modell aus dem vorangegangenen Abschnitt zugrunde gelegt. Der einzige, aber äußerst wichtige Unterschied besteht darin,

---

[275] Turnovsky/Fisher (1995) vergleichen in einem etwas anderen Modellrahmen zwar die Effekte von Staatskonsum und öffentlichen Investitionen. Ihre Ergebnisse sind aber oft wesentlich auf die implizite Annahme einer Abschreibungsrate von 100% für den öffentlichen Kapitalstock zurückzuführen.

daß nun die Pauschalsteuereinnahmen[276] T_t als konstant angenommen werden (T_t=T=const.) und die Budgetrestriktion des Staates nun

(3.80) $G_t+H_t=T$

lautet. Dies hat zur Folge, daß eine Erhöhung der einen Ausgabenart zu einer Einschränkung bei den anderen Ausgaben führen muß. Es ergibt sich folglich eine Änderung in der Ausgabenstruktur, und man geht von einer Analyse der Budgetniveauwirkungen (Abschnitt 3.2. und 3.3.) zu einer differentiellen Wirkungsanalyse über.[277]
Es wird angenommen, daß der Staatskonsum G_t exogen erhöht wird und einem AR(1)-Prozeß folgt:[278]

(3.81) $\ln G_t=(1-\rho)\ln G+\rho \ln G_{t-1}+\varepsilon_t$.

Da die Steuereinnahmen konstant sind, passen sich die öffentlichen Investitionen so an, daß die Budgetbedingung ($H_t=T-G_t$) erfüllt ist.
Die Produktionsmöglichkeiten werden durch die Produktionsfunktion
$y_t=k_{t-1}{}^{1-\alpha}N_t{}^{\alpha}ö_{t-1}{}^{\chi}$
und die Präferenzen der privaten Haushalte durch die Nutzenfunktion

(3.82) $u(c_t,1-N_t)=\ln c_t+\frac{\theta}{1-\eta}\left[(1-N_t)^{1-\eta}-1\right]$

näher spezifiziert.

Die Wirtschaft wird somit durch folgendes Gleichungssystem beschrieben:

(3.83) $\lambda_t=\frac{1}{c_t}$,

(3.84) $c_t=\frac{(1-N_t)^{\eta}}{\theta}w_t$,

(3.85) $\frac{\beta}{\gamma}E_t\left[\frac{c_t}{c_{t+1}}R_{t+1}\right]=1$,

(3.86) $\gamma k_t=i_t+(1-\delta)k_{t-1}$,

(3.87) $\gamma ö_t=H_t+(1-\delta)ö_{t-1}$,

(3.88) $R_t=1+r_t-\delta$,

(3.89) $r_t=(1-\alpha)\frac{y_t}{k_{t-1}}$,

[276] Für das Ergebnis ist es bei dieser differentiellen Wirkungsanalyse im Prinzip unerheblich, welche Art von Steuer erhoben wird. Deshalb wird hier die einfachste Finanzierungsart gewählt. Vgl. auch Kapitel 5.
[277] In dieser Arbeit sollen unter differentiellen Wirkungen diejenigen Wirkungen verstanden werden, die sich ergeben, wenn eine Budgetseite und damit das Budgetniveau konstant gehalten wird und auf der anderen Budgetseite Strukturveränderungen vorgenommen werden.
[278] Zunächst wird $\psi=0$ angenommen.

$$(3.90)\ w_t = \alpha \frac{y_t}{N_t},$$

$$(3.91)\ y_t = k_{t-1}^{(1-\alpha)} N_t^{\alpha} \ddot{o}_{t-1}^{\chi},$$

$$(3.92)\ y_t = c_t + i_t + G_t + H_t,$$

$$(3.93)\ T = G_t + H_t,$$

$$(3.94)\ \ln G_t = (1-\rho)\ln G + \rho \ln G_{t-1} + \varepsilon_t.$$

Für die späteren Simulationsrechnungen werden die Modellparameter sowie einige Steady-State-Größen als „Benchmark-Parameter" festgelegt, die in Tabelle 3.15 wiedergegeben sind.

Tabelle 3.15: Parameterwerte[279]

g	h	α	χ	N	δ	β	R	γ
0,2	0,05	0,63	0,05	0,2	0,02	0,9925	1,0126	1,005

Für die Staatskonsumquote im Steady State wird $g=G/y=0,2$ angenommen. Die Steuereinnahmen T werden so festgelegt, daß $h=0,05$ gilt. Ebenso wird die Diskontrate β so gewählt, daß der gewünschte Zins $R=\gamma/\beta$ erreicht wird, und der Parameter θ so, daß der Arbeitseinsatz $N=0,2$ realisiert wird. Für den Kapitalkoeffizienten im Steady State $k/y=(1-\alpha)/(R-1+\delta)=11,4$ (2,85 aufs Jahr bezogen) ergibt sich ein für Deutschland plausibler Wert.

In den folgenden Beispielrechnungen wird eine Erhöhung des Staatskonsums um 1% angenommen,[280] was bei konstanten Steuereinnahmen eine Senkung der öffentlichen Investitionen zur Folge hat. Die Reaktionen werden für unterschiedliche Persistenzen der Staatskonsumerhöhung (ρ-Wert), für unterschiedliche Grenznutzenelastizitäten der Freizeit η und für verschiedene Produktionselastizitäten des öffentlichen Kapitals χ betrachtet.

3.4.3. Kurzfristige Wirkungen

Findet in der Periode t eine Umschichtung der Staatsausgaben von den öffentlichen Investitionen hin zum Staatskonsum statt, so stellen die dadurch induzierten Veränderungen der Modellvariablen in der Periode t die kurzfristigen Wirkungen dar.

Die kurzfristigen Reaktionen der Modellvariablen auf die Erhöhung des Staatskonsums werden durch die v-Werte gemessen, die die Elastizitäten der jeweiligen Variablen bezüglich einer Änderung des Staatskonsums beschreiben. In den Tabellen 3.16 und 3.17 sind diese Elastizitäten für unterschiedliche Persistenzwerte ρ und unterschiedliche Grenznutzenelastizitäten η unter Berück-

[279] Bei β, R, γ und δ handelt es sich um Quartalsgrößen.

[280] Man setzt also $\hat{G}_t=0,01$ bzw. ε_t so, daß $\hat{G}_t=0,01$ gilt.

sichtigung der oben angegebenen Benchmark-Parameter aufgeführt. In den Impuls-Antwort-Folgen (Abbildungen 3.14 und 3.15) spiegeln sich die Elastizitäten bzw. die kurzfristigen Wirkungen in den Schnittpunkten des jeweiligen Pfades mit der Ordinate wider.

Tabelle 3.16: Elastizitäten bei einer Änderung der Staatsausgabenstruktur in Abhängigkeit von der Persistenz

$\eta=1;\ \chi=0{,}05$	$\rho=0$	$\rho=0{,}5$	$\rho=0{,}95$	$\rho=0{,}98$	$\rho=1$
v_{kG}	0.0004	0.0008	0.0040	0.0056	0.0077
$v_{öG}$	-0.0994	-0.0994	-0.0987	-0.0984	-0.0980
v_{cG}	-0.0030	-0.0058	-0.0308	-0.0433	-0.0593
v_{yG}	0.0031	0.0059	0.0313	0.0440	0.0602
v_{NG}	0.0049	0.0093	0.0497	0.0698	0.0956
v_{RG}	0.0001	0.0002	0.0010	0.0014	0.0019
v_{rG}	0.0031	0.0059	0.0313	0.0440	0.0602
v_{wG}	-0.0018	-0.0035	-0.0184	-0.0258	-0.0354
v_{iG}	0.0159	0.0303	0.1610	0.2261	0.3096
v_{HG}	-4.0000	-4.0000	-4.0000	-4.0000	-4.0000

Tabelle 3.17: Elastizitäten bei einer Änderung der Staatsausgabenstruktur in Abhängigkeit von der Grenznutzenelastizität η

$\rho=0{,}95$	$\eta=0$	$\eta=0{,}5$	$\eta=1$	$\eta=10$	$\eta\to\infty$
$\chi=0{,}05$	$\sigma_L\to\infty$	$\sigma_L=2$	$\sigma_L=1$	$\sigma_L=0{,}1$	$\sigma_L=0$
v_{kG}	0.0053	0.0045	0.0040	0.0022	0.0016
$v_{öG}$	-0.0983	-0.0986	-0.0987	-0.0993	-0.0995
v_{cG}	-0.0281	-0.0297	-0.0308	-0.0368	-0.0402
v_{yG}	0.0478	0.0378	0.0313	0.0081	0
v_{NG}	0.0759	0.0599	0.0497	0.0128	0
v_{RG}	0.0015	0.0012	0.0010	0.0003	0
v_{rG}	0.0478	0.0378	0.0313	0.0081	0
v_{wG}	-0.0281	-0.0222	-0.0184	-0.0047	0
v_{iG}	0.2147	0.1818	0.1610	0.0889	0.0661
v_{HG}	-4.0000	-4.0000	-4.0000	-4.0000	-4.0000

Es zeigt sich, daß – wie erwartet – als unmittelbare Reaktion auf die Erhöhung des Staatskonsums bei konstantem Ausgabevolumen die öffentlichen Investitionen sinken ($v_{HG}<0$). Der private Konsum sinkt ebenfalls; Arbeitseinsatz, Output und private Investitionen steigen dagegen an. Dabei sind die Reaktionen um so heftiger, je größer die Persistenz ρ der Staatskonsumerhöhung ist und je kleiner die Grenznutzenelastizität η gewählt wird.

Wie kann man sich nun diese Ergebnisse erklären? Da die staatlichen Aktivitäten das optimale Entscheidungskalkül nicht direkt beeinflussen (Optimalitätsbedingungen (3.84) und (3.85)), kann die Wirkung der Staatskonsumerhöhung zunächst nur über einen Vermögenseffekt erfolgen, der die erwarteten

Änderungen zukünftiger Periodeneinkommen widerspiegelt.[281] Da nun im Gegensatz zur vorangegangenen Modellvariation die Steuereinnahmen konstant bleiben, gibt es aus diesem Grund auch keine Reduktion der jeweiligen Periodeneinkommen durch höhere Steuern und somit keinen „Entzugseffekt". Auf das Vermögen wirkt vielmehr nur die induzierte Änderung der Produktionsfaktoren und damit die Veränderung von y_t („Angebotseffekt"). Der höhere Staatskonsum hat geringere öffentliche Investitionen zur Konsequenz, was mittelfristig zu einem geringeren öffentlichen Kapitalstock und schließlich zu einem geringeren Einkommen y_t führt.
Auch die Betrachtung der intertemporalen Budgetrestriktion

$$(3.95)\ E_t\left[\sum_{s=0}^{\infty} P_{t+s} c_{t+s}\right] = E_t\left[\sum_{s=0}^{\infty} P_{t+s}(w_{t+s}N_{t+s} - G_{t+s} - H_{t+s}) + V_t\right] = W_t$$

zeigt, daß eine Erhöhung des Staatskonsums G_t und eine betragsgleiche Reduktion von H_t sich in ihrer Wirkung auf die Vermögensgröße W_t gerade neutralisieren. Allerdings führt ein durch den Rückgang der öffentlichen Investitionen induzierter (zeitweilig) geringerer öffentlicher Kapitalstock zu einer geringeren Arbeitsproduktivität, die sich in einem geringeren Barwert des Arbeitseinkommens niederschlägt. W_t sinkt also, und es liegt ein negativer Vermögenseffekt vor.
Das Ausmaß des negativen Vermögenseffektes wird mit Hilfe des erwarteten Schattenpreises $E_t[\lambda_{t+1}]$ gemessen[282] und dessen Auswirkungen auf Konsum und Arbeitseinsatz werden wieder durch folgende linearisierte Bestimmungsgleichungen konkretisiert.

$$(3.24)\ \hat{N}_t = \frac{1-N}{N\eta} E_t[\hat{\lambda}_{t+1} + \hat{w}_t + \hat{R}_{t+1}],$$

$$(3.25)\ \hat{c}_t = E_t[-\hat{\lambda}_{t+1} - \hat{R}_{t+1}].$$

In Abbildung 3.12 ist die prozentuale Veränderung des Schattenpreises für unterschiedliche Persistenzwerte dargestellt. In der Periode des Schocks (Periode 0 in Abbildung 3.12) steigt der Schattenpreis, was eine Erhöhung des erwarteten Grenznutzens einer für Konsum verwendeten marginalen Outputeinheit in t+1 (bzw. einer in Periode t investiv verwendeten marginalen Outputeinheit) bedeutet und somit zu einer Reduktion des Konsums in der Periode t führt (vgl. Gleichung (3.25)). Dieser geringere Konsum hat einen höheren Grenznutzen des Konsums in Periode t zur Folge, was gemäß der intratemporalen Optimalitätsbedingung (3.84) auf die Arbeitszeit-Freizeit-Entscheidung rückwirkt und einen Rückgang der Freizeit sowie eine Erhöhung des Arbeitsangebotes auslöst.[283]

---

[281] Vgl. Coenen (1997), S. 19.
[282] Vgl. Abschnitt 2.9.
[283] Vgl. Coenen (1997), S. 36.

Da sich in der Periode des Schocks Faktorpreisänderungen nur aufgrund von „Feedback-Effekten“[284] ergeben, sind die Auswirkungen von Lohn- und Zinseffekten auf den Arbeitseinsatz gering, weshalb die kurzfristige Änderung des Arbeitseinsatzes hauptsächlich vom Vermögenseffekt determiniert wird (Gleichung (3.24)). Wie Abbildung 3.12 zeigt, ist der Vermögenseffekt betragsmäßig um so größer, je länger die Erhöhung der Staatskonsumausgaben und damit die Reduktion der öffentlichen Investitionen andauert (ρ-Wert). Deshalb ist auch die Ausweitung des Arbeitseinsatzes und die Reduktion des Konsums für große Persistenzwerte am größten (vgl. v_{cG} und v_{NG} in Tabelle 3.16).

Abbildung 3.12: Schattenpreise bei unterschiedlichen Persistenzwerten

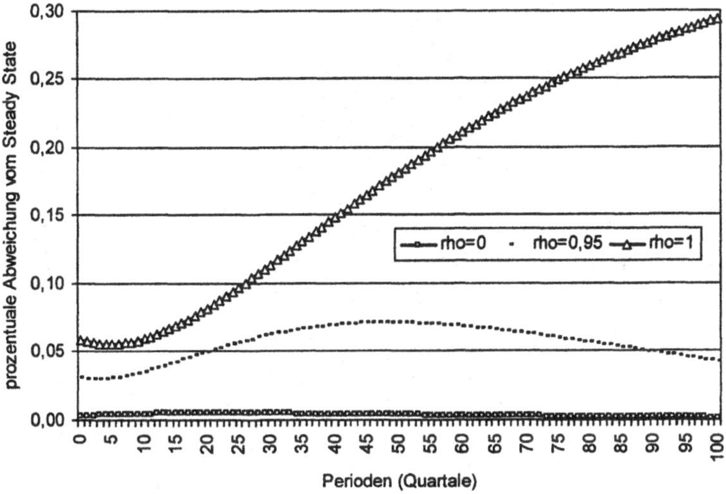

Der erhöhte Arbeitseinsatz hat aber zur Folge, daß in der Periode t der Output steigt. Der Schock beeinflusst nämlich weder den für die Produktion in der Periode t maßgeblichen privaten Kapitalstock k_{t-1} noch den öffentlichen Kapitalstock $ö_{t-1}$. Deren Größe wurde schon durch die Investitionen der Vorperiode bestimmt. Mithin gilt in der Periode des Schocks:

(3.96) $\hat{y}_t = \alpha \hat{N}_t$ bzw. (3.97) $v_{yG} = \alpha v_{NG}$.

Der kurzfristige Outputeffekt wird also nur von der Änderung des Arbeitseinsatzes determiniert.

---

[284] Sie kommen deshalb zustande, da die Outputänderung entsprechende Änderungen der Grenzproduktivitäten hervorruft.

Somit kann man als erstes Zwischenergebnis festhalten, daß ein negativer Vermögenseffekt, ausgelöst durch einen erwarteten Einkommensrückgang in der Zukunft, kurzfristig eine Outputerhöhung hervorruft, die um so größer sein wird, je länger die Staatskonsumerhöhung bzw. je länger die Reduktion der öffentlichen Investitionen andauert, und die auch um so größer sein wird, je elastischer das Arbeitsangebot reagiert. Die Elastizität des Arbeitsangebotes wird aber letztlich durch die Grenznutzenelastizität der Freizeit bestimmt, wie Gleichung (3.24) zeigt, so daß der Outputeffekt um so größer sein wird, je kleiner η ist (vgl. Tabelle 3.17). Entsprechend erhält man für $\eta \to \infty$ einen Outputeffekt von null, da in diesem Fall der Arbeitseinsatz starr ist.

Die Reduktion des Konsums und die gleichzeitige Erhöhung des Outputs hat positive Auswirkungen auf die privaten Investitionen. Es werden nämlich so „Ressourcen" für zusätzliche Investitionen frei. Deshalb ist der Anstieg der Investitionen auch um so größer, je stärker der Konsum sinkt und je höher die Outputzunahme ausfällt, und ist am größten für $\eta=0$ und $\rho=1$. Dies kann man sich leicht anhand der linearisierten Ressourcengleichung

$$y\hat{y}_t = c\hat{c}_t + i\hat{i}_t + G\hat{G}_t + H\hat{H}_t$$

klar machen: Es gilt nämlich $G\hat{G}_t + H\hat{H}_t = 0$, da das Gesamtvolumen der Staatsausgaben unverändert bleibt. Die relative Veränderung der privaten Investitionen erhält man somit als:

(3.98) $\hat{i}_t = \frac{y}{i}\hat{y}_t - \frac{c}{i}\hat{c}_t$ bzw. (3.99) $v_{iG} = \frac{y}{i}v_{yG} - \frac{c}{i}v_{cG}$.

Da $v_{yG}>0$ und $v_{cG}<0$ gelten, bedeutet dies $v_{iG}>0$ und damit einen Anstieg der Investitionen in der Periode des Schocks. Auch die aufgrund der erhöhten Kapitalproduktivität ebenfalls gestiegene Rendite ($v_{RG}>0$) macht die Investitionen attraktiver und unterstützt den Rückgang des Konsums etwas.

Tabelle 3.18: Elastizitäten bei einer Änderung der Staatsausgabenstruktur in Abhängigkeit von der Produktionselastizität des öffentlichen Kapitals

ρ=0,95; η=1	χ=0	χ=0,05	χ=0,10	χ=0,2	χ=0,4
v_{kG}	0	0.0040	0.0081	0.0166	0.0348
$v_{\theta G}$	-0.0995	-0.0987	-0.0979	-0.0963	-0.0927
v_{cG}	0	-0.0308	-0.0625	-0.1280	-0.2676
v_{yG}	0	0.0313	0.0635	0.1301	0.2719
v_{NG}	0	0.0497	0.1007	0.2065	0.4316
v_{RG}	0	0.0010	0.0020	0.0042	0.0088
v_{rG}	0	0.0313	0.0635	0.1301	0.2719
v_{wG}	0	-0.0184	-0.0373	-0.0764	-0.1597
v_{iG}	0	0.1610	0.3262	0.6688	1.3977
v_{HG}	-4.0000	-4.0000	-4.0000	-4.0000	-4.0000

Die Größe des Vermögenseffektes und damit letztlich der Outputeffekt hängt aber auch ganz entscheidend von der Produktivität des öffentlichen Kapitals bzw. von der Produktionselastizität χ ab. Je größer χ ist, desto mehr trägt das öffentliche Kapital bei gegebenem Faktoreinsatz zur Gesamtproduktion bei, um so größer ist dann aber auch der Rückgang der Produktivität, wenn der öffentliche Kapitalstock sinkt. Mithin erhöht sich der negative Einfluß auf das „Humanvermögen" in Gleichung (3.95). Der negative Vermögenseffekt nimmt also mit zunehmender Produktionselastizität χ betragsmäßig zu, was auch durch die Abbildung 3.13 gezeigt wird, in der die Schattenpreise λ_t für unterschiedliche Produktionselastizitäten χ im Zeitablauf abgetragen sind.

Abbildung 3.13: Schattenpreise bei unterschiedlichen Produktionselastizitäten des öffentlichen Kapitals

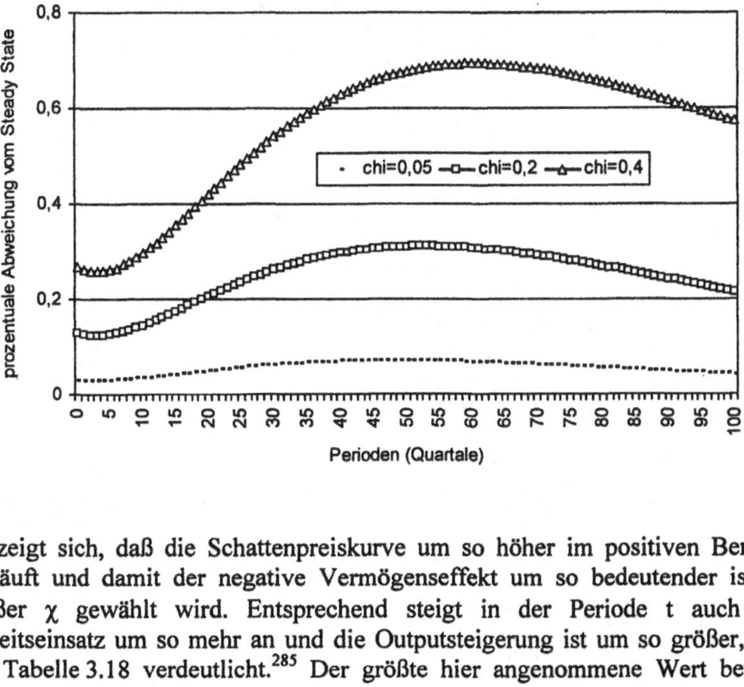

Es zeigt sich, daß die Schattenpreiskurve um so höher im positiven Bereich verläuft und damit der negative Vermögenseffekt um so bedeutender ist, je größer χ gewählt wird. Entsprechend steigt in der Periode t auch der Arbeitseinsatz um so mehr an und die Outputsteigerung ist um so größer, wie die Tabelle 3.18 verdeutlicht.[285] Der größte hier angenommene Wert beträgt

[285] Beim Vergleich der Elastizitäten in Tabelle 3.18 muß berücksichtigt werden, daß je nach Wert für die Produktionselastizität χ der Ausgangs-Steady-State variiert und somit wegen der ungleichen Bezugsgrößen gleiche prozentuale Änderungen unterschiedliche absolute Änderungen implizieren. Da für größere Werte von χ die prozentuale Erhöhung z.B. des Outputs als auch der Steady-State-Output y selbst größer ausfallen, wird aber an der grundsätzlichen Aussage nichts geändert. Der quantitative Unterschied wird höchstens unterzeichnet.

χ=0,4 und entspricht damit in etwa den Schätzungen von Aschauer (1989).[286] Für diesen Wert ist der Outputeffekt mit einer Steigerung von 0,27% schon recht beträchtlich (vgl. v_{yG} in Tabelle 3.18).

Für χ=0 sind der öffentliche Kapitalstock und damit auch die öffentlichen Investitionen unproduktiv, vom Charakter her also nichts anderes als Staatskonsumausgaben, weshalb eine Umschichtung von den öffentlichen Investitionen zum Staatskonsum keine Effekte hervorruft.

3.4.4. Der kurzfristige Multiplikator

Durch die Ableitung eines Multiplikators $\Delta y/\Delta G$ kann man nun den kurzfristigen Outputeffekt quantifizieren. Allerdings muß der Multiplikator hier eine etwas andere Interpretation erhalten, als noch oben in Abschnitt 3.2. bzw. 3.3. Da keine Ausweitung der Staatsausgaben insgesamt vorliegt, gibt der Multiplikator an, um wie viele Einheiten der Output steigt, wenn man eine Einheit der Staatsausgaben von den öffentlichen Investitionen hin zum Staatskonsum umschichtet. Dieser Multiplikatoreffekt ist durch folgende Gleichung quantifizierbar:

$$(3.100)\quad \frac{\Delta y}{\Delta G} = \frac{v_{yG}}{g}.$$

Tabelle 3.19: Kurzfristiger Multiplikator bei einer Änderung der Staatsausgabenstruktur

	ρ=0,95 χ=0	ρ=0,95 χ=0,05	ρ=1 χ=0,05	ρ=0,95 χ=0,4	ρ=1 χ=0,4
η=0	0	0,2375	0,4255	2,0035	3,3390
η=1	0	0,1565	0,3010	1,3595	2,4615
η=10	0	0,0405	0,0920	0,3780	0,8250
$\eta\to\infty$	0	0	0	0	0

In Tabelle 3.19 sind die Multiplikatorwerte für unterschiedliche Parameterkombinationen dargestellt.[287] Wie man schon anhand der kurzfristigen Wirkungsanalyse vermuten konnte, steigt der Multiplikator mit der Dauer des Schocks (ρ-Wert), mit der Arbeitsangebotselastizität (repräsentiert durch η) und mit der Produktionselastizität des öffentlichen Kapitals (χ-Wert). Für bestimmte Parameterkombinationen kann er sogar recht große Dimensionen erreichen: Der maximale Multiplikatorwert 3,34 ergibt sich für ρ=1, η=0 und χ=0,4, d.h. der Output steigt um 3,34 Einheiten, wenn man bei konstanten Gesamtausgaben

[286] Vgl. Aschauer (1989), S. 183 und S. 186.

[287] Anders als bei der üblichen Interpretation des Multiplikators, bei der Multiplikatorwerte kleiner eins eher negativ beurteilt werden, ist hier ein Wert kleiner eins durchaus positiv zu sehen, da die Outputerhöhung nicht durch Mehrausgaben sondern nur durch eine Umschichtung bei konstanten Gesamtausgaben erfolgt.

eine Ausgabeneinheit nicht für öffentliche Investitionen sondern für Staatskonsum verwendet.

3.4.5. Mittel- und langfristige Wirkungen

Die beiden Anpassungsprozesse der Modellvariablen hin zum neuen Steady State ($\rho=1$) oder zurück zum alten Steady State ($\rho<1$) stellen die mittelfristigen Wirkungen dar. Sie werden durch die Impuls-Antwort-Folgen in den Abbildungen 3.14 und 3.15 veranschaulicht. Der Verlauf dieser Anpassungspfade ist das Ergebnis einer Überlagerung von drei dynamischen Prozessen:
Dies ist erstens der Verlauf des Staatskonsums bzw. der AR(1)-Prozeß selbst, der je nach Persistenz unterschiedlich lange und unterschiedlich stark die Modellvariablen beeinflußt. Zweitens löst ein Abweichen des privaten Kapitalstocks von seinem Steady-State-Niveau Anpassungsprozesse aus, wie sie im neoklassischen Wachstumsmodell zu beobachten sind.[288] Drittens hat eine Abweichung des öffentlichen Kapitalstocks von seinem Steady-State-Wert ebenfalls Anpassungsreaktionen hin zum langfristigen Gleichgewichtsniveau zur Folge. Die Auswirkungen dieser drei dynamischen Prozesse sind grundsätzlich über den gesamten Anpassungspfad vorhanden. Man kann allerdings den Anpassungsprozeß der Modellvariablen in unterschiedliche Phasen einteilen, in denen jeweils einer der drei dynamischen Prozesse überwiegt, womit letztlich auch die teilweise schwankenden Kurvenverläufe erklärt werden können.
Außerdem muß bei der Beschreibung der Anpassungsprozesse unterschieden werden zwischen dem Fall $\rho<1$, für den die Modellvariablen wieder in den alten Steady State zurückkehren, und dem Fall $\rho=1$, für den die Wirtschaft einem neuen langfristigen Gleichgewicht entgegen strebt.

Persistente Erhöhung des Staatskonsums ($\rho=0{,}95$)

Phase 1: Die Wirkungen des Schocks selbst auf die Modelldynamik können isoliert von den beiden anderen dynamischen Prozessen nur in der Periode des Schocks (Periode 0 in Abbildung 3.14) beobachtet werden. Es kommt zu den schon bei Betrachtung der kurzfristigen Wirkungen beschriebenen Reaktionen: Reduktion des Konsums, Erhöhung des Arbeitseinsatzes, Erhöhung des Outputs und der Investitionen. Je nach Persistenz sind diese Effekte stark oder weniger stark ausgeprägt. Die Phase 1 des Anpassungsprozesses entspricht also den kurzfristigen Wirkungen.
Phase 2: Die höheren privaten Investitionen in der Periode 0 führen zu einem höheren privaten Kapitalstock, was allmählich den zweiten dynamischen Prozeß auslöst: Liegt der Kapitalstock über seinem Steady-State-Niveau, ist er also zu hoch, so hat das zur Folge, daß sich der Konsum erhöht und die privaten Investitionen sowie der Arbeitseinsatz reduziert werden,[289] um den zu hohen

[288] Vgl. Abschnitt 2.11.2.
[289] Vgl. Abschnitt 2.11.2.

Kapitalstock wieder abzubauen. Es kommt somit in Phase 2 des Anpassungsprozesses zu einem Rückgang der privaten Investitionen und des Arbeitsangebots. Dieser geringere Arbeitseinsatz und der Abbau des öffentlichen Kapitalstocks führen zu einer Outputreduktion, die auch nicht von dem etwas gestiegenen privaten Kapitalstock aufgehalten werden kann. Nach ca. fünf Perioden hat der Output wieder sein ursprüngliches Niveau erreicht und sinkt dann weiter. Der positive Outputeffekt hält also über ein Jahr an. Der Konsum stagniert bzw. steigt nur leicht, da der auch schon in Phase 2 vorhandene dritte dynamische Prozeß, der die Phase 3 dominiert, ein stärkeres Ansteigen des Konsums verhindert.

Phase 3: Da für $\rho<1$ der öffentliche Kapitalstock im Vergleich zu seinem Steady-State-Niveau (repräsentiert durch die Nullinie in Abbildung 3.14) zu klein ist, müssen die öffentlichen Investitionen wieder ansteigen. Dies wird durch den allmählichen Rückgang des Staatskonsums ermöglicht. Mit sinkender Produktion und konstanten Staatsausgaben steigt der Anteil der Staatsausgaben am Output, so daß Konsum und private Investitionen verdrängt werden. Der geringere private Kapitalstock und die geringeren Periodeneinkommen sorgen für eine Verstärkung des negativen Vermögenseffektes (vgl. Abbildung 3.12) und damit gemäß Gleichung (3.24) für ein Wiederansteigen des Arbeitseinsatzes,[290] weshalb der Anpassungspfad der Arbeit ca. in Periode 20 ein lokales Minimum aufweist. Der Konsum und die privaten Investitionen gehen dagegen weiter zurück. Der starke Rückgang der privaten Investitionen hat nun aber zur Folge, daß der private Kapitalstock unter sein Ausgangsniveau fällt. Dies löst die Anpassungsreaktionen eines zu kleinen privaten Kapitalstocks aus, was einen weiteren Rückgang des Konsums und das Anwachsen des Arbeitseinsatzes noch unterstützt. Die privaten Investitionen dagegen steigen ab Periode 30 wieder an, um den (zu kleinen) Kapitalstock aufzubauen.

Phase 4: Alle Variablen streben letztlich wieder ihrem alten Gleichgewichtsniveau entgegen. Dies zum einen deshalb, weil der Schock im Zeitverlauf nachläßt, und zum anderen wirkt sich das allmähliche Anwachsen des privaten und öffentlichen Kapitalstocks mit der Zeit positiv auf die Einkommensentwicklung aus, was zu einem langsam ansteigenden Konsum und zu einem Rückgang des Arbeitseinsatzes führt.

Permanente Erhöhung des Staatskonsums ($\rho=1$)

Ist die Erhöhung des Staatskonsums und somit die Änderung der Staatsausgabenstruktur dauerhaft, setzen zunächst die gleichen Wirkungen wie oben für die Phasen 1 und 2 beschrieben ein. Allerdings streben sowohl der

[290] Dieser Anstieg des Arbeitseinsatzes wird durch einen ansteigenden Zinssatz unterstützt.

Abbildung 3.14: Impuls-Antwort-Folgen bei persistenter Erhöhung des Staatskonsums und Reduktion der öffentlichen Investitionen

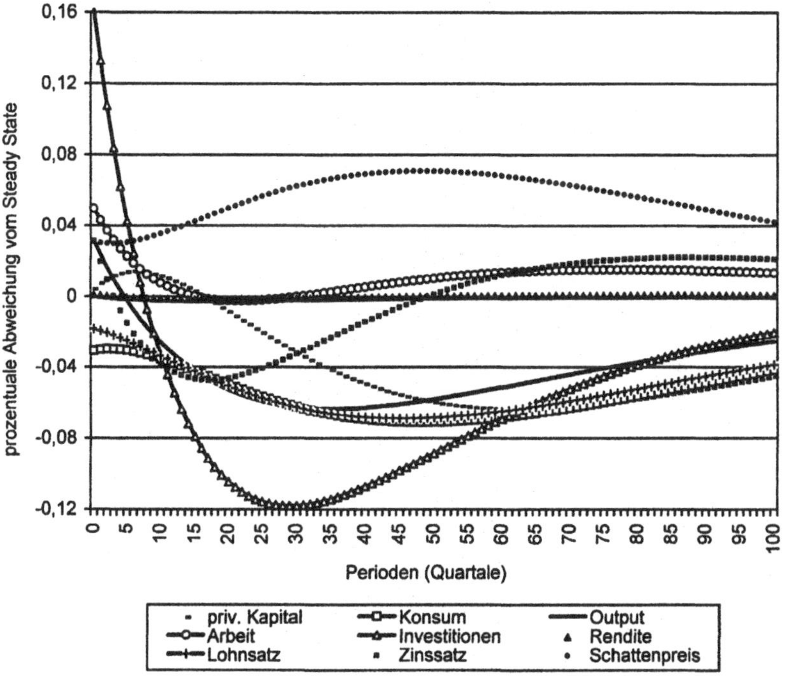

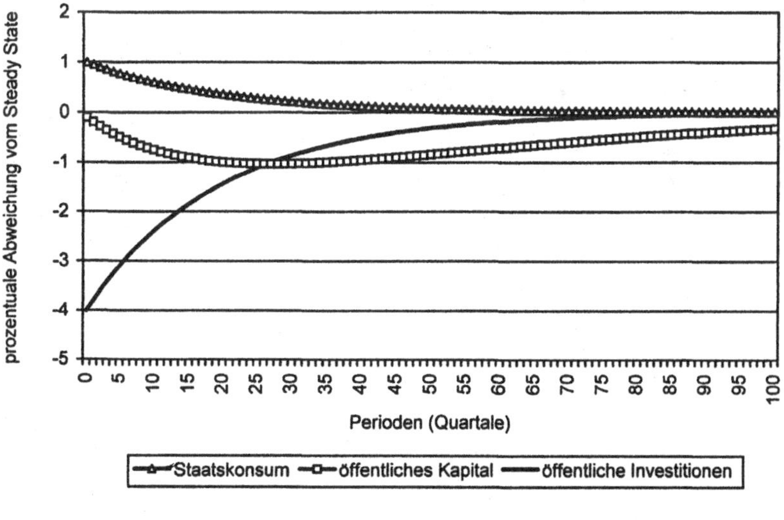

Abbildung 3.15: Impuls-Antwort-Folgen bei permanenter Erhöhung des Staatskonsums und Reduktion der öffentlichen Investitionen

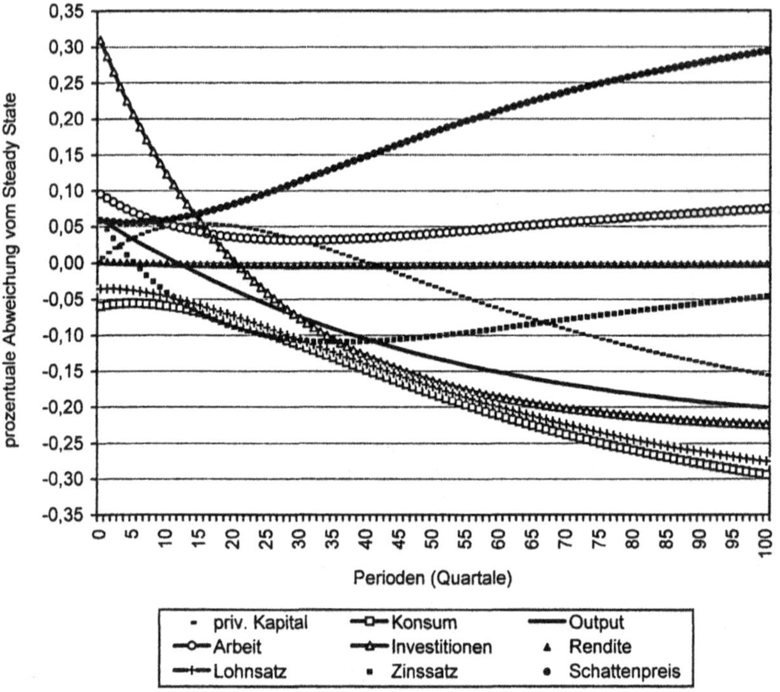

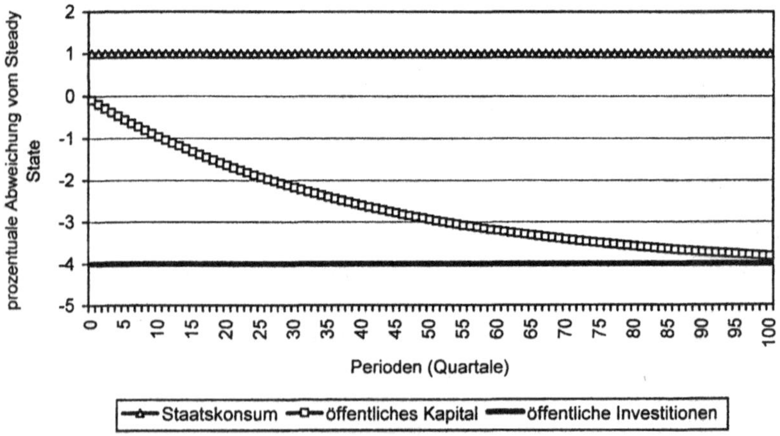

öffentliche Kapitalstock als auch der private Kapitalstock einem niedrigeren Steady-State-Niveau entgegen (Abbildung 3.15). Da aber mit diesem Abbau des volkswirtschaftlichen Kapitalstocks ein Einkommensrückgang verbunden ist, dominiert ein negativer Vermögenseffekt, der zu einem Rückgang des Konsums und zu einem Wiederansteigen des Arbeitseinsatzes führt. Alle Variablen bis auf den Arbeitseinsatz und den Zinssatz tendieren zu einem niedrigeren Niveau. Auch hier zeigt sich, daß der Output ca. 11 Perioden über seinem Ausgangsniveau liegt, die positiven Outputeffekte der Staatsausgabenstrukturänderung also relativ lange andauern.

Insgesamt kann man das Ergebnis eines zunächst steigenden dann aber auf ein niedrigeres Niveau sinkenden Outputs als eine Art „Spazierstockeffekt" bzw. – wenn man die öffentlichen Investitionen erhöhen würde – als einen J-Kurven-Effekt bezeichnen, ähnlich wie er aus der Wechselkurstheorie bezüglich des Leistungsbilanzsaldos bekannt ist.

3.4.6. Der langfristige Multiplikator

Langfristige Wirkungen können nur dann vorliegen, wenn die Änderung der Staatsausgabenstruktur dauerhaft ist, also $\rho=1$ gilt, und die Wirtschaft einem neuen langfristigen Gleichgewichtsniveau entgegen strebt. Betrachtet werden dann die Änderungen, die sich im neuen Steady State im Vergleich zum langfristigen Gleichgewicht in der Ausgangssituation ergeben. In der Abbildung 3.15 erkennt man, daß sich die Variablen jeweils einem neuen Steady-State-Wert annähern.

Langfristig erweisen sich die geringeren öffentlichen Investitionen als nachteilig für die Modellwirtschaft: Der reduzierte öffentliche Kapitalstock dämpft die Produktion und das um so stärker, je höher die Produktivität des öffentlichen Kapitals ist (χ-Wert). Damit einher gehen ein niedrigerer Konsum und niedrigere private Investitionen, weil für diese Ausgaben nun weniger Einkommen zur Verfügung steht. Die verringerten Investitionen führen zu einem kleineren privaten Kapitalstock, der wiederum den Output dämpft. Aufgrund dieses negativen Vermögenseffektes liegt der Arbeitseinsatz über seinem Ausgangsniveau. Dies vermag aber den Output nicht entscheidend zu erhöhen.

Der langfristige Multiplikator wird aus den Simulationsrechnungen wie folgt ermittelt:

$$(3.101)\quad \frac{\Delta y^*}{\Delta G^*} = \frac{y^* - y}{G^* - G},$$

wobei y* und G* den Output bzw. den Staatskonsum im neuen Steady State bezeichnen. Wie aus Tabelle 3.20 ersichtlich ist, weisen die Multiplikatorwerte negative Vorzeichen auf und sind betragsmäßig um so größer, je größer die Produktionselastizität des öffentlichen Kapitals und die Grenznutzenelastizität der Freizeit gewählt werden.

Tabelle 3.20: Langfristiger Multiplikator bei einer Änderung der Staatsausgabenstruktur

	$\eta=1; \chi=0{,}05$	$\eta=0; \chi=0{,}4$
$\Delta y^*/\Delta G^*$	-1,172	-14,104

Es zeigt sich also, daß sich die langfristigen Outputeffekte genau entgegengesetzt zu den kurzfristigen Auswirkungen verhalten, was eine abschließende Beurteilung der Politikmaßnahme erschwert. Deshalb soll im folgenden Abschnitt eine Bewertung anhand eines Nutzenvergleichs erfolgen.

3.4.7. Evaluation durch Nutzenvergleich

Als Ergänzung zur Beurteilung anhand der Outputeffekte wird nun eine Bewertung anhand der Nutzenänderungen vorgenommen. Diese erfolgt durch das oben dargestellte Konzept der Konsumäquivalentkurven.

Das Konsumäquivalent m_t gibt den Anteil des Steady-State-Konsums c an, den man dem Haushalt in der Steady-State-Situation (ohne Änderung der Staatsausgabenstruktur) in jeder Periode t zusätzlich geben müßte, damit er dasselbe Nutzenniveau wie mit der Maßnahme erreicht. Hier wird für den Fall $\eta=1$ in jeder Periode t die Nutzenänderung im Vergleich zur Ausgangssituation (Steady State) betrachtet. Für $\eta=1$ ergibt sich das Konsumäquivalent anhand folgender Gleichung:[291]

$$(3.102)\quad m_t = \hat{c}_t - \theta \frac{N}{(1-N)} \hat{N}_t .$$

Das Konsumäquivalent und damit die Nutzenänderung hängt positiv von der Veränderung des Konsums und negativ von der Veränderung des Arbeitseinsatzes ab.

In der Abbildung 3.16 ist m_t für jede Periode t für verschiedene Persistenzwerte abgetragen. Das Konsumäquivalent immer negativ, d.h. dem Haushalt müssen im Steady State als Referenzsituation cm_t Konsumeinheiten in jeder Periode t weggenommen werden, damit er jeweils zwischen der Maßnahme und ihrer Unterlassung gerade indifferent ist.
Zunächst kommt es unmittelbar nach dem Schock zu einer Erhöhung der Arbeitszeit und damit zu einer Reduktion der Freizeit sowie zu einer Einschränkung des Konsums, was sich beides nutzenmindernd auswirkt ($m_t<0$). In der zweiten Phase des Anpassungsprozesses sinkt der Arbeitseinsatz aber relativ rasch wieder, während der Konsum eher stagniert bzw. nur leicht weiter sinkt,

[291] Vgl. Abschnitt 3.2.7.

weshalb es zunächst zu einer Nutzensteigerung kommt, die aber nicht auf das ursprüngliche Nutzenniveau (repräsentiert durch die Nullinie in Abbildung 3.16) zurückführen kann. Die Kurve erreicht in etwa zu dem Zeitpunkt ihr relatives Maximum, in der der Anpassungspfad der Arbeitszeit ein relatives Minimum aufweist (vgl. Abbildungen 3.14 und 3.15). In der dritten Phase des Anpassungsprozesses kommt es aber dann zu einer weiteren Ausweitung der Arbeit, während der Konsum weiter sinkt. Dies führt zu einer abermaligen Nutzenreduktion: Die Konsumäquivalentkurve hat einen fallenden Verlauf. Für $\rho=1$ strebt die Modellwirtschaft einem neuen Steady State mit niedrigerem Konsum und höherem Arbeitseinsatz als in der Ausgangssituation entgegen, weshalb auch der Pfad des Konsumäquivalents zu einem niedrigeren Niveau tendiert. Für $\rho=0{,}95$ paßt sich die Wirtschaft wieder an den alten Steady State an. Deshalb weist die Konsumäquivalentkurve ein Minimum auf, bevor sie sich wieder der Nullinie annähert. Der Abstand der Kurven zur Nullinie ist um so größer, je größer die Persistenz ρ ist, was einen zunehmenden Nutzenverlust mit zunehmender Dauerhaftigkeit der Maßnahme bedeutet.

Abbildung 3.16: Konsumäquivalente für unterschiedliche Persistenzwerte

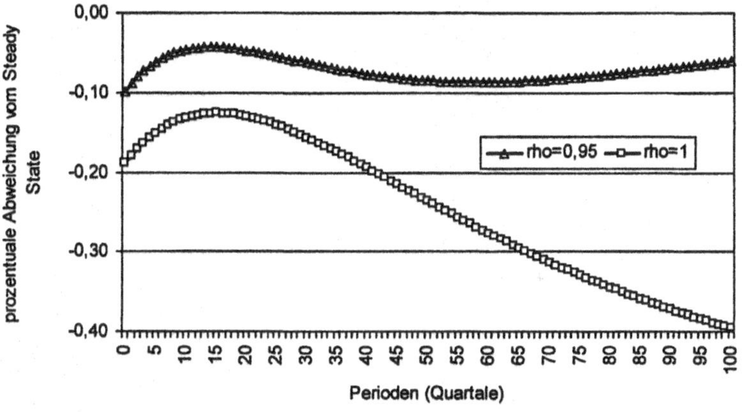

Da die Erhöhung des Staatskonsums bei gleichzeitiger Reduktion der öffentlichen Investitionen über den gesamten Anpassungsprozeß mit einem Wohlfahrtsverlust im Vergleich zur Ausgangssituation verbunden ist,[292] muß die Maßnahme insgesamt negativ beurteilt werden.

[292] Der Pfad des Konsumäquivalents verläuft nämlich immer unterhalb der Nullinie, die das ursprüngliche Nutzenniveau repräsentiert.

Folglich kann man festhalten, daß die Bewertung anhand der Multiplikatorwerte zu qualitativ anderen Ergebnissen führt als die Beurteilung anhand der Wohlfahrtsveränderungen: Während der kurzfristig erzeugte positive Multiplikator noch als vorteilhaft erscheint, der langfristig negative Multiplikator aber nachteilig ist, ergeben sich bei der Wohlfahrtsbetrachtung sowohl kurz- als auch langfristig Einbußen, die eine negative Bewertung der Maßnahme zur Konsequenz haben müssen.

3.4.8. Modellvariationen

Die Tatsache, daß die vorgenommene Änderung in der Staatsausgabenstruktur einen positiven Outputeffekt erzeugt bzw. daß der Staatskonsum kurzfristig einen größeren Multiplikator generiert als die öffentlichen Investitionen, ist keine Folge der hier vorgenommenen differentiellen Analyse, sondern wurde auch schon in den vorangegangenen Abschnitten 3.2. und 3.3. abgeleitet.[293] Die Resultate ändern sich etwas, wenn man davon ausgeht, daß auch der Staatskonsum Nutzen stiftet. Nimmt man z.B. an, daß ein bestimmter Anteil ψ der Staatskonsumausgaben geeignet ist, private Konsumausgaben zu ersetzen,[294] so würde eine Erhöhung des Staatskonsums bei gleichzeitiger Reduktion der öffentlichen Investitionen einen betragsmäßig geringeren Vermögenseffekt hervorrufen, so daß der kurzfristige Outputeffekt reduziert wird. Dies ist um so mehr der Fall, je größer ψ ist. Für $\psi=1$ sind Staatskonsum und privater Konsum vollkommene Substitute; es gäbe dann gar keinen kurzfristigen Outputeffekt mehr. Allerdings zeigen empirische Untersuchungen – wie oben dargelegt –, daß ψ einen relativ kleinen Wert hat,[295] weshalb die hier getroffene Annahme von $\psi=0$ vertretbar ist.

Auch die Variation der Präferenzen ergibt zunächst qualitativ keine anderen Ergebnisse. Unterstellt man zum Beispiel die Nutzenfunktion[296] $u(c_t,L_t)=(c_t^{\nu}L_t^{1-\nu}-1)^{1-\sigma}/(1-\sigma)$, so wird für $\sigma\neq1$ die noch in (3.82) angenommene Separabilität zwischen Konsum und Freizeit aufgehoben. Für $\sigma=1$ und $(1-\nu)/\nu=\theta$ entsprechen diese Präferenzen der Nutzenfunktion (3.82) mit $\eta=1$. Der Parameter σ stellt ein Maß für die relative Risikoaversion dar; je größer er ist, desto geringer ist die Neigung der Individuen zur intertemporalen Substitution, was dazu führt, daß der Arbeitseinsatz weniger stark schwankt und somit für $\sigma>1$ ein kleinerer kurzfristiger Outputeffekt als bei der vorher unterstellten Nutzenfunktion (3.82) erzielt wird. Qualitativ andere Ergebnisse erhält man nur, wenn man die zuerst von Greenwood/Hercowitz/Huffman (1988) eingeführte Nutzen-

---

[293] Wie sich in Kapitel 5 zeigen wird, ist dieses Ergebnis auch unabhängig von der Finanzierungsform der Staatsausgaben.
[294] Vgl. Abschnitt 3.2.8.
[295] So schätzt z.B. Aschauer (1985), S. 124, den Wert für ψ auf ca. 0,23.
[296] Vgl. z.B. Prescott (1986), S. 23.

funktion $u(c_t,1-N_t)=(c_t-\varphi N_t^{\nu})^{1-\sigma}/(1-\sigma)$ unterstellt. Denn dann ist der Arbeitseinsatz unabhängig von der Konsum-Spar-Entscheidung, so daß der Vermögenseffekt das Arbeitsangebot nicht beeinflußt, und es mithin zu keiner kurzfristigen Outputsteigerung kommen kann.[297]
Unterläßt man aber diesen Sprung hinsichtlich der Präferenzen, so kann man insgesamt festhalten, daß die Modellergebnisse relativ robust gegenüber Modellvariationen sind.

Die Konsequenzen und Schlußfolgerungen können vielfältiger Natur sein. So kann man erstens das etwas unerwartete Ergebnis eines kurzfristig größeren Outputeffektes des Staatskonsums zum Anlaß nehmen, diese Modellklasse für die Erklärung der realen Welt als untauglich zu disqualifizieren. In der Tat sind die RBC-Modelle trotz ihrer großen Zahl und ihrer mannigfaltigen Variationen bisher eine wirklich gute Erklärung der stilisierten Fakten der Konjunktur schuldig geblieben.

Zweitens kann man auf die relativ geringe quantitative Bedeutung der kurzfristigen Outputeffekte verweisen, weshalb sie leicht vernachlässigt werden können. Der mittel- und langfristig positive Charakter der öffentlichen Investitionen bleibt ja unbeeinträchtigt. Allerdings wurde hier auch gezeigt, daß bei bestimmten Parameterkombinationen die kurzfristigen Outputeffekte durchaus beträchtlich sein können.

Drittens kann dieses Ergebnis auch für „Modellbauer" nützlich sein, die in ihrem Modell eine größere Variabilität des Sozialprodukts erreichen wollen, um eine bessere Übereinstimmung mit den stilisierten Fakten zu erzielen. Hier zeigt diese Untersuchung, daß es vorteilhafter ist, eine Erhöhung des Staatskonsums bzw. einen Schock auf den Staatskonsum anzunehmen als einen Schock auf die öffentlichen Investitionen.

Schließlich könnte man politökonomisch argumentieren und eine Staatskonsumerhöhung bei gleichzeitiger Reduktion der öffentlichen Investitionen vor Wahlen für Politiker als besonders interessant herausstellen, da dies zu einer kurzfristigen Outputsteigerung und zu Mehrarbeit führt.

---

297 Die Implikationen der Nutzenfunktion von Greenwood/Hercowitz/Huffman (1988) werden in Abschnitt 4.3. noch näher analysiert.

4. Makroökonomische Wirkungen der Staatseinnahmen

4.1. Besteuerung des Einkommens

4.1.1. Einleitung

Nachdem die Wirkungen der Staatsausgaben analysiert wurden, folgt nun eine Untersuchung der makroökonomischen Wirkungen der Staatseinnahmen. Dazu werden zunächst Steuern auf das Einkommen und dann Steuern auf den Konsum betrachtet, bevor in einem dritten Schritt im Rahmen einer differentiellen Wirkungsanalyse eine Änderung der Steuerstruktur und damit gleichsam ein Vergleich der Einkommensteuer mit der Konsumsteuer vorgenommen wird. Im vierten Abschnitt wird die Staatsverschuldung in das Modell eingeführt, und im fünften Abschnitt werden die makroökonomischen Wirkungen einer kreditfinanzierten Einkommensteuersenkung untersucht.

Bekanntlich stellen Steuern auf das Einkommen sog. verzerrende Steuern dar, da die Akteure durch ihr Verhalten die Höhe der Steuerzahlung beeinflussen können. Es tritt somit neben den Einkommenseffekt noch ein Substitutionseffekt,[298] und es wird gleichsam ein Keil geschlagen zwischen den Zahlungen, die von den Unternehmen an die Produktionsfaktoren fließen, und den Zahlungen, die die Produktionsfaktoren tatsächlich erhalten. Das Gleichgewicht kann somit nicht optimal sein,[299] da die Beseitigung der Verzerrungen die Wohlfahrt steigen lassen würde.[300] Das Zentral- planungsgleichgewicht stimmt mithin nicht mehr mit dem Wettbewerbsgleichgewicht der dezentralisierten Wirtschaft überein.

Im folgenden wird das Grundmodell allgemein dahingehend modifiziert, daß sowohl eine Steuer auf das Lohneinkommen als auch auf das Kapitaleinkommen erhoben wird. Das Modell wird zunächst allgemein vorgestellt, bevor in einem zweiten Schritt die Lohnsteuer und die Kapitaleinkommensteuer jeweils gesondert untersucht werden, um ihre Effekte auf die Allokation isoliert herauszuarbeiten. Im dritten Schritt werden dann diese beiden Steuern gleichsam wieder zusammengeführt, indem eine synthetische Einkommensteuer betrachtet wird. Ferner wird eine progressive Einkommensteuer modelliert und bezüglich ihrer Wirkungen analysiert. Schließlich wird noch dargestellt, wie eine Senkung der Einkommensteuer als positiver Technologieschock interpretiert werden kann.

---

[298] Vgl. Huber (1996), S. 5.
[299] Vgl. Danthine/Donaldson (1995), S. 67.
[300] Vgl. Plosser (1989), S. 66.

4.1.2. Das Modell

Der Staat

Der Staat besteuert das Lohneinkommen der privaten Haushalte mit dem Steuersatz τ^L_t (Lohnsteuer) und das Kapitaleinkommen mit dem Steuersatz τ^K_t (Kapitaleinkommensteuer). Um die Effekte dieser verzerrenden Steuern isoliert von den Effekten der Staatsausgaben betrachten zu können, wird angenommen, daß der Staat seine Steuereinnahmen für (pauschale) Transferzahlungen $\ddot{U}_t$ an die privaten Haushalte benutzt.[301] Abschreibungen sind von der Bemessungsgrundlage der Kapitaleinkommensteuer abzugsfähig, so daß die Budgetgleichung des Staates lautet:[302]

(4.1) $\tau^L_t w_t N_t + \tau^K_t (r_t - \delta) k_{t-1} = \ddot{U}_t$.

Im folgenden wird untersucht, welche Wirkungen Steuersatzänderungen auf die makroökonomischen Größen haben. Hierzu werden drei Fälle betrachtet:[303]

1. Lohnsteuer: $\tau^K_t = 0$,
2. Kapitaleinkommensteuer: $\tau^L_t = 0$,
3. synthetische Einkommensteuer: $\tau^K_t = \tau^L_t = \tau_t$.

Um die Wirkungen der verschiedenen Steuern auf das Einkommen explizit herausarbeiten zu können, wird jeweils angenommen, daß der betrachtete Steuersatz exogen erhöht wird und einem AR(1)-Prozeß folgt. Es werden also Situationen simuliert, in denen die Wirtschaft von einem Steuerschock getroffen wird,[304] wobei man auch hier durch die Variation des Persistenzparameters ρ sowohl temporäre Steuersatzänderungen ($\rho<1$) als auch permanente Steuersatzänderungen ($\rho=1$) untersuchen kann. Damit die Wirkungen der staatlichen

---

301 Vgl. King/Plosser /Rebelo (1988b), S. 328, Fn. 13. Diese Vorgehensweise ist somit analog zur Betrachtung der Ausgabenseite, wo eine Finanzierung über eine Pauschalsteuer angenommen wurde. Zugegebenermaßen ist eine Steuererhöhung, bei der die erzielten Einnahmen als Übertragungen „zurückgegeben" werden, wenig plausibel. Allerdings kann man, wie in Abschnitt 4.1.3. gezeigt wird, Sozialversicherungsbeiträge in einem Umlagesystem (in diesem Modell) als eine Lohnsteuer auffassen, die als Transfers an die privaten Haushalte „zurückgezahlt" wird.

302 Bei den makroökonomischen Größen in der Budgetgleichung des Staates handelt es sich um aggregierte Pro-Kopf-Größen. Da sie im Gleichgewicht mit den entsprechenden individuellen Größen übereinstimmen, wird hier – um die Notation so einfach wie möglich zu halten – auf eine spezielle Kennzeichnung der aggregierten Größen verzichtet.

303 Da für die Gewinneinkommen weiterhin $\pi_t=0$ gilt, wird eine „Gewinneinkommensteuer" nicht berücksichtigt.

304 Da es hier um die isolierte und explizite Darstellung der Wirkungen der verschiedenen Steuerarten geht, ist diese Annahme zweckmäßig. Identische Ergebnisse ließen sich erzielen, wenn man $\ddot{U}_t$ exogen erhöhen würde, also einem AR(1)-Prozeß folgen lassen würde, oder wenn Staatskonsumausgaben G_t, für die $\psi=1$ gilt, exogen erhöht würden, da in diesem Fall Staatskonsumausgaben letztlich wie Transferzahlungen an die privaten Haushalte wirken (vgl. Abschnitt 3.2.8.). In beiden Fällen würde sich der Steuersatz auf das Einkommen endogen anpassen. Hier wird aber die einfachste Vorgehensweise gewählt und für die Steuern auf das Einkommen ein AR(1)-Prozeß angenommen.

Instrumente isoliert dargestellt werden können, wird von einem Technologieschock abstrahiert. Es gilt also A_t=A=const.[305]

Die Haushalte

Der repräsentative Agent maximiert seinen erwarteten Nutzen und trifft in jeder Periode Entscheidungen bezüglich seines Arbeitsangebots, seines Konsums und seiner Investitionsausgaben. Er muß somit folgendes Problem lösen:

Max $\quad E_0 \sum_{t=0}^{\infty} \beta^t u(c_t, L_t)$

u.d.N.: $\quad N_t+L_t=1,$

$c_t+i_t=(1-\tau^L_t)w_tN_t+(1-\tau^K_t)r_tk_{t-1}+\tau^K_t\delta k_{t-1}+\ddot{U}_t.$

Bei ihren Entscheidungen nehmen die Haushalte die Faktorpreise (den Bruttozinssatz r_t und den Reallohnsatz w_t) sowie den Kapitalstock k_{t-1} und die fiskalpolitischen Größen (Steuern und Staatsausgaben) als gegeben an.

Die zweite Nebenbedingung stellt die Budgetrestriktion des Haushalts dar und besagt, daß der Haushalt gerade das für Konsum c_t und Ersparnisse bzw. Investitionen i_t ausgeben kann, was er an Nettoarbeitseinkommen $(1-\tau^L_t)w_tN_t$, Nettokapitaleinkommen $((1-\tau^K_t)r_t+\tau^K_t\delta)k_{t-1}$ und Transferzahlungen vom Staat ($\ddot{U}_t$) zur Verfügung hat.[306] Definiert man als Nettorendite $R^N_t=1+(1-\tau^K_t)(r_t-\delta)$ und berücksichtigt $i_t=\gamma k_t-(1-\delta)k_{t-1}$, vereinfacht sich die Budgetrestriktion zu

(4.2) $\quad c_t+\gamma k_t= (1-\tau^L_t)w_tN_t+R^N_tk_{t-1}+\ddot{U}_t.$

Die notwendigen Bedingungen lauten:

$u_1(c_t,L_t)=\lambda_t,$

$u_2(c_t,L_t)=\omega_t,$

$\lambda_t(1-\tau^L_t)w_t=\omega_t,$

$\beta E_t\left[\lambda_{t+1}R^N_{t+1}\right]=\gamma\lambda_t,$

$R^N_t=1+(1-\tau^K_t)(r_t-\delta),$

$c_t+\gamma k_t= (1-\tau^L_t)w_tN_t+R^N_tk_{t-1}+\ddot{U}_t,$

$L_t+N_t=1.$

Die Unternehmen

Kompetitive Unternehmen produzieren gemäß einer Produktionstechnologie mit konstanten Skalenerträgen den Output y_t unter Verwendung der Produktionsfaktoren Arbeit und Kapital. Die Produktionsfunktion lautet:

$y_t=AF(k_{t-1},N_t).$

Die Unternehmen maximieren ihren Gewinn und treffen dabei Entscheidungen hinsichtlich der Nachfrage nach den Produktionsfaktoren Kapital und Arbeit. Von einer Steuer auf der Produktionsebene wird abgesehen.

---

[305] In der später betrachteten Beispielökonomie gilt A=1.

[306] Es wird angenommen, daß die Transfereinkommen der Haushalte nicht besteuert werden.

Man erhält die bekannten notwendigen Bedingungen für ein Gewinnmaximum, nämlich daß im Optimum der (Brutto-)Zinssatz gleich dem Grenzprodukt des Kapitals sein muß und der Reallohnsatz gleich dem Grenzprodukt der Arbeit.

(4.3) $r_t = AF_1(k_{t-1}, N_t)$,

(4.4) $w_t = AF_2(k_{t-1}, N_t)$.

Das Marktgleichgewicht

Ein Marktgleichgewicht ist charakterisiert durch eine Zusammenstellung von individuellen und aggregierten Entscheidungsregeln sowie durch einen Preisvektor, so daß

1. das Optimierungproblem der Haushalte gelöst wird,
2. die aggregierten mit den individuellen Variablen übereinstimmen,
3. der Reallohnsatz und der Zinssatz durch die Gleichungen (4.3) und (4.4) gegeben sind,
4. die Unternehmen ihre Gewinne maximieren und
5. zu jeder Zeit die Budgetbedingung des Staates erfüllt ist.[307]

Kombiniert man nun die Bedingungen (4.1) bis (4.4) sowie die notwendigen Bedingungen aus der Nutzenmaximierung der Haushalte und berücksichtigt die Anforderungen an ein Marktgleichgewicht, erhält man ein Gleichungssystem, das die Modellwirtschaft beschreibt:

(4.5) $u_1(c_t, L_t) = \lambda_t$,

(4.6) $u_2(c_t, L_t) = \omega_t$,

(4.7) $\lambda_t(1-\tau^L_t)w_t = \omega_t$,

(4.8) $\beta E_t\left[\lambda_{t+1} R^N_{t+1}\right] = \gamma\lambda_t$.

(4.9) $R^N_t = 1+(1-\tau^K_t)(r_t-\delta)$,

(4.10) $r_t = AF_1(k_{t-1}, N_t)$,

(4.11) $w_t = AF_2(k_{t-1}, N_t)$,

(4.12) $\gamma k_t = i_t + (1-\delta)k_{t-1}$,

(4.13) $y_t = c_t + i_t$,

(4.14) $L_t + N_t = 1$.

Die Bedingung (4.13) ergibt sich aus (4.2) und (4.1), wenn man berücksichtigt, daß bei vollkommener Konkurrenz und einer Produktionsfunktion mit konstanten Skalenerträgen $y_t = w_t N_t + r_t k_{t-1}$ gilt. Weiterhin muß beachtet werden, daß der Pro-Kopf-Transfer $\ddot{U}_t$ vom einzelnen Agenten zwar als exogen gegeben angesehen wird, dies aber nicht für die Wirtschaft als ganzes zutrifft. Denn hier gilt $\ddot{U}_t = \tau^L_t w_t N_t + \tau^K_t(r_t-\delta)k_{t-1}$.[308] Es zeigt sich also, daß die Ressourcenbedingung

[307] Vgl. Heer/Trede (1998), S. 144/145.

[308] Vgl. King/Plosser/Rebelo (1988b), S. 328.

der Volkswirtschaft (4.13) mit der in einer Ökonomie ohne Steuern übereinstimmt. Das Modell wird durch eine Annahme bezüglich der beiden Steuersätze $\tau^K{}_t$ und $\tau^L{}_t$ geschlossen. Werden die Wirkungen einer Lohnsteuer untersucht (Abschnitt 4.1.2.), wird für den Lohnsteuersatz $\tau^L{}_t$ ein stochastischer Prozeß und für den Kapitaleinkommensteuersatz $\tau^K{}_t=0$ angenommen. Werden die Wirkungen der Kapitaleinkommensteuer untersucht (Abschnitt 4.1.3.), ist die Vorgehensweise genau umgekehrt.

Die Gleichungen (4.5) bis (4.7) ergeben unter Berücksichtigung von (4.14) die intratemporale Optimalitätsbedingung:

$$(4.15)\ \frac{u_2(c_t,1-N_t)}{u_1(c_t,1-N_t)}=(1-\tau^L{}_t)w_t.$$

In Gleichung (4.8) wird durch Einsetzen von (4.5) λ_t und λ_{t+1} eliminiert, wodurch man die erste intertemporale Optimalitätsbedingung gewinnt, die die intertemporale Konsumentscheidung determiniert:

$$(4.16)\ \frac{\beta}{\gamma}E_t\left[\frac{u_1(c_{t+1},1-N_{t+1})}{u_1(c_t,1-N_t)}R^N{}_{t+1}\right]=1.$$

Durch Kombination von (4.15) und (4.16) ergibt sich die zweite intertemporale Optimalitätsbedingung, die die intertemporale Freizeitentscheidung beschreibt:

$$(4.17)\ \frac{\gamma}{\beta}E_t\left[\frac{u_2(c_t,1-N_t)}{u_2(c_{t+1},1-N_{t+1})}\right]=E_t\left[\frac{(1-\tau^L{}_t)w_t}{(1-\tau^L{}_{t+1})w_{t+1}}R^N{}_{t+1}\right].$$

Die Optimalitätsbedingungen zeigen, daß die Lohnsteuer die intratemporale Entscheidung zwischen Freizeit und Konsum verzerrt, während sie die intertemporale Konsumentscheidung nicht beeinflußt. Die intertemporale Freizeitentscheidung wird von der Lohnsteuer nur dann beeinflußt, wenn die Steueränderung nicht dauerhaft ist ($\rho<1$). Für permanente Lohnsteueränderungen ($\rho=1$) gilt dagegen $\tau^L{}_t=\tau^L{}_{t+1}$. Die Kapitaleinkommensteuer verzerrt gemäß Gleichung (4.16) die intertemporale Konsumentscheidung und gemäß (4.17) die intertemporale Freizeitentscheidung, indem sie die Nettorendite $R^N{}_{t+1}$ verändert. Der private Haushalt trifft also seine Entscheidungen über die Höhe des Konsums und der Investitionen sowie seine Entscheidung über die Aufteilung seiner Zeit auf Freizeit und Arbeitszeit aufgrund der „Nach-Steuer-Faktorpreise“ bzw. der „Nach-Steuer-Grenzproduktivitäten“, so daß sich die Ökonomie konsequenterweise von ihrer optimalen Allokation entfernt.[309]

Wie zuvor wird nun eine Spezifizierung der Produktionsfunktion und der Nutzenfunktion vorgenommen. Die Technologie der Wirtschaft wird durch die

---

[309] Vgl. King/Plosser/Rebelo (1988b), S. 329.

Cobb-Douglas-Produktionsfunktion $y_t = Ak_{t-1}^{1-\alpha} N_t^{\alpha}$ beschrieben. Die Nutzenfunktion hat die Form

$$u(c_t, L_t) = \ln c_t + \frac{\theta}{1-\eta}(L_t^{1-\eta} - 1).$$

Schließlich muß noch der AR(1)-Prozeß, der den Steuerschock beschreibt, beachtet werden, so daß man unter Berücksichtigung von (4.8) bis (4.16) ein Gleichungssystem mit 10 Gleichungen erhält:

$$(4.18)\ \lambda_t = \frac{1}{c_t},$$

$$(4.19)\ \frac{\theta c_t}{(1-N_t)^{\eta}} = (1-\tau^L{}_t)w_t,$$

$$(4.20)\ \frac{\beta}{\gamma} E_t\left[\frac{c_t}{c_{t+1}} R^N{}_{t+1}\right] = 1,$$

$$(4.21)\ i_t = \gamma k_t - (1-\delta)k_{t-1},$$

$$(4.22)\ R^N{}_t = 1 + (1-\tau^K{}_t)(r_t - \delta),$$

$$(4.23)\ w_t = \alpha \frac{y_t}{N_t},$$

$$(4.24)\ r_t = (1-\alpha)\frac{y_t}{k_{t-1}},$$

$$(4.25)\ y_t = Ak_{t-1}^{1-\alpha} N_t^{\alpha},$$

$$(4.26)\ y_t = c_t + i_t,$$

$$(4.27)\ \ln\tau^X{}_t = (1-\rho)\ln\tau^X + \rho\ln\tau^X{}_{t-1} + \varepsilon_t \qquad \text{mit } X = L, K.$$

Nun werden wieder die Gleichungen der Modellökonomie (4.18) bis (4.27) unter Berücksichtigung der speziellen Produktions- und Nutzenfunktionen linearisiert und die Bestimmungsgleichungen für die wichtigsten makroökonomischen Größen abgeleitet, mit deren Hilfe die Modellmechanismen erklärt werden können.

Linearisiert man Gleichung (4.18) und kombiniert diese mit der linearisierten Form der ersten intratemporalen Optimalitätsbedingung (4.19), erhält man die Arbeitsangebotsgleichung, die die prozentuale Abweichung des Arbeitseinsatzes vom Steady-State-Niveau angibt:

$$(4.28)\ \hat{N}_t = \frac{1-N}{N\eta}\left[\hat{\lambda}_t - \frac{\tau^L}{(1-\tau^L)}\hat{\tau}^L{}_t + \hat{w}_t\right].$$

Der Arbeitseinsatz steigt also, wenn der Lohnsteuersatz $\tau^L{}_t$ sinkt ($\hat{\tau}^L{}_t < 0$) und wenn der Reallohnsatz steigt ($\hat{w}_t > 0$). In beiden Fällen erhöht sich tendenziell der Nettolohnsatz, was die Haushalte dazu veranlaßt, mehr Arbeit anzubieten, weil die Opportunitätskosten der Freizeit steigen. Der zweite Effekt auf den Arbeitseinsatz wird durch die Änderung des Schattenpreises λ_t erzeugt. Steigt dieser Grenznutzen des Vermögens, so liegt ein negativer Vermögenseffekt vor, der im Falle der Arbeitsangebotsentscheidung in Richtung einer Reduktion der Freizeit und Erhöhung des Arbeitseinsatzes wirkt, wie Gleichung (4.28) zeigt. Unter Berücksichtigung von $\hat{\lambda}_t = E_t[\hat{\lambda}_{t+1} + \hat{R}^N{}_{t+1}]$ kann man Gleichung (4.28) umformen zu:

$$(4.29)\ \hat{N}_t = \frac{1-N}{N\eta} E_t\left[\hat{\lambda}_{t+1} + \hat{R}^N{}_{t+1} + \hat{w}_t - \frac{\tau^L}{(1-\tau^L)}\hat{\tau}^L{}_t\right].$$

Hier zeigt sich die Abhängigkeit der intertemporalen Freizeitentscheidung und damit des Arbeitseinsatzes von der erwarteten Nettorendite $E_t[R^N{}_{t+1}]$. Steigt diese zum Beispiel aufgrund eines niedrigeren Kapitaleinkommensteuersatzes an, so ist es für die Haushalte vorteilhaft, mehr zu arbeiten und das höhere Einkommen zu dem höheren Zins zu sparen. Man kann also wieder drei Effekte identifizieren, die auf den Arbeitseinsatz wirken: einen Vermögenseffekt, einen (Netto-)Zinseffekt und einen (Netto-)Lohneffekt. Zusätzlich hängt das Arbeitsangebot noch von der Grenznutzenelastizität η ab. Je größer η ist, desto geringer ist die Neigung zur intertemporalen Substitution, desto weniger wird also der Arbeitseinsatz auf Schocks reagieren.

Die relative Abweichung des Konsums von seinem Steady-State-Niveau ergibt sich aus der intratemporalen Optimalitätsbedingung (4.20) in Kombination mit (4.18):

$$(4.30)\ \hat{c}_t = E_t[-\hat{\lambda}_{t+1} - \hat{R}^N{}_{t+1}].$$

Eine Reduktion der erwarteten Nettorendite $E_t[R^N{}_{t+1}]$ aufgrund eines höheren Kapitaleinkommensteuersatzes führt dazu, daß der Konsum heute attraktiver wird. Eine erwartete Erhöhung des Schattenpreises zeigt einen negativen Vermögenseffekt an, was sich in einer Reduktion des Konsums niederschlägt.

Die Änderung des Outputs ergibt sich aus der linearisierten Produktionsfunktion:

$$(4.31)\ \hat{y}_t = \alpha\hat{N}_t + (1-\alpha)\hat{k}_{t-1}.$$

Die relative Veränderung der Investitionen kann man aus der Ressourcenbedingung (4.26) ableiten:

$$(4.32)\ \hat{i}_t = \frac{y}{i}\hat{y}_t - \frac{c}{i}\hat{c}_t.$$

Die Höhe der Investitionen hängt somit davon ab, wie viele Ressourcen durch Konsum gebunden und ob durch eine Outputerhöhung Spielräume für Investitionen frei werden. Außerdem werden die Investitionen selbstverständlich auch von der Änderung der Nettorendite $E_t[R^N{}_{t+1}]$ und damit von der intertemporalen

Konsumentscheidung beeinflußt, was sich zeigt, wenn man (4.30) in (4.32) einsetzt:

$$(4.33)\ \hat{i}_t = \frac{y}{i}\hat{y}_t + \frac{c}{i}E_t\left[\hat{\lambda}_{t+1} + \hat{R}^N{}_{t+1}\right].$$

Für die Identifizierung des Vermögenseffektes bzw. für die Veränderung des Schattenpreises λ_t ist die intertemporale Budgetrestriktion entscheidend. Um die Auswirkungen der Ausgabenseite des Staatsbudgets weitgehend zu eliminieren und um die Bedeutung der Lohn- und Zinseffekte herauszuarbeiten, wurde das Modell so konstruiert, daß die Steuereinnahmen als pauschale Übertragungen an die privaten Haushalte zurückfließen. Dies hat aber zur Folge, daß die Einkommensteuern die Budgetrestriktion der privaten Haushalte nicht mehr direkt beeinflussen.[310] Wie man durch Kombination der Gleichung (4.1) mit Gleichung (4.2) erkennen kann, ergibt sich die Periodenbudgetrestriktion des Grundmodells:

$c_t+\gamma k_t=w_tN_t+R_tk_{t-1}$.

Auch die intertemporale Budgetrestriktion stimmt mit jener des Grundmodells überein:

$$E_t\left[\sum_{s=0}^{\infty} P_{t+s}c_{t+s}\right] = E_t\left[\sum_{s=0}^{\infty} P_{t+s}w_{t+s}N_{t+s} + R_tk_{t-1} - \lim_{T\to\infty} P_T k_T\right] \quad \text{mit}$$

$$P_{t+s} = \prod_{j=1}^{s}\frac{\gamma}{R_j} \text{ für } s>0 \text{ und } P_{t+s}=1 \text{ für } s=0.$$

Unter Einhaltung der No-Ponzi-Game-Bedingung $\lim_{T\to\infty} E_0 P_T k_T = 0$ und unter Berücksichtigung von $V_t=R_tk_{t-1}$ ergibt sich:

$$(4.34)\ E_t\left[\sum_{s=0}^{\infty} P_{t+s}c_{t+s}\right] = E_t\left[\sum_{s=0}^{\infty} P_{t+s}w_{t+s}N_{t+s} + V_t\right] = W_t.$$

Ein Vermögenseffekt kann somit nur durch eine Veränderung der Summe der Periodenarbeitseinkommen oder durch eine Änderung des Diskontfaktors P_{t+s} induziert werden und ist letztlich auf die Beeinflussung der makroökonomischen Größen durch die Lohn- und Zinseffekte in zukünftigen Perioden zurückzuführen. Eine niedrigeres Humanvermögen aufgrund der Reduktion der Arbeitseinkommen induziert gemäß $\lambda_t=E_t[1/(W_t-W_{t+1})]$ tendenziell eine Reduktion des Grenznutzens des Vermögens λ_t.[311] Eine Erhöhung des Diskontfaktors P_{t+s} – ausgelöst durch einen geringere (Brutto-) Rendite – bewirkt

[310] Nichts anders ist gemeint, wenn in der Literatur darauf hingewiesen wird, daß so von (direkten) Einkommenseffekten abstrahiert wird, die mit der Erhebung der Einkommensteuer verbunden sind. Vgl. zum Beispiel Greenwood/Huffman (1991), S. 173, Judd (1987), S. 44, oder Varian (1999), S. 143. Allerdings ergeben sich durch Einkommensteuererhöhungen Verzerrungen in der Zukunft, die hier durch den Vermögenseffekt erfaßt werden. Vgl. dazu auch Judd (1987), S. 44.

[311] Vgl. Abschnitt 2.9.

dagegen das Gegenteil. Im folgenden wird sich zeigen, daß bei einer Erhöhung der Lohnsteuer das geringere Arbeitseinkommen entscheidend ist und somit zu einem negativen Vermögenseffekt führt. Bei einer Kapitaleinkommensteuer ist dagegen der Anstieg von P_t aufgrund des geringeren Zinses (Kapitalproduktivität) ausschlaggebend, so daß λ_t sinkt. Im Falle einer synthetischen Einkommensteuer schließlich hängt die Frage, welcher der beiden Einflußfaktoren auf das Vermögen überwiegt und damit die Frage nach dem Vorzeichen des Vermögenseffektes, von der gewählten Parameterkombination insbesondere vom Verhältnis zwischen Lohneinkommen und Kapitaleinkommen ab, also vom Parameter α.

4.1.3. Die Lohnsteuer

Wirkungsanalyse

Nachdem das um die Einkommensbesteuerung erweiterte Modell allgemein dargestellt wurde, sollen die Wirkungen einer Lohnsteuer auf die Modellwirtschaft betrachtet werden, d.h. es gibt keine Kapitaleinkommensteuer und mithin gilt im Gleichungssystem (4.18) bis (4.26) $\tau^K_t=0$. Der Lohnsteuersatz τ^L_t folgt einem stochastischen Prozeß, weshalb Gleichung (4.27) durch

(4.35) $\ln\tau^L_t=(1-\rho)\ln\tau^L+\rho\ln\tau^L_{t-1}+\varepsilon_t$

konkretisiert wird.

Bei der Lösung des linearisierten Gleichungssystems werden wieder die Elastizitäten (v-Werte) generiert, die gleichzeitig den „Impact-Effekt" einer einprozentigen Erhöhung der Lohnsteuer auf die jeweilige Modellvariable quantifizieren. Für die Simulationsrechnungen wurde angenommen, daß der Lohnsteuersatz im Steady State $\tau^L=0{,}25$ beträgt.[312]

Wird eine Lohnsteuer erhoben, so wird die Konsum-Freizeit-Entscheidung der privaten Haushalte verzerrt. Die intertemporale Konsumentscheidung bleibt dagegen unberührt. Ein Blick auf die intratemporale Optimalitätsbedingung (4.15) bzw. (4.19) zeigt, daß nun die Grenzrate der Substitution zwischen Konsum und Freizeit dem Nettolohnsatz $(1-\tau^L_t)w_t$ entspricht, d.h. die Individuen treffen ihre Konsum-Freizeit-Entscheidung aufgrund dieses Nettolohnsatzes. Die Grenzrate der Transformation zwischen Konsum und Freizeit wird aber weiterhin durch den Reallohnsatz w_t beschrieben, so daß eine Marginalbedingung für ein Pareto-Optimum verletzt ist.[313] Auch die intertemporale Freizeitentscheidung wird verzerrt, wie Gleichung (4.17) zeigt. Der Anreiz, die Arbeit heute zu reduzieren, ist dabei um so eher gegeben, je geringer die Persistenz der Steuererhöhung ist (ρ-Wert), da dann die Differenz zwischen τ^L_t und τ^L_{t+1} größer ausfällt. Für $\rho=1$ gilt $\tau^L_t=\tau^L_{t+1}$, weshalb sich eine intertemporale Substitution nicht mehr lohnt.

---

312 Bezüglich der sonstigen Parameter gelten weiterhin die Werte aus dem Grundmodell.

313 Vgl. Huber (1996), S. 44/45.

Aus Gleichung (4.28) geht hervor, daß eine Erhöhung des Steuersatzes für einen gegebenen Reallohnssatz w_t dazu führt, daß der Nettolohnsatz sinkt und damit die Arbeit unattraktiver und die Freizeit mithin billiger wird. Es wirkt also ein negativer Nettolohneffekt, auf den die Haushalte mit einer Einschränkung des Arbeitsangebotes reagieren.

Tabelle 4.1: Elastizitäten bei Erhöhung der Lohnsteuer in Abhängigkeit von der Persistenz

$\eta=1$	$\rho=0$	$\rho=0{,}5$	$\rho=0{,}95$	$\rho=0{,}98$	$\rho=1$
$v_{k\tau}$	-0.0272	-0.0265	-0.0197	-0.0163	-0.0120
$v_{c\tau}$	-0.0161	-0.0211	-0.0660	-0.0882	-0.1163
$v_{y\tau}$	-0.3224	-0.3173	-0.2716	-0.2491	-0.2205
$v_{N\tau}$	-0.5117	-0.5037	-0.4311	-0.3954	-0.3500
$v_{R\tau}$	-0.0104	-0.0102	-0.0087	-0.0080	-0.0071
$v_{r\tau}$	-0.3224	-0.3173	-0.2716	-0.2491	-0.2205
$v_{w\tau}$	0.1893	0.1864	0.1595	0.1463	0.1295
$v_{i\tau}$	-1.0953	-1.0649	-0.7904	-0.6552	-0.4833
$v_{wN\tau}$[314]	-0.1440	-0.1469	-0.1738	-0.1870	-0.2038

Tabelle 4.2: Elastizitäten bei Erhöhung der Lohnsteuer in Abhängigkeit von der Grenznutzenelastizität der Freizeit η

$\rho=0{,}95$	$\eta=0$ $\sigma_L\to\infty$	$\eta=0{,}5$ $\sigma_L=2$	$\eta=1$ $\sigma_L=1$	$\eta=10$ $\sigma_L=0{,}1$	$\eta\to\infty$ $\sigma_L=0$
$v_{k\tau}$	-0.0301	-0.0238	-0.0197	-0.0049	0
$v_{c\tau}$	-0.0928	-0.0771	-0.0660	-0.0189	0
$v_{y\tau}$	-0.4095	-0.3262	-0.2716	-0.0690	0
$v_{N\tau}$	-0.6500	-0.5177	-0.4311	-0.1096	0
$v_{RN\tau}$	-0.0132	-0.0105	-0.0087	-0.0022	0
$v_{r\tau}$	-0.4095	-0.3262	-0.2716	-0.0690	0
$v_{w\tau}$	0.2405	0.1916	0.1595	0.0405	0
$v_{i\tau}$	-1.2088	-0.9548	-0.7904	-0.1957	0
$v_{wN\tau}$	-0.0928	-0.1417	-0.1738	-0.2928	0

Allerdings ist nicht nur dieser Nettolohneffekt wirksam, sondern auch ein Vermögenseffekt (repräsentiert durch die Änderung von λ_t bzw. $E_t[\lambda_{t+1}]$), der sich aufgrund der Nettolohneffekte in zukünftigen Perioden ergibt und der sowohl den Arbeitseinsatz als auch den Konsum beeinflußt. Dies zeigt sich, wenn man die intertemporale Budgetrestriktion der privaten Haushalte betrachtet:

$$E_t\left[\sum_{s=0}^{\infty} P_{t+s} c_{t+s}\right] = E_t\left[\sum_{t=0}^{\infty} P_{t+s} w_{t+s} N_{t+s} + V_t\right] = W_t .$$

[314] $v_{wN\tau}$ bezeichnet die Elastizität des Nettolohnsatzes bezüglich einer relativen Änderung des Lohnsteuersatzes.

Eine Änderung des Lohnsteuersatzes hat keinen direkten Einfluß auf W_t. Allerdings wirkt sich die Änderung des Lohnsteuersatzes wegen des negativen Nettolohneffektes für das Arbeitsangebot auch auf die zukünftigen Arbeitseinkommen negativ aus, weshalb W_t sinkt und somit ein negativer Vermögenseffekt vorliegt; λ_t bzw. $E_t[\lambda_{t+1}]$ steigen also an. Wie die Gleichung (4.28) zeigt, wirkt der Vermögenseffekt bezüglich des Arbeitseinsatzes tendenziell dem Nettolohneffekt entgegen, und gemäß Gleichung (4.30) führt er zu einer Reduktion des Konsums. Der Vermögenseffekt ist betragsmäßig um so größer, je länger die Steuererhöhung andauert, weshalb mit zunehmender Persistenz der Steuererhöhung das Arbeitsangebot weniger stark und der Konsum stärker sinkt (vgl. Tabelle 4.1).

Die Abhängigkeit der Modellvariablen von der Grenznutzenelastizität der Freizeit ist in Tabelle 4.2 ablesbar und ergibt sich aus Gleichung (4.28) oder (4.29): Je kleiner η ist, desto stärker wird der Arbeitseinsatz auf Steueränderungen reagieren, desto größer ist dann aber auch der induzierte negative Vermögenseffekt, so daß der Rückgang des Konsums mit der Arbeitsangebotselastizität zunimmt. Für $\eta \rightarrow \infty$ ist das Arbeitsangebot starr, weshalb es zu keinen makroökonomischen Effekten kommen kann.[315] Die verzerrende Wirkung der höheren Steuer kommt nicht zum Tragen.

Die Reaktion des Outputs unmittelbar nach dem Schock wird wieder durch die Änderung des Arbeitseinsatzes determiniert, so daß die Outputreduktion bei geringer Persistenz des Steuerschocks und bei geringer Grenznutzenelastizität der Freizeit am größten ist (vgl. Tabelle 4.1 bzw. 4.2).

Auf die Investitionen wirkt der durch den geringeren Output erzeugte Ressourceneffekt dämpfend (vgl. Gleichung (4.32)), so daß die Kapitalakkumulation eingeschränkt wird. Dies geschieht um so stärker, je mehr der Output sinkt und je weniger der private Konsum reduziert wird, also für geringe Persistenzwerte.

Es kommt trotz der Tatsache, daß die Zinserträge nicht unmittelbar besteuert werden, zu einer Reduktion des Zinssatzes und damit zu einer Beeinflussung der intertemporalen Konsumentscheidung, was wieder als Feedback-Effekt bezeichnet werden kann. Hier wirkt die Zinsänderung der Reduktion des Konsums in der Periode t etwas entgegen.

[315] Dies ist aber nur dann der Fall, wenn die Lohnsteuereinnahmen wieder als Übertragungen an die Haushalte zurückfließen. Würde man damit Staatskonsumausgaben finanzieren, würde ein negativer Vermögenseffekt entstehen, der den Konsum reduziert.

Abbildung 4.1: Impuls-Antwort-Folgen bei persistenter Erhöhung des Lohnsteuersatzes

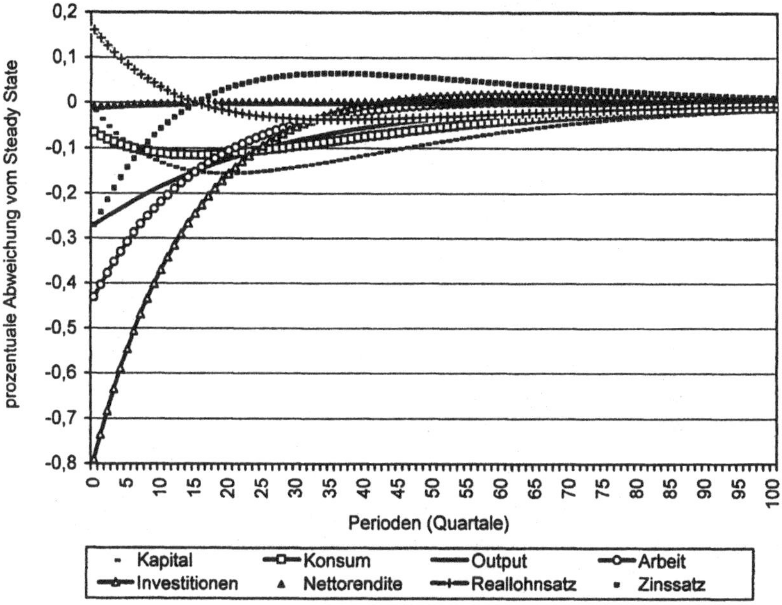

Abbildung 4.2: Impuls-Antwort-Folgen bei permanenter Erhöhung des Lohnsteuersatzes

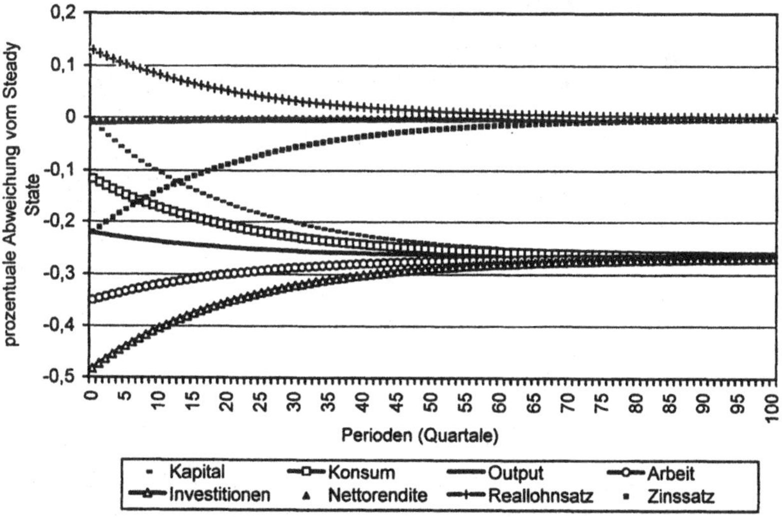

Neben dem Steuerschock selbst beeinflußt auch der Rückgang der Kapitalakkumulation die makroökonomischen Variablen in den Folgeperioden und damit die Anpassungsprozesse zurück zum Ausgangsgleichgewicht (für $\rho<1$) bzw. zu einem neuen Steady State (für $\rho=1$), was aus den Abbildungen 4.1 und 4.2 ersichtlich ist. Der geringere Kapitaleinsatz im Laufe des Anpassungsprozesses sorgt für einen Zinsanstieg, der dämpfend auf den Konsum wirkt. Dies wird durch das kleinere Einkommen, erzeugt durch den geringeren Faktoreinsatz, und dem damit einhergehenden negativen Vermögenseffekt noch unterstützt. Für $\rho=0{,}95$ schwächt sich der Schock im Zeitablauf ab, weshalb die Variablen wieder zum Ausgangsgleichgewicht zurückkehren (Abbildung 4.1). Bei der permanenten Lohnsteuererhöhung ($\rho=1$) in Abbildung 4.2 sind im neuen Gleichgewicht aufgrund der negativen Auswirkungen des Nettolohneffektes die makroökonomischen Größen Output, Konsum, Arbeitseinsatz, Investitionen und Kapitalstock kleiner als in der Ausgangssituation.

Die proportionale Lohnsteuer als Sozialversicherungsbeitrag

Die Effekte einer proportionalen Lohnsteuer, deren Aufkommen wie hier als Transfers weitergegeben wird, sind mit den Effekten von Sozialversicherungsbeiträgen in einem Umlageverfahren vergleichbar.[316] Auch dort wird ein konstanter Prozentsatz des Lohneinkommens als Beiträge an die Sozialversicherung gezahlt, die dann an die Leistungsempfänger weitergeleitet werden.[317]

Die Lohnsteuer als zinsbereinigte Einkommensteuer

Außerdem kann die hier dargestellte Lohnsteuer auch als zinsbereinigte Einkommensteuer interpretiert werden. Bei einer solchen Steuer werden nur die Arbeitseinkommen nicht aber die Kapitaleinkommen besteuert. Eine zinsbereinigte Einkommensteuer beeinflußt somit direkt nur die intratemporale Entscheidung zwischen Konsum und Freizeit sowie die intertemporale Freizeitentscheidung, soweit $\rho<1$ gilt. Die intertemporale Konsumentscheidung wird dagegen direkt durch die Steuer nicht beeinflußt. Allerdings erfolgt eine indirekte Verzerrung über die Reduktion des Zinssatzes, ausgelöst durch die angesprochenen Feedback-Effekte.

4.1.4. Die Kapitaleinkommensteuer

Analog zur Lohnsteuer werden nun die Wirkungen einer Steuer auf das Kapitaleinkommen analysiert. Grundlage ist wieder das Gleichungssystem (4.18) bis (4.27), in dem nun $\tau^L_t=0$ gilt. Der Kapitaleinkommensteuersatz τ^K_t folgt einem AR(1)-Prozeß, so daß Gleichung (4.27) modifiziert werden muß:

---

316 Vgl. Kapitel 6.

317 Diese Analogie gilt allerdings nur, wenn keine Beitragsbemessungsgrenze in der Sozialversicherung existiert. Außerdem müßte das Sozialversicherungssystem bzw. das Steuersystem so konzipiert sein, daß die Beiträge aus unversteuertem Einkommen geleistet und auch die Transferzahlungen nicht besteuert werden.

(4.36) $\ln\tau^K_t=(1-\rho)\ln\tau^K+\rho\ln\tau^K_{t-1}+\varepsilon_t$.

Wieder werden die Steuereinnahmen als Transferzahlungen an die Haushalte zurückgegeben, so daß die Budgetgleichung des Staates folgende Form annimmt:

(4.37) $\tau^K_t(r_t-\delta)k_{t-1}=\ddot{U}_t$.

Bei einem Vergleich mit dem Lohnsteuermodell sieht man, daß nun die intratemporale Optimalitätsbedingung (4.15) von der Steuererhebung unbeeinflußt bleibt. Die Steuer wirkt sich vielmehr auf die (erste) intertemporale Optimalitätsbedingung (4.16) aus, da nun die intertemporale Konsumentscheidung von der erwarteten Nettorendite $E_t[R^N_{t+1}]$ abhängt. Genauso verzerrt die Kapitaleinkommensteuer auch die intertemporale Freizeit- bzw. Arbeitszeitentscheidung, was durch die zweite intertemporale Optimalitätsbedingung (4.17) ausgedrückt wird.

Es werden nun die Modellreaktionen generiert, die sich bei einer einprozentigen Erhöhung des Kapitaleinkommensteuersatzes ergeben, wobei für den Kapitaleinkommensteuersatz im Steady State $\tau^K=0{,}25$ angenommen wird.[318]

Tabelle 4.3: Elastizitäten bei Erhöhung der Kapitaleinkommensteuer in Abhängigkeit von der Persistenz

$\eta=1$	$\rho=0$	$\rho=0{,}5$	$\rho=0{,}95$	$\rho=0{,}98$	$\rho=1$
$v_{k\tau}$	0	-0,0006	-0.0059	-0.0083	-0.0112
$v_{c\tau}$	0	0.0036	0.0340	0.0477	0.0642
$v_{y\tau}$	0	-0.0036	-0.0345	-0.0485	-0.0652
$v_{N\tau}$	0	-0.0058	-0.0548	-0.0770	-0.1035
$v_{RN\tau}$	-0.0041	-0.0042	-0.0051	-0.0055	-0.0059
$v_{r\tau}$	0	-0.0036	-0.0345	-0.0485	-0.0652
$v_{w\tau}$	0	0.0021	0.0203	0.0285	0.0383
$v_{i\tau}$	0	-0.0252	-0.2384	-0.3349	-0.4505

Tabelle 4.4: Elastizitäten bei Erhöhung der Kapitaleinkommensteuer in Abhängigkeit von der Grenznutzenelastizität der Freizeit η

$\rho=0{,}95$	$\eta=0$ $\sigma_L\to\infty$	$\eta=0{,}5$ $\sigma_L=2$	$\eta=1$ $\sigma_L=1$	$\eta=10$ $\sigma_L=0{,}1$	$\eta\to\infty$ $\sigma_L=0$
$v_{k\tau}$	-0.0074	-0.0065	-0.0059	-0.0038	-0.0031
$v_{c\tau}$	0.0303	0.0325	0.0340	0.0401	0.0425
$v_{y\tau}$	-0.0517	-0.0413	-0.0345	-0.0088	0
$v_{N\tau}$	-0.0820	-0.0656	-0.0548	-0.0140	0
$v_{RN\tau}$	-0.0056	-0.0053	-0.0051	-0.0044	-0.0041
$v_{r\tau}$	-0.0517	-0.0413	-0.0345	-0.0088	0
$v_{w\tau}$	0.0303	0.0243	0.0203	0.0052	0
$v_{i\tau}$	-0.2958	-0.2611	-0.2384	-0.1544	-0.1264

[318] Für die sonstigen Parameter gelten weiterhin die im Grundmodell angenommenen Werte.

Anhand der beiden Tabellen 4.3 und 4.4 kann man die kurzfristigen Reaktionen für unterschiedliche Persistenzen des Schocks bzw. für unterschiedliche Grenznutzenelastizitäten der Freizeit ablesen.
Zunächst kann generell festgehalten werden, daß der Konsum als Reaktion auf den Schock steigt, der Arbeitseinsatz, der Output und die Nettorendite sowie die Investitionen sinken. Dabei fällt auf, daß die Effekte betragsmäßig jeweils um so größer sind, je größer die Persistenz des Schocks ist.

Grundsätzlich gilt, daß die Erhöhung des Steuersatzes die erwartete Nettorendite $E_t[R^N_{t+1}]$ reduziert, was die intertemporale Konsumentscheidung beeinflußt und gemäß (4.30) zu einer Erhöhung des Konsums führt. Auch die intertemporale Freizeitentscheidung wird verzerrt und hat gemäß (4.29) eine Reduktion des Arbeitseinsatzes unmittelbar nach dem Schock zur Folge.
Aber nicht nur dieser Nettozinseffekt kommt zum Tragen, sondern auch ein Vermögenseffekt. Denn durch die auch in zukünftigen Perioden erzeugten negativen Zinseffekte sinkt der Grenznutzen einer investierten Outputeinheit bzw. einer Vermögenseinheit, was den Konsum steigen läßt. Dies zeigt sich auch anhand der intertemporalen Budgetrestriktion (4.34): Durch die induzierte niedrigere Rendite steigt der Diskontfaktor P_{t+s}, was letztlich dazu führt, daß der Grenznutzen des Vermögens λ_t bzw. der erwartete Grenznutzen $E_t[\lambda_{t+1}]$ sinkt.[319]
Nicht nur die erwartete niedrigere Rendite in der Folgeperiode, sondern auch die in allen zukünftigen Perioden erwarteten niedrigeren Renditen beeinflussen also über den Vermögenseffekt (repräsentiert durch die Änderung von λ_t bzw. $E_t[\lambda_{t+1}]$) die heutige Konsumentscheidung.[320]
Eine Reduktion von $E_t[\lambda_{t+1}]$ hat gemäß den Gleichungen (4.29) und (4.30) tendenziell eine Einschränkung des Arbeitseinsatzes und eine Ausweitung des Konsums zur Folge. Da der Vermögenseffekt um so größer ist, je länger der Steuersatz über seinem Ausgangsniveau liegt, sind die Einschränkung des Arbeitseinsatzes und der Konsumanstieg entsprechend für größere Persistenzwerte größer (vgl. Tabelle 4.3).

Bei einer Persistenz von $\rho=0$ allerdings reagiert die Wirtschaft überhaupt nicht. Dies ist mit der Ausgestaltung des Modells zu begründen: Ein Erhöhung des Steuersatzes in der Periode t bewirkt eine Änderung der Nettorendite R^N_t,[321] damit es aber zu einer Änderung der intertemporalen Konsumentscheidung (Gleichung (4.16)) bzw. zu einer Auswirkung auf die intertemporale Freizeit-

[319] Es liegt also gleichsam eine Verschiebung der Nutzenfunktion nach unten vor, die dazu führt, daß für einen gegebenen Kapitalstock der Grenznutzen dieses Kapitalstocks sinkt. Für die Haushalte wirkt dies wie ein positiver Vermögenseffekt, da der Grenznutzen genauso sinkt, wie wenn der Kapitalstock steigen würde (Bewegung auf der Nutzenfunktion).
[320] In Gleichung (4.34) sinkt zwar auch die Summe der Arbeitseinkommen. Die Auswirkungen des höheren Diskontfaktors P_{t+s} überwiegen aber.
[321] Deshalb ist auch als einzige Elastizität $v_{RN\tau}$ ungleich null.

entscheidung (Gleichung (4.17)) kommt, muß sich die erwartete Nettorendite in der Periode t+1, also $E_t[R^N_{t+1}]$ ändern. Dies ist aber bei ρ=0 nicht der Fall, da der Schock in der Periode t+1 wieder vollständig abgebaut ist. Die Kapitaleinkommensteuer wirkt dann wie eine Pauschalsteuer, da die Haushalte der Besteuerung nicht ausweichen können.[322] Ein Effekt auf die Gesamtwirtschaft bleibt also aus, auch deshalb weil die höheren Steuereinnahmen in der Periode des Schocks wieder als Übertragungen an die privaten Haushalte zurückfließen.[323]

Aufgrund der niedrigeren erwarteten Nettorendite (für ρ>0) werden die Investitionen unattraktiver und sinken. Dieser Rückgang wird durch einen negativen „Ressourceneffekt" aufgrund des niedrigeren Outputs noch unterstützt (vgl. Gleichung (4.33)). Deshalb sind die Reaktionen der Investitionen betragsmäßig um so größer, je länger der Schock andauert.

Wieder reagiert der Arbeitseinsatz um so heftiger, je kleiner die Grenznutzenelastizität der Freizeit η gewählt wird (vgl. Tabelle 4.4), was sich entsprechend auch auf die Reaktionen des Outputs auswirkt. Für η→∞ ist das Arbeitsangebot starr, weshalb nur eine Erhöhung des Konsums vorliegt, der eine gleich hohe[324] Reduktion der Investitionen gegenübersteht. Der Output bleibt unverändert.

Die Anpassungsprozesse nach dem Steuerschock sind in den Abbildungen 4.3 und 4.4 für ρ=0,95 bzw. ρ=1 dargestellt. Wegen des Investitionsrückgangs kommt es zu einem Abbau des Kapitalstocks, was sich negativ auf die makroökonomischen Größen auswirkt. Für ρ=0,95 kehrt der Kapitaleinkommensteuersatz wieder auf sein altes Niveau zurück, weshalb auch die Variablen wieder dem ursprünglichen langfristigen Gleichgewichtsniveau entgegen streben. Für ρ=1 ergibt sich genauso wie bei der Lohnsteuererhöhung eine Reduktion aller makroökonomischen Aggregate. Auch der anfänglich noch über seinem Ausgangsniveau verlaufende Konsum sinkt unter dieses Niveau ab, da der ansteigende Zins und der Einkommensrückgang den Konsum dämpfen. Die Folgen des höheren Konsums zu Beginn, nämlich die niedrigeren Investitionen, führen also später über einen geringeren Kapitalstock zu einem Konsumrückgang.

---

[322] Der für das Kapitaleinkommen in der Periode t maßgebliche Kapitalstock k_{t-1} kann durch Entscheidungen in der Periode t nicht mehr verändert werden. Da die Besteuerung nur in der Periode t erfolgt, gibt es keine Ausweichreaktionen.

[323] Würden die Einnahmen für Staatskonsumausgaben G_t verwendet, würde ein negativer Vermögenseffekt induziert werden, der sich auf Konsum und Arbeitseinsatz auswirken würde.

[324] Da die Steady-State-Werte des Konsums und der Investitionen unterschiedlich hoch sind, unterscheiden sich die prozentualen Änderungen; die absoluten Änderungen sind aber betragsmäßig identisch.

Abbildung 4.3: Impuls-Antwort-Folgen bei persistenter Erhöhung des Kapitaleinkommensteuersatzes

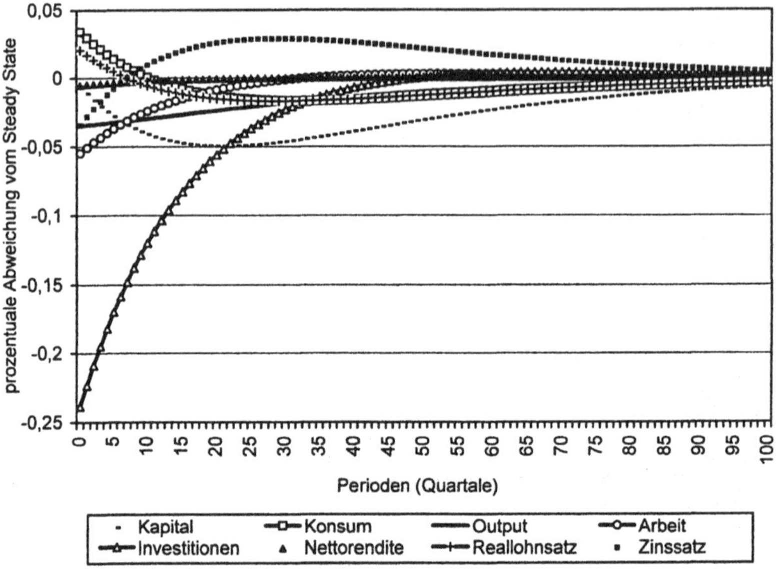

Abbildung 4.4: Impuls-Antwort-Folgen bei permanenter Erhöhung des Kapitaleinkommmensteuersatzes

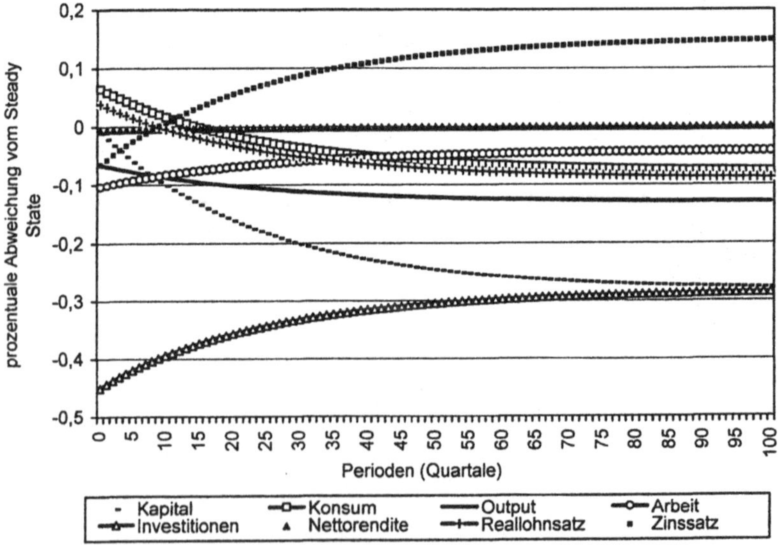

Ein Vergleich mit den Effekten des Lohnsteuerschocks zeigt, daß sich der Konsum unterschiedlich verhält: Während er bei einer Erhöhung der Lohnsteuer sinkt, kommt es bei einer höheren Kapitaleinkommensteuer anfänglich zu einer Ausweitung. Auch der Vermögenseffekt verhält sich entgegengesetzt. Dagegen kommt es in beiden Modellen zu einem Rückgang des Arbeitseinsatzes und der Kapitalakkumulation. Da der Anteil α des Arbeitseinkommens am Gesamteinkommen größer ist als der Anteil des Kapitaleinkommens, kann man schon jetzt vermuten, daß sich bei einer synthetischen Einkommensteuer die Reaktionsmuster, die sich bei der Lohnsteuer ergeben, eher durchsetzen werden.

4.1.5. Die synthetische proportionale Einkommensteuer

4.1.5.1. Wirkungsanalyse

Nachdem in den beiden vorangegangenen Abschnitten Erkenntnisse über die Wirkungen einer Lohnsteuer und einer Kapitaleinkommensteuer gesammelt wurden, soll nun eine synthetische Einkommensteuer betrachtet werden, die letztlich eine Kombination aus den beiden anderen Steuern darstellt, da sie sowohl das Lohneinkommen als auch das Kapitaleinkommen mit einem einheitlichen Steuersatz belastet. Es gilt nun $\tau^L_t=\tau^K_t=\tau_t$, wobei τ_t den einheitlichen Steuersatz der Einkommensteuer darstellt. Um die Effekte der verzerrenden proportionalen Einkommensteuer isoliert von den Wirkungen der Staatsausgaben analysieren zu können, wird wieder angenommen, daß der Staat seine Steuereinnahmen für Transferzahlungen an die privaten Haushalte benutzt.[325] Die Budgetgleichung des Staates lautet somit:

$$(4.38)\ \tau_t(w_tN_t+(r_t-\delta)k_{t-1})=\ddot{U}_t.$$

Der Steuersatz τ_t folgt einem AR(1)-Prozeß:

$$(4.39)\ \ln\tau_t=(1-\rho)\ln\tau+\rho\ln\tau_{t-1}+\varepsilon_t.$$

Die Wirtschaft wird weiterhin durch das Gleichungssystem (4.18) bis (4.26) beschrieben. Betrachtet werden die Auswirkungen, die eine (anfängliche) einprozentige Erhöhung des Einkommensteuersatzes für die Wirtschaft hat, wobei in der Ausgangssituation (Steady State) ein Steuersatz in Höhe von $\tau=0{,}25$ gilt.

Bei der Lösung des Modells werden wieder die Elastizitäten (v-Werte) bestimmt, die in den Tabellen 4.5. und 4.6 für unterschiedliche Persistenzwerte des Schocks und für unterschiedliche Grenznutzenelastizitäten der Freizeit aufgeführt sind.

Die Einkommensteuer reduziert nun unmittelbar den Nettolohnsatz und die erwartete Nettorendite, was die entsprechenden Reaktionen der Wirtschafts-

[325] Wie sich in Abschnitt 4.5. zeigen wird, ist diese Modellausgestaltung bezüglich der Wirkungen fast identisch mit einer einkommensteuerfinanzierten Reduktion des Defizits. Insofern ist diese Annahme also nicht ganz „konstruiert".

subjekte hervorruft. Diese Reaktionen werden sich, wie zu erwarten war, als eine Kombination der Wirkungen einer Lohnsteuer und der Wirkungen einer Kapitaleinkommensteuer darstellen.

Tabelle 4.5: Elastizitäten bei Erhöhung der Einkommensteuer in Abhängigkeit von der Persistenz

η=1	**ρ=0**	**ρ=0,5**	**ρ=0,95**	**ρ=0,98**	**ρ=1**
$v_{k\tau}$	-0.0307	-0.0302	-0.0260	-0.0241	-0.0218
$v_{c\tau}$	-0.0162	-0.0191	-0.0432	-0.0541	-0.0671
$v_{y\tau}$	-0.3222	-0.3193	-0.2949	-0.2838	-0.2705
$v_{N\tau}$	-0.5115	-0.5069	-0.4680	-0.4504	-0.4293
$v_{RN\tau}$	-0.0129	-0.0128	-0.0122	-0.0119	-0.0115
$v_{r\tau}$	-0.3222	-0.3193	-0.2949	-0.2838	-0.2705
$v_{w\tau}$	0.1892	0.1876	0.1732	0.1667	0.1589
$v_{i\tau}$	-1.2334	-1.2135	-1.0443	-0.9677	-0.8760
$v_{wN\tau}$	-0.1441	-0.1457	-0.1601	-0.1666	-0.1744

Tabelle 4.6: Elastizitäten bei Erhöhung der Einkommensteuer in Abhängigkeit von der Grenznutzenelastizität der Freizeit η

ρ=0,95	**η=0** $\sigma_L \to \infty$	**η=0,5** σ_L=2	**η=1** σ_L=1	**η=10** σ_L=0,1	**$\eta \to \infty$** σ_L=0
$v_{k\tau}$	-0.0374	-0.0305	-0.0260	-0.0090	-0.0031
$v_{c\tau}$	-0.0775	-0.0573	-0.0432	0.0179	0.0425
$v_{y\tau}$	-0.4357	-0.3513	-0.2949	-0.0771	0
$v_{N\tau}$	-0.6915	-0.5576	-0.4680	-0.1224	0
$v_{RN\tau}$	-0.0160	-0.0137	-0.0122	-0.0062	-0.0041
$v_{r\tau}$	-0.4357	-0.3513	-0.2949	-0.0771	0
$v_{w\tau}$	0.2559	0.2063	0.1732	0.0453	0
$v_{i\tau}$	-1.5022	-1.2265	-1.0443	-0.3601	-0.1264
$v_{wN\tau}$	-0.0774	-0.1270	-0.1601	-0.2880	-0.3333

Wie aus den beiden vorangegangenen Abschnitten bekannt ist, hat die Reduktion des Nettolohnsatzes aufgrund der einprozentigen Steigerung des Steuersatzes zur Folge, daß der Konsum und der Arbeitseinsatz zurückgehen. Die niedrigere Nettorendite bewirkt dagegen tendenziell eine Erhöhung des Konsums und ebenfalls eine Verringerung des Arbeitseinsatzes. Hier beobachtet man als Reaktion auf den Schock eine Verringerung der Arbeit und des Konsums. Mit zunehmender Persistenz der Einkommensteuererhöhung (ρ-Wert) fällt der Konsumrückgang stärker aus, da der negative Vermögenseffekt der Lohnsteuererhöhung den positiven Vermögenseffekt der Kapitaleinkommensteuer überkompensiert[326] und mit zunehmender Persistenz bedeutender wird.

[326] Die Erhöhung des Faktors P_{t+s} wirkt sich in der intertemporalen Budgetrestriktion der Haushalte (4.34) weniger stark aus als die Reduktion der Summe der Arbeitseinkommen.

Hinsichtlich des Arbeitseinsatzes war die Reaktion im Modell mit Lohnsteuer für ρ=0 am größten, während es für das Kapitaleinkommensteuermodell bei ρ=0 zur geringsten Reaktion kam. Nun ergibt sich zwar für ρ=0 auch hier die stärkste Reduktion des Arbeitseinsatzes; die Differenz zur entsprechenden Elastizität $v_{N\tau}$ bei ρ=1 ist aber sehr viel geringer als noch im Modell mit Lohnsteuer. Analog zur Arbeitsmenge verhält sich der Output. Für die Investitionen kann man entsprechende Ergebnisse generieren. Der Unterschied beim Übergang zu zunehmenden Persistenzen ist also insgesamt nicht mehr so groß wie noch im Lohnsteuer- oder Kapitaleinkommensteuermodell. Es kommt eher zu einer Nivellierung.

Auch hinsichtlich der Abhängigkeit der Reaktionen der Modellvariablen von der Grenznutzenelastizität der Freizeit spiegelt sich die „Vermischung" von Lohnsteuer und Kapitaleinkommensteuer wider, wie Tabelle 4.6 zeigt. Ist die Grenznutzenelastizität niedrig bzw. die Arbeitsangebotselastizität hoch, so beobachtet man eher die Reaktionsmuster des Lohnsteuermodells. Dies ändert sich aber mit zunehmenden η, was im wesentlichen auf den Vermögenseffekt zurückzuführen ist. Im Lohnsteuermodell war der negative Vermögenseffekt auf die Reduktion des Bruttoarbeitseinkommens in zukünftigen Perioden zurückzuführen.[327] Da für zunehmende η-Werte aber der Arbeitseinsatz immer unelastischer wird und dadurch auch das Bruttoarbeitseinkommen in Gleichung (4.34) immer weniger reduziert wird, kommt diese negative Wirkung auf die Vermögensposition weniger zum Tragen. Die Auswirkungen der zukünftig niedrigeren Zinssätze auf den Vermögenseffekt, ausgelöst durch die höhere Kapitaleinkommensbesteuerung, bleibt aber auch für zunehmende η-Werte erhalten, so daß ab einer bestimmten Grenznutzenelastizität der erwartete Schattenpreis $E_t[\lambda_{t+1}]$ sinkt und gemäß Gleichung (4.30) zu einer Erhöhung des Konsums führt. Für $\eta \rightarrow \infty$ ist das Arbeitsangebot starr, d.h. eine Steueränderung hat (genauso wie bei der Kapitaleinkommensteuer) nur noch Wirkungen auf die intertemporale Konsumentscheidung, weshalb die makroökonomischen Effekte mit denen einer Erhöhung der Kapitaleinkommensteuer (vgl. Tabelle 4.4) identisch sind. Die synthetische Einkommensteuer wirkt wie eine Kapitaleinkommensteuer, und es kommt zu einem Anstieg des Konsums.

Zusammenfassend kann also erstens festgehalten werden, daß es in diesem Modell durchaus direkt nach der Erhöhung der Einkommensteuer zu einem Konsumanstieg kommen kann[328] und das um so eher, je unelastischer das Arbeitsangebot ist (je größer η ist). Zweitens zeigt sich, daß sich die Wirkungen einer

---

[327] Vgl. Abschnitt 4.1.3.

[328] Würde man die Steuereinnahmen allerdings nicht als Übertragungen zurückgeben und stattdessen Staatskonsumausgaben G_t finanzieren, wäre der Vermögenseffekt immer negativ. Es gäbe dann keinen Konsumanstieg. Vgl. Abschnitt 5.4.1.

proportionalen Einkommensteuer gerade als „Mischung" der Wirkungen einer Lohnsteuer und einer Kapitaleinkommensteuer ergeben. Wie schon oben angedeutet wurde, erhält man dabei aufgrund der Tatsache, daß das Lohneinkommen den größeren Anteil am Gesamteinkommen ausmacht, eher die qualitativen Ergebnisse einer Lohnsteuererhöhung.[329] Dies ändert sich aber, sobald man die Produktionselastizität der Arbeit bzw. die Arbeitseinkommensquote α reduziert. Je kleiner α ist, desto eher kann es deshalb auch für $\eta=1$ und einem genügend großen Persistenzwert zu einem Konsumanstieg kommen.

Abbildung 4.5: Impuls-Antwort-Folgen bei persistenter Erhöhung des Einkommensteuersatzes

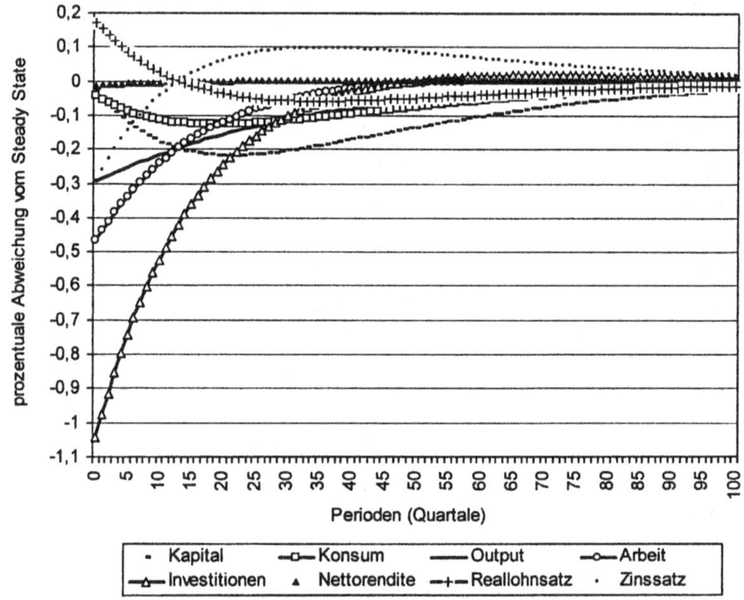

Die mittel- und langfristigen Wirkungen werden durch die Abbildungen 4.5 und 4.6 beschrieben. Der Rückgang der Investitionen führt im Verlauf des Anpassungsprozesses zu einem Abbau des Kapitalstocks, was zusammen mit dem niedrigeren Arbeitsangebot den Output dämpft. Für $\rho=0{,}95$ (Abbildung 4.5) streben die Variablen wieder ihrem Ausgangsniveau entgegen, weshalb durch Konsumverzicht und steigende Investitionen der zu kleine Kapitalstock wieder

[329] Dies ist auch auf die Abzugsfähigkeit der Abschreibungen von der Steuerbemessungsgrundlage zurückzuführen: Würde man die Abschreibungen besteuern, würde man z.B. auch für $\eta=1$ und große Persistenzwerte einen Konsumanstieg beobachten und auch die angesprochene „Nivellierung" würde stärker ausfallen.

aufgebaut werden muß. Für ρ=1 ist die Einkommensteuererhöhung dauerhaft; die makroökonomischen Größen Konsum, Investitionen, Output, Kapital und Arbeit streben mithin einem niedrigeren Niveau entgegen.

Abbildung 4.6: Impuls-Antwort-Folgen bei permanenter Erhöhung des Einkommensteuersatzes

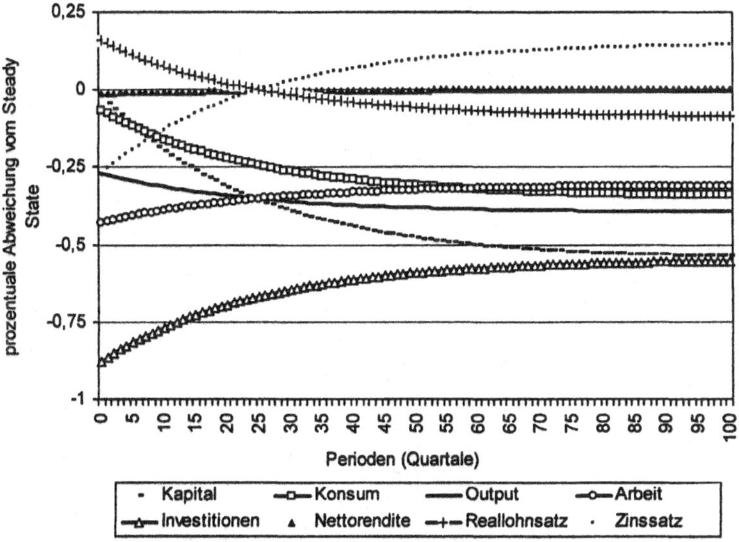

Beim Vergleich der Anpassungsprozesse in den Abbildungen 4.5 und 4.6 mit denjenigen der Lohnsteuererhöhung (Abbildungen 4.1 und 4.2) bzw. der Kapitaleinkommensteuererhöhung (Abbildungen 4.3 und 4.4) fällt auf, daß der qualitative Unterschied in den Kurvenverläufen zwischen der Lohnsteuer und der Kapitaleinkommensteuer hauptsächlich im Verlauf des Konsumpfades liegt. Entsprechend ergibt sich der Konsumpfad bei der Einkommensteuererhöhung gerade als „Mischung" der beiden anderen Kurvenverläufe. Der Konsum kann deshalb – je nach Parameterausgestaltung – anfänglich über oder unter seinem Ausgangsniveau liegen. Aufgrund der negativen Einkommenswirkungen des Kapitalabbaus, sinkt der Konsum aber nach einiger Zeit immer unter sein Steady-State-Niveau.

In Abbildung 4.7 sind für die Erhöhung der unterschiedlichen Einkommensteuern die Konsumäquivalente für ρ=0,95 und η=1 abgetragen.[330] Da unmittel-

[330] Ein direkter Vergleich der Konsumäquivalente ist nicht möglich, da sich für die drei Steuerarten der Ausgangs-Steady-State unterscheidet und weil die Steuererhöhung jeweils mit einem anderen Steueraufkommen verbunden ist.

bar nach der Steuererhöhung bei allen drei Steuerformen der Arbeitseinsatz sinkt, mithin die Freizeit steigt, kommt es zunächst zu Nutzensteigerungen, die sich mit der Zeit aber in Nutzenverlusten umkehren, da der Konsum zurückgeht und der Arbeitseinsatz wieder steigt. Berechnet man die Barwerte[331] der Konsumäquivalente, ergibt sich für alle drei Steuerarten ein negativer Wert. Insgesamt sind die Steuererhöhungen also mit einem Wohlfahrtsverlust verbunden.

Abbildung 4.7: Konsumäquivalente für eine Erhöhung der unterschiedlichen Einkommensteuern

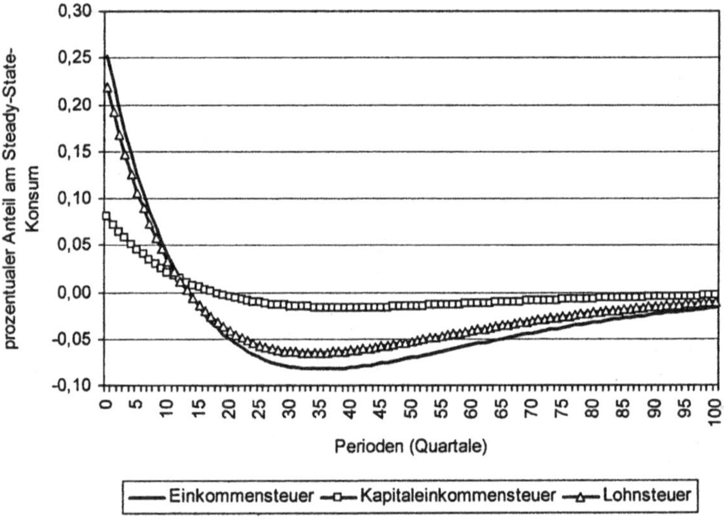

4.1.5.2. Der kurzfristige Laffer-Effekt

Man kann hier auch zeigen, wann es aufgrund der durch die Steuererhöhung verursachten Reduktion des Einkommens y_t zu einem sog. Laffer-Effekt kommen kann, der darin besteht, daß trotz eines höheren Steuersatzes, die Steuereinnahmen insgesamt zurückgehen können, wenn durch die Erhöhung des Steuersatzes die Steuerbemessungsgrundlage sinkt.[332] Unter einem kurzfristigen Laffer-Effekt wird hier das Auftreten einer Reduktion der Steuereinnahmen unmittelbar nach der Steuererhöhung verstanden.

---

[331] Den Barwert erhält man durch Diskontierung der Periodenkonsumäquivalente mit dem Diskontfaktor β. Auf die Barwertberechnung wird in Abschnitt 4.3. näher eingegangen.

[332] Dieser Sachverhalt ist nach dem Ökonomen Arthur Laffer benannt, der 1974 in einem Restaurant die sog. Laffer-Kurve auf eine Serviette zeichnete. Die dahinter stehende Idee ist aber schon bei Adam Smith zu finden. Vgl. dazu Fullerton (1982).

Die Einkommensteuereinnahmen werden nun definiert als:[333]

(4.40) $T^E_t = \tau_t y_t$.

Wenn aufgrund einer Erhöhung des Steuersatzes τ_t der Output y_t sinkt, können die Steuereinnahmen T^E_t auch sinken. Da man aus (4.40) für die prozentuale Änderung der Steuereinnahmen

(4.41) $\hat{T}^E_t = \hat{\tau}_t + \hat{y}_t$

ableiten kann, zeigt sich, daß eine Reduktion des Steueraufkommens immer dann eintritt, wenn $\hat{\tau}_t < -\hat{y}_t$ gilt, d.h. wenn die prozentuale Steigerung des Steuersatzes betragsmäßig geringer ist als die dadurch induzierte prozentuale Reduktion der Steuerbemessungsgrundlage Output. Ein solcher Laffer-Effekt ist für die Benchmark-Parameterwerte nicht gegeben, da in diesem Fall bei einer 1%igen Erhöhung[334] des Steuersatzes der Output nur um 0,3323% reduziert wird.[335]

Drückt man (4.41) in „Elastizitätenschreibweise" aus, folgt:

(4.42) $v_{T\tau} = 1 + v_{y\tau}$,

so daß im Beispielfall das Steueraufkommen um ca. 0,668% steigen wird. Da weiterhin $v_{y\tau} = \alpha v_{N\tau}$ gilt, und somit

(4.43) $v_{T\tau} = 1 + \alpha v_{N\tau}$

sein muß, zeigt sich zunächst die Wichtigkeit der Produktionselastizität bzw. der Arbeitseinkommensquote α: Je größer α ist, desto stärker beeinflußt eine Änderung des Arbeitseinsatzes das Einkommen und desto eher kommt es somit auch zu einem Laffer-Effekt unmittelbar nach dem Schock. Setzt man in (4.43) $v_{T\tau}$ gleich null, ergibt sich diejenige Elastizität des Arbeitseinsatzes bezüglich einer Änderung des Steuersatzes, bei der das Steueraufkommen gerade konstant bleibt:

(4.44) $v_{N\tau}^* = -\frac{1}{\alpha}$.

In dem gewählten Beispiel reicht die Steuererhöhung also nicht aus, um einen Laffer-Effekt zu erzeugen, da eine Reduktion des Arbeitseinsatzes von $v_{N\tau}^* = -1/0{,}63 = -1{,}587$ nötig wäre.[336] Dazu müßte in der Ausgangssituation der

---

[333] Zur Vereinfachung wurde unterstellt, daß die Abschreibungen nicht von der Steuerbemessungsgrundlage abgezogen werden können. Mithin unterliegt das gesamte Realeinkommen y_t der Einkommensteuer.

[334] Da im Steady State ein Steuersatz von 0,25 angenommen wurde, bedeutet dies eine Erhöhung des Steuersatzes auf 0,2525. Weiterhin wurden $\rho = 0{,}95$, $\eta = 1$ sowie die üblichen Parameterwerte unterstellt.

[335] Dieser Wert stimmt nicht ganz mit dem entsprechenden Wert in Tabelle 4.5 überein, da dort angenommen wurde, daß die Abschreibungen von der Steuerbemessungsgrundlage abgezogen werden können.

[336] Tatsächlich gilt aber $v_{N\tau} = v_{y\tau}/\alpha = 0{,}3323/0{,}63 = 0{,}5275$.

Einkommensteuersatz τ entsprechend höher liegen, damit einerseits die einprozentige Steigerung des Steuersatzes in absoluten Beträgen gesehen mehr ausmacht und andererseits wegen der hohen Steuerbelastung der Steady-State-Wert des Outputs entsprechend gering ist, womit bei einer gegebenen absoluten Reduktion des Outputs ein größerer prozentualer Anteil verbunden wäre. Allerdings tritt in diesem Modell erst bei einem Steuersatz in der Ausgangssituation von weit über 50%, nämlich bei τ=0,54, ein kurzfristiger Laffer-Effekt ein.

4.1.5.3. Der langfristige Laffer-Effekt

Es stellt sich nun die Frage, ob man nicht wenigstens langfristig mit einem Laffer-Effekt rechnen kann. Dazu wird ein (komparativ statischer) Vergleich der Steady-State-Situationen vor und nach der Änderung vorgenommen.
Ist die Änderung des Steuersatzes dauerhaft (ρ=1), erreicht die Wirtschaft nach einem Anpassungsprozeß einen neuen Steady State, in dem das Einkommen y niedriger ist als in der Ausgangssituation. Fraglich ist, ob diese Einkommensreduktion so stark ausfällt, daß sie zu einer Reduktion des Steueraufkommens und damit zu einem langfristigen Laffer-Effekt führt. Doch auch hier ist ein solcher Effekt für die gegebenen Parameterwerte unwahrscheinlich: Im Steady State wird der Output y durch folgende Gleichung beschrieben:[337]

$$y = (1-\tau)^{\frac{1-\alpha}{\alpha}} A^{\frac{1}{\alpha}} N \left[\frac{1-\alpha}{R^N - 1 + \delta} \right]^{\frac{1-\alpha}{\alpha}},$$

wobei $R^N = \gamma/\beta$ gilt.

Zur Vereinfachung wird definiert:

$$Z \equiv A^{\frac{1}{\alpha}} N \left[\frac{1-\alpha}{R^N - 1 + \delta} \right]^{\frac{1-\alpha}{\alpha}},$$

womit sich das Steueraufkommen $T = \tau y$ ergibt als:

$$(4.45)\ T^E = Z\tau(1-\tau)^{\frac{1-\alpha}{\alpha}}.$$

Eine Erhöhung des Steuersatzes τ führt gleichzeitig zu einer Reduktion von y, so daß der Nettoeffekt für T nicht eindeutig ist. Er hängt davon ab, wie stark der Output y bei einer gegebenen Erhöhung von τ sinkt. Für die Elastizität des Outputs y im Steady State in bezug auf den Steuersatz τ, erhält man:

$$(4.46)\ \frac{dy}{d\tau}\frac{\tau}{y} = -\frac{(1-\alpha)}{\alpha}\frac{\tau}{(1-\tau)}.$$

---

[337] Dabei wird angenommen, daß im Steady State jeweils N=0,2 gilt, sich θ beim Übergang von einem Steady State zum anderen also so anpaßt, daß der Arbeitseinsatz konstant bleibt.

Gleichung (4.46) zeigt, daß die relative Verminderung des Outputs bei einer relativen Erhöhung des Steuersatzes um so größer ausfällt, je größer der Steuersatz τ im Steady State vor der Änderung ist. Ist der Steuersatz im Ausgangspunkt schon relativ groß, dann ist durch eine weitere Erhöhung von τ eine starke Reduktion von y und damit eine Reduktion des Steueraufkommens zu erwarten ($dT^E/d\tau<0$). Ist der Steuersatz dagegen in der Ausgangssituation relativ gering, wird die Erhöhung den Output y nicht so stark beeinträchtigen, weshalb $dT^E/d\tau>0$ wahrscheinlich ist. Somit muß aber auch ein Steuersatz τ^* existieren, bei dem $dT^E/d\tau=0$ gilt. τ^* ist demnach derjenige Steuersatz, bei dem das Steueraufkommen T^E sein Maximum erreicht. Eine Erhöhung des Steuersatzes über τ^* hinaus führt zu einer Reduktion des Steueraufkommens im Steady State und damit zu einem langfristigen Laffer-Effekt.

Den Steuersatz τ^* erhält man, indem man die erste Ableitung von Gleichung (4.45) null setzt und nach τ auflöst.

$$\frac{dT^E}{d\tau} = Z(1-\tau)^{\frac{1-\alpha}{\alpha}}\left[1-\frac{1-\alpha}{\alpha}\frac{\tau}{1-\tau}\right]\overset{!}{=}0.$$

Der Ausdruck wird null, wenn $\tau \rightarrow 1$ strebt. Ein Einkommensteuersatz von 100% würde aber zum Zusammenbruch der Wirtschaft und somit zu einem Steueraufkommen von null führen. Das Maximum ergibt sich, wenn man den Klammerausdruck null setzt und nach τ auflöst. Nach einigen Umformungen erhält man:

$\tau^*=\alpha$.

Abbildung 4.8: Laffer-Kurve

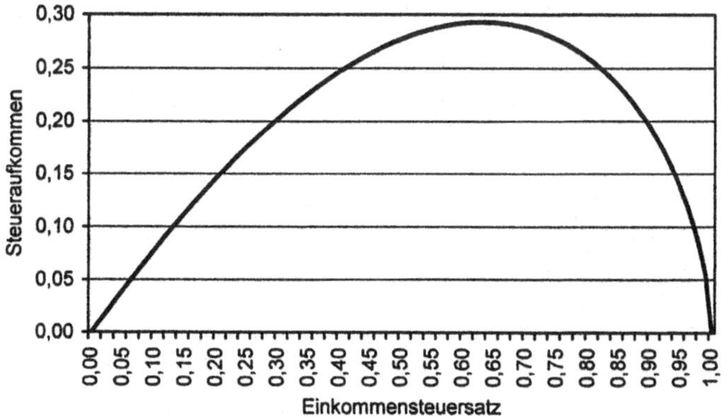

Das Ergebnis ist also denkbar einfach und zeigt nochmals die enorme Bedeutung, die die Produktionselastizität der Arbeit bzw. die Arbeitsein-

kommensquote in diesem Modell hat: Der Laffer-Effekt wird um so eher realisiert, je kleiner die Arbeitseinkommensquote α ist.
Wie auch Abbildung 4.8 zeigt, führt eine Steuererhöhung erst bei einem Steuersatz in der Ausgangssituation von über 63% zu einer Reduktion des Steueraufkommens. Als Benchmark-Parameter wurde hier aus gutem Grund α=0,63 gewählt. Andere Untersuchungen gehen von geringeren oder höheren Werten für α aus, was dann auch dazu führt, daß ein Laffer-Effekt wahrscheinlicher oder weniger wahrscheinlich wird. Für einigermaßen realistische Parameterwerte muß man ihn aber zumindest für diese Modellvariante ausschließen, da selbst bei sehr großzügiger Interpretation Werte kleiner 0,5 für α kaum realistisch sind. Der Steuersatz seinerseits kommt in der Realität selten an die 50% heran.

Interessant ist, daß ein kurzfristiger Laffer-Effekt am ehesten dann gegeben ist, wenn α groß ist, während der langfristige Laffer-Effekt eher für kleine Arbeitseinkommensquoten realisiert werden kann. Dies liegt daran, daß kurzfristig, d.h. unmittelbar nach dem Schock nur der Arbeitseinsatz variabel ist und somit Änderungen von y_t ausschließlich von der Änderung der Arbeitsmenge abhängen.[338] Somit ist die Höhe der Arbeitseinkommensquote für den kurzfristigen Laffer-Effekt von enormer Bedeutung. Für den langfristigen Laffer-Effekt sind dagegen die Steady-State-Werte entscheidend. Im Steady State ist aber N – wie oben zur Vereinfachung angenommen – konstant, so daß Änderungen von y im neuen im Vergleich zum alten Steady State für A=const. nur auf Änderungen des Kapitalstocks k zurückgeführt werden können. Dieser Einfluß des Kapitalstocks auf y ist aber um so größer, je größer die Kapitaleinkommensquote 1-α und damit je geringer die Arbeitseinkommensquote α ist.

Allerdings ist dieses Ergebnis letztlich auf die vereinfachende Annahme eines konstanten Arbeitseinsatzes in den beiden verglichenen Steady-State-Situationen zurückzuführen. Würde die Arbeitsmenge N im Steady State endogen sein und dafür der Parameter θ exogen, ergibt sich eine Reduktion des Arbeitseinsatzes im neuen Steady State und damit ist auch der Rückgang des Arbeitseinkommens für die Einkommensreduktion verantwortlich. Wie Abbildung 4.6 zeigt, ergibt sich bei einer permanenten Erhöhung des Einkommensteuersatzes ein Steady State mit geringeren Arbeits- und Kapitaleinsatz, was auch einen geringeren Output induziert. Der Rückgang der Steuerbemessungsgrundlage reicht aber nicht aus, um einen Laffer-Effekt zu erzeugen.

4.1.6. Die progressive Einkommensteuer

Die Betrachtung von proportionalen Einkommensteuern erweist sich als äußerst hilfreich, um die Effekte einer verzerrenden Einkommensteuer herauszuarbeiten.

---

[338] Der Kapitalstock k_{t-1} bleibt vom Schock in der Periode t unberührt. Somit hat erst in späteren Perioden die Änderung des Kapitalstocks Einfluß auf die Veränderung des Outputs.

Proportionale Einkommensteuern sind in einem tatsächlichen Steuersystem aber selten anzutreffen. Deshalb wird hier auch kurz der Fall einer progressiven Einkommensbesteuerung betrachtet. Der progressive Charakter der Steuer soll sowohl durch einen Anstieg des Durchschnittssteuersatzes als auch des Grenzsteuersatzes mit zunehmender Bemessungsgrundlage angezeigt werden. Man kann eine solche progressive Einkommensteuer in diesem Modell mindestens auf zwei unterschiedliche Weisen berücksichtigen, die hier kurz dargestellt werden.

Modell A: Die progressive synthetische Einkommensteuer

Eine progressive Einkommensbesteuerung kann sehr leicht modelliert werden, indem man unter Zugrundelegung des Modells mit proportionaler synthetischer Einkommensteuer aus Abschnitt 4.1.2. bzw. 4.1.5. den Einkommensteuersatz endogenisiert und zum Gleichungssystem (4.18) bis (4.26) folgende Gleichung hinzufügt:

$$(4.47)\ \tau_t = v_t (y_t - \delta k_{t-1})^{\kappa}$$

mit $v_t > 0$ als „Niveauvariable“ für den Grenzsteuersatz τ_t. Durch diese Konstruktion wird erreicht, daß der Steuersatz τ_t mit zunehmenden zu versteuernden Einkommen $y_t - \delta k_{t-1}$ ansteigt. Der Parameter κ bestimmt dabei den Progressionsverlauf. In Abbildung 4.9 ist für ein zunehmendes zu versteuerndes Einkommen der Verlauf der Grenzsteuersätze τ_t für $\kappa=0{,}2$, $\kappa=0{,}5$, $\kappa=1$ und $\kappa=1{,}5$ abgetragen.[339] Es zeigt sich, daß die Progression für $\kappa=0{,}2$ zunächst steiler verläuft, um dann mit zunehmender Bemessungsgrundlage stärker abzuflachen als z.B. bei $\kappa=0{,}5$. Für $\kappa=1$ liegt ein linear progressiver Tarif vor.

Die das Entscheidungskalkül der Individuen determinierenden intra- und intertemporalen Optimalitätsbedingungen verändern sich zu:

$$(4.48)\ \frac{u_2(c_t, 1-N_t)}{u_1(c_t, 1-N_t)} = w_t - w_t v_t (1+\kappa)(y - \delta k_{t-1})^{\kappa} = (1-(1+\kappa)\tau_t) w_t,$$

$$(4.49)\ \frac{\beta}{\gamma} E_t \left[\frac{u_1(c_{t+1}, 1-N_{t+1})}{u_1(c_t, 1-N_t)} R^N{}_{t+1} \right] = 1$$

mit $R^N{}_t = 1 + r_t - \delta - v_t(1+\kappa)(y_t - \delta k_{t-1})^{\kappa}(r_t - \delta) = 1 + (1-(1+\kappa)\tau_t)(r_t - \delta)$ und

$$(4.50)\ \frac{\gamma}{\beta} E_t \left[\frac{u_2(c_t, 1-N_t)}{u_2(c_{t+1}, 1-N_{t+1})} \right] = E_t \left[\frac{(1-(1+\kappa)\tau_t) w_t}{(1-(1+\kappa)\tau_{t+1}) w_{t+1}} R^N{}_{t+1} \right].$$

[339] In Abbildung 4.9 wurde für die vier verschiedenen Progressionsverläufe v_t konstant gehalten ($v_t = v = \text{const.}$) und jeweils so festgelegt, daß im Steady State ein Grenzsteuersatz τ von 25% erreicht wird ($\tau = 0{,}25$).

Der für die Arbeitsangebotsentscheidung relevante Nettolohnsatz ist nun also $(1-(1+\kappa)\tau_t)w_t$ bzw. der für die intertemporale Konsumentscheidung relevante Zins ist $1+(1-(1+\kappa)\tau_{t+1})(r_{t+1}-\delta)$. Es zeigt sich, daß die in Abschnitt 4.1.5. behandelte proportionale Einkommensteuer einen Spezialfall dieser Steuer darstellt, nämlich wenn $\kappa=0$ gilt. Für $\kappa>0$ ist der relevante Nettolohnsatz bzw. die Nettorendite niedriger mit den entsprechenden Wirkungen auf den Arbeitsanreiz bzw. Sparanreiz.[340]

Abbildung 4.9: Grenzsteuersatz in Abhängigkeit vom zu versteuernden Einkommen für unterschiedliche Progressionsparameter

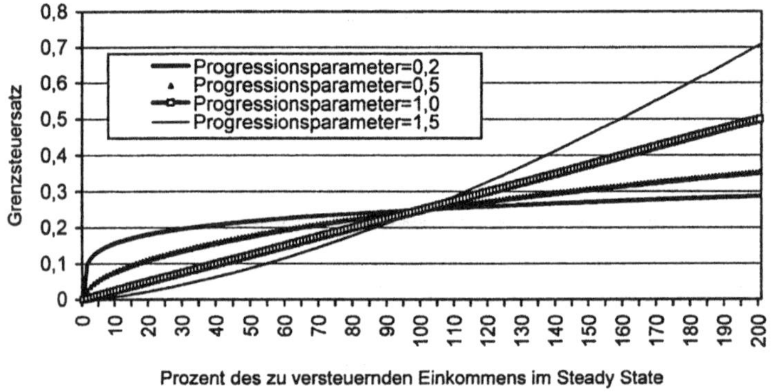

Für Simulationsrechnungen muß das linearisierte Gleichungssystem durch die linearisierte Form der Gleichung (4.47) ergänzt werden:

$$(4.51)\ \hat{\tau}_t = \hat{v}_t + \frac{\kappa}{y-\delta k}(y\hat{y}_t - \delta k\hat{k}_{t-1}).$$

Um in diesem so spezifizierten Modell einen Steuerschock zu simulieren, wird nun ein AR(1)-Prozeß für die Variable v_t angenommen:

$(4.52)\ \ln v_t=(1-\rho)\ln v+\rho \ln v_{t-1}+\varepsilon_t$ bzw. linearisiert: $\hat{v}_t = \rho\hat{v}_{t-1} + \varepsilon_t$.

Wie man anhand von Tabelle 4.7 sehen kann, unterscheiden sich die Wirkungen, die eine Erhöhung von τ_t um 1%[341] auf die Modellvariablen hat, qualitativ nicht von den Ergebnissen einer Erhöhung der proportionalen Steuer ($\kappa=0$), da dort

[340] Es muß allerdings immer berücksichtigt werden, daß hier der Steuersatz nicht wie im Modell der proportionalen Steuer exogen ist, sondern eine Funktion des zu versteuernden Einkommens darstellt: $\tau_t=f(y_t-\delta k_{t-1})$.

[341] Die Variable v_t wird dabei so gesetzt, daß sich in Gleichung (4.51) τ_t genau um 1% erhöht bzw. in Gleichung (4.52) wird ε_t entsprechend festgelegt.

der Steuerschock genauso zu einer Anhebung des Grenzsteuersatzes führt wie hier.[342] Der einzige Unterschied besteht darin, daß nun die durch die Steuererhöhung induzierte Abnahme des zu versteuernden Einkommens gemäß Gleichung (4.47) bzw. (4.51) auf den Steuersatz rückwirkt, weshalb der Steuersatz nicht so stark ansteigt bzw. nach erfolgter gleich großer anfänglicher Erhöhung (wie in Tabelle 4.7) und $\rho<1$ schneller wieder sinkt. Mithin verläuft hier der Anpassungspfad des Steuersatzes τ_t im Vergleich zur proportionalen Einkommensteuer anders, weshalb sich auch die induzierten Vermögenseffekte etwas unterscheiden.

Tabelle 4.7: Elastizitäten bei Erhöhung einer progressiven Einkommensteuer[343] im Vergleich zu einer proportionalen Einkommensteuer in Abhängigkeit von der Persistenz

$\eta=1$	$\rho=0$ $\kappa=0{,}5$	$\rho=0{,}95$ $\kappa=0{,}5$	$\rho=1$ $\kappa=0{,}5$	$\rho=0$ $\kappa=0$	$\rho=0{,}95$ $\kappa=0$	$\rho=1$ $\kappa=0$
$v_{k\tau}$	-0.0331	-0.0285	-0.0247	-0.0307	-0.0260	-0.0218
$v_{c\tau}$	-0.0177	-0.0422	-0.0617	-0.0162	-0.0432	-0.0671
$v_{y\tau}$	-0.3207	-0.2958	-0.2760	-0.3222	-0.2949	-0.2705
$v_{N\tau}$	-0.5090	-0.4696	-0.4381	-0.5115	-0.4680	-0.4293
$v_{RN\tau}$	-0.0145	-0.0138	-0.0132	-0.0129	-0.0122	-0.0115
$v_{r\tau}$	-0.3207	-0.2958	-0.2760	-0.3222	-0.2949	-0.2705
$v_{w\tau}$	0.1883	0.1738	0.1620	0.1892	0.1732	0.1589
$v_{i\tau}$	-1.3328	-1.1431	-0.9918	-1.2334	-1.0443	-0.8760
$v_{\tau\tau}$	1.0000	1.0000	1.0000	1.0000	1.0000	1.0000

Interessant werden die Effekte einer progressiven Einkommensteuer in diesem Modell erst, wenn sich die Abhängigkeit des Grenzsteuersatzes von der Steuerbemessungsgrundlage bemerkbar macht. Wird die Wirtschaft z.B. von einem positiven Technologieschock getroffen, steigt das zu versteuernde Einkommen an, was den Grenzsteuersatz steigen läßt, mithin z.B. den Arbeitsanreiz reduziert und damit den positiven konjunkturellen Effekt dämpft. Es werden also so die automatischen Stabilisatoren eines progressiven Einkommensteuersystems wirksam.[344]

Modell B: Progressive Lohnsteuer, progressive Kapitaleinkommensteuer und duale Einkommensteuer

Eine zweite Möglichkeit, eine progressive Einkommensbesteuerung zu modellieren, besteht darin, für Lohneinkommen und Kapitaleinkommen, jeweils

[342] ν wurde so festgelegt, daß ein Grenzsteuersatz von $\tau=0{,}25$ im Steady State realisiert wird: $\nu=\tau/(y-\delta k)^{\kappa}$. Da im Fall der proportionalen Einkommensteuer $\kappa=0$ und hier $\kappa>0$ gilt, sind die Steady-State-Werte in beiden Modellen unterschiedlich, so daß eine direkte quantitative Vergleichbarkeit eigentlich nicht gegeben ist.

[343] Es wurde $\eta=1$ unterstellt. Außerdem wurde $\nu=0{,}3224$ gesetzt, damit $\tau=0{,}25$ im Steady State gilt.

[344] Vgl. dazu Abschnitt 6.4.6.

gesondert einen progressiven Tarif zu entwickeln. Dies geschieht, indem man den Lohnsteuersatz bzw. den Kapitaleinkommensteuersatz wie folgt endogenisiert:

$$(4.53)\ \tau^L{}_t = \nu^L{}_t(w_t N_t)^{\kappa^L},$$

$$(4.54)\ \tau^K{}_t = \nu^K{}_t((r_t - \delta)k_{t-1})^{\kappa^K}.$$

Ergänzt man mit Gleichung (4.53) oder mit (4.54) das Gleichungssystem (4.18) bis (4.26), so kann man eine progressive Lohnsteuer oder eine progressive Kapitaleinkommensteuer simulieren, sofern man für $\nu^L{}_t$ bzw. $\nu^K{}_t$ entsprechend einen AR(1)-Prozeß annimmt. Genauso wie im Fall der synthetischen Einkommensteuer ergibt sich die jeweilige proportionale Steuer als Spezialfall für κ^L=0 bzw. für κ^K=0. Die Optimalitätsbedingungen lauten:

$$(4.55)\ \frac{u_2(c_t, 1-N_t)}{u_1(c_t, 1-N_t)} = w_t - \nu^L{}_t(1+\kappa^L)\frac{(w_t N_t)^{1+\kappa^L}}{N_t} = (1-(1+\kappa^L)\tau^L{}_t)w_t,$$

$$(4.56)\ \frac{\beta}{\gamma}E_t\left[\frac{u_1(c_{t+1}, 1-N_{t+1})}{u_1(c_t, 1-N_t)}R^N{}_{t+1}\right] = 1 \qquad \text{mit}$$

$$R^N{}_t = 1 + r_t - \delta - \nu^K{}_t(1+\kappa^K)\frac{((r_t-\delta)k_{t-1})^{1+\kappa^K}}{k_{t-1}} = 1 + (1-(1+\kappa^K)\tau^K{}_t)(r_t - \delta)$$

und

$$(4.57)\ \frac{\gamma}{\beta}E_t\left[\frac{u_2(c_t, 1-N_t)}{u_2(c_{t+1}, 1-N_{t+1})}\right] = E_t\left[\frac{(1-(1+\kappa^L)\tau^L{}_t)w_t}{(1-(1+\kappa^L)\tau^L{}_{t+1})w_{t+1}}R^N{}_{t+1}\right],$$

wobei bei einer progressiven Lohnsteuer $\tau^K{}_t$=0 und bei einer progressiven Kapitaleinkommensteuer entsprechend $\tau^L{}_t$=0 gelten. Ein Steuerschock erzeugt in den jeweiligen progressiven Steuersystemen nun qualitativ identische und quantitativ ganz ähnliche Effekte, wie die in den Abschnitten 4.1.3. und 4.1.4. behandelten entsprechenden proportionalen Steuern, weshalb hier auf eine weitere Darstellung verzichtet werden soll. Der einzige Unterschied besteht auch hier darin, daß durch die Abhängigkeit der Steuersätze $\tau^L{}_t$ und $\tau^K{}_t$ von der jeweiligen Bemessungsgrundlage der Anstieg der Steuersätze etwas gedämpft wird, wenn im Zuge einer Steuererhöhung ($\nu^L{}_t$ bzw. $\nu^K{}_t$ steigen) die Bemessungsgrundlage sinkt.

Ergänzt man das Gleichungssystem (4.18) bis (4.26) nun sowohl durch Gleichung (4.53) als auch durch (4.54), werden die Kapitaleinkommen und die Arbeitseinkommen zwar gleichzeitig einer progressiven Besteuerung unterzogen, da aber das Arbeitseinkommen für die hier gewählten Modellparameter (α=0,63) viel größer als das Kapitaleinkommen ist, kann selbst für $\nu^L{}_t=\nu^K{}_t$ und $\kappa^L=\kappa^K$ keine synthetische Einkommensteuer simuliert werden. Es ist aber unter

Annahme von $\kappa^L>0$ und $\kappa^K=0$ gleichwohl möglich, eine duale Einkommensteuer zu modellieren. Unter einer dualen Einkommensteuer versteht man ein Schedulensystem, bei dem Kapitaleinkünfte unabhängig von der progressiven Besteuerung von Arbeitseinkommen mit einem niedrigeren proportionalen Steuersatz belegt werden.[345] Die duale Einkommensteuer stellt somit einen Spezialfall des Modells B dar und ist nichts anderes als eine Kombination aus progressiver Lohnsteuer und proportionaler Kapitaleinkommensteuer. Allerdings ergeben sich auch hier im Prinzip bei einem Steuerschock qualitativ keine anderen Ergebnisse, als oben schon abgeleitet wurden.

4.1.7. Die Senkung der Einkommensteuer als positiver Technologieschock

Es soll nun gezeigt werden, daß man eine Änderung des Einkommensteuersatzes in diesem Modell auch als einen Technologieschock interpretieren kann. Dazu wird angenommen, daß mit einer proportionalen Einkommensteuer Staatskonsumausgaben G_t finanziert werden, so daß die Budgetgleichung des Staates wie folgt lautet:[346]

$G_t=\tau_t y_t$.

Der Staatskonsum sei kein Argument in der Nutzenfunktion der privaten Haushalte. Es gilt also $\psi=0$.

Formal weist das so spezifizierte Modell gegenüber dem Modell mit Einkommensteuer und Transferzahlungen aus Abschnitt 4.1.2 bzw. 4.1.5. nur einen Unterschied bezüglich der Ressourcenbeschränkung auf. Diese lautet nämlich aufgrund der Tatsache, daß der Staat für seine Konsumausgaben einen Teil der Produktion für sich beansprucht wie folgt:

$y_t=c_t+i_t+G_t$.

Da wegen der Budgetgleichung des Staates $G_t=\tau_t y_t$ gilt, kann die Ressourcengleichung auch geschrieben werden als

$(1-\tau_t)y_t=c_t+i_t$.

Es steht also nun nicht mehr der gesamte Output für privaten Konsum und Investitionen zur Verfügung, sondern nur noch das Nettoeinkommen $(1-\tau_t)y_t$. Die Modellwirtschaft wird somit durch folgende Gleichungen beschrieben:

$$c_t=\frac{(1-N_t)^\eta}{\theta}(1-\tau_t)\alpha\frac{y_t}{N_t},$$

$$1=\frac{\beta}{\gamma}E_t\left[\frac{c_t}{c_{t+1}}R^N{}_{t+1}\right],$$

$\gamma k_t= i_t+(1-\delta)k_{t-1}$,

[345] Vgl. Genser (1996), S. 399, Fn. 1.

[346] Zur Vereinfachung wird angenommen, daß die Abschreibungen nicht von der Einkommensteuerbemessungsgrundlage abgezogen werden können.

$$R^N_t = (1-\tau_t)(1-\alpha)\frac{y_t}{k_{t-1}} + (1-\delta),$$

$y_t = k_{t-1}^{1-\alpha} N_t^{\alpha}$,

$(1-\tau_t)y_t = c_t + i_t$.

Nun wird dieses Gleichungssystem umgeformt, indem für den Nachsteuer-Output $y_t^* = (1-\tau_t)y_t$ eingesetzt und außerdem für den AR(1)-Prozeß

$\ln(1-\tau_t) = (1-\rho)\ln(1-\tau) + \rho\ln(1-\tau_{t-1}) + \varepsilon_t$

angenommen wird. Diese Annahme ist unproblematisch, da eine einprozentige Erhöhung von $(1-\tau_t)$ ausgehend vom Steady State mit einer Senkung des Steuersatzes τ_t um $(1-\tau)/\tau$ Prozent identisch ist. Es gilt also:

$$\hat{\tau}_t = -\frac{(1-\tau)}{\tau}(1-\hat{\tau}_t).$$

Man erhält somit als neues Gleichungssystem die linke Spalte von Tabelle 4.8. Die rechte Spalte der Tabelle stellt die Gleichungen des Grundmodells dar. Es fällt auf, daß die beiden Systeme formal übereinstimmen: y_t^* steht überall dort, wo im Grundmodell y_t, und $(1-\tau_t)$ dort, wo A_t steht.[347]

Tabelle 4.8: Die Senkung der Einkommensteuer als positiver Technologieschock

Einkommensteuermodell	**Grundmodell**
$c_t = \frac{(1-N_t)^{\eta}}{\theta}\alpha\frac{y_t^*}{N_t}$	$c_t = \frac{(1-N_t)^{\eta}}{\theta}\alpha\frac{y_t}{N_t}$
$1 = \frac{\beta}{\gamma}E_t\left[\frac{c_t}{c_{t+1}}R^N_{t+1}\right]$	$1 = \frac{\beta}{\gamma}E_t\left[\frac{c_t}{c_{t+1}}R_{t+1}\right]$
$\gamma k_t = i_t + (1-\delta)k_{t-1}$	$\gamma k_t = i_t + (1-\delta)k_{t-1}$
$R^N_t = (1-\alpha)\frac{y_t^*}{k_{t-1}} + (1-\delta)$	$R_t = (1-\alpha)\frac{y_t}{k_{t-1}} + (1-\delta)$
$y_t^* = (1-\tau_t)k_{t-1}^{1-\alpha}N_t^{\alpha}$	$y_t = A_t k_{t-1}^{1-\alpha}N_t^{\alpha}$
$y_t^* = c_t + i_t$	$y_t = c_t + i_t$
$\ln(1-\tau_t) = (1-\rho)\ln(1-\tau) + \rho\ln(1-\tau_{t-1}) + \varepsilon_t$	$\ln A_t = (1-\rho)\ln A + \rho\ln A_{t-1} + \varepsilon_t$

Steigt also die totale Faktorproduktivität um 1% bzw. die Größe $(1-\tau_t)$ um 1%, so ist dies bei einem Steady-State-Wert von $\tau=0{,}25$ gleichbedeutend mit einer Reduktion des Steuersatzes um $(1-\tau)/\tau=3\%$. Die Tabellen 2.3 und 2.4 aus Kapitel 2 können somit dazu benutzt werden, um die Effekte einer Steuersenkung um 3%[348] abzulesen, wobei berücksichtigt werden muß, daß die Werte für v_{yA} im Grundmodell für den Output y_t und bei Übertragung auf das hier betrachtete Modell mit Staat für den Nachsteuer-Output y_t^* gelten.[349]

[347] Vgl. Campbell (1994), S. 496.

[348] Dies entspricht einer Reduktion des Steuersatzes auf 0,2425.

[349] Vgl. Campbell (1994), S. 496.

Man kann also eine Erhöhung des Einkommensteuersatzes als einen negativen und die Senkung des Steuersatzes als einen positiven Technologieschock interpretieren, womit einerseits die eingangs durchgeführte Betrachtung des Grundmodells der RBC-Theorie gerechtfertigt werden kann, obwohl eigentlich die Analyse der Fiskalpolitik im Vordergrund steht. Andererseits ist dieser Sachverhalt ein Argument dafür, in einem RBC-Modell den Staat zunächst außen vor zu lassen, unter dem Hinweis, daß ein Einkommensteuerschock unter bestimmten Bedingungen nichts anderes als einen Technologieschock darstellt.

4.2. Besteuerung des Konsums

4.2.1. Das Modell

Nachdem die Einkommensbesteuerung analysiert wurde, werden nun in gleicher Weise die Wirkungen einer Konsumsteuer betrachtet. Grundsätzlich kann man zwei Arten der Konsumbesteuerung unterscheiden: eine Mehrwertsteuer und eine Persönliche Allgemeine Verbrauchsteuer (PAV). Bei einer Mehrwertsteuer muß der Akteur für eine Konsumeinheit einen höheren Bruttopreis $(1+\tau^c_t)$ leisten, von dem der Verkäufer (Unternehmenssektor) τ^c_t Einheiten als Steuer an den Staat abführt.[350] Die PAV ist dagegen als eine direkte Steuer konzipiert, bei der der einzelne Akteur einen bestimmten Prozentsatz des Konsums $\tau^c_t c_t$ an den Fiskus abführen muß. Wenn man von anderen Steuern abstrahiert und wiederum davon ausgeht, daß der Staat seine Steuereinnahmen für Übertragungen an die privaten Haushalte verwendet, ergibt sich im Falle einer Mehrwertsteuer folgende Budgetgleichung des privaten Haushalts:

(4.58) $(1+\tau^c_t)c_t+i_t=w_tN_t+r_tk_{t-1}+\ddot{U}_t$

und im Falle der PAV:

(4.59) $c_t+i_t=w_tN_t+r_tk_{t-1}+\ddot{U}_t-\tau^c_tc_t$.

Man sieht auf den ersten Blick, daß die Gleichungen (4.58) und (4.59) und mithin auch die beiden Arten der Konsumsteuer in diesem Modell völlig identisch sind.[351] Unter Berücksichtigung von $\gamma k_t=i_t+(1-\delta)k_{t-1}$ und $R_t=1+r_t-\delta$ kann man als Periodenbudgetrestriktion der Haushalte auch noch ableiten:

(4.60) $(1+\tau^c_t)c_t+\gamma k_t=w_tN_t+R_tk_{t-1}+\ddot{U}_t$.

Die Budgetgleichung des Staates ergibt sich entsprechend als:

(4.61) $\tau^c_tc_t=\ddot{U}_t$.

Bei der weiteren Analyse wird analog zur Betrachtung der Einkommensbesteuerung vorgegangen. Es sei wieder angenommen, daß der betrachtete Steuersatz einem AR(1)-Prozeß folgt:[352]

---

[350] Vgl. Huber (1996), S. 42.

[351] Vgl. Huber (1996), S. 42.

[352] Genauso wie in den Einkommensteuermodellen wird diese Annahme getroffen, um die Wirkungen der Konsumsteuer explizit herauszuarbeiten. Auch hier könnte man alternativ (mit

$(4.62)\ \ln\tau^c_t=(1-\rho)\ln\tau^c+\rho\ln\tau^c_{t-1}+\varepsilon_t.$

Weiterhin wird davon ausgegangen, daß in der Periode t der Steuersatz um ein Prozent erhöht wird. Die Wirkungen dieser Steuererhöhung werden sodann für unterschiedliche Persistenzen des Schocks und für unterschiedliche Grenznutzenelastizitäten η untersucht.

Im Vergleich zum Grundmodell bzw. zum Einkommensteuermodell aus Abschnitt 4.1.2. treten ansonsten keine Änderungen auf, so daß die Modellökonomie allgemein durch folgendes Gleichungssystem beschrieben wird:

$(4.63)\ u_1(c_t,L_t)=\lambda_t(1+\tau^c_t),$

$(4.64)\ u_2(c_t,L_t)=\omega_t,$

$(4.65)\ \lambda_t w_t=\omega_t,$

$(4.66)\ \beta E_t[\lambda_{t+1}R_{t+1}]=\gamma\lambda_t,$

$(4.67)\ R_t=1+r_t-\delta,$

$(4.68)\ r_t=AF_1(k_{t-1},N_t),$

$(4.69)\ w_t=AF_2(k_{t-1},N_t),$

$(4.70)\ \gamma k_t=i_t+(1-\delta)k_{t-1},$

$(4.71)\ y_t=c_t+i_t,$

$(4.72)\ L_t+N_t=1,$

$(4.73)\ \ln\tau^c_t=(1-\rho)\ln\tau^c+\rho\ln\tau^c_{t-1}+\varepsilon_t.$

In gewohnter Weise werden nun die Optimalitätsbedingungen abgeleitet. Die intratemporale Optimalitätsbedingung ergibt sich aus der Kombination von (4.63) bis (4.65) und (4.72):

$$(4.74)\ \frac{u_2(c_t,1-N_t)}{u_1(c_t,1-N_t)}=\frac{w_t}{1+\tau^c_t}.$$

In Gleichung (4.66) wird durch Einsetzen von (4.63) λ_t und λ_{t+1} eliminiert, wodurch man die erste intertemporale Optimalitätsbedingung generiert:

$$(4.75)\ \frac{\beta}{\gamma}E_t\left[\frac{u_1(c_{t+1},1-N_{t+1})}{u_1(c_t,1-N_t)}\frac{1+\tau^c_t}{1+\tau^c_{t+1}}R_{t+1}\right]=1.$$

Die zweite intertemporale Optimalitätsbedingung ergibt sich aus (4.74) und (4.75):

$$(4.76)\ \frac{\gamma}{\beta}E_t\left[\frac{u_2(c_t,1-N_t)}{u_2(c_{t+1},1-N_{t+1})}\right]=E_t\left[\frac{w_t}{w_{t+1}}R_{t+1}\right].$$

Anhand der Optimalitätsbedingungen (4.74) bis (4.76) kann man bereits die grundsätzlichen qualitativen Wirkungen, die eine Konsumsteuererhöhung nach

den gleichen Ergebnissen) die Übertragungen oder Staatskonsumausgaben G_t mit $\psi=1$ exogen erhöhen und jeweils die Konsumsteuer endogen so anpassen, daß die Budgetgleichung des Staates erfüllt wird. Vgl. Abschnitt 4.1.2.

sich zieht, ablesen. Die drei Gleichungen zeigen, daß die Konsumsteuer genauso wie die Einkommensteuer sowohl die Konsum-Freizeit-Entscheidung als auch die intertemporale Konsumentscheidung der Akteure verzerrt. Im Gegensatz zu den betrachteten Steuern auf das Einkommen beeinflußt die Konsumsteuer aber nicht die Entscheidung zwischen Freizeit heute und Freizeit morgen, was man an der zweiten intertemporalen Optimalitätsbedingung (4.76) erkennen kann. Gemäß der intratemporalen Optimalitätsbedingung (4.74) hat die Konsumbesteuerung zur Folge, daß die „Kaufkraft" einer Arbeitseinheit von w_t auf $w_t/(1+\tau^c_t)$ reduziert wird.[353] Bei einer Erhöhung des Steuersatzes sinken somit die Opportunitätskosten der Freizeit, die Freizeit nimmt zu und die Arbeitszeit ab, während der Konsum sinkt. Ein höherer Konsumsteuersatzes hat somit letztlich die gleiche Wirkung wie eine Reduktion des Lohnsatzes auf $w_t/(1+\tau^c_t)$ und ist damit in Bezug auf die Konsum-Freizeit-Entscheidung mit den Wirkungen einer Lohnsteuer- bzw. Einkommensteuererhöhung vergleichbar.[354]

Die intertemporale Optimalitätsbedingung (4.75) zeigt den Einfluß der Konsumsteuer auf die intertemporale Konsumentscheidung. Eine Steuererhöhung in der Periode t macht den Konsum in der Periode t unattraktiv, und es kommt zu einer intertemporalen Substitution des Konsums, d.h. die Ersparnisse und damit die Investitionen in der Periode t steigen. Dies geschieht aber nur dann, wenn der Steuersatz in der Periode t+1 niedriger ist als in der Periode t. Daraus kann man schon unmittelbar schlußfolgern, daß für eine geringe Persistenz des Schocks der Effekt entsprechend größer sein wird als für einen lang anhaltenden Schock, da für kleine Werte von ρ die Differenz zwischen den beiden Steuersätzen größer ist als für große Persistenzwerte. Sind die Steuersätze in den Perioden t und t+1 unterschiedlich, werden die Konsummöglichkeiten in den beiden Perioden beeinflußt bzw. verzerrt. Der Akteur kann in der Periode t $(1+\tau^c_t)$ Gütereinheiten durch Konsumverzicht in Höhe von einer Gütereinheit in die Periode t+1 transferieren, in der er dann $(1+\tau^c_t)R_{t+1}/(1+\tau^c_{t+1})$ Einheiten konsumieren kann. Der Akteur wird also seine Entscheidung zwischen Konsum heute und Konsum morgen anhand dieser Rate nach Steuern und nicht nur anhand von R_{t+1} treffen, wie es in einem Modell ohne Steuern der Fall wäre.[355] Sind die Steuersätze in allen Perioden gleich hoch, gilt also $\rho=1$, so hat die Konsumbesteuerung keinen Einfluß mehr auf die intertemporale Konsum-Spar-Entscheidung des Akteurs, da die Konsummöglichkeiten in allen zukünftigen Perioden um den Faktor $1/(1+\tau^c_t)$ eingeschränkt werden[356] und sich somit eine intertemporale Verschiebung des Konsums nicht mehr lohnt.

[353] Vgl. Jonsson/Klein (1996), S. 261.
[354] Vgl. Huber (1996), S. 46. Formal sind eine Lohnsteuer und eine Konsumsteuer äquivalent, wenn $\rho=1$ und $(1-\tau^L_t)=1/(1+\tau^c_t)$ gilt. Vgl. dazu Huber (1996), S. 78.
[355] Vgl. Huber (1996), S. 46.
[356] Vgl. Huber (1996), S. 47.

Insgesamt wird die Wirtschaft unter Anwendung der bekannten Nutzen- bzw. Produktionsfunktion durch folgende Gleichungen beschrieben:

(4.77) $\lambda_t = \frac{1}{c_t(1+\tau^c{}_t)}$,

(4.78) $\frac{c_t\theta}{(1-N_t)^\eta} = \frac{w_t}{1+\tau^c{}_t}$,

(4.79) $\beta E_t[\lambda_{t+1}R_{t+1}] = \gamma\lambda_t$,

(4.80) $R_t=1+r_t-\delta$,

(4.81) $\gamma k_t= i_t+(1-\delta)k_{t-1}$,

(4.82) $r_t = (1-\alpha)\frac{y_t}{k_{t-1}}$,

(4.83) $w_t = \alpha\frac{y_t}{N_t}$,

(4.84) $y_t=Ak_{t-1}{}^{1-\alpha}N_t{}^\alpha$,

(4.85) $y_t=c_t+i_t$,

(4.86) $\ln\tau^c{}_t=(1-\rho)\ln\tau^c+\rho\ln\tau^c{}_{t-1}+\varepsilon_t$.

4.2.2. Wirkungsanalyse

Einen Eindruck von den quantitativen Wirkungen einer Konsumsteuererhöhung kann man für die Beispielökonomie wieder anhand der Elastizitäten für unterschiedliche Persistenzen in Tabelle 4.9 und für unterschiedliche Grenznutzenelastizitäten der Freizeit in Tabelle 4.10 sowie anhand der Impuls-Antwort-Folgen in den Abbildungen 4.10 bis 4.11 gewinnen. Der Konsumsteuersatz im Steady State wurde dabei auf τ^c=0,18 festgesetzt, was in etwa dem Anteil der Konsumsteuereinnahmen an den privaten Konsumausgaben entspricht. Ansonsten gelten weiterhin die Benchmark-Parameter des Grundmodells.[357]

Es zeigt sich, daß der Konsum, der Arbeitseinsatz und der Output unmittelbar nach dem Schock sinken, während die Reaktion der Investitionen ambivalent ist und von den Parameterwerten abhängt.

Durch Linearisierung und Kombination der Gleichungen (4.77) und (4.79) sowie der Gleichungen (4.77) und (4.78) ergeben sich die Bestimmungsgleichungen für die relative Änderung des Konsums und des Arbeitseinsatzes:

(4.87) $\hat{c}_t = E_t\left[-\hat{\lambda}_{t+1} - \frac{\tau^c}{1+\tau^c}\hat{\tau}^c{}_t - \hat{R}_{t+1}\right]$,

[357] α=0,63; β=0,9925; δ=0,02; γ=1,005.

(4.88) $\hat{N}_t = \frac{1-N}{N\eta}\left[\hat{\lambda}_t + \hat{w}_t\right]$ bzw. unter Berücksichtigung von $\hat{\lambda}_t = E_t[\hat{\lambda}_{t+1} + \hat{R}_{t+1}]$

(4.89) $\hat{N}_t = \frac{1-N}{N\eta} E_t\left[\hat{\lambda}_{t+1} + \hat{R}_{t+1} + \hat{w}_t\right]$.

Eine Erhöhung der Konsumsteuer verteuert den Konsum, was gemäß Gleichung (4.87) zu einer Einschränkung des Konsums führt. Der Arbeitseinsatz wird in Gleichung (4.88) bzw. (4.89) nicht direkt von der Änderung der Konsumsteuer beeinflußt, so daß die Änderung des Arbeitsangebotes im wesentlichen durch die Veränderung des Schattenpreises λ_t bzw. des erwarteten Schattenpreises $E_t[\lambda_{t+1}]$ determiniert wird.

Tabelle 4.9: Elastizitäten bei einer Konsumsteuererhöhung in Abhängigkeit von der Persistenz

η=1	**ρ=0**	**ρ=0,5**	**ρ=0,95**	**ρ=0,98**	**ρ=1**
$v_{k\tau}$	0.0088	0.0081	0.0017	-0.0015	-0.0055
$v_{c\tau}$	-0.1474	-0.1427	-0.1005	-0.0797	-0.0532
$v_{y\tau}$	-0.0053	-0.0100	-0.0529	-0.0740	-0.1009
$v_{N\tau}$	-0.0084	-0.0159	-0.0840	-0.1175	-0.1602
$v_{R\tau}$	-0.0002	-0.0003	-0.0017	-0.0024	-0.0032
$v_{r\tau}$	-0.0053	-0.0100	-0.0529	-0.0740	-0.1009
$v_{w\tau}$	0.0031	0.0059	0.0311	0.0435	0.0593
$v_{i\tau}$	0.3533	0.3248	0.0671	-0.0598	-0.2212
$v_{\lambda\tau}$	-0.0052	-0.0099	-0.0521	-0.0729	-0.0993
$v_{z\tau}$	0.1473	0.1426	0.1004	0.0796	0.0532

Tabelle 4.10: Elastizitäten bei einer Konsumsteuererhöhung in Abhängigkeit von der Grenznutzenlastizität der Freizeit η

ρ=0,95	**η=0 $\sigma_L\to\infty$**	**η=0,5 σ_L=2**	**η=1 σ_L=1**	**η=10 σ_L=0,1**	**$\eta\to\infty$ σ_L=0**
$v_{k\tau}$	-0,0002	0,0009	0.0017	0.0044	0.0053
$v_{c\tau}$	-0.1066	-0.1030	-0.1005	-0.0891	-0.0844
$v_{y\tau}$	-0.0782	-0.0630	-0.0529	-0.0139	0
$v_{N\tau}$	-0.1242	-0.1000	-0.0840	-0.0221	0
$v_{R\tau}$	-0.0025	-0.0020	-0.0017	-0.0004	0
$v_{r\tau}$	-0.0782	-0.0630	-0.0529	-0.0139	0
$v_{w\tau}$	0.0460	0.0370	0.0311	0.0082	0
$v_{i\tau}$	-0.0067	0.0379	0.0671	0.1759	0.2130
$v_{\lambda\tau}$	-0.0460	-0.0495	-0.0521	-0.0634	-0.0681
$v_{z\tau}$	0.1065	0.1030	0.1004	0.0891	0.0844

Auskunft über die Änderung von λ_t gibt die intertemporale „Brutto-Budgetrestriktion" der Haushalte, die man aus der Budgetbedingung (4.60) durch sukzessives Einsetzen gewinnen kann:

$$(4.90)\ E_t\left[\sum_{s=0}^{\infty} P_{t+s}(1+\tau^c{}_{t+s})c_{t+s}\right] = E_t\left[\sum_{s=0}^{\infty} P_{t+s}(w_{t+s}N_{t+s} + \ddot{U}_{t+s}) + V_t\right] = W'_t\,.$$

Wegen $\lambda_t=1/((1+\tau^c_t)c_t$ kann man daraus den Zusammenhang $\lambda_t=E_t[1/(W'_t-W'_{t+1})]$ ableiten. Da der Konsumsteuersatz steigt und die Steuereinnahmen als Übertragungen an die privaten Haushalte zurückgegeben werden, steigt tendenziell das für Brutto-Konsum (Konsum+Mehrwertsteuer) zur Verfügung stehende Vermögen W'_t, was zu einer Reduktion von λ_t führt.[358] In diesem Sinne liegt also ein positiver Vermögenseffekt vor, der dazu führt, daß gemäß Gleichung (4.88) der Arbeitseinsatz sinkt.

λ_t spiegelt aber nun nicht mehr den Grenznutzen des Vermögens (Kapitals) im oben verwendeten Sinne wider.[359] Denn für diesen Grenznutzen $z_t=\partial u/\partial k_t$ gilt nun:[360]

$$(4.91)\ z_t=\lambda_t(1+\tau^c_t).$$

Unter Berücksichtigung von (4.61) und der Periodenbudgetgleichung (4.60) ergibt sich durch sukzessives Einsetzen die intertemporale Budgetrestriktion der privaten Haushalte:

$$(4.92)\ E_t\left[\sum_{s=0}^{\infty} P_{t+s}c_{t+s}\right] = E_t\left[\sum_{s=0}^{\infty} P_{t+s}w_{t+s}N_{t+s} + V_t\right] = W_t\,.$$

W_t repräsentiert dabei das Vermögen, das für „Nettokonsum" (ohne Mehrwertsteuer) zur Verfügung steht. Da $c_t=1/(\lambda_t(1+\tau^c_t))$ und $z_t=\lambda_t(1+\tau^c_t)$ gilt, kann man daraus ableiten:

$$(4.93)\ z_t = E_t\left[\frac{1}{W_t - W_{t+1}}\right].$$

Da es bei Erhöhung der Konsumsteuer zu einer Reduktion des Barwerts der Arbeitseinkommen (Humanvermögen) kommt, sinkt W_t, weshalb der Grenznutzen des Vermögens z_t steigt und in diesem Sinne ein negativer Vermögenseffekt vorliegt.

Im weiteren Verlauf dieser Arbeit soll der Vermögenseffekt weiterhin durch die Änderung des Schattenpreises λ_t bzw. des erwarteten Schattenpreises $E_t[\lambda_{t+1}]$ gemessen werden. Allerdings muß immer dann, wenn sich der Konsumsteuersatz ändert, berücksichtigt werden, daß die Änderung von λ_t nicht die Änderung des Grenznutzen des Vermögens (Kapitals) im oben dargestellten Sinne wider-

---

[358] Bei einem höheren Konsumsteuersatz können für eine Einkommenseinheit weniger Konsumgüter gekauft werden, weshalb der zusätzliche Nutzen einer zusätzlichen marginalen Einkommenseinheit sinkt.

[359] Vgl. Abschnitt 2.9.

[360] Diese Gleichung erhält man, wenn man analog zum Vorgehen in Abschnitt 2.9. die Budgetgleichung der Haushalte nach c_t auflöst und direkt in die Nutzenfunktion einsetzt, nach k_t differenziert und das Ergebnis null setzt.

spiegelt, sondern die Änderung des für Brutto-Konsum (Konsum+ Mehrwertsteuer) zur Verfügung stehenden Vermögens. Ändert sich der Konsumsteuersatz nicht ($\hat{\tau}^c_t=0$), gilt $\hat{z}_t = \hat{\lambda}_t$ und der Vermögenseffekt kann (mit dem gleichen Ergebnis) sowohl durch die Änderung von W_t als auch von $W^{'}_t$ abgeschätzt werden.

Die Reduktion von λ_t bzw. $E_t[\lambda_{t+1}]$ bewirkt also gemäß Gleichung (4.88) bzw. Gleichung (4.89) ein geringeres Arbeitsangebot, was den Output dämpft. Da der Vermögenseffekt um so größer ist, je länger die Steuererhöhung andauert, ist der Rückgang des Arbeitseinsatzes und damit des Outputs für höhere Persistenzwerte ρ größer.

Der Konsum sinkt um so stärker, je geringer die Persistenz des Schocks ist, was schon bei Betrachtung der ersten intertemporalen Optimalitätsbedingung (4.75) angedeutet wurde. Gemäß Gleichung (4.87) wirkt der Vermögenseffekt dem negativen Effekt des höheren Steuersatzes entgegen. Da der Vermögenseffekt um so bedeutender wird, je größer die Persistenz des Steuerschocks ist, ist der Rückgang des Konsums für $\rho=1$ am geringsten. Für $\rho=0$ kommt es dagegen entsprechend zur stärksten Konsumeinschränkung. Hier ist die Differenz zwischen τ^c_t und τ^c_{t+1} am größten und damit auch der Anreiz der Akteure heute auf Konsum zu verzichten (vgl. Optimalitätsbedingung (4.75)).

Die Entwicklung der Investitionen ist je nach Persistenz des Schocks ambivalent. Für $\rho=0$ ist der Anreiz, Konsum in die Zukunft zu verschieben, besonders groß, da der Steuersatz nur für eine Periode über seinem Ausgangsniveau liegt. In diesem Fall ist zugleich die Outputreduktion am geringsten und somit der negative Ressourceneffekt nur schwach ausgeprägt, so daß der Anstieg der Investitionen am größten ausfällt. Mit zunehmender Persistenz sinkt der Anreiz, den Konsum intertemporal zu verschieben, gleichzeitig wird die Einschränkung der Produktion bedeutender, so daß es eine bestimmte „kritische" Persistenz gibt, bei der die Investitionen im Falle einer Erhöhung der Konsumsteuer gerade unverändert bleiben. Wird dieser kritische Wert überschritten, gibt es sogar einen Rückgang der Investitionen. Dies läßt sich auch anhand der Bestimmungsgleichung[361]

$$(4.94)\quad \hat{i}_t = \frac{y}{i}\hat{y}_t + \frac{c}{i}E_t\left[\hat{\lambda}_{t+1} + \frac{\tau^c}{1+\tau^c_t}\hat{\tau}^c_t + \hat{R}_{t+1}\right]$$

zeigen: Der Rückgang des Outputs und des erwarteten Schattenpreises wird mit zunehmender Persistenz bedeutender, so daß ab einem bestimmten Persistenz-

[361] Diese Gleichung ergibt sich aus der linearisierten Ressourcenbedingung (4.85) unter Berücksichtigung von Gleichung (4.87).

wert der positive Effekt der Konsumsteuererhöhung überkompensiert wird und zu einer Einschränkung der Investitionen führt.

Betrachtet man die Reaktion der Modellvariablen in Abhängigkeit von der Grenznutzenelastizität der Freizeit η, so zeigt sich, daß die Reduktion des Konsums, der Arbeitsmenge und des Outputs um so größer sind, je kleiner η ist. Die Elastizität des Arbeitsangebotes ist für $\eta=0$ am größten. Somit wird auch die Reaktion des Arbeitseinsatzes auf die Steuererhöhung am größten sein. Entsprechend stark fällt die intratemporale Substitution zwischen Konsum und Freizeit aus. Oder anders ausgedrückt: Für $\eta=0$ ist aufgrund der großen Variabilität der Arbeit die Reduktion der heutigen und zukünftigen Periodenarbeitseinkommen besonders ausgeprägt, was den positiven Vermögenseffekt abschwächt (λ_t bzw. $E_t[\lambda_{t+1}]$ sinkt weniger stark) und mithin den Konsum für $\eta=0$ am stärksten reduziert (vgl. Gleichung (4.87)). Für $\eta\rightarrow\infty$ verändert sich der Arbeitseinsatz nicht mehr ($v_{N\tau}=0$), so daß auf die Erhöhung des Konsumsteuersatzes nur mit einer Reduktion des Konsums reagiert wird, der eine gleich hohe absolute Erhöhung der Investitionen gegenüber steht.[362] Alle anderen Variablen bleiben unverändert. Durch die Steuererhöhung kommt es somit zu einem „Crowding in“ von privaten Investitionen.

Gilt allerdings – anders als im Beispiel in Tabelle 4.10 unterstellt – $\rho=1$ und $\eta\rightarrow\infty$, dann gibt es gar keine Veränderung der makroökonomischen Variablen mehr. Dies liegt daran, daß der Arbeitseinsatz für $\eta\rightarrow\infty$ konstant ist und somit die Konsum-Freizeit-Entscheidung sich nicht verändert und auch die intertemporale Konsumentscheidung wegen $\rho=1$ unbeeinflußt bleibt. Oder anders ausgedrückt: Der Vermögenseffekt hebt in Gleichung (4.87) genau den Effekt eines höheren Steuersatzes auf, so daß der Konsum unverändert bleibt. In diesem Fall wirkt die Konsumsteuer wie eine Pauschalsteuer und da das Modell hier so ausgestaltet ist, daß die Steuereinnahmen als Übertragungen an die privaten Haushalte fließen, ist dieser Fall mit dem Grundmodell identisch, d.h. die Einbeziehung des Staates in das Modell macht letztlich keinen Sinn.[363]

Die mittel- und langfristigen Wirkungen einer Konsumsteuererhöhung sind für $\rho=0{,}95$ und $\eta=1$ in Abbildung 4.10 beschrieben. Kommt es aufgrund einer geeigneten Parameterkonstellation zu einer Erhöhung der Investitionen nach der

---

[362] Da der Konsum im Steady State absolut gesehen höher ist als die Investitionen, sind die prozentualen Änderung aufgrund der einprozentigen Erhöhung des Konsumsteuersatzes bei den Investitionen höher als beim Konsum. Diesen prozentualen Änderungen entsprechen aber gleich hohe entgegen gerichtete absolute Änderungen.

[363] Wenn man in diesem Fall mit den Konsumsteuereinnahmen Staatskonsumausgaben G_t finanzieren würde, ergäbe sich ein negativer Vermögenseffekt, der einen Konsumrückgang induzieren würde. Die Wirkungen würden mithin denen im Staatskonsummodell aus Abschnitt 3.2. für $\rho=1$ und $\eta\rightarrow\infty$ entsprechen.

Steuererhöhung, so hat dies in zukünftigen Perioden einen höheren Kapitalstock zur Folge, wie Abbildung 4.10 zeigt. Dies wirkt sich tendenziell positiv auf den

Abbildung 4.10: Impuls-Antwort-Folgen bei persistenter Erhöhung des Konsumsteuersatzes

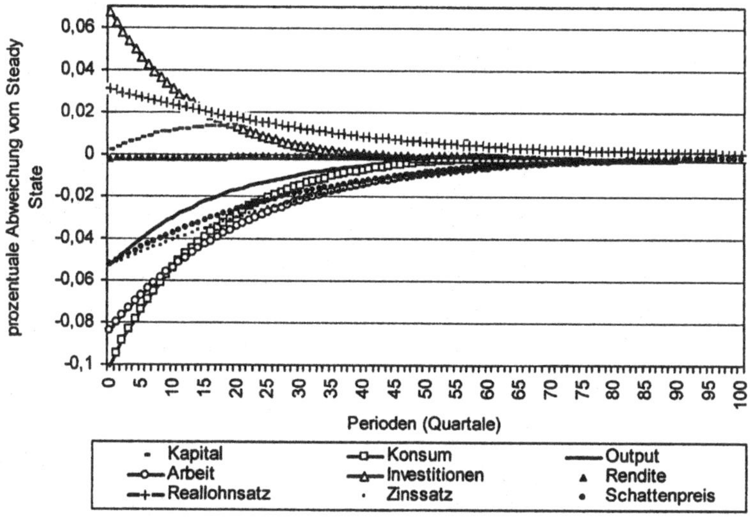

Abbildung 4.11: Impuls-Antwort-Folgen bei permanenter Erhöhung des Konsumsteuersatzes

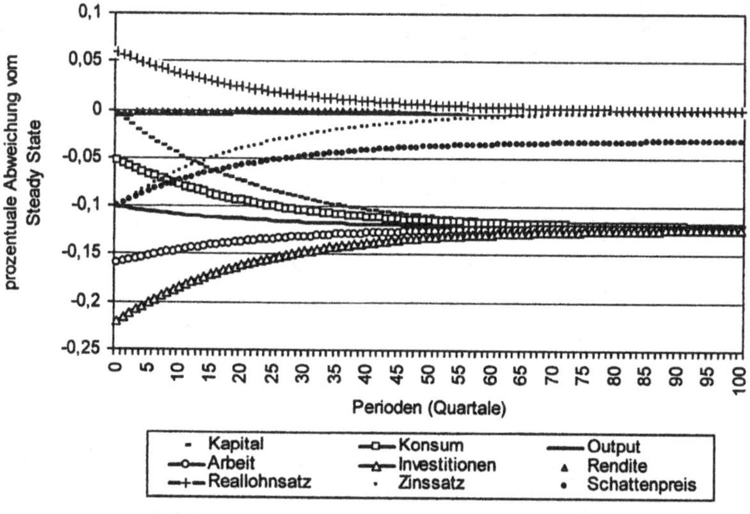

Output aus. Allerdings liegt der Arbeitseinsatz weit unter seinem Ausgangsniveau, so daß eine Outputsteigerung über das Anfangsniveau hinaus im Verlauf des Anpassungsprozesses nicht realisiert werden kann. Für $\rho<1$ paßt sich die Wirtschaft allmählich wieder dem ursprünglichen Steady-State-Pfad an. Kommt es aufgrund einer größeren Persistenz des Schocks zu Investitionseinschränkungen, findet dagegen ein Abbau des Kapitalstocks statt, was sich negativ auf den Output auswirkt. Ist die Erhöhung des Konsumsteuersatzes permanent ($\rho=1$), tendiert die Wirtschaft zu einem neuen langfristigen Niveau mit niedrigerem Kapitalstock, geringerem Konsum und Output, wie aus Abbildung 4.11 ersichtlich ist.

4.2.3. Der Laffer-Effekt

Genauso wie bei der Einkommensteuer kann man hier auch die Frage nach dem Laffer-Effekt stellen, da die Steuerbemessungsgrundlage dezimiert wird, sobald der Steuersatz steigt. Es gilt:

$$\hat{T}^c{}_t = \hat{\tau}^c{}_t + \hat{c}_t .$$

Die prozentuale Änderung der Steuereinnahmen $\hat{T}^c{}_t$ ergibt sich also als Summe der prozentualen Änderungen des Konsums und des Steuersatzes. Entsprechend ist eine Reduktion der Steuereinnahmen nach einer Erhöhung des Steuersatzes nur dann möglich, wenn die prozentuale Steigerung des Steuersatzes größer ist als die prozentuale Reduktion des Konsums, wenn also $\hat{\tau}^c{}_t < -\hat{c}_t$ gilt. Im Beispiel wurde eine einprozentige Erhöhung des Steuersatzes angenommen. Die Tabelle 4.9 zeigt, daß es daraufhin maximal zu einer Reduktion des Konsums um ca. 0,15% kommt. Ein kurzfristiger Laffer-Effekt ist also eher unwahrscheinlich. Auch bei einer permanenten Erhöhung der Konsumsteuer ($\rho=1$) ist die Änderung des Konsums im neuen Steady State weit davon entfernt, einen Laffer-Effekt erzeugen zu können, wie Abbildung 4.11 zeigt: Der Konsum sinkt um 0,122%, während der Konsumsteuersatz um 1% steigt. Das Konsumsteueraufkommen erhöht sich also um 0,878%.

4.2.4. Die Äquivalenz von Konsumsteuer und Lohnsteuer

Wie aus den Gleichungssystemen (4.18) bis (4.26) bzw. (4.77) bis (4.85) und aus den vorangegangenen Erläuterungen hervorgeht, ist eine Konsumbesteuerung und eine Lohnsteuer ökonomisch äquivalent,[364] sobald $(1-\tau^L{}_t)=1/(1+\tau^c{}_t)$ und jeweils $\rho=1$ gilt.[365] Tatsächlich ergibt sich diese Äquivalenz auch für die Anpassungsprozesse zum Steady State.

---

[364] Vgl. Huber (1996), S. 78.

[365] Für $\rho=1$ gilt erstens $\tau^c{}_t=\tau^c{}_{t+1}$, was dazu führt, daß die ersten intertemporalen Optimalitätsbedingungen im Modell mit Lohnsteuer und im Modell mit Konsumsteuer übereinstimmen, und es gilt zweitens $\tau^L{}_t=\tau^L{}_{t+1}$, weshalb auch die zweiten intertemporalen Optimalitätsbedingungen identisch sind.

Die hier vorgestellte Konsumsteuer kann auch als eine sparbereinigte Einkommensteuer interpretiert werden, da der Teil des Einkommens, der für Ersparnis verwendet wird, nicht besteuert wird und der Teil, der Konsumzwecken dient, dagegen der Besteuerung unterliegt. Die Lohnsteuer wiederum ist der zinsbereinigten Einkommensteuer äquivalent (vgl. Abschnitt 4.1.3.), so daß man für die oben genannten Bedingungen eine Äquivalenz zwischen einer zinsbereinigten und sparbereinigten Einkommensteuer feststellen kann.

Allerdings unterscheiden sich Lohnsteuermodell und Konsumsteuermodell hinsichtlich der Größe des Steueraufkommens. So ist auch für $(1-\tau^L_t)=1/(1+\tau^c_t)$ in einer Ökonomie mit einer Konsumsteuer das Steueraufkommen T^c_t größer als in einer ansonsten identischen „Lohnsteuerökonomie", weil einerseits der Konsumsteuersatz τ^c_t höher ist als der Lohnsteuersatz τ^L_t und andererseits die Bemessungsgrundlage, nämlich der Konsum, größer ist als das Bruttolohneinkommen w_tN_t. Die makroökonomischen Variablen wie Output, Arbeit, Investitionen und Kapital sind dagegen in beiden Ökonomien gleich groß.[366]

4.3. Einkommensteuer oder Konsumsteuer? – Änderung der Steuereinnahmenstruktur

4.3.1. Einleitung

In der Bundesrepublik Deutschland wird oft die Forderung nach einer stärkeren Gewichtung der indirekten Steuern im Vergleich zu den direkten Steuern aufgestellt. Gemeint ist damit meist, daß die Belastung durch Verbrauchsteuern zu- und die aus der Einkommensteuer im gleichen Ausmaß abnehmen soll.[367]

Hier soll deshalb analysiert werden, welche makroökonomischen Wirkungen eine stärkere Gewichtung der Konsumsteuer im Vergleich zu einer synthetischen Einkommensteuer aufweist. Dazu werden die Modelle aus den Abschnitten 4.1. und 4.2. gleichsam zusammengeführt und so modifiziert, daß ein konstantes Staatsausgabenvolumen durch eine Einkommensteuer und eine Konsumsteuer finanziert wird. Die Konsumsteuer wird sodann exogen erhöht, was eine endogene Reduktion der Einkommensteuer zur Folge hat. Für die Betrachtung der makroökonomischen Wirkungen dieser Änderung in der Steuerstruktur werden zwei unterschiedliche Nutzenfunktionen unterstellt, die in der RBC-Theorie im einen Fall bei der Analyse der geschlossenen Volkswirtschaft und im anderen Fall bei der Betrachtung der kleinen offenen Volkswirtschaft

---

[366] Die Äquivalenz geht in diesem Modell verloren, wenn mit den Steuereinnahmen jeweils Staatskonsumausgaben G_t finanziert werden.

[367] Diese Forderung wird vielfältig begründet. Zum Beispiel erhofft man sich einen Anstieg der Investitionen, wenn durch geringere Einkommensteuersätze die Verzerrungen hinsichtlich der intertemporalen Konsumentscheidung reduziert werden. Eine theoretische Analyse zur Problematik „Direkte versus indirekte Besteuerung" führt z.B. Wiegard (1987) durch.

üblicherweise verwendet werden. Als Ergebnis zeigt sich, daß je nach Wahl der Präferenzen die makroökonomischen Wirkungen höchst unterschiedlich sind.

4.3.2. Das Modell

Der Staat

Der Staat besteuert das Lohneinkommen w_tN_t und das Kapitaleinkommen $(r_t-\delta)k_{t-1}$ mit dem Einkommensteuersatz τ_t. Die Konsumausgaben der privaten Haushalte werden mit dem Kosumsteuersatz τ^c_t belastet. Die Einnahmen werden zur Finanzierung eines konstanten Staatsausgabenvolumens $G_t=G$ verwendet. Die Budgetgleichung des Staates lautet somit:[368]

(4.95) $\tau_t w_t N_t+\tau_t(r_t-\delta)k_{t-1}+\tau^c_t c_t=G_t$.

Um die Wirkungen von Konsumsteuersatzänderungen bei konstanten Staatsausgaben untersuchen zu können, wird angenommen, daß der Konsumsteuersatz einem AR(1)-Prozeß folgt:

(4.96) $\ln\tau^c_t=(1-\rho)\ln\tau^c+\rho\ln\tau^c_{t-1}+\varepsilon_t$.

Es werden also Situationen simuliert, in denen die Wirtschaft von einem Konsumsteuerschock getroffen wird, wobei durch Variation des Persistenzparameters ρ sowohl temporäre Steuersatzänderungen ($\rho<1$) als auch permanente Steuersatzänderungen ($\rho=1$) untersucht werden können. Da die Staatsausgaben konstant bleiben, ergibt sich aus (4.95) eine endogene Änderung des Einkommensteuersatzes und damit eine Änderung der Steuerstruktur.

Die Haushalte

Der repräsentative Haushalt maximiert seinen Nutzen[369]

$U=E_0\sum_{t=0}^{\infty}\beta^t u(c_t,L_t)$ mit $\beta>0$

unter den Nebenbedingungen

$N_t+L_t=1$ und

$(1+\tau^c_t)c_t+i_t=(1-\tau_t)w_tN_t+(1-\tau_t)r_tk_{t-1}+\delta\tau_tk_{t-1}$.

Die zweite Nebenbedingung stellt die Budgetrestriktion des Haushaltes dar und besagt, daß der Haushalt gerade das für Konsum plus Mehrwertsteuer und Investitionen ausgeben kann, was er an Nettoarbeitseinkommen $(1-\tau_t)w_tN_t$ und Nettokapitaleinkommen $(1-\tau_t)r_tk_{t-1}+\delta\tau_tk_{t-1}$ zur Verfügung hat. Unter Berücksichtigung von $i_t=\gamma k_t-(1-\delta)k_{t-1}$ und $R^N_t=1+(1-\tau_t)(r_t-\delta)$ kann man die Budgetrestriktion auch noch schreiben als:

---

[368] Bei den makroökonomischen Größen in der Budgetrestriktion handelt es sich um aggregierte Pro-Kopf-Größen.

[369] Zur Vereinfachung wird hier angenommen, daß die Staatsausgaben G_t keinen Nutzen stiften. Die Berücksichtigung eines zusammengesetzten Konsums $c_t=c^p_t+\psi G_t$ wäre leicht möglich, würde die Ergebnisse aber nicht verändern, da der Staatskonsum annahmegemäß konstant ist.

(4.97) $(1+\tau^c_t)c_t+\gamma k_t=(1-\tau_t)w_tN_t+R^N_tk_{t-1}$.

Daraus ergeben sich folgende notwendigen Bedingungen:[370]
$u_1(c_t,L_t)=\lambda_t(1+\tau^c_t)$,
$u_2(c_t,L_t)=\omega_t$,
$\lambda_t(1-\tau_t)w_t=\omega_t$,
$\beta E_t\left[\lambda_{t+1}R^N_{t+1}\right]=\gamma\lambda_t$,
$R^N_t=1+(1-\tau_t)(r_t-\delta)$,
$(1+\tau^c_t)c_t+\gamma k_t=(1-\tau_t)w_tN_t+R^N_tk_{t-1}$,
$L_t+N_t=1$.

Die Unternehmen
Die Unternehmen maximieren ihren Gewinn unter Berücksichtigung der Produktionstechnologie $y_t=AF(k_{t-1},N_t)$ und erhalten als notwendige Bedingungen:
$r_t=AF_1(k_{t-1},N_t)$ und $w_t=AF_2(k_{t-1},N_t)$.

Das Marktgleichgewicht
Im Marktgleichgewicht ergibt sich folgendes Gleichungssystem, das die Modellökonomie beschreibt:
(4.98) $u_1(c_t,L_t)=\lambda_t(1+\tau^c_t)$,
(4.99) $u_2(c_t,L_t)=\omega_t$,
(4.100) $\lambda_t(1-\tau_t)w_t=\omega_t$,
(4.101) $\beta E_t\left[\lambda_{t+1}R^N_{t+1}\right]=\gamma\lambda_t$,
(4.102) $R^N_t=1+(1-\tau_t)(r_t-\delta)$,
(4.103) $r_t=AF_1(k_{t-1},N_t)$,
(4.104) $w_t=AF_2(k_{t-1},N_t)$,
(4.105) $\gamma k_t=i_t+(1-\delta)k_{t-1}$,
(4.106) $y_t=c_t+i_t+G_t$,
(4.107) $G_t=\tau_tw_tN_t+\tau_t(r_t-\delta)k_{t-1}+\tau^c_tc_t$,
(4.108) $L_t+N_t=1$,
(4.109) $\ln\tau^c_t=(1-\rho)\ln\tau^c+\rho\ln\tau^c_{t-1}+\varepsilon_t$.

Die Bedingung (4.106) ist die Ressourcenbedingung der Volkswirtschaft, die sich aus (4.97) ergibt, wenn man $G_t=\tau_tw_tN_t+\tau_t(r_t-\delta)k_{t-1}+\tau^c_tc_t$ berücksichtigt und weiterhin beachtet, daß $y_t=w_tN_t+r_tk_{t-1}$ gilt.

Durch geeignete Kombination der Gleichungen können die Optimalitätsbedingungen abgeleitet werden, die Auskunft über die intra- und die inter-

[370] Hinzu kommt noch die No-Ponzi-Game-Bedingung für den Kapitalstock.

temporalen Substitutionsbeziehungen geben. Aus den Gleichungen (4.98) bis (4.100) und unter Berücksichtigung von (4.108) läßt sich die intratemporale Optimalitätsbedingung generieren, die das Substitutionsverhältnis zwischen Konsum und Freizeit innerhalb einer Periode beschreibt:

$$(4.110)\quad \frac{u_2(c_t,1-N_t)}{u_1(c_t,1-N_t)}=\frac{1-\tau_t}{1+\tau^c{}_t}w_t.$$

Aus (4.98) und (4.101) ergibt sich die erste intertemporale Optimalitätsbedingung, die für die intertemporale Konsumentscheidung maßgeblich ist:

$$(4.111)\quad \frac{\beta}{\gamma}E_t\left[\frac{u_1(c_{t+1},1-N_{t+1})}{u_1(c_t,1-N_t)}\frac{1+\tau^c{}_t}{1+\tau^c{}_{t+1}}R^N{}_{t+1}\right]=1.$$

Die zweite intertemporale Optimalitätsbedingung determiniert die intertemporale Freizeitentscheidung und kann durch Kombination von (4.110) und (4.111) abgeleitet werden:

$$(4.112)\quad \frac{\gamma}{\beta}E_t\left[\frac{u_2(c_t,1-N_t)}{u_2(c_{t+1},1-N_{t+1})}\right]=E_t\left[\frac{(1-\tau_t)w_t}{(1-\tau_{t+1})w_{t+1}}R^N{}_{t+1}\right].$$

Da die Staatsausgaben konstant sind, wird die Erhöhung des Konsumsteuersatzes eine Reduktion des Einkommensteuersatzes zur Folge haben, so daß nicht klar ist, ob der „erweiterte Nettolohnsatz“ $(1-\tau_t)w_t/(1+\tau^c{}_t)$ in der intratemporalen Optimalitätsbedingung (4.110) steigt oder fällt. Dagegen wird es zu einer intertemporalen Verschiebung des Konsums kommen, da in Gleichung (4.111) sowohl $R^N{}_{t+1}$, als auch $(1+\tau^c{}_t)/(1+\tau^c{}_{t+1})$ steigen werden.[371] Dieser Anstieg und damit der Rückgang des Konsums wird um so größer sein, je kürzer die Steueränderung andauert, da die Differenz zwischen $\tau^c{}_t$ und $\tau^c{}_{t+1}$ dann größer ist. Die intertemporale Freizeitentscheidung wird von der Konsumsteuer nicht beeinflußt. Der Rückgang der Einkommensteuer macht durch die Erhöhung der erwarteten Nettorendite $R^N{}_{t+1}$ die Arbeit heute attraktiver. Diese Attraktivität ist außerdem um so größer, je größer die Differenz zwischen τ_t und τ_{t+1} ist, also für geringe Persistenzwerte ρ. Da aber die Richtung und Stärke der intratemporalen Arbeitsangebotsentscheidung ungewiß ist, bleibt die Reaktion des Arbeitsangebotes grundsätzlich unbestimmt. Es ist somit eine Spezifizierung der Modellökonomie hinsichtlich der Produktions- und Nutzenfunktion notwendig.

4.3.3. Spezifizierung der Modellökonomie

Um die makroökonomischen Wirkungen der Konsumsteuererhöhung qualitativ und quantitativ abschätzen zu können, muß die Modellökonomie näher spezifiziert werden. Dies geschieht, indem eine konkrete Nutzen- und Produktionsfunktion unterstellt und die Parameterwerte festgelegt werden.

[371] $(1+\tau^c{}_t)/(1+\tau^c{}_{t+1})$ steigt allerdings nur, wenn $\rho<1$ gilt.

Wieder wird eine Cobb-Douglas-Produktionsfunktion der folgenden Form angenommen:
$y_t = Ak_{t-1}^{1-\alpha} N_t^{\alpha}$.
Hinsichtlich der Präferenzen werden zwei unterschiedliche Nutzenfunktionen unterstellt. Dies ist zum einen die bisher verwendete Nutzenfunktion, die in der RBC-Theorie für die Betrachtung einer geschlossenen Volkswirtschaft häufig verwendet wird[372] und deshalb hier als die Standard-Nutzenfunktion bezeichnet werden soll:

$$(4.113)\quad u(c_t, 1-N_t) = \ln c_t + \frac{\theta}{1-\eta}\left[(1-N_t)^{1-\eta} - 1\right].$$

Zum anderen werden diejenigen Präferenzen unterstellt, die zuerst von Greenwood/Hercowitz/Huffman (1988) eingeführt wurden[373] und die in Modellen einer kleinen offenen Volkswirtschaft[374] üblich sind:[375]

$$(4.114)\quad u(c_t, 1-N_t) = \frac{1}{1-\sigma}\left[(c_t - \varphi N_t^{\nu})^{1-\sigma} - 1\right],\ \text{wobei } \sigma>0 \text{ und } \nu>1 \text{ gilt.}$$

Der Parameter σ ist ein Maß für die relative Risikoaversion. Für $\sigma \rightarrow 1$ nimmt die Nutzenfunktion folgende Form an: $u(c_t, 1-N_t) = \ln(c_t - \varphi N_t^{\nu})$. Der Parameter ν determiniert letztlich die Elastizität des Arbeitsangebots und φ wird so gewählt, daß im Steady State der gewünschte Arbeitseinsatz realisiert wird.
Diese Nutzenfunktion impliziert, daß die Grenzrate der Substitution zwischen Konsum und Arbeit nur vom Arbeitseinsatz abhängt und mithin der Arbeitseinsatz unabhängig von der intertemporalen Konsum-Spar-Entscheidung bestimmt werden kann.[376] Welche Konsequenzen dies für die Reaktion der Volkswirtschaft auf die Konsumsteuererhöhung bzw. auf die Änderung der Steuerstruktur hat, wird sich im folgenden zeigen.
Kombiniert man nun die konkreten Produktions- und Nutzenfunktionen mit dem Gleichungssystem (4.98)-(4.109) und macht von den Optimalitätsbedingungen (4.110) und (4.111) Gebrauch, erhält man die in der Tabelle 4.11 aufgeführten

[372] So zum Beispiel bei King/Plosser/Rebelo (1988a), S. 213, Campbell (1994), S. 482, Christiano/Eichenbaum (1992), S. 433, Heinemann (1995), S. 47, Lucke (1998), S. 81, Burnside/Eichenbaum/Fisher (1999), S. 16.
[373] Diese Präferenzen werden deshalb nachfolgend als GHH-Präferenzen bezeichnet.
[374] Vgl. zum Beispiel Harjes (1997), S. 641, Correia/Neves/Rebelo (1995), S. 1091, oder Devereux/Gregory/Smith (1992), S. 5.
[375] Auch hier wird schon die Nutzenfunktion der transformierten Ökonomie betrachtet. In der wachsenden Wirtschaft hat die Nutzenfunktion, damit sie mit einem Steady-State-Wachstum konsistent ist, die Form $u(c_t, 1-N_t) = 1/(1-\sigma)[C_t - \varphi X_t N_t^{\nu}]^{1-\sigma}$, wobei $C_t = c_t X_t$ gilt. Der Faktor X_t in der Nutzenfunktion kann als technischer Fortschritt interpretiert werden, der mit der Haushaltsproduktion verbunden ist. Vgl. Correia/Neves/Rebelo (1995), S. 1091. Zur Haushaltsproduktion in RBC-Modellen vgl. z.B. Benhabib/Rogerson/Wright (1991).
[376] Vgl. Greenwood/Hercowitz/Huffman (1988), S. 404.

Gleichungssysteme, die die Modellökonomie für den Fall der Standardpräferenzen bzw. für den Fall der GHH-Präferenzen beschreiben.

Tabelle 4.11: Modellökonomie bei Standardpräferenzen und bei GHH-Präferenzen

<table>
<tr><th>Standardpräferenzen</th><th>GHH-Präferenzen</th></tr>
<tr><td>(4.115) $\lambda_t = \frac{1}{(1+\tau^c{}_t)c_t}$</td><td>(4.118) $\lambda_t = \frac{1}{(1+\tau^c{}_t)(c_t - \varphi N_t{}^\nu)^\sigma}$</td></tr>
<tr><td>(4.116) $\frac{c_t\theta}{(1-N_t)^\eta} = \frac{1-\tau_t}{1+\tau^c{}_t} w_t$</td><td>(4.119) $\nu\varphi N_t{}^{\nu-1} = \frac{1-\tau_t}{1+\tau^c{}_t} w_t$</td></tr>
<tr><td>(4.117) $1 = \frac{\beta}{\gamma} E_t\left[\frac{c_t}{c_{t+1}} \frac{1+\tau^c{}_t}{1+\tau^c{}_{t+1}} R^N{}_{t+1}\right]$</td><td>(4.120) $1 = \frac{\beta}{\gamma} E_t\left[\frac{(c_t - \varphi N_t{}^\nu)^\sigma}{(c_{t+1} - \varphi N_{t+1}{}^\nu)^\sigma} \frac{1+\tau^c{}_t}{1+\tau^c{}_{t+1}} R^N{}_{t+1}\right]$</td></tr>
<tr><td colspan="2">(4.121) $\gamma k_t = i_t + (1-\delta)k_{t-1}$,
(4.122) $R^N{}_t = 1 + (1-\tau_t)(r_t - \delta)$
(4.123) $r_t = (1-\alpha)\frac{y_t}{k_{t-1}}$
(4.124) $w_t = \alpha \frac{y_t}{N_t}$
(4.125) $y_t = Ak_{t-1}{}^{1-\alpha}N_t{}^\alpha$
(4.126) $y_t = c_t + i_t + G_t$
(4.127) $G_t = \tau_t w_t N_t + \tau_t(r_t - \delta)k_{t-1} + \tau^c{}_t c_t$
(4.128) $\ln\tau_t = (1-\rho)\ln\tau^c + \rho\ln\tau^c{}_{t-1} + \varepsilon_t$</td></tr>
</table>

Man sieht anhand der intratemporalen Optimalitätsbedingung für die GHH-Präferenzen (4.119), daß der Arbeitseinsatz nur durch den (erweiterten) Nettolohnsatz $w^N{}_t = (1-\tau_t)w_t/(1+\tau^c{}_t)$ bestimmt wird.[377] Im Falle der Standardpräferenzen (Gleichung (4.116)) hängt der Arbeitseinsatz auch von der Konsumentscheidung bzw. unter Berücksichtigung von (4.115) vom Schattenpreis λ_t ab. Dagegen ist die intertemporale Konsum-Spar-Entscheidung für die Standardpräferenzen aufgrund der Separabilität von Konsum und Freizeit unabhängig vom Arbeitseinsatz, während bei den GHH-Präferenzen der Arbeitseinsatz eine Rolle spielt, wie die Gleichungen (4.117) bzw. (4.120) zeigen.

Für die nachfolgenden Simulationsrechnungen werden nun die Parameter so festgelegt, daß die vom Modell erzeugten Steady-State-Werte in etwa mit den entsprechenden langfristigen Größen in Deutschland übereinstimmen.[378] Die

[377] Eine Änderung des Konsums verändert den Grenznutzen der Freizeit und den Grenznutzen des Konsums in genau gleichem Ausmaß und somit wird die Grenzrate der Substitution nur noch von der Änderung des Arbeitseinsatzes bestimmt.

[378] Grundlage für die Kalibrierung sind die Daten aus Institut der deutschen Wirtschaft (2000).

Steady-State-Größen erhält man durch Weglassen der Zeitindizes und indem man von $\varepsilon_t=E(\varepsilon_t)=0$ ausgeht.[379]

Es wird $\gamma=1{,}005$, $\alpha=0{,}63$ und $\beta=0{,}995$ angenommen, so daß sich im Steady State $R^N=\gamma/\beta=1{,}01$ ergibt, was einem Jahresnettozins von 4% entspricht. Die Abschreibungsrate δ beträgt wieder 0,02. Die Staatsausgaben G_t werden so festgelegt, daß $G/y=0{,}19$ gilt, was der Staatskonsumquote in Deutschland entspricht. Der Anteil der Verbrauchsteuern am privaten Konsum beträgt ca. 18%, weshalb $\tau^c=0{,}18$ angenommen wird. Aus der Budgetgleichung des Staates ergibt sich somit endogen $\tau=0{,}1268$, was zu einer Einkommensteuerquote $\tau(y-\delta k)/y$ von ca. 10% führt und somit dem Anteil der Einkommensteuer+Körperschaftsteuer+ Gewerbesteuer am BIP gleichkommt. Für den Kapitalkoeffizienten im Steady State erhält man: $k/y=(1-\tau)(1-\alpha)/(R^N-1)+(1-\alpha)/\delta=11{,}7$.[380] Für den Arbeitseinsatz wird wieder $N=0{,}2$ angenommen; mithin wird für die Standardpräfernzen der Parameter θ und für die GHH-Präferenzen der Parameter φ so gesetzt, daß sich aus (4.116) bzw. (4.119) $N=0{,}2$ ergibt.

Tabelle 4.12: Benchmark-Parameter und Steady-State-Größen

γ	α	β	δ	G/y	τ^c	τ	N	R^N
1,005	0,63	0,995	0,02	0,19	0,18	0,1268	0,2	1,01

Die Parameter der Nutzenfunktionen η, ν und σ sowie der Persistenzparameter ρ werden nicht explizit festgelegt, sondern es werden die makroökonomischen Effekte für jeweils unterschiedliche Werte dieser Parameter betrachtet. Als Benchmark wird aber grundsätzlich von $\eta=1$, $\nu=2$, $\sigma=1$ und $\rho=0{,}95$ ausgegangen.

4.3.4. Kurzfristige Wirkungen

Es wird wieder zwischen kurzfristigen, mittelfristigen und langfristigen Wirkungen unterschieden. Die kurzfristigen Reaktionen der Modellvariablen auf die Erhöhung der Konsumsteuer um 1% bzw. auf die Änderung in der Steuerstruktur werden durch die v-Werte gemessen, die die Elastizitäten der jeweiligen Variablen bezüglich einer Änderung des Konsumsteuersatzes beschreiben. In den Tabellen 4.13 und 4.14 sind diese Elastizitäten für unterschiedliche Persistenzwerte ρ unter Berücksichtigung der oben angegebenen Benchmark-Parameter aufgeführt.

[379] Die Steady-State-Werte der makroökonomischen Größen und damit die Ausgangssituationen für die Änderung der Steuerstruktur stimmen für die beiden Präferenzarten überein, weshalb ein direkter Vergleich der beiden Modellökonomien möglich ist.
[380] Auf ein Jahr bezogen entspricht dies einem Kapitalkoeffizienten von 2,9.

Tabelle 4.13: Elastizitäten bei Änderung der Steuerstruktur und Standardpräferenzen in Abhängigkeit von der Persistenz

Standard[381]	ρ=0	ρ=0,95	ρ=1
$v_{k\tau c}$	0.0178	0.0148	0.0030
$v_{c\tau c}$	-0.1415	-0.0885	-0.0328
$v_{y\tau c}$	0.1364	0.0790	0.0187
$v_{N\tau c}$	0.2166	0.1255	0.0297
$v_{RN\tau c}$	0.0052	0.0036	0.0019
$v_{r\tau c}$	0.1364	0.0790	0.0187
$v_{w\tau c}$	-0.0801	-0.0464	-0.0110
$v_{i\tau c}$	0.7137	0.4249	0.1215
$v_{\tau\tau c}$	-1.0009	-0.9767	-0.9512
$v_{Tc\tau c}$	0.8585	0.9115	0.9672
$v_{Q\tau c}$	-0.0072	-0.0107	-0.0144
$v_{wn\tau c}$	-0.0873	-0.0571	-0.0254

Tabelle 4.14: Elastizitäten bei Änderung der Steuerstruktur und GHH-Präferenzen in Abhängigkeit von der Persistenz

GHH[382]	ρ=0	ρ=0,95	ρ=1
$v_{k\tau c}$	0.0029	0.0023	0.0010
$v_{c\tau c}$	-0.0923	-0.0749	-0.0399
$v_{y\tau c}$	-0.0132	-0.0120	-0.0095
$v_{N\tau c}$	-0.0210	-0.0191	-0.0152
$v_{RN\tau c}$	0.0009	0.0009	0.0011
$v_{r\tau c}$	-0.0132	-0.0120	-0.0095
$v_{w\tau c}$	0.0078	0.0071	0.0056
$v_{i\tau c}$	0.1173	0.0909	0.0376
$v_{\tau\tau c}$	-0.8525	-0.8707	-0.9075
$v_{Tc\tau c}$	0.9077	0.9251	0.9601
$v_{Q\tau c}$	-0.0287	-0.0261	-0.0208
$v_{wn\tau c}$	-0.0210	-0.0191	-0.0152

Anhand von „Bestimmungsgleichungen" können wieder die Vermögens- Zins- und Lohneffekte abgebildet werden, die für die makroökonomischen Wirkungen maßgeblich sind.

Die Richtung des Vermögenseffektes kann man für die Standardpräferenzen durch die Betrachtung der intertemporalen Budgetbedingung der privaten Haushalte abschätzen, die sich aus der Periodenbudgetrestriktion (4.97) ergibt:

$$(4.129)\quad E_t\left[\sum_{s=0}^{\infty} P^N{}_{t+s}(1+\tau^c{}_{t+s})c_{t+s}\right] = E_t\left[\sum_{s=0}^{\infty} P^N{}_{t+s}(1-\tau_{t+s})w_{t+s}N_{t+s} + V_t\right] = W_t$$

mit $V_t = R_t^N{}_t k_{t-1}$ und $P^N{}_{t+s} = \prod_{j=1}^{s} \frac{\gamma}{R^N{}_j}$. Durch Einsetzen von Gleichung (4.115) kann man daraus $\lambda_t = E_t[1/(W_t - W_{t+1})]$ ableiten.

Die Reduktion des Einkommensteuersatzes führt zu einer Zunahme des Humanvermögens und damit tendenziell zu einer Erhöhung der Größe W_t sowie einer Reduktion von λ_t. Es liegt somit ein positiver Vermögenseffekt vor.
Für die GHH-Präferenzen ist der Zusammenhang zwischen W_t und λ_t nicht so einfach. Trotzdem sorgt auch hier der geringere Einkommensteuersatz für eine Verbesserung der Vermögensposition der privaten Haushalte, so daß auch hier ein positiver Vermögenseffekt vorliegt, der aber quantitativ von dem der Standardpräferenzen abweicht, weil die Pfade der einzelnen Modellvariablen (insbesondere des Arbeitseinkommens) für die beiden Präferenzen unterschiedlich verlaufen.

[381] $\tau^c=0,18$; $\tau=0,1268$; $\eta=1$.
[382] $\tau^c=0,18$; $\tau=0,1268$; $\nu=2$; $\sigma=1$.

Die Reaktion des Arbeitseinsatzes wird für die Standardpräferenzen durch folgende Gleichung bestimmt:

$$(4.130)\quad \hat{N}_t = \frac{1-N}{N\eta}\left[\hat{\lambda}_t - \frac{\tau}{(1-\tau)}\hat{\tau}_t + \hat{w}_t\right]$$

bzw., wenn man $\hat{\lambda}_t = E_t[\hat{\lambda}_{t+1} + \hat{R}^N{}_{t+1}]$ berücksichtigt, durch:

$$(4.131)\quad \hat{N}_t = \frac{1-N}{N\eta}\left[\hat{\lambda}_{t+1} + \hat{R}^N{}_{t+1} - \frac{\tau}{(1-\tau)}\hat{\tau}_t + \hat{w}_t\right].$$

Es ist also wieder ein Nettolohn- und ein Nettozinseffekt in Richtung Ausweitung des Arbeitseinsatzes wirksam, da durch die Einkommensteuersenkung die Netto-Faktorpreise ansteigen und die Arbeit deshalb attraktiver wird. Diesen Faktorpreiseffekten wirkt der positive Vermögenseffekt, repräsentiert durch die Änderung von λ_t bzw. $E_t[\lambda_{t+1}]$, entgegen. Da der Vermögenseffekt um so größer ist, je länger die Änderung der Steuersatzstruktur andauert, ist der Anstieg des Arbeitseinsatzes entsprechend für größere Persistenzwerte kleiner (vgl. $v_{N\tau c}$ in Tabelle 4.13).

Für die Reaktion des Arbeitseinsatzes bei GHH-Präferenzen erhält man durch Linearisierung von (4.119) dagegen:

$$(4.132)\quad \hat{N}_t = \frac{1}{(\upsilon-1)}\left[-\frac{\tau^c}{(1+\tau^c)}\hat{\tau}^c{}_t - \frac{\tau}{(1-\tau)}\hat{\tau}_t + \hat{w}_t\right].$$

Auf den Arbeitseinsatz wirkt also kein Vermögenseffekt,[383] sondern nur ein (erweiterter) Nettolohneffekt. Steigt der erweiterte Nettolohnsatz $w^N{}_t=(1-\tau_t)w_t/(1+\tau^c{}_t)$ bzw. ist der Klammerausdruck in Gleichung (4.132) positiv, kommt es zu einem Anstieg des Arbeitseinsatzes. Ansonsten tritt das Gegenteil ein. Die Veränderung von $w^N{}_t$ wird aber durch die Änderung der beiden Steuersätze und damit durch die Änderung des Quotienten $Q_t=(1-\tau_t)/(1+\tau^c{}_t)$ determiniert. Da bei einer Erhöhung des Konsumsteuersatzes eine gleichzeitige Senkung des Einkommensteuersatzes eintritt, ist die Veränderungsrichtung des erweiterten Nettolohnsatzes zunächst nicht eindeutig. Linearisiert man den Quotienten Q_t, erhält man:

$$(4.133)\quad \hat{Q}_t = -\frac{\tau}{1-\tau}\hat{\tau}_t - \frac{\tau^c}{1+\tau^c}\hat{\tau}^c{}_t.$$

Die Elastizität des Quotienten Q_t bezüglich einer einprozentigen Erhöhung des Konsumsteuersatzes ergibt sich als:

$$(4.134)\quad v_{Q\tau c} = -\frac{\tau}{1-\tau}v_{\tau\tau c} - \frac{\tau^c}{1+\tau^c}.$$

383 Vgl. Greenwood/Rogerson/Wright (1995), S. 161, und Hansen/Wright (1992), S. 6, Fn. 8.

$v_{\tau\tau c}$ ist immer negativ, weshalb die beiden Summanden in (4.134) entgegengesetzt wirken. Allerdings ist für alle hier unterstellten Parameterkombinationen der zweite Summand betragsmäßig größer als der erste, womit das Ergebnis eindeutig ist: Es kommt immer zu einem Rückgang von Q_t und mithin gilt $\hat{Q}_t<0$ bzw. $v_{Q\tau c}<0$.[384] Dies führt insgesamt zu einer Reduktion von $w^N{}_t$, weshalb für die GHH-Präferenzen somit immer ein Rückgang des Arbeitseinsatzes vorliegt, was wegen $v_{y\tau c}=\alpha v_{N\tau c}$ zu einem niedrigeren Output unmittelbar nach dem Schock führt.

Auch hinsichtlich der Reaktion des Konsums ergeben sich Unterschiede. Für die Standardpräferenzen kann als Bestimmungsgleichung durch Kombination von (4.115) mit (4.117) und Linearisierung abgeleitet werden:

$$(4.135)\quad \hat{c}_t = E_t\left[-\hat{\lambda}_{t+1} - \frac{\tau^c}{(1+\tau^c)}\hat{\tau}^c{}_t - \hat{R}^N{}_{t+1}\right].$$

Der Anstieg des Konsumsteuersatzes sowie der Rückgang des Einkommensteuersatzes und die damit einhergehende höhere erwartete Nettorendite machen die intertemporale Verschiebung des Konsums attraktiv und führen zu einem starken Konsumrückgang. Dem wirkt allerdings der positive Vermögenseffekt entgegen, der mit zunehmender Persistenz größer wird, so daß mit steigendem ρ der Konsumrückgang nicht so stark ausfällt (vgl. Tabelle 4.13).
Für die GHH-Präferenzen wird die Konsumreaktion durch folgende Gleichung bestimmt, die aus den Gleichungen (4.118) und (4.120) nach erfolgter Linearisierung abgeleitet werden kann:

$$(4.136)\quad \hat{c}_t = E_t\left[\frac{c-\varphi N^v}{\sigma c}\left(-\hat{\lambda}_{t+1} - \frac{\tau^c}{(1+\tau^c)}\hat{\tau}^c{}_t - \hat{R}^N{}_{t+1}\right)\right] + \frac{\varphi v N^v}{c}\hat{N}_t.$$

Setzt man nun noch (4.132) ein, ergibt sich:

$$(4.137)\quad \hat{c}_t = E_t\left[\frac{c-\varphi N^v}{\sigma c}\left(-\hat{\lambda}_{t+1} - \frac{\tau^c}{(1+\tau^c)}\hat{\tau}^c{}_t - \hat{R}^N{}_{t+1}\right)\right]$$
$$+\frac{\varphi v N^v}{c(v-1)}\left[-\frac{\tau^c}{(1+\tau^c)}\hat{\tau}^c{}_t - \frac{\tau^L}{(1-\tau^L)}\hat{\tau}^L{}_t + \hat{w}_t\right].$$

Hier kann also auch die Änderung des Konsums auf einen Vermögens-, einen (erweiterten) Nettozins- und einen (erweiterten) Nettolohneffekt zurückgeführt werden. Ein Anstieg des Konsumsteuersatzes oder der Nettorendite induziert einen geringeren Konsum. Die gleichen Folgen hat der gesunkene erweiterte Nettolohn. Der positive Vermögenseffekt wirkt dagegen dem Konsumrückgang entgegen, so daß auch hier mit zunehmender Persistenz des Schocks die Einschränkung des Konsums nicht so stark ist.

[384] Dies gilt auch für andere Steuersätze in der Ausgangssituation.

Die Investitionen sind um so attraktiver, je stärker der Konsumsteuersatz und die Nettorendite steigen und je kleiner ρ ist. Die relative Änderung der Investitionen wird wieder durch die linearisierte Ressourcenbedingung beschrieben:[385]

(4.138) $\hat{i}_t = \frac{y}{i}\hat{y}_t - \frac{c}{i}\hat{c}_t$ bzw. durch $v_{i\tau c} = \frac{y}{i}v_{y\tau c} - \frac{c}{i}v_{c\tau c}$.

Für die Reaktion der Investitionen ist also neben der Reaktion des Konsums ($v_{c\tau c}$) die Veränderung des Outputs nach dem Schock von großer Bedeutung ($v_{y\tau c}$). Da wie oben gezeigt der Konsum kurzfristig immer sinkt ($v_{c\tau c}<0$) und der Output für die Standardpräferenzen immer steigt ($v_{y\tau c}>0$), ergibt sich für diesen Fall ein sehr starker Anstieg der Investitionen. Für die GHH-Präferenzen zeigt sich aber eine Reduktion des Outputs ($v_{y\tau c}<0$), mithin sind weniger Ressourcen für Investitionen vorhanden, weshalb die Erhöhung der Investitionen im Falle der GHH-Präferenzen relativ gering ist (vgl. Tabelle 4.13 bzw. 4.14).

Tabelle 4.15: Elastizitäten bei Änderung der Steuerstruktur und Standardpräferenzen in Abhängigkeit von der Grenznutzenelastizität der Freizeit η

Standard ρ=0,95	η=0	η=0,5	η=1	η=10	η→∞
$v_{c\tau c}$	-0.0768	-0.0840	-0.0885	-0.1044	-0.1096
$v_{y\tau c}$	0.1326	0.0988	0.0790	0.0175	0
$v_{N\tau c}$	0.2104	0.1569	0.1255	0.0278	0
$v_{RN\tau c}$	0.0051	0.0041	0.0036	0.0018	0.0012
$v_{r\tau c}$	0.1326	0.0988	0.0790	0.0175	0
$v_{w\tau c}$	-0.0779	-0.0580	-0.0464	-0.0103	0
$v_{i\tau c}$	0.5867	0.4844	0.4249	0.2433	0.1928
$v_{\tau\tau c}$	-1.0578	-1.0069	-0.9767	-0.8810	-0.8531

Nun wird noch die Sensitivität der kurzfristigen Wirkungen hinsichtlich der Grenznutzenelastizität der Freizeit η für die Standardpräferenzen bzw. hinsichtlich des Parameters ν für die GHH-Präfernzen analysiert (Tabellen 4.15 und 4.16). η und ν determinieren letztlich die Elastizität des Arbeitsangebotes, wie aus den Gleichungen (4.130) und (4.132) hervorgeht, und sind somit für die kurzfristigen Wirkungen einer Konsumsteuererhöhung von großer Bedeutung.

Die Arbeitsangebotselastizität bei Standardpräferenzen nimmt mit zunehmender Grenznutzenelastizität η ab (vgl. Gleichung (4.130)) und ist schließlich völlig starr, wenn η→∞ gilt. Bisher wurde für die Standardpräferenzen η=1 unterstellt, nimmt man aber η=0 an, ist die Arbeitsangebotselastizität maximal, was sich in den höheren $v_{N\tau c}$-Werten ausdrückt. Entsprechend ist auch die Reaktion des Outputs für η=0 am größten. Dagegen ist der Arbeitseinsatz für η→∞ konstant mit

---

[385] Da annahmegemäß der Staatskonsum konstant ist, gilt $\hat{G}_t = 0$ und $v_{G\tau c}=0$.

den entsprechenden Konsequenzen für den Output. Die verzerrende Wirkung der Konsumsteuer geht vollständig verloren, wenn zudem $\rho=1$ gilt, denn dann wird auch die intertemporale Konsumentscheidung (Bedingung (4.111)) nicht mehr von der Konsumsteuer beeinflußt; der Änderung des Konsums steht dann eine gleich hohe entgegengesetzte absolute Änderung der Investitionen gegenüber, ansonsten bleiben die ökonomischen Größen in der Periode des Schocks unverändert.

Für die GHH-Präferenzen beobachtet man ähnliche Ergebnisse bei der Variation des Parameters ν. Die Elastizität des Arbeitsangebotes nimmt mit zunehmenden ν ab, was man anhand von Gleichung (4.132) sehen kann. Der Unterschied im Vergleich zu den Standardpräferenzen besteht darin, daß für kleine Werte von ν zum einen die Modellvariablen für $\rho<1$ nicht wieder zum alten Steady State zurückkehren, sondern einem neuen Gleichgewicht entgegenstreben. Zum anderen ist aufgrund der großen Arbeitsangebotselastizität die Reduktion des Arbeitseinsatzes und damit auch des Outputs relativ groß, was dazu führt, daß nicht genügend Ressourcen für eine Investitionssteigerung zur Verfügung stehen und somit $v_{i\tau c}$ negativ wird, was einen Abbau des Kapitalstocks zur Folge hat (vgl. Tabelle 4.16).

Tabelle 4.16: Elastizitäten bei Änderung der Steuerstruktur und GHH-Präferenzen für unterschiedliche Werte des Parameters ν

GHH $\rho=0{,}95$; $\sigma=1$	**$\nu=1{,}1$**[386]	**$\nu=1{,}2$**[387]	**$\nu=1{,}5$**	**$\nu=1{,}7$**	**$\nu=2$**	**$\nu=10$**	**$\nu=100$**
$v_{k\tau c}$	-0.0006	0.0002	0.0011	0.0023	0.0021	0.0044	0.0048
$v_{c\tau c}$	-0.0659	-0.0540	-0.0599	-0.0669	-0.0749	-0.1040	-0.1091
$v_{y\tau c}$	-0.0406	-0.0293	-0.0182	-0.0151	-0.0120	-0.0019	-0.0002
$v_{N\tau c}$	-0.0644	-0.0464	-0.0290	-0.0239	-0.0191	-0.0030	-0.0003
$v_{R\tau c}$	0.0001	0.0005	0.0008	0.0009	0.0009	0.0012	0.0012
$v_{r\tau c}$	-0.0406	-0.0293	-0.0182	-0.0151	-0.0120	-0.0019	-0.0002
$v_{w\tau c}$	0.0238	0.0172	0.0107	0.0088	0.0071	0.0011	0.0001
$v_{i\tau c}$	-0.0223	-0.0047	0.0432	0.0664	0.0909	0.1766	0.1913
$v_{\tau\tau c}$	-0.8420	-0.8682	-0.8769	-0.8744	-0.8707	-0.8560	-0.8534

Schließlich soll noch kurz für die GHH-Präferenzen die Abhängigkeit der Modellergebnisse vom „Risikoparameter" σ betrachtet werden (Tabelle 4.17). Mit größeren Werten von σ steigt die Risikoaversion bzw. die Neigung zur intertemporalen Substitution sinkt. Dies führt bezüglich des Konsums zu einer stärkeren Konsumglättung. Der Konsum wird nicht mehr so stark eingeschränkt,

---

[386] Das Modell ist nicht stabil sondern zeigt einen „explodierenden" Verlauf.

[387] Die Variablen folgen hier „unit-root-Prozessen", d.h. sie kehren nicht in ihr ursprüngliches Gleichgewicht zurück, sondern streben einem neuen Gleichgewicht entgegen, in dem Kapital, Konsum, Output, Arbeit und Investitionen einen geringeren Wert aufweisen.

was man auch anhand von Gleichung (4.136) bzw. (4.137) erkennen kann. Ab einem bestimmten Wert von σ reicht die Reduktion des Konsums nicht mehr aus, um Ressourcen für eine Investitionssteigerung frei zu machen, was zu niedrigeren Investitionen und im Zeitverlauf auch zu einer Reduktion des Kapitalstocks führt mit den entsprechenden negativen Konsequenzen für die Modellökonomie. Für $\sigma \to \infty$ strebt der erste Summand der Gleichung (4.137) gegen null, mithin wirkt auf den Konsum nur noch der Nettolohneffekt, der unabhängig von σ ist.

Tabelle 4.17: Elastizität bei Änderung der Steuerstruktur und GHH-Präferenzen für unterschiedliche „Risikoparameter" σ

GHH ρ=0,95, ν=2	σ=0,1	σ=1	σ=2	σ=20	$\sigma \to \infty$[388]
$v_{k\tau c}$	0.0162	0.0021	0.0011	-0,0001	-0,0003
$v_{c\tau c}$	-0.4447	-0.0749	-0.0434	-0.0118	-0.0080
$v_{y\tau c}$	-0.0379	-0.0120	-0.0098	-0.0076	-0.0073
$v_{N\tau c}$	-0.0602	-0.0191	-0.0156	-0.0120	-0.0116
$v_{R\tau c}$	-0.0003	0.0009	0.0010	0.0011	0.0012
$v_{r\tau c}$	-0.0379	-0.0120	-0.0098	-0.0076	-0.0073
$v_{W\tau c}$	0.0223	0.0071	0.0058	0.0045	0.0043
$v_{i\tau c}$	0.6531	0.0909	0.0430	-0.0050	-0.0108
$v_{T\tau c}$	-0.4825	-0.8707	-0.9037	-0.9369	-0.9409

Insgesamt zeigt sich also, daß nicht nur quantitativ, sondern auch qualitativ die kurzfristigen makroökonomischen Effekte für die beiden Präferenzarten sehr stark divergieren. Ferner sind auch die Unterschiede bei Variation der Modellparameter innerhalb der GHH-Präferenzen viel stärker ausgeprägt als bei den Standardpräferenzen.

Der kurzfristige Multiplikator

Der kurzfristige Outputeffekt wird durch den Multiplikator $\Delta y/\Delta T^c$ quantifiziert. Dieser spezielle Multiplikator gibt an, um wie viele Einheiten der Output steigt, wenn man eine Einheit der Staatseinnahmen von der Einkommensteuer hin zur Konsumsteuer umschichtet. Er wird durch folgende Gleichung determiniert:[389]

$$(4.139)\quad \frac{\Delta y}{\Delta T^c} = \frac{v_{y\tau c}\, y}{v_{Tc\tau c}\, T^c} = \frac{v_{y\tau c}}{(1+v_{c\tau c})} \frac{y}{c\tau^c}.$$

---

[388] Die Wirtschaft kehrt nicht mehr in den alten Steady State zurück, sondern strebt auch für ρ<0 einem neuen langfristigen Gleichgewicht entgegen.

[389] Den Multiplikator erhält man unter Berücksichtigung von: $v_{y\tau c} \approx (\Delta y/y)(\tau^c/\Delta\tau^c)$ und $v_{Tc\tau c} \approx (\Delta T^c/T)(\tau^c/\Delta\tau^c)$. Außerdem gilt $T^c_t = \tau^c_t c_t$ bzw. linearisiert: $\hat{T}^c_t = \hat{\tau}^c_t + \hat{c}_t$ und damit $v_{Tc\tau c} = 1 + v_{c\tau c}$.

In Tabelle 4.18 sind die Multiplikatoren für die oben aufgeführten Benchmark-Parameter eingetragen.[390] Auch hier ist ein positiver Multiplikatorwert kleiner eins durchaus positiv zu beurteilen, da die Outputerhöhung nur durch eine Umschichtung der Staatseinnahmen bei konstanten Ausgaben erreicht wurde. Liegt z.B. bei den Standardpräferenzen eine persistente Erhöhung der Konsumsteuereinnahmen (ρ=0,95) um eine Einheit vor, so hat dies unmittelbar nach dieser Maßnahme bei Zugrundelegung der Benchmark-Parameter und η=1 eine Outputerhöhung von 0,93 Einheiten zur Folge. Bei den GHH-Präferenzen gibt es im Gegensatz dazu eine Outputreduktion um 0,14 Einheiten.

Tabelle 4.18: Kurzfristiger Multiplikator bei Änderung der Steuerstruktur

	ρ=0	ρ=0,95	ρ=1
Standard	1,709	0,932	0,208
GHH	-0,156	-0,139	-0,106

Wendet man also als Beurteilungskriterium für die Politikmaßnahme die Quantität der induzierten Outputeffekte an, kommt man je nach Nutzenfunktion zu genau entgegengesetzten Ergebnissen. Eine eindeutige Bevorzugung der einen Steuer gegenüber der anderen ist also nicht möglich.

4.3.5. Mittel- und langfristige Wirkungen

Die mittelfristigen Wirkungen einer teilweisen Ersetzung der Einkommensteuer durch die Konsumsteuer werden durch die Anpassungsprozesse in den Abbildungen 4.12 bis 4.15 beschrieben. Sofern es als unmittelbare Reaktion auf den Schock zu einer Erhöhung der Investitionen kommt, steigt für beide Präferenzformen der private Kapitalstock, was im Zeitablauf den Output positiv beeinflußt. Dies und der für ρ=0,95 allmählich wieder sinkende Konsumsteuersatz führen zu einem Anstieg des Konsums über sein Ausgangsniveau hinaus.

Bei Standardpräferenzen (Abbildung 4.12) sinkt der Arbeitseinsatz relativ rasch, da zum einen der Vermögenseffekt repräsentiert durch den Pfad des Schattenpreises zunächst sogar noch zunimmt und weil für ρ<1 im Zeitablauf der Nettolohnsatz wieder abnimmt. Der Arbeitseinsatz geht für ρ=0,95 zeitweilig sogar unter sein Ausgangsniveau zurück, um beim Abbau des zu großen Kapitalstocks mitzuwirken. Dieser „zu hohe" Kapitalstock wird durch Mehrkonsum und Einschränkung der Investitionen auf sein altes Niveau zurückgeführt. Für ρ=1 (Abbildung 4.14) bleibt das höhere Investitionsniveau und damit der höhere Kapitalstock erhalten. Dieser größere Kapitalstock ist fast ausschließlich für die Outputerhöhung verantwortlich, da der Arbeitseinsatz nach seinem anfänglichen Ansteigen recht schnell fast wieder zu seinem Ausgangsniveau zurückkehrt.

390 Die den Berechnungen zugrundeliegenden Werte können aus Tabelle 4.12 entnommen werden; die Konsumquote im Steady State c/y beträgt 0,5165.

Bei GHH-Präferenzen verhält sich der Arbeitseinsatz dagegen gerade umgekehrt wie bei den Standardpräferenzen, was durch Abbildung 4.13 gezeigt wird: Unmittelbar nach dem Schock sinkt er unter seinen Ausgangswert, um dann aber im Zeitablauf über sein Steady-State-Niveau hinaus anzusteigen und sich für ρ=0,95 allmählich seinem ursprünglichen Gleichgewichtswert zu näheren. Begründen läßt sich diese Entwicklung des Arbeitseinsatzes damit, daß er im Falle der GHH-Präferenzen ausschließlich vom Pfad des erweiterten Nettolohnsatzes bestimmt wird.[391] Dieser sinkt zunächst, wie oben begründet, steigt aber dann wieder an, da zum einen der Konsumsteuersatz für ρ=0,95 wieder sinkt und der Einkommensteuersatz wieder steigt und zum anderen die höhere Produktion die Arbeitsproduktivität erhöht. Für ρ<1 schwächt sich der Schock mit der Zeit ab und die Variablen kehren wieder in die Ausgangssituation zurück. Für ρ=1 (Abbildung 4.15) kommt es dagegen langfristig zu einer Erhöhung aller Variablen.

Wählt man allerdings eine Parameterkombination, die „unit-root-Prozesse" impliziert, so kommt es auch für ρ<1 zu langfristigen Änderungen aller Größen. Wie diese aussehen, hängt davon ab, ob es direkt nach dem Schock zu einer Ausweitung der Investitionen kommen konnte oder nicht. Ist dies nicht der Fall gewesen (z.B. ν=1,2 und σ=1 oder ν=2 und σ=20), kommt es zum Abbau des Kapitalstocks und langfristig dazu, daß alle Variablen unter ihrem Ausgangsniveau liegen.

Langfristige Wirkungen ergeben sich zumindest für die Standardpräferenzen immer nur dann, wenn die Konsumsteuersenkung dauerhaft ist. Wie die Abbildungen 4.14 und 4.15 zeigen, kommt es für beide Präferenzformen zu einem Anstieg der Produktion, da sich der gestiegene Kapitalstock in dieser Hinsicht positiv auswirkt. Die langfristigen Multiplikatorwerte sind in Tabelle 4.19 abgebildet.

Tabelle 4.19: Langfristiger Multiplikator bei Änderung der Steuerstruktur

	η=1 bzw. ν=2
Standard	0,402
GHH	0,718

Es zeigt sich, daß langfristig mit den GHH-Präferenzen ein größerer Outputeffekt erzeugt wird als mit den Standardpräferenzen, was letztlich darauf zurückzuführen ist, daß der Arbeitseinsatz bei den GHH-Präferenzen

[391] Für ν=2 ist der Anpassungspfad des erweiterten Nettolohnsatzes sogar mit dem Pfad des Arbeitseinsatzes identisch (vgl. Gleichung (4.132)).

Abbildung 4.12: Impuls-Antwort-Folgen bei persistenter Erhöhung der Konsumsteuer und Reduktion der Einkommensteuer - Standardpräferenzen

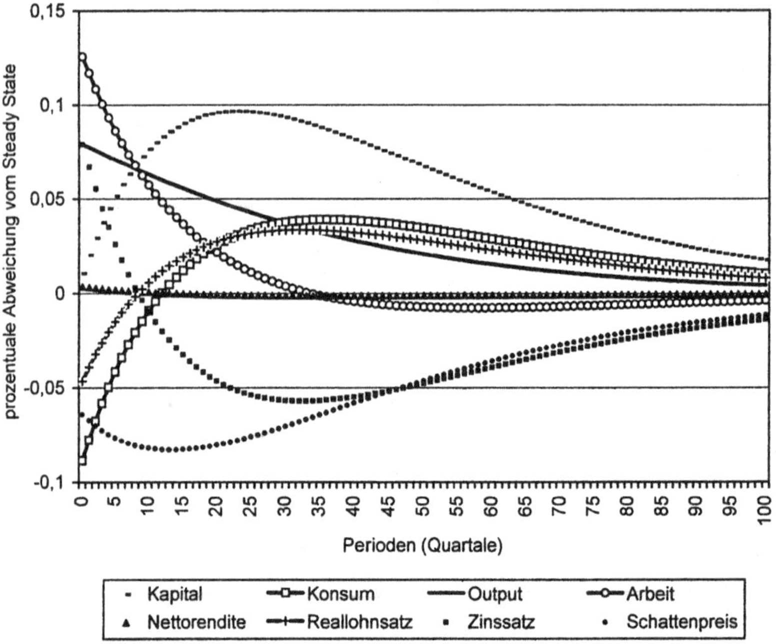

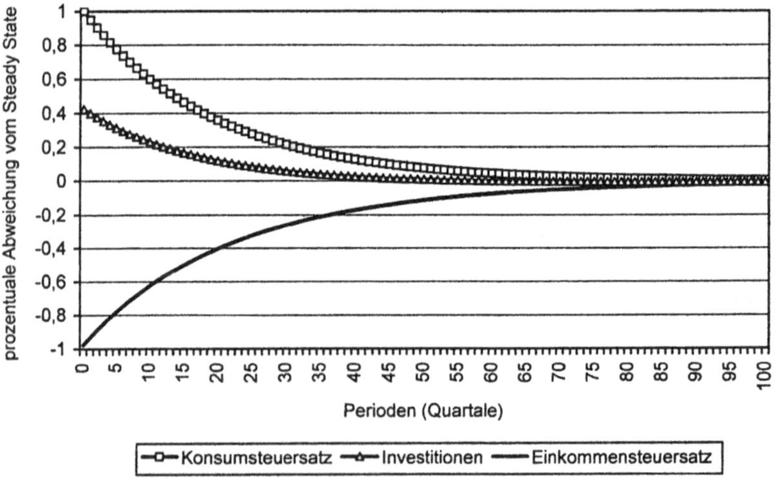

Abbildung 4.13: Impuls-Antwort-Folgen bei persistenter Erhöhung der Konsumsteuer und Reduktion der Einkommensteuer - GHH-Präferenzen

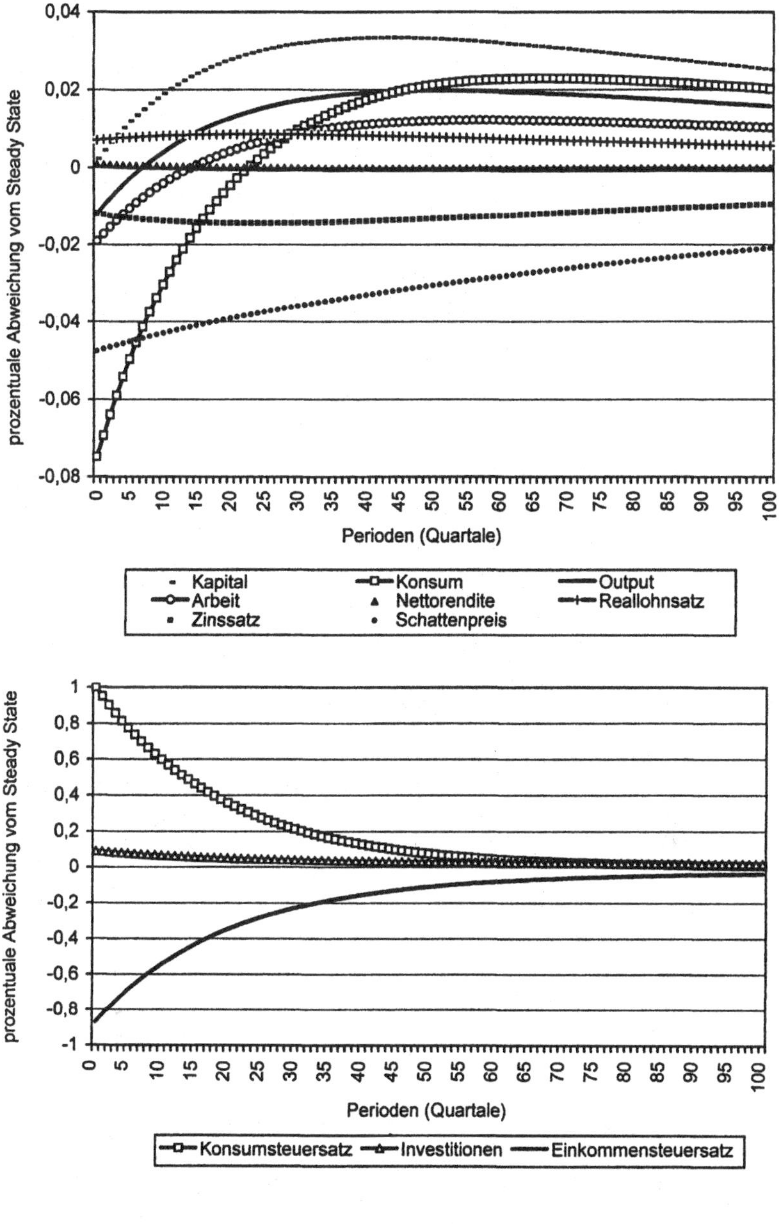

Abbildung 4.14: Impuls-Antwort-Folgen bei permanenter Erhöhung der Konsumsteuer und Reduktion der Einkommensteuer- Standardpräferenzen

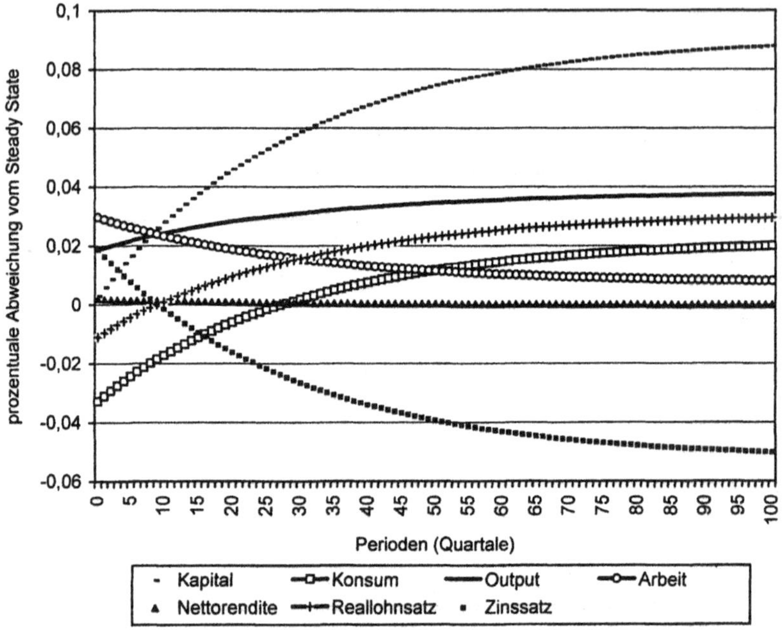

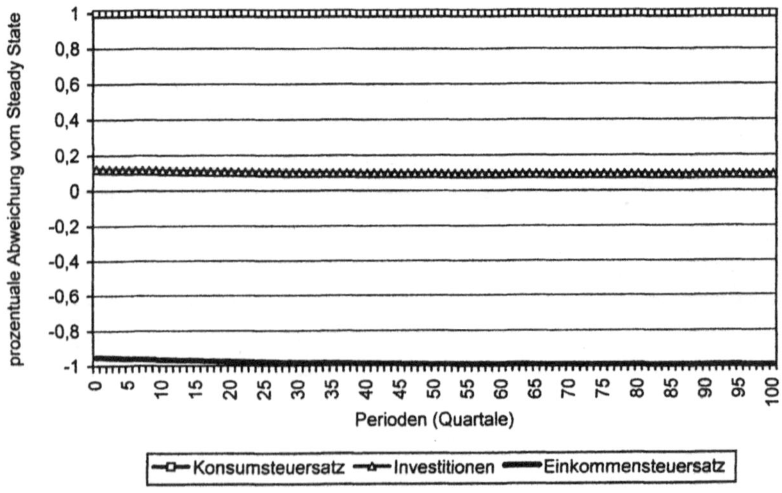

Abbildung 4.15: Impuls-Antwort-Folgen bei permanenter Erhöhung der Konsumsteuer und Reduktion der Einkommensteuer - GHH-Präferenzen

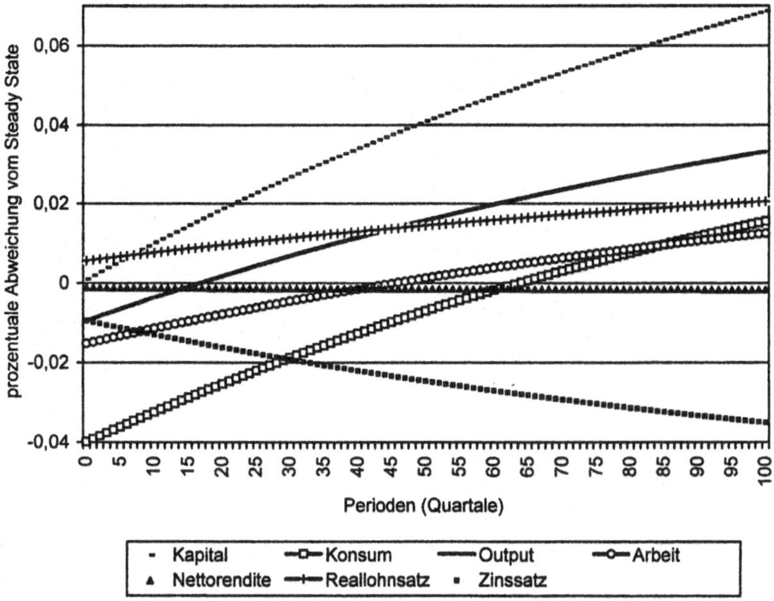

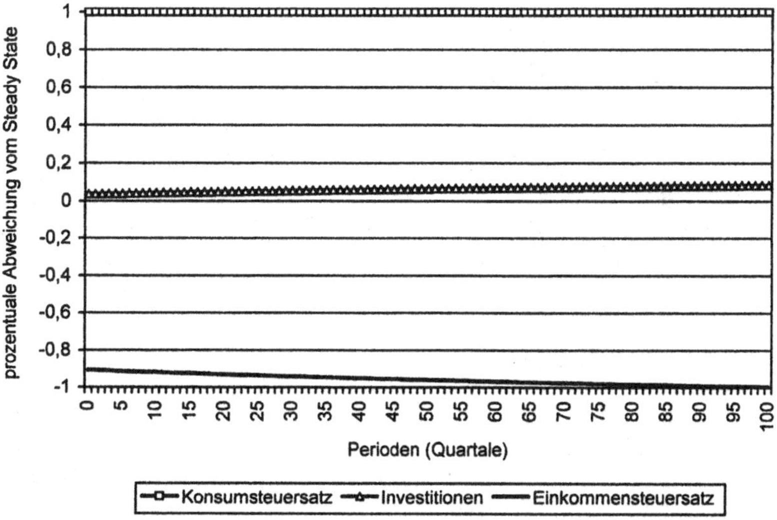

unabhängig vom Vermögenseffekt ist. Dieser ist nämlich relativ groß und dämpft bei den Standardpräferenzen die Ausweitung der Arbeit. Der Faktoreinsatz und damit der Outputeffekt sind mithin bei Standardpräferenzen langfristig geringer. Bei den GHH-Präferenzen wirkt sich der Vermögenseffekt nicht auf den Arbeitseinsatz aus und somit ist der Outputeffekt größer. Wieder stellt sich heraus, daß die unterschiedlichen Ergebnisse bei Betrachtung der kurzfristigen und langfristigen Outputeffekte auf den Einfluß des Vermögenseffektes zurückzuführen sind.

Bei der Beurteilung einer teilweisen Ersetzung der Einkommensteuer durch eine höhere Konsumsteuer anhand der Outputeffekte kann man insgesamt festhalten, daß die Vorteilhaftigkeit der Konsumsteuer gegenüber der Einkommensteuer letztlich von der unterstellten Nutzenfunktion und vom Betrachtungszeitraum abhängt. Während in der kurzen Frist – je nach Nutzenfunktion – völlig entgegengesetzte Ergebnisse abgeleitet werden, ist bei langfristiger Betrachtung die Maßnahme eindeutig vorteilhaft, unabhängig von den unterstellten Präferenzen.[392]

4.3.6. Evaluation durch Nutzenvergleich

Es stellt sich nun die Frage, wie die hier simulierte Änderung der Steuerstruktur bei Betrachtung der Wohlfahrtsveränderungen abschneidet. Dazu wird wieder für den Konsumsteuersatz in der Ausgangssituation eine Erhöhung um 1% angenommen und die Nutzenänderungen für die Persistenzwerte ρ=0,95 und ρ=1 betrachtet. Zur Messung der Wohlfahrtsänderung dienen wieder die Konsumäquivalente.

Das Konsumäquivalent m_t gibt den Anteil des Steady-State-Konsums c an, den man dem Haushalt ohne die Steuerstrukturänderung in jeder Periode t zusätzlich geben müßte, damit er denselben Nutzen hat wie mit dieser Maßnahme. Für jede Periode t wird die Nutzenänderung im Vergleich zur Ausgangssituation (Steady State) betrachtet, d.h. es wird im Falle der Standardpräferenzen in jeder Periode t das Konsumäquivalent anhand folgender Gleichung ermittelt:

$$\ln(c + cm_t) + \frac{\theta}{1-\eta}((1-N)^{1-\eta} - 1) = \ln c_t + \frac{\theta}{1-\eta}((1-N_t)^{1-\eta} - 1).$$

Daraus erhält man:

$$m_t = \hat{c}_t + \frac{\theta}{1-\eta}(1-N)^{1-\eta}\left[(1 - \frac{N}{(1-N)}\hat{N}_t)^{1-\eta} - 1\right] \quad \text{für } \eta \neq 1 \text{ und}$$

[392] Dies gilt allerdings bei den GHH-Präferenzen nicht für alle Parameterwerte. Für ν=1,2 und σ=1 z.B. strebt die Wirtschaft einem neuen Gleichgewicht entgegen, in dem Output, Konsum, Investitionen und Kapital gegenüber der Ausgangssituation niedriger liegen.

$$(4.140)\quad m_t = \hat{c}_t - \theta \frac{N}{(1-N)} \hat{N}_t \quad \text{für } \eta=1.$$

Für die GHH-Präferenzen ergibt sich entsprechend:

$$\frac{1}{1-\sigma}\left[(c + cm_t - \varphi N^v)^{1-\sigma} - 1\right] = \frac{1}{1-\sigma}\left[(c_t - \varphi N_t^{\,v})^{1-\sigma} - 1\right] \quad \text{und}$$

$$(4.141)\quad m_t = \hat{c}_t - \frac{\varphi}{c} N^v \left[(1+\hat{N}_t)^v - 1\right].$$

Das Konsumäquivalent und damit die Nutzenänderung hängt also für beide Präferenzarten positiv von der Veränderung des Konsums und negativ von der Veränderung des Arbeitseinsatzes ab.

Abbildung 4.16: Konsumäquivalente für Standard- und für GHH-Präferenzen bei unterschiedlichen Persistenzen

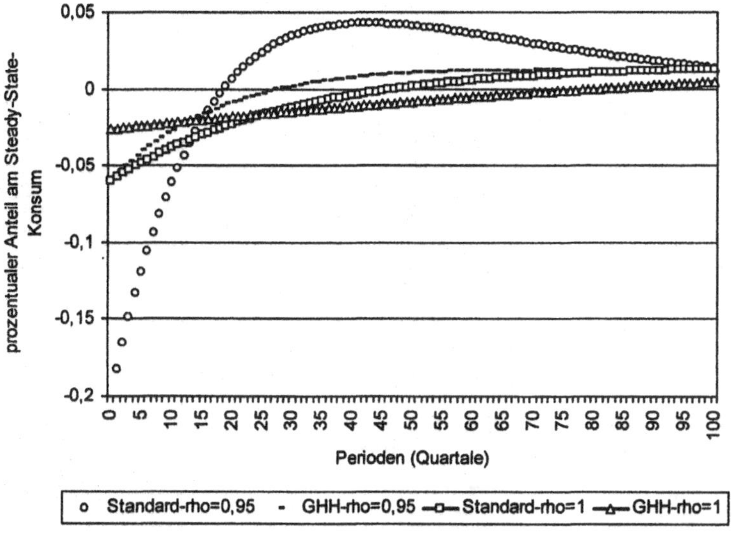

Die Abbildung 4.16 zeigt die Konsumäquivalente pro Periode für ρ=0,95 bzw. ρ=1. Wie aus den Tabellen 4.13 und 4.15 zu entnehmen ist, sinken im Falle der Standardpräferenzen Konsum und Freizeit unmittelbar nach einer Konsumsteuererhöhung, so daß die Änderung der Steuerstruktur zunächst gemäß Gleichung (4.140) mit einem Nutzenverlust (m_t<0) verbunden ist. Dies schlägt aber im Laufe der Zeit in einen Nutzenzuwachs im Vergleich zur Steady-State-Situation (repräsentiert durch die Nullinie in Abbildung 4.16) um. Der Grund hierfür liegt letztlich in der durch die höheren Investitionen ausgelösten

Kapitalakkumulation, was im Zeitablauf zu einer höheren Produktion führt und damit über einen Vermögenseffekt mittelfristig für einen Konsumanstieg sorgt. Auch die Freizeit steigt wieder – zumindest für den Fall ρ=0,95, da sich die Konsumsteuererhöhung wieder abbaut – und die Nutzenänderung wird irgendwann positiv, bevor sie für den Fall ρ=0,95 wieder gegen null geht und das alte Steady-State-Niveau erreicht. Anders ist dies für eine permanente Erhöhung der Konsumsteuer (ρ=1); hier ergibt sich langfristig eine dauerhafte Nutzensteigerung.

Bei den GHH-Präferenzen ist die Entwicklung ähnlich, wie die Abbildung 4.16 zeigt. Hier kommt es zwar anfänglich zu einem Rückgang des Arbeitseinsatzes und damit zu einer Ausweitung der Freizeit. Dieser positive Effekt auf den Nutzen wird aber durch den negativen Effekt ausgelöst durch den Konsumrückgang überkompensiert. Mit dem Anstieg des Konsums im Zeitablauf kommt es dann schließlich auch zu Nutzensteigerungen im Vergleich zur Steady-State-Situation, was allerdings erst später eintritt. Dies kann zum einen mit der geringeren Kapitalakkumulation und zum anderen mit der generell geringeren Anpassungsgeschwindigkeit im Falle der GHH-Präferenzen begründet werden.[393]

Die Betrachtung der Konsumäquivalente pro Periode läßt aber immer noch keine abschließende Aussage darüber zu, ob eine höhere Konsumsteuer nun besser ist, da für beide Präferenzen zwar ein Nutzenverlust direkt nach dem Schock, später aber ein Nutzengewinn anfällt. Um also eine konkrete Aussage machen zu können, muß man mit Hilfe des Diskontfaktors β den Barwert BW der Konsumäquivalente ermitteln:

$$BW = \sum_{t=0}^{\infty} \beta^t m_t .$$

Tabelle 4.20: Barwerte der Konsumäquivalente bei Änderung der Steuerstruktur

	ρ=0,95	**ρ=1**
Standardpräferenzen	0,36	1,07
GHH-Präferenzen	0,45	1,33

Diese Barwerte werden für unterschiedliche Persistenzwerte in Tabelle 4.20 wiedergegeben. Das Ergebnis ist nun eindeutig: Eine teilweise Ersetzung der proportionalen Einkommensteuer durch eine Konsumsteuer führt insgesamt immer zu Nutzengewinnen.[394] Für die betrachtete Parameterkombination kann

[393] Dies drückt sich durch die Elastizität v_{kk} aus, die für die GHH-Präferenzen generell höher ist als für die Standardpräferenzen.

[394] Dieses Ergebnis ist recht robust gegenüber Variationen des Diskontfaktors β. Nimmt man z.B. β=0,9 an, was einer Zeitpräferenzrate von ca. 40% p.a. entspricht, ergeben sich für ρ=0,95 sowohl für die Standard- als auch für die GHH-Präferenzen immer noch positive Bar-

der Barwert des Nutzengewinns im Falle der Standardpräferenzen ca. 1,1% des Steady-State-Konsums erreichen[395] und im Falle der GHH-Präferenzen 1,3%.

Die Tatsache, daß hier anfängliche Nutzenverluste mit Nutzengewinnen verrechnet werden, die vielleicht erst in Periode 100 (nach 25 Jahren) oder sogar in Periode 500 (nach 125 Jahren) auftreten, ist zwar mit dem unendlichen Planungshorizont des Modells konsistent, trotzdem aber problematisch, besonders dann, wenn man die so berechneten Barwerte für Politikempfehlungen heranzieht. Es darf vermutet werden, daß die Planungshorizonte der Politiker i.d.R. nicht so lang sind.

Insgesamt zeigt sich, daß die makroökonomischen Wirkungen sehr stark von der Wahl der Nutzenfunktion abhängen. Eine Beurteilung der Maßnahme fällt schwer, da sich kurzfristig – je nach unterstellter Nutzenfunktion – positive oder negative Outputeffekte ergeben. Auch die Wohlfahrtsbetrachtung liefert zunächst keine eindeutigen Ergebnisse: Anfänglichen Wohlfahrtsverlusten stehen zukünftige Nutzensteigerungen gegenüber.

Eindeutig zeigt diese Untersuchung aber, daß die Nutzenfunktionen, die in der RBC-Theorie gewöhnlich bei der Betrachtung der geschlossenen Volkswirtschaft verwendet werden, zumindest in der kurzen Frist zu qualitativ anderen Ergebnissen führen als diejenige Nutzenfunktion, die oft bei der Betrachtung der offenen Volkswirtschaft unterstellt wird. Hier zeigt sich die Beliebigkeit oder positiv ausgedrückt die „Zielorientiertheit" der Modellbauer in der RBC-Theorie. Es stellt sich die Frage, ob man es sich nicht zu einfach macht, wenn für die offene Volkswirtschaft eine andere Nutzenfunktion unterstellt wird als für die geschlossenen Volkswirtschaft, nur weil so die stilisierten Fakten der Konjunktur besser nachgestellt werden können. Die Modellergebnisse verändern sich dadurch nicht nur quantitativ, sondern auch qualitativ so stark, daß ein solcher „Präferenzensprung" eigentlich nicht gerechtfertigt werden kann.

4.4. Staatsverschuldung

Neben den Steuern stellt auch die Staatsverschuldung ein Einnahmeinstrument des Staates dar und soll deshalb in das Modell eingeführt werden. Das Budgetdefizit des Staates B_t wird durch den Verkauf von öffentlichen Schuldverschreibungen an die privaten Haushalte finanziert. Es wird angenommen, daß

---

werte, was nicht zuletzt darauf zurückzuführen ist, daß sich mit einer Variation von β die Reaktionen aller Modellvariablen ändern und somit auch die Konsumäquivalentkurven einen anderen Verlauf haben.

[395] Der Nutzengewinn ist vor allem deshalb relativ gering, weil eine Erhöhung des Konsumsteuersatzes um nur 1% angenommen wurde, also von 0,18 auf 0,1818, und weil sich die anfängliche Nutzenreduktion und die Nutzensteigerung fast neutralisieren.

die Haushalte zwischen einer Anlage in Realkapital und einer Anlage in Staatspapieren indifferent sind, weshalb für die Staatspapiere die gleiche Verzinsung (r_t-δ) wie für das Realkapital unterstellt wird.[396] Weiterhin wird eine einperiodige Laufzeit der Schuldtitel unterstellt, was zur Folge hat, daß die bestehende Staatsschuld am Anfang einer Periode durch die Ausgabe neuer Schuldtitel refinanziert wird.[397]
Ein Defizit erhöht den Schuldenstand des Staates D_t:[398]

(4.142) $\gamma D_t = D_{t-1} + B_t$.

Da die Staatsverschuldung kein definitives Finanzierungsinstrument des Staates darstellt,[399] ist eine analoge Darstellung der Kreditfinanzierung im Vergleich zu den anderen Einnahmeinstrumenten etwas schwierig. Denn neben der Verschuldung muß noch eine Steuer berücksichtigt werden, über die letztlich die Zins- und Tilgungsverpflichtungen aufgebracht werden müssen, sofern der Staat kein Ponzi-Game spielt, also die Zinsen nicht immer wieder mit neuen Krediten finanziert. Aus diesem Grund wird nun angenommen, daß der Staat die Pauschaltransfers $\ddot{U}_t$ und die Zinszahlungen auf die ausstehende Staatsschuld $(r_t-\delta)D_{t-1}$ durch eine Pauschalsteuer T_t und ein Budgetdefizit B_t finanziert:[400]

(4.143) $\ddot{U}_t + (r_t-\delta)D_{t-1} = T_t + B_t$.

Wegen (4.142) und $R_t = 1 + r_t - \delta$, läßt sich die Budgetgleichung umformen zu:

(4.144) $\ddot{U}_t + R_t D_{t-1} = T_t + \gamma D_t$. bzw. (4.145) $\ddot{U}_t + R_t D_{t-1} = T_t + B_t + D_{t-1}$.

Diese beiden Gleichungen können gewissermaßen als „Bruttobudgetgleichung des Staates" interpretiert werden. Die linke Seite der Gleichung gibt die Transferausgaben sowie die Zins- und Tilgungszahlung auf die bestehende Staatsschuld an, da annahmegemäß in jeder Periode der gesamte Schuldenstand vollständig getilgt wird. Die rechte Seite stellt die Einnahmeseite dar und zeigt die Einnahmen über Steuern T_t zuzüglich der Einnahmen durch Aufnahme der „neuen" gesamten Staatsschuld in der Periode t (Gleichung (4.144)) bzw. die Aufnahme der „alten" Staatsschuld D_{t-1} plus der Neuverschuldung B_t (Gleichung (4.145)).

---

[396] Vgl. Grill (1989), S. 71, und Maußner/Klump (1996), S. 161. Außerdem wird angenommen, daß der Staat stets seine Schuldverschreibungen bei den privaten Haushalten unterbringt.

[397] Durch diese Annahme soll gewährleistet sein, daß für die gesamte Staatsschuld nur ein einziger Zinssatz gilt und daß somit Bewertungsprobleme nicht auftreten.

[398] Auch hier wird die Schuldenakkumulationsgleichung für die transformierte Ökonomie betrachtet, so daß D_t mit dem Wachstumsfaktor multipliziert werden muß (vgl. Abschnitt 2.3.).

[399] Vgl. Andel (1998), S. 393.

[400] Im Grunde stellen Pauschalsteuereinnahmen nichts anderes als negative Transferzahlungen dar, weshalb auf eine Unterscheidung zwischen T_t und $\ddot{U}_t$ verzichtet werden könnte. Um aber die Analogie zu der Vorgehensweise in den Abschnitten 4.1. und 4.2. zu gewährleisten, wird diese Trennung trotzdem vorgenommen.

Aus der Periodenbudgetrestriktion (4.144) kann nun die intertemporale Budgetbedingung des Staates abgeleitet werden:

$$E_0\left[\sum_{t=0}^{\infty} P_t \ddot{U}_t\right] = E_0\left[\sum_{t=0}^{\infty} P_t T_t - R_0 D_{0-1} - \lim_{T\to\infty} P_T D_T\right] \quad \text{mit}$$

$P_t = \prod_{j=1}^{t} \frac{\gamma}{R_j}$ für t>0 und $P_t=1$ für t=0.

Auch hier muß die No-Ponzi-Game Bedingungen $E_0[\lim_{T\to\infty} E_0 P_T D_T] = 0$ eingehalten werden. Ansonsten könnte der Staat alle Zins- und Tilgungszahlungen über neue Kredite finanzieren, die Verschuldung würde immer weiter wachsen und der Kreditgeber müßte faktisch auf jegliche Verzinsung verzichten.[401] Somit ergibt sich:

$$(4.146) \quad E_0\left[\sum_{t=0}^{\infty} P_t \ddot{U}_t + R_0 D_{0-1}\right] = E_0\left[\sum_{t=0}^{\infty} P_t T_t\right].$$

Der Barwert der Steuereinnahmen muß also ausreichen, um den Barwert der Staatsausgaben und die zu Beginn der Periode 0 ausstehenden Staatsschulden plus Zinsen zu finanzieren. Da nur die Barwerte übereinstimmen müssen, ergibt sich eine Lockerung der staatlichen Budgetrestriktion durch die Verschuldungsmöglichkeit. Es ist nämlich nun durchaus möglich, daß nicht in jeder Periode Steuereinnahmen und Ausgaben übereinstimmen müssen. Mithin erhält man eine Abschwächung der Periodenbudgetbedingung des Staates.[402]

Die privaten Haushalte müssen folgende Budgetrestriktion einhalten:

(4.147) $c_t+i_t+B_t=w_tN_t+r_tk_{t-1}+(r_t-\delta)D_{t-1}-T_t+\ddot{U}_t$.

Die Haushalte können also genau das für Konsum, Investitionen und für die Anlage in Schuldverschreibungen ausgeben, was sie aus Arbeitseinkommen, Realkapitaleinkommen und Zinserträgen aus Schuldverschreibungen abzüglich der Pauschalsteuer T_t bzw. zuzüglich der Transferzahlungen $\ddot{U}_t$ zur Verfügung haben. Unter Berücksichtigung von (4.142) sowie $i_t=\gamma k_t-(1-\delta)k_t$ und $R_t=1+r_t-\delta$ erhält man:

(4.148) $c_t+\gamma(k_t+D_t)=w_tN_t+R_t(k_{t-1}+D_{t-1})-T_t+\ddot{U}_t$.

Da keine verzerrende Steuer eingeführt wurde, bleiben die Optimalitätsbedingungen im Vergleich zum Grundmodell unverändert. Kombiniert man (4.148) mit der Budgetgleichung des Staates (4.143) und berücksichtigt $y_t=w_tN_t+r_tk_{t-1}$, ergibt sich im Marktgleichgewicht die Ressourcenbeschränkung der Volkswirtschaft:

$y_t=c_t+i_t$.

---

[401] Vgl. Huber (1996), S. 29. Vgl. auch Barro (1989), S. 203/204.

[402] Vgl. Huber (1996), S. 53.

Es zeigt sich also, daß sich durch die Berücksichtigung der Staatsverschuldung in Kombination mit einer Pauschalsteuer gegenüber dem Grundmodell nichts verändert. Das Gleichungssystem wird zwar durch die Schuldenakkumulationsgleichung
$\gamma D_t = D_{t-1} + B_t$ erweitert,[403] dies hat aber auf die übrigen Variablen keinen Einfluß, da die Verschuldung in den anderen Gleichungen nicht mehr auftaucht.
Das gleiche Ergebnis erhält man bei Betrachtung der intertemporalen Budgetbedingung der privaten Haushalte, die sich aus der Periodenbudgetgleichung (4.148) durch sukzessives Einsetzen gewinnen läßt:

$$E_0\left[\sum_{t=0}^{\infty} P_t c_t\right] = E_0\left[\sum_{t=0}^{\infty} P_t w_t N_t + R_0(k_{0-1} + D_{0-1}) + \sum_{t=0}^{\infty} P_t \ddot{U}_t - \sum_{t=0}^{\infty} P_t T_t\right].$$

Unter Berücksichtigung der intertemporalen Budgetbedingung des Staates (4.146) ergibt sich für die Haushalte die gleiche intertemporale Budgetgleichung wie im Grundmodell. Die Staatsverschuldung ist in diesem Sinne also irrelevant.

Würde man für die Kreditaufnahme einen AR(1)-Prozeß unterstellen, der zunächst zu einer Defizitausweitung um ein Prozent führt, hätte das die Reduktion der Steuer T_t bzw. die Erhöhungen der Transferzahlung $\ddot{U}_t$ im genau gleichen Ausmaß zur Folge. Anders ausgedrückt: Das, was die Haushalte durch zusätzliche Kreditgewährung ausgeben, erhalten sie durch geringere Steuern oder höhere Transferzahlungen wieder zurück. Dieses Ergebnis stellt somit nichts anderes dar als eine Implikation des sog. Ricardianischen Äquivalenztheorems, das besagt, daß Steuer- und Kreditfinanzierung äquivalent sind. Eine Verschiebung zwischen Pauschalsteuer und Defizit hat keinen Einfluß auf die anderen Modellvariablen.[404]

Das gleiche Ergebnis kann man für den Fall ableiten, in dem die Staatsausgaben G_t durch eine Pauschalsteuer und durch Kreditfinanzierung finanziert werden. Die Budgetgleichung des Staates würde dann $R_t D_{t-1} + G_t = T_t + B_t + D_{t-1}$ lauten. Entsprechend ergibt sich die intertemporale Budgetrestriktion des Staates als:

$$(4.149)\quad E_0\left[\sum_{t=0}^{\infty} P_t G_t + R_0 D_{0-1}\right] = E_0\left[\sum_{t=0}^{\infty} P_t T_t\right]$$

und die der Haushalte als:

$$(4.150)\quad E_0\left[\sum_{t=0}^{\infty} P_t c_t\right] = E_0\left[\sum_{t=0}^{\infty} P_t w_t N_t + \sum_{t=0}^{\infty} P_t T_t + R_0(k_{0-1} + D_{0-1})\right].$$

Durch Kombination von (4.149) mit (4.150) erhält man die intertemporale Budgetrestriktion (3.8) aus Abschnitt 3.2. Somit hat eine schuldenfinanzierte Erhöhung des Staatskonsums die gleichen Auswirkungen wie eine Finanzierung

[403] Weiterhin muß eine Transversalitätsbedingung für die Staatsschuldenakkumulation (No-Ponzi-Game-Bedingung) und ein Anfangsbestand an Staatsschulden $D_{0-1}>0$ gegeben sein.
[404] Vgl. Barro (1989), S. 204.

über eine Pauschalsteuer.[405] Steuerfinanzierung und Kreditfinanzierung sind äquivalent. Für einen gegebenen Staatsausgabenpfad ist somit die Finanzierungsmethode irrelevant; sie hat keinen Einfluß auf die Allokation der Ressourcen.[406] Entscheidend ist nur der Pfad der Staatsausgaben und nicht der Pfad der Steuern. Es liegt Staatsschuldenneutralität vor. Neben weiteren Voraussetzungen für die Gültigkeit der Staatsschuldenneutralität ist das Vorhandensein einer Pauschalsteuer von besonderer Bedeutung. Im folgenden Abschnitt wird diese Annahme aufgehoben, indem statt der Pauschalsteuer eine Einkommensteuer berücksichtigt wird.

4.5. Kreditfinanzierte Einkommensteuersenkung

4.5.1. Das Modell

Es wird nun eine Modellvariante mit Staatsverschuldung entwickelt, in der die Ricardianische Äquivalenz aufgrund der Existenz einer Einkommensteuer nicht gilt. In diesem Modellrahmen wird eine schuldenfinanzierte Einkommensteuersenkung[407] vorgenommen und untersucht, welche Auswirkungen dies auf die makroökonomischen Aggregate hat und ob eine solche Maßnahme gemessen an den beiden in dieser Arbeit verwendeten Kriterien Outputänderung und Nutzenänderung positiv beurteilt werden kann.

Die Staatskonsumausgaben G_t werden über eine Einkommensteuer auf das Arbeitseinkommen, das (Real-)Kapitaleinkommen und das Zinseinkommen aus dem Bestand an Schuldverschreibungen sowie über ein Budgetdefizit B_t finanziert. Außerdem muß der Staat selbst Zinszahlungen auf die Staatsschuld D_{t-1} leisten, so daß sich die Budgetgleichung des Staates wie folgt darstellt:[408]

---

[405] Allerdings ist dies nur dann der Fall, wenn die höheren Zinszahlungen aufgrund der höheren Staatsschuld auch über eine Pauschalsteuer finanziert werden. Dazu ist aber entweder die Annahme notwendig, daß sowohl der Staatskonsum als auch das Defizit zunächst exogen erhöht werden und später zur Finanzierung der höheren Zinszahlungen die Pauschalsteuer endogen aufgrund der Budgetrestriktion des Staates steigt, oder es muß – wenn nur das Defizit exogen erhöht wird und die Staatsausgaben endogen steigen – eine zusätzliche ad hoc-Annahme getroffen bzw. eine weitere Gleichung eingeführt werden, die eine Finanzierung der Zinslasten über eine Pauschalsteuer gewährleistet. Macht man dies nicht, würde es im Zeitablauf zu einer endogenen Reduktion der Staatsausgaben kommen, um die höheren Zinszahlungen aufzubringen, womit aber die Äquivalenz zwischen einer Pauschalsteuer- und einer Kreditfinanzierung nicht mehr gegeben ist. Vgl. dazu auch die Abschnitte 5.3.3. und 5.4.3.

[406] Vgl. Blanchard/Fischer (1989), S. 56.

[407] In der Literatur wird diese Fragestellung unter der Bezeichnung „deficit financed tax cut“ behandelt und wurde im prinzipiell gleichen Modellrahmen – allerdings nur für die kurze Frist und mit einigen weiteren entscheidenden Abweichungen – von Ludvigson (1996) untersucht.

[408] Bei den makroökonomischen Größen in der Budgetgleichung handelt es sich um aggregierte Pro-Kopf-Größen.

(4.151) $G_t+(r_t-\delta)D_{t-1}=B_t+\tau_t w_t N_t+\tau_t(r_t-\delta)k_{t-1}+\tau_t(r_t-\delta)D_{t-1}$.

Im folgenden wird angenommen, daß das Budgetdefizit B_t bei konstantem Staatskonsum (G_t=G=const.) erhöht wird, was eine endogene Reduktion des Einkommensteuersatzes zur Folge hat, damit die Budgetgleichung des Staates (4.151) eingehalten wird. Das Defizit folgt also dem AR(1)-Prozeß

(4.152) $\ln B_t=(1-\rho)\ln B+\rho\ln B_{t-1}+\varepsilon_t$.

Die privaten Haushalte finanzieren ihre Konsum- und Investitionsausgaben sowie den Erwerb von Schuldverschreibungen B_t aus dem Nettoarbeitseinkommen $(1-\tau_t)w_tN_t$ und dem Netto(real)kapitaleinkommen $(1-\tau_t)r_tk_{t-1}+\tau_t\delta k_{t-1}$ sowie dem Nettozinseinkommen aus ihrem Bestand an Schuldverschreibungen $(1-\tau_t)(r_t-\delta)D_{t-1}$:

$c_t+i_t+B_t=(1-\tau_t)w_tN_t+(1-\tau_t)r_tk_{t-1}+\tau_t\delta k_{t-1}+(1-\tau_t)(r_t-\delta)D_{t-1}$.

Da $i_t=\gamma k_t-(1-\delta)k_{t-1}$, $B_t=\gamma D_t-D_{t-1}$ und $R^N_t=1+(1-\tau_t)(r_t-\delta)$ gilt, kann die Budgetrestriktion auch noch geschrieben werden als:

(4.153) $c_t+\gamma k_t+\gamma D_t=(1-\tau_t)w_tN_t+R^N_tk_{t-1}+R^N_tD_{t-1}$.

Berücksichtigt man schließlich noch die Budgetrestriktion des Staates, kann als Periodenbudgetrestriktion abgeleitet werden:

(4.154) $c_t+\gamma k_t=w_tN_t+R_tk_{t-1}-G_t$.

Damit zeigt sich, daß letztlich das Budget der privaten Haushalte nur von den Staatsausgaben abhängt, die sie ja über ihre Steuern bezahlen.

Die Optimalitätsbedingungen sind identisch mit denen im Einkommensteuermodell (vgl. Abschnitt 4.1. Gleichungen (4.15) bis (4.17)), womit sich zeigt, daß das Entscheidungskalkül der Individuen durch die Staatsverschuldung nicht direkt beeinflußt wird. Zumindest insofern könnte man von einer Neutralität der Staatsverschuldung sprechen.

Für die spezifizierte Produktionsfunktion $y_t=Ak_{t-1}{}^{1-\alpha}N_t{}^{\alpha}$ und die spezifizierte Nutzenfunktion $u(c_t,1-N_t)=\ln c_t+\frac{\theta}{1-\eta}\left[(1-N_t)^{1-\eta}-1\right]$ ergibt sich somit folgendes Gleichungssystem:

(4.155) $\lambda_t=\frac{1}{c_t}$,

(4.156) $\frac{c_t\theta}{(1-N_t)^{\eta}}=(1-\tau_t)w_t$,

(4.157) $\frac{\beta}{\gamma}E_t\left[\frac{c_t}{c_{t+1}}R^N{}_{t+1}\right]=1$,

(4.158) $\gamma k_t = i_t + (1-\delta)k_{t-1}$,
(4.159) $\gamma D_t = B_t + D_{t-1}$,
(4.160) $R^N{}_t = 1 + (1-\tau_t)(r_t - \delta)$,
(4.161) $r_t = (1-\alpha)\frac{y_t}{k_{t-1}}$,
(4.162) $w_t = \alpha\frac{y_t}{N_t}$,
(4.163) $y_t = Ak_{t-1}{}^{1-\alpha}N_t^{\alpha}$,
(4.164) $y_t = c_t + i_t + G_t$,
(4.165) $G_t = B_t + \tau_t w_t N_t + \tau_t(r_t - \delta)k_{t-1} - (1-\tau_t)(r_t - \delta)D_{t-1}$,
(4.166) $\ln B_t = (1-\rho)\ln B + \rho \ln B_{t-1} + \varepsilon_t$.

Gleichung (4.164) ergibt sich im Marktgleichgewicht aus der Budgetgleichung der Haushalte (4.153), wenn man berücksichtigt, daß $y_t = w_t N_t + r_t k_{t-1}$ gilt und daß G_t für den einzelnen Haushalt zwar exogen ist, für die Volkswirtschaft insgesamt aber durch
$G_t = B_t + \tau_t w_t N_t + \tau_t(r_t - \delta)k_{t-1} - (1-\tau_t)(r_t - \delta)D_{t-1}$ bestimmt wird.

4.5.2. Steady State und Parametrisierung

Vor der Parameterwahl sollen hier kurz einige Steady-State-Eigenschaften des Modells mit Staatsverschuldung aufgezeigt werden. Die Steady-State-Größen dieser Modellwirtschaft erhält man wieder durch Weglassen der Zeitindizes im Gleichungssystem (4.155) bis (4.165) und durch geeignete Kombination der Gleichungen. Aus der Schuldenakkumulationsgleichung und unter Berücksichtigung von $b = B/y$ ergibt sich ein für die Theorie der öffentlichen Verschuldung bedeutendes Ergebnis, nämlich daß sich im langfristigen Gleichgewicht (Steady State) die Schuldenstandsquote als Quotient aus der Defizitquote b und der Wachstumsrate der Wirtschaft ergibt.[409]

$$\frac{D}{y} = \frac{b}{\gamma - 1}.$$

Das Verhältnis zwischen den Zinszahlungen des Staates und dem Sozialprodukt wird hier als Zinsquote bezeichnet und ergibt sich als $(r-\delta)D/y = (r-\delta)b/(\gamma-1)$. Auf die Nettozinszahlungen $(1-\tau)(r-\delta)D$ bezogen resultiert die „Nettozinsquote" ZQ:

$$ZQ = \frac{R^N - 1}{\gamma - 1}b = \frac{\frac{\gamma}{\beta} - 1}{\gamma - 1}b.$$

Solange $\beta < 1$ gilt, also eine positive Zeitpräferenzrate angenommen wird, ist die Nettozinsquote ZQ immer größer als die Defizitquote, so daß im Steady State

[409] Dies entspricht dem Ergebnis von Domar (1944), S. 810.

die „Nettozinsen" nie vollständig durch Neuverschuldung finanziert werden können.

Der Steuersatz im Steady State τ ergibt sich aus der Budgetbedingung des Staates und $R^N=\gamma/\beta$:[410]

$$\tau=(g-b)+(\frac{\gamma}{\beta}-1)\frac{D}{y}.$$

Er wird somit bestimmt durch den Teil des Staatskonsums, der nicht durch Neuverschuldung gedeckt wird (g-b), und durch die Schuldenstandsquote, die letztlich für die Höhe der Zinszahlungen entscheidend ist. Formt man die Gleichung zu $\tau=(g-b)+(\frac{\gamma}{\beta}-1)\frac{b}{\gamma-1}=(g-b)+ZQ$ um, zeigt sich, daß der Steuersatz letztlich festgelegt wird aus der Summe von Staatskonsumquote und Nettozinsquote abzüglich der Defizitquote. Somit wirken bei einer Erhöhung der Defizitquote im Steady State auf den Steuersatz zwei entgegengesetzte Kräfte:[411] Zum einen führen die höheren Einnahmen aufgrund der höheren Neuverschuldung tendenziell zu einer Reduktion des Steuersatzes. Zum anderen steigt aber durch das höhere Defizit die Schuldenstandsquote D/y und damit die Nettozinsquote ZQ, was in Richtung Steuererhöhung wirkt.
Differenziert man die Gleichung für den Steuersatz nach b, erhält man:

$$\frac{\partial\tau}{\partial b}=-1+\frac{\frac{\gamma}{\beta}-1}{\gamma-1}=\frac{\gamma-\beta}{\beta(\gamma-1)}-1>0 \qquad \text{oder: } \frac{\partial\tau}{\partial b}=-1+\frac{ZQ}{b}>0.$$

Da $\beta<1$ gilt, ist dieser Ausdruck immer positiv, so daß eine Erhöhung der Defizitquote im neuen Steady State immer zu einer Erhöhung des Steuersatzes führt und somit der zweite Effekt der höheren Zinsbelastung den Entlastungseffekt durch die Mehreinnahmen aufgrund der Verschuldung immer überwiegt.

Für die folgenden Simulationsrechnungen werden die Parameterwerte sowie die Steady-State-Größen konkretisiert, so daß sie in etwa mit den entsprechenden langfristigen Größen in der Bundesrepublik Deutschland übereinstimmen. Es wird angenommen, daß die Defizitquote im Steady State $b=B/y=0{,}012$ beträgt, was zu einer Schuldenstandsquote $D/y=b/(\gamma-1)=2{,}4$ führt. Dies entspricht auf ein

---

[410] Zur Vereinfachung wurde hier angenommen, daß das gesamte Einkommen y besteuert wird, die Abschreibungen also nicht von der Bemessungsgrundlage abgezogen werden können. Ein Abzug der Abschreibungen würde die Analyse ungleich komplizierter machen, würde aber keine qualitativ anderen Ergebnisse erbringen.

[411] Die folgende Argumentation stellt eine komparativ statische Analyse dar, bei der der Steady State vor der Erhöhung der Defizitquote mit dem Steady State nach der Änderung verglichen wird. Auf das hier betrachtete Modell bezogen wäre dies eine Erhöhung von b_t mit $\rho=1$, wobei nur die Ausgangsituation und der neue Steady State berücksichtigt werden.

Jahr bezogen einer Quote von 60%. Für den Diskontfaktor wird β=0,995 unterstellt, so daß sich $R^N=\gamma/\beta$=1,01 ergibt, was einer Nettoverzinsung von 4% p.a. entspricht. Die Staatskonsumquote wird auf g=G/y=0,19 festgelegt, so daß sich endogen ein Steuersatz $\tau=[g-b(1-(R^N-1)/(\gamma-1))]/(1-\delta k/y)$=0,2593 ergibt. Dies impliziert eine Steuerquote $T/y=\tau-\delta k/y+\tau(r-\delta)D/y$=0,212, was in etwa der Steuerquote in der Bundesrepublik Deutschland entspricht. Für den Kapitalkoeffizienten k/y ergibt sich dann aus Gleichung (4.160) ein Wert von 11,02.[412] Ansonsten gilt weiterhin N=0,2, α=0,63, δ=0,02 und ψ=0.

4.5.3. Kurzfristige Wirkungen

Wie die Gleichungen (4.155) bis (4.166) zeigen, beeinflußt das Vorhandensein der Staatsverschuldung das optimale Entscheidungskalkül der privaten Haushalte nicht direkt. Deshalb können aus dem Gleichungssystem nach erfolgter Linearisierung der Gleichungen dieselben „Bestimmungsgleichungen" wie im Einkommensteuermodell abgeleitet werden (Gleichungen (4.28) bis (4.31)).

Wenn das Defizit B_t nun exogen um 1% erhöht wird, führt dies dazu, daß zunächst zur Finanzierung des gegebenen Ausgabevolumens weniger Steuereinnahmen erforderlich sind, d.h. der Steuersatz τ_t wird zunächst (endogen) sinken. Diese Reduktion des Steuersatzes wirkt sich in gleicher Weise auf das Entscheidungskalkül der Individuen aus, wie dies schon in Abschnitt 4.1. gezeigt wurde, nur ist hier – weil es sich um eine Reduktion und nicht um eine Erhöhung des Steuersatzes handelt – die Richtung der Reaktionen entgegengesetzt: Der kleinere Steuersatz bewirkt eine Erhöhung der Netto-Faktorpreise und induziert gemäß den Gleichungen (4.28) bis (4.33) tendenziell eine Ausweitung des Arbeitseinsatzes, des Outputs, des Konsums und der Investitionen. Somit sind die Wirkungen, die eine Erhöhung der Verschuldung kurzfristig erzeugt, (qualitativ) gleichzusetzen mit den Wirkungen einer Steuersenkung. Die Erklärung der qualitativen Änderungen, die im Einkommensteuermodell gegeben wurden, können also – da es sich hier um eine Steuersenkung und nicht um eine Steuererhöhung handelt – mit „umgekehrten Vorzeichen" übernommen werden.

Allerdings existieren im Vergleich zum Einkommensteuermodell bezogen auf die kurzfristigen Reaktionen auch Unterschiede, die letztlich auf die unterschiedlichen mittel- und langfristigen Reaktionen zurückzuführen sind, sich aber über einen Vermögenseffekt auf das Entscheidungskalkül der Wirtschaftssubjekte schon unmittelbar nach dem Schock auswirken. Denn eine höhere Verschuldung – sei sie auch nur vorübergehend (ρ<0) – führt immer dazu, daß ein größerer Schuldenstand akkumuliert wird, was höhere Zinszahlungen in der

---

[412] Auf ein Jahr bezogen entspricht dies einem Kapitalkoeffizienten von 2,76.

Zukunft erforderlich macht, die letztlich über höhere Steuern finanziert werden müssen. Diese höheren Steuern in der Zukunft beeinflussen die Vermögensposition der privaten Haushalte, wie die intertemporale Budgetrestriktion der Haushalte (4.167) zeigt, die aus Gleichung (4.153) abgeleitet wird:

$$(4.167)\quad E_0\left[\sum_{t=0}^{\infty} P^N{}_t c_t\right] = E_0\left[\sum_{t=0}^{\infty} P^N{}_t (1-\tau_t) w_t N_t + V_0\right]$$

mit $V_0 = R^N{}_0(k_{0-1} + D_{0-1})$ und $P^N{}_t = \prod_{j=1}^{t} \frac{\gamma}{R^N{}_j}$ für $t>0$ und $P^N{}_t = 1$ für $t=0$.

Ein niedrigerer Einkommensteuersatz bewirkt, daß das Humanvermögen tendenziell steigt und mithin ein positiver Vermögenseffekt induziert wird, der sich in einer Reduktion von λ_t bzw. $E_t[\lambda_{t+1}]$ widerspiegelt. Allerdings führt die höhere Verschuldung heute dazu, daß in zukünftigen Perioden irgendwann der (endogene) Einkommensteuersatz über sein Ausgangsniveau steigen muß, um die Ausgaben für den Schuldendienst finanzieren zu können. Der positive Vermögenseffekt wird dadurch etwas gedämpft, da der Barwert der Nettoarbeitseinkommen nicht so stark steigt. Außerdem wirkt sich auch hier, ähnlich wie in Abschnitt 4.1., die Änderung der Nettorendite $R^N{}_t$ und damit des Diskontfaktors $P^N{}_t$ auf das Vermögen aus, so daß für eine geringe Arbeitsangebotselastizität (große η-Werte) sogar ein negativer Vermögenseffekt induziert werden kann.

Eine Abschätzung des Vermögenseffektes ist auch mit Hilfe der Periodenbudgetgleichung (4.154) möglich, aus der sich eine intertemporale Budgetgleichung ergibt, die gänzlich unabhängig vom Einkommensteuersatz und von der Verschuldung ist und somit mit der intertemporalen Budgetgleichung aus Abschnitt 3.2. übereinstimmt:

$$(4.168)\quad E_0\left[\sum_{t=0}^{\infty} P_t c_t\right] = E_0\left[\sum_{t=0}^{\infty} P_t w_t N_t - \sum_{t=0}^{\infty} P_t G_t + V_0\right]$$

mit $P_t = \prod_{j=1}^{t} \frac{\gamma}{R_j}$ für $t>0$ und $P_t=1$ für $t=0$.

Da hier angenommen wurde, daß G_t konstant bleibt, ergibt sich bei einer Erhöhung des Defizits keine direkte Auswirkung auf das Vermögen. Ein Vermögenseffekt wird aber durch die Änderungen des Bruttoarbeitseinkommens $w_t N_t$ und der Bruttorendite R_t induziert. Diese ändern sich, da durch die Steueränderungen Lohn- und Zinseffekte erzeugt werden, die sich auf das Arbeitseinkommen und den Diskontfaktor auswirken (vgl. Abschnitt 4.2.1.). Auch hier zeigt sich, daß Größe und Richtung des Vermögenseffektes nicht eindeutig ist und stark von der Persistenz der Steueränderung und der Elastizität des Arbeitsangebotes und der damit verbundenen Variabilität des Arbeitseinkommens abhängt.

Tabelle 4.21: Elastizitäten bei einer kreditfinanzierten Einkommensteuersenkung in Abhängigkeit von der Persistenz

$\eta=1$	$\rho=0$	$\rho=0{,}5$	$\rho=0{,}95$	$\rho=0{,}98$	$\rho=1$
v_{kB}	0.0025	0.0024	0.0019	0.0016	0.0014
v_{DB}	0.0050	0.0050	0.0050	0.0050	0.0050
v_{cB}	0.0014	0.0018	0.0047	0.0060	0.0075
v_{yB}	0.0284	0.0279	0.0234	0.0215	0.0191
v_{NB}	0.0451	0.0443	0.0372	0.0341	0.0303
v_{RNB}	0.0010	0.0010	0.0009	0.0008	0.0007
v_{rB}	0.0284	0.0279	0.0234	0.0215	0.0191
v_{wB}	-0.0167	-0.0164	-0.0138	-0.0126	-0.0112
v_{iB}	0.1005	0.0979	0.0760	0.0663	0.0548
$v_{\tau B}$	-0.0839	-0.0834	-0.0792	-0.0773	-0.0751

Tabelle 4.22: Elastizitäten bei einer kreditfinanzierten Einkommensteuersenkung in Abhängigkeit von der Grenznutzenelastizität der Freizeit η

$\rho=0{,}95$	$\eta=0$ $\sigma_L\to\infty$	$\eta=0{,}5$ $\sigma_L=2$	$\eta=1$ $\sigma_L=1$	$\eta=10$ $\sigma_L=0{,}1$	$\eta\to\infty$ $\sigma_L=0$
v_{kB}	0.0033	0.0024	0.0019	0.0004	0.0001
v_{DB}	0.0050	0.0050	0.0050	0.0050	0.0050
v_{cB}	0.0092	0.0063	0.0047	-0.0003	-0.0016
v_{yB}	0.0420	0.0300	0.0234	0.0048	0
v_{NB}	0.0666	0.0476	0.0372	0.0076	0
v_{RNB}	0.0014	0.0010	0.0009	0.0003	0.0002
v_{rB}	0.0420	0.0300	0.0234	0.0048	0
v_{wB}	-0.0246	-0.0176	-0.0138	-0.0028	0
v_{iB}	0.1344	0.0967	0.0760	0.0180	0.0032
$v_{\tau B}$	-0.0968	-0.0854	-0.0792	-0.0615	-0.0570

Ein positiver Vermögenseffekt wird mit abnehmenden Grenznutzenelastizitäten wahrscheinlicher. Für $\eta=1$ ist der Vermögenseffekt positiv und steigt mit zunehmender Persistenz. Bezüglich des Konsums überkompensiert der Vermögenseffekt den Nettozinseffekt, ausgelöst durch die niedrigere Einkommensteuer (vgl. Gleichung (4.30)), weshalb es zu einem Konsumanstieg kommt, der um so größer ist, je größer die Persistenz gewählt wird (vgl. Tabelle 4.21). Auch hinsichtlich der Reaktion des Arbeitseinsatzes wirkt für $\eta=1$ der positive Vermögenseffekt dem Nettolohneffekt und dem Nettozinseffekt entgegen, so daß der Arbeitseinsatz nicht so stark steigt, je länger der Schock andauert (vgl. Tabelle 4.21). Deshalb fällt auch die Outputerhöhung mit zunehmenden Persistenzwerten geringer aus.

Die relative Veränderung der Investitionen ergibt sich aus der linearisierten Ressourcenbedingung:

$$\hat{i}_t = \frac{y}{i}\hat{y}_t - \frac{c}{i}\hat{c}_t - \frac{G}{i}\hat{G}_t \qquad \text{bzw.} \qquad v_{iB} = \frac{y}{i}v_{yB} - \frac{c}{i}v_{cB} - \frac{G}{i}v_{GB}$$

Da der Staatskonsum annahmegemäß konstant bleibt, gilt $\hat{G}_t=0$ bzw. $v_{GB}=0$; der Konsumanstieg wirkt sich negativ und die Outputerhöhung positiv auf die Investitionen aus. Mit zunehmender Persistenz steigt der Konsum stärker und der Output weniger stark, so daß die Erhöhung der Investitionen für $\rho=1$ am geringsten ist. Prinzipiell könnten die beiden gegenläufigen Effekte dazu führen, daß es für hohe Persistenzwerte zu einer Reduktion der Investitionen kommt, wie bei Ludvigson (1996).[413] Allerdings kann ein solches Ergebnis für die hier gewählte Modellausgestaltung und Parameterkombination nicht abgeleitet werden.[414] Es kommt vielmehr immer zu einer Investitionszunahme. Mithin überwiegen die Auswirkungen des Outputanstiegs stets diejenigen des Konsumanstiegs.

Für größere Grenznutzenelastizitäten η ändert der Vermögenseffekt das Vorzeichen und wird negativ, da nun der Arbeitseinsatz und damit das Arbeitseinkommen kaum noch auf die Änderung des Steuersatzes reagiert und sich die Auswirkungen der höheren Renditen auf die Diskontfaktoren P^N_t bzw. P_t in Gleichungen (4.167) bzw. (4.168) bemerkbar machen. Wie Tabelle 4.22 zeigt, tritt deshalb bezüglich des Konsums der gleiche Vorzeichenwechsel auf, wie er auch schon für steigende Werte von η bei der Einkommensteuererhöhung in Abschnitt 4.1.5. beobachtet wurde. Für $\eta\to\infty$ ist das Arbeitsangebot starr; die Änderung des Steuersatzes hat keine Effekte auf den Arbeitseinsatz, weshalb der Output kurzfristig unverändert bleibt. Der negative Vermögenseffekt erzeugt aber einen leichten Konsumrückgang, dem ein gleich hoher Anstieg der Investitionen gegenübersteht.[415]

Auch hier läßt sich ein kurzfristiger Multiplikator bestimmen, der sich aus folgender Gleichung ergibt:

$$(4.169)\quad \frac{\Delta y}{\Delta B}=\frac{v_{yB}y}{v_{BB}B}=\frac{v_{yB}}{b}.$$

Im Zahlenbeispiel wurde eine Defizitquote von 0,012 angenommen, was z.B. für $\eta=1$ und $\rho=0{,}95$ einen Multiplikatorwert von 1,95 bedeutet[416] (Tabelle 4.23).

---

[413] Vgl. Ludvigson (1996), S. 35.

[414] Ludvigson (1996) benutzt zum einen andere Parameterwerte, zum anderen folgt dort der Schuldenstand und nicht wie hier das Budgetdefizit einem AR(1)-Prozeß. Der Schuldenstand ist also eine exogene Zustandvariable und nicht wie hier endogen. Dies impliziert einen völlig anderen Verlauf des Steuersatzpfades und damit kommt sie zu qualitativ und quantitativ etwas anderen kurzfristigen Effekten.

[415] Da sich die Steady-State-Größen von Konsum und Investitionen unterscheiden, sind auch die prozentualen Änderungen in Tabelle 4.22 unterschiedlich. Die absoluten Änderungen sind aber betragsmäßig identisch.

[416] Es gilt nämlich: $v_{yB}=0{,}0234$ (vgl. Tabelle 4.21), $v_{BB}=1$(da eine Erhöhung des Defizits um 1% angenommen wurde) und $B/y=b=0{,}012$.

Wird also eine Einheit der (konstanten) Staatsausgaben anstatt durch eine Einkommensteuer durch Verschuldung finanziert, so hat dies kurzfristig einen Outputanstieg um 1,95 Einheiten zur Folge.

Tabelle 4.23: Kurzfristiger Multiplikator bei einer kreditfinanzierten Einkommensteuersenkung

η=1	**ρ=0**	**ρ=0,5**	**ρ=0,95**	**ρ=0,98**	**ρ=1**
$\Delta y/\Delta B$	2,367	2,325	1,950	1,792	1,592
ρ=0,95	**η=0**	**η=0,5**	**η=1**	**η=10**	**$\eta\to\infty$**
$\Delta y/\Delta B$	3,500	2,500	1,950	0,400	0

Der Multiplikator nimmt mit zunehmender Persistenz ab, da der positive Vermögenseffekt dem Nettolohneffekt entgegenwirkt und um so größer ist, je länger die Steuersenkung andauert. Mithin wird dann das Arbeitsangebot nicht so stark ausgeweitet, was zu einer geringeren Outputsteigerung führt. Außerdem nimmt der Multiplikator mit zunehmender Grenznutzenelastizität der Freizeit ab, da dann das Arbeitsangebot immer weniger variabel ist und eine entsprechend geringere Outputsteigerung zur Folge hat.

Insgesamt ergeben sich, dadurch daß durch die Verschuldung eine verzerrende Steuer gesenkt werden kann, kurzfristig teilweise recht große Outputeffekte, womit die Attraktivität der Verschuldung im Vergleich zur Steuererhebung durch dieses Modell begründet werden kann.

4.5.4. Mittel- und langfristige Wirkungen

Bei Betrachtung der kurzfristigen Wirkungen zeigt sich, daß die Effekte, die durch eine Ausweitung der Neuverschuldung induziert werden, nicht auf diese direkt zurückzuführen sind, sondern auf die Konsequenzen einer Steuerreduktion.[417] Dies wird dadurch bestätigt, daß erstens die höhere Verschuldung die Vermögensposition der privaten Haushalte nicht direkt beeinflusst, wie die beiden intertemporalen Budgetgleichungen (4.167) und (4.168) zeigen, und daß zweitens die Optimalitätsbedingungen durch die Staatsverschuldung selbst nicht verändert werden. Allerdings geht man zu weit, wenn man deshalb das Phänomen der Staatsschuldenneutralität als unberührt ansieht.[418] Denn eine Äquivalenz zwischen Steuer- und Kreditfinanzierung ist nicht gegeben. Würde

[417] Vgl. Seater (1993), S. 155.

[418] So z.B. bei Seater (1993), S. 155. Seater (1993) argumentiert, daß die Ricardianische Äquivalenz nach wie vor gegeben ist, da die makroökonomischen Effekte auf die Änderung des Pfades der marginalen Steuersätze und nicht auf die Änderung des Pfades der Verschuldung zurückzuführen sind. *„Ricardian equivalence concerns only the effects of the path of debt."* Da aber der geänderte Pfad der Verschuldung doch gerade der Auslöser für den geänderten Pfad der Grenzsteuersätze ist, erscheint diese Argumentation etwas fragwürdig.

nämlich diese Äquivalenz bestehen, würden keine makroökonomischen Effekte einer kreditfinanzierten Steuersenkung auftreten.
Das wird auch bei der Betrachtung der mittel- und langfristigen Wirkungen, die in den Abbildungen 4.17 und 4.18 dargestellt sind, besonders deutlich: Anfänglich haben die zusätzlichen Investitionen einen Aufbau des Kapitalstocks zur Folge und damit einhergehend positive Effekte für Output und Konsum. Für $\rho<1$ baut sich der Schock mit der Zeit ab, womit auch die Entlastung durch die niedrigere Steuer verloren geht, der Steuersatz also alleine deshalb im Zeitverlauf wieder steigen muß, um das gegebene Ausgabevolumen zu finanzieren. Hinzu kommt aber noch, daß auch die steigende Zinslast immer stärker über Steuern finanziert werden muß. Irgendwann also – wenn der Einnahmeeffekt der höheren Verschuldung verschwunden ist und die höheren Zinslasten zu spüren sind – wird die Impuls-Antwort-Folge des Steuersatzes (Abbildung 4.17) die „Nullinie" durchbrechen, der Steuersatz steigt mithin über sein Ausgangsniveau hinaus an und verursacht die typischen Konsequenzen einer Steuersatzerhöhung für die anderen Variablen wie Konsum, Output, Investitionen und Kapitalstock. Diese durchbrechen mit Abschwächung des Schocks ebenfalls die „Nullinie" nach unten, bevor sie langfristig wieder ins Gleichgewicht zurückkehren. Die positiven Wirkungen erfolgen also kurz- bis mittelfristig, verschwinden aber wieder und führen zu negativen Wirkungen.[419]

In Abbildung 4.18 ist die Erhöhung des Defizits permanent ($\rho=1$), und es kommt auch zu einem Anstieg des Steuersatzes über sein Ausgangsniveau. Allerdings kann die zusätzliche Zinslast auch noch teilweise über das permanent höhere Defizit finanziert werden. Im neuen Gleichgewicht liegt der Schuldenstand um 1% über seinem Ausgangsniveau, was sich anhand der Steady-State-Gleichung $D=B/(\gamma-1)$ nachvollziehen läßt: Eine permanente Erhöhung von B um 1% muß eine Erhöhung von D um ebenfalls 1% hervorrufen. Da der Steuersatz dauerhaft über seinem Ausgangsniveau liegt, um die höheren Zinszahlungen zu finanzieren, kommt es zu einer dauerhaften Reduktion von Konsum, Output, Kapital und Arbeit. Insofern kann man keinesfalls von einer Äquivalenz der Steuer- im Vergleich zur Kreditfinanzierung ausgehen. Mithin ist die Staatsschuldenneutralität in diesem Sinne nicht gegeben.[420]

Tabelle 4.24: Langfristiger Multiplikator bei einer kreditfinanzierten Einkommensteuersenkung

	$\eta=1$	$\eta=10$
$\Delta y^*/\Delta B^*$	-2,252	-1,151

419 Würde die niedrigere Einkommensteuer über eine höhere Pauschalsteuer finanziert, würden sich diese negativen Wirkungen in der Zukunft nicht ergeben. In diesem Sinne ist die Kreditfinanzierung auch nicht mit der Pauschalsteuerfinanzierung äquivalent.
420 Vgl. dazu auch Elmendorf/Mankiw (1998), S. 55-57.

Abbildung 4.17: Impuls-Antwort-Folgen bei einer persistenten kreditfinanzierten Einkommensteuersenkung (rho=0,95)

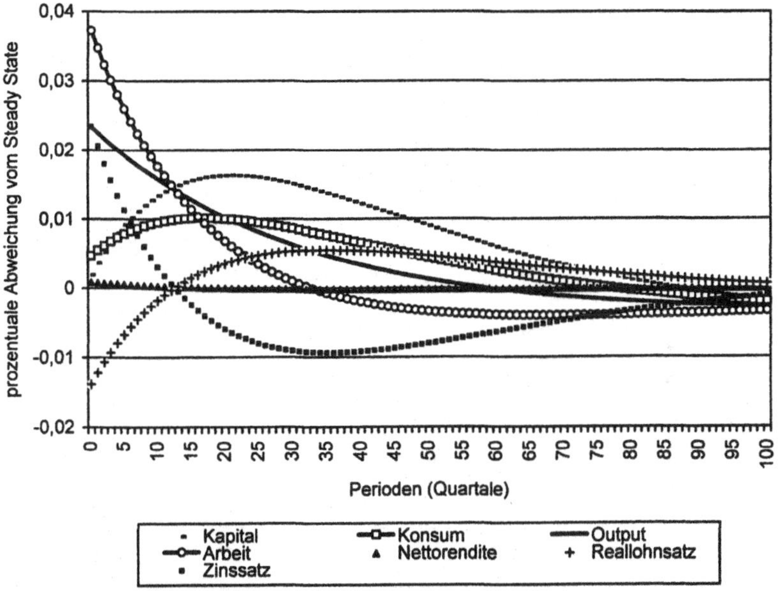

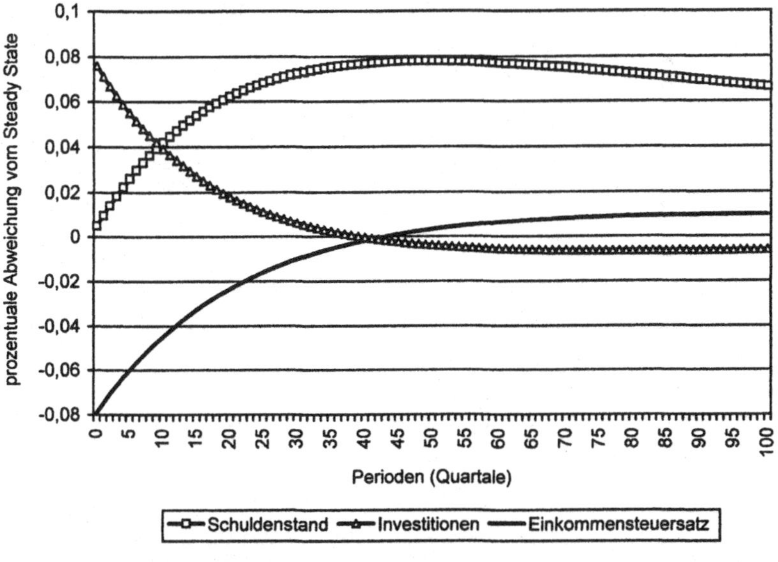

Abbildung 4.18: Impuls-Antwort-Folgen bei einer permanenten kreditfinanzierten Einkommensteuersenkung (rho=1)

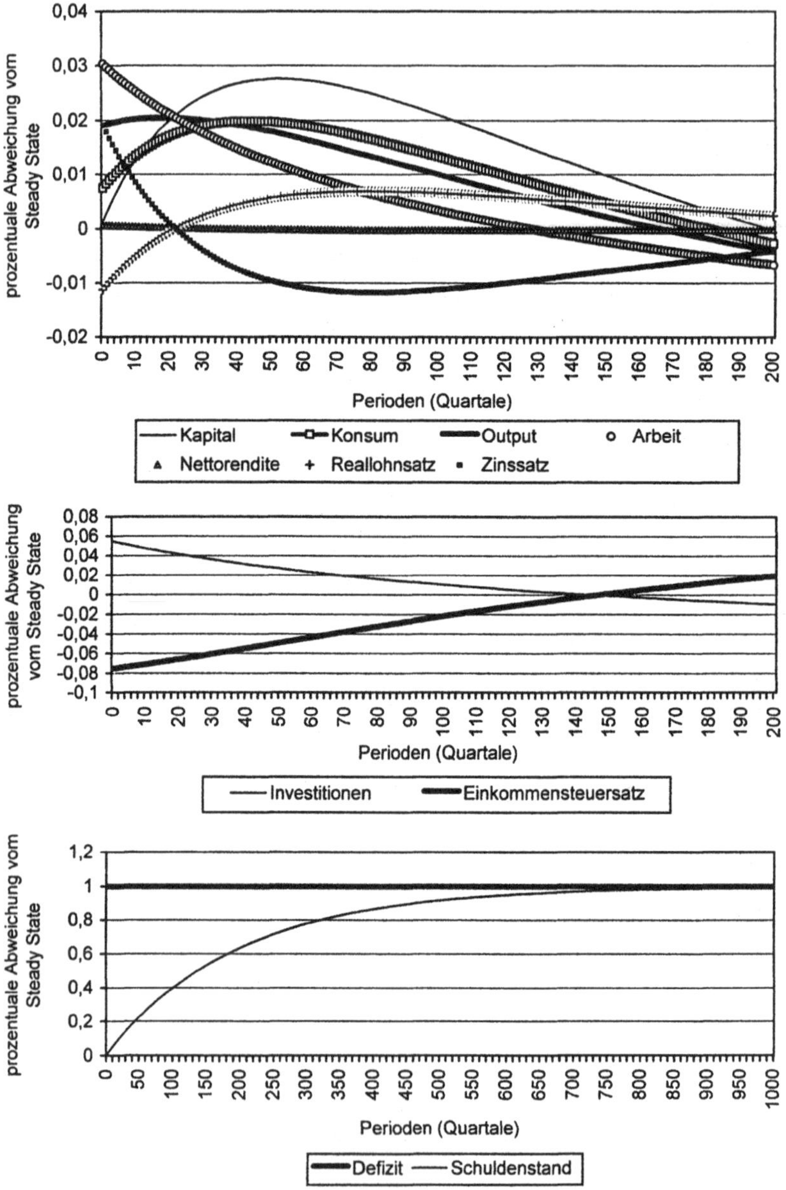

Auch hier kann ein langfristiger Multiplikator abgeleitet werden, der aber negativ ist, da für die Finanzierung des höheren Schuldenstandes im neuen Gleichgewicht ein höherer Einkommensteuersatz erforderlich ist, der letztlich für einen Rückgang des Outputs sorgt.
Da für η=10 die Arbeit weniger elastisch ist, zeigt sich auch ein geringerer Rückgang im Steady State, so daß der Multiplikator betragsmäßig kleiner ausfällt (vgl. Tabelle 4.24). Als Ergebnis kann wieder festgehalten werden, daß sich der kurzfristige und der langfristige Multiplikator genau entgegengesetzt verhalten, was eine Beurteilung der Maßnahme erschwert.

4.5.5. Evaluation durch Nutzenvergleich

Will man zu einer abschließenden Beurteilung einer schuldenfinanzierten Einkommensteuersenkung gelangen, müssen die Wohlfahrtseffekte, die eine solche Maßnahme hervorruft, betrachten werden. Dazu werden wieder die Konsumäquivalente abgeleitet, die in Abbildung 4.19 für verschiedene Persistenzwerte und Grenznutzenelastizitäten abgebildet sind.

Abbildung 4.19: Konsumäquivalente für unterschiedliche Parameterwerte bei einer kreditfinanzierten Einkommensteuersenkung

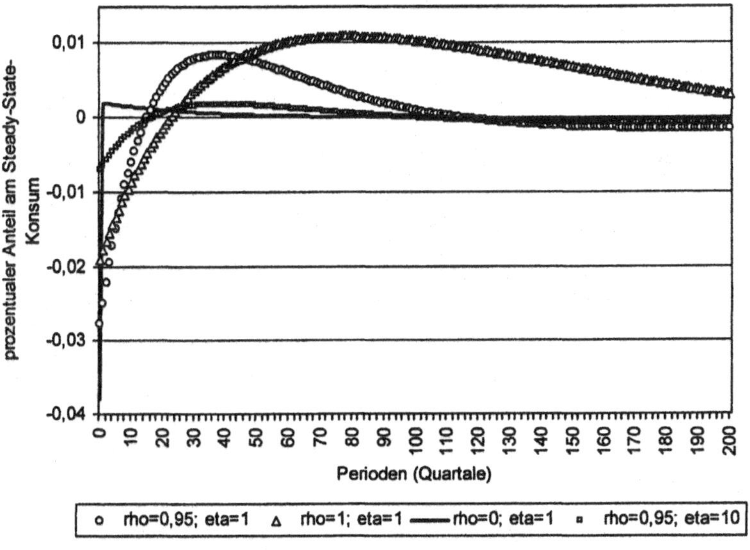

Unmittelbar nach dem Schock fällt das Nutzenniveau unter seinen Ausgangswert, was darauf zurückzuführen ist, daß der Arbeitseinsatz relativ stark steigt und die Freizeit deshalb sinkt, während die Konsumerhöhung nur gering ist und somit den Nutzenverlust nicht kompensieren kann. In den Folgeperioden kommt es aber dann zu einer Nutzensteigerung, was zum einen auf das steigende Konsumniveau, induziert durch den höheren Output, zurückzuführen ist und zum anderen mit der Reduktion des Arbeitseinsatzes im Zeitablauf begründet werden kann. Mit Abschwächung des Schocks wird aber der vorübergehend gestiegene Kapitalstock wieder abgebaut, und außerdem kommt es zu der oben beschriebenen Steuererhöhung über das Ausgangsniveau hinaus, was schließlich zu einer Reduktion des Konsums und damit auch zu einer Reduktion des Nutzens unter sein Steady-State-Niveau führt. Es läßt sich also sowohl für $\rho=0$ und $\rho=0{,}95$ als auch für $\rho=1$ eine zunächst sinkende, dann steigende und schließlich wieder sinkende Wohlfahrt erkennen, was eine abschließende Beurteilung erschwert. Für $\rho=1$ findet diese Reduktion des Nutzenniveaus unter das Ausgangsniveau allerdings erst ca. in Periode 250 statt,[421] da die Reduktion des Arbeitseinsatzes und der damit verbundene Freizeitanstieg den Nutzenverlust bremst. Für $\eta=10$ kommt es zwar zu keinem starken Rückgang der Freizeit, hier unterstützt aber der durch den negativen Vermögenseffekt induzierte Konsumrückgang den Nutzenverlust zu Beginn. Später steigt der Konsum, was Nutzengewinne induziert, bevor auch hier Wohlfahrtsverluste eintreten.

Tabelle 4.25: Barwerte der Konsumäquivalente bei einer kreditfinanzierten Einkommensteuersenkung

$\rho=0$; $\eta=1$	$\rho=0{,}95$; $\eta=1$	$\rho=1$; $\eta=1$	$\rho=0{,}95$; $\eta=10$
0,006	0,066	0,330	-0,034

Um zu einer eindeutigen Beurteilung zu gelangen, muß nun der Barwert der Konsumäquivalente ermittelt werden. Hier ergibt sich im Fall $\rho=0$ ein Nutzengewinn von ca. 0,006%, für $\rho=0{,}95$ ein Nutzengewinn von ca. 0,06% und im Fall $\rho=1$ von ca. 0,33% des Steady-State-Konsums. Eine kreditfinanzierte Einkommensteuersenkung kann in diesem Sinne und für diese Parameterwerte somit positiv beurteilt werden. Für $\eta=10$ reicht der zwischenzeitliche Nutzenzuwachs nicht aus, um den anfänglichen Verlust auszugleichen, so daß insgesamt ein negativer Wohlfahrtseffekt vorliegt.

Zusammenfassend ist also festzuhalten, daß eine eindeutig positive Beurteilung einer schuldenfinanzierten Einkommensteuersenkung nicht möglich ist. Das Ergebnis hängt von der unterstellten Parameterkombination insbesondere von der Arbeitsangebotselastizität ab.

[421] Deshalb ist dieser Nutzenverlust in Abbildung 4.19 nicht ablesbar.

5. Kredit- oder Steuerfinanzierung zusätzlicher Staatsausgaben?

5.1. Einleitung

Die in den Kapiteln 3 und 4 gewonnenen Erkenntnisse über die Wirkungen der Staatseinnahmen und der Staatsausgaben sollen nun dazu verwendet werden, die Unterschiede einer Steuer- im Vergleich zu einer Kreditfinanzierung zusätzlicher Staatsausgaben aufzuzeigen und um zu beurteilen, welche dieser Finanzierungsformen vorzuziehen ist.

Ein Vergleich zwischen Einkommensteuer- und Kreditfinanzierung von zusätzlichen Staatskonsumausgaben wurde z.B. bei Ludvigson (1996) durchgeführt. Bezüglich zusätzlicher staatlicher Investitionsausgaben wurde eine solche Untersuchung im Rahmen eines OLG-Modells von Kitterer (1994) und im Rahmen eines Solow-Modells von Gasche (1998) vorgenommen. In dem hier vorgestellten Modellrahmen ist diese Analyse bisher unterblieben. Außerdem soll zusätzlich zu der Einkommensteuerfinanzierung und der Kreditfinanzierung auch noch eine Konsumsteuerfinanzierung der zusätzlichen Ausgaben betrachtet und auch ein Vergleich mit der schon oben analysierten Pauschalsteuerfinanzierung durchgeführt werden. Dazu wird eine Modellvariante entwickelt, in der die beiden Ausgabenformen Staatskonsum und öffentliche Investitionen durch Einkommensteuern, Konsumsteuern, Pauschalsteuern und Kredite finanziert werden. Die Bewertung der Finanzierungsmaßnahmen erfolgt in gewohnter Weise anhand der erzeugten Outputeffekte und anhand der induzierten Nutzenänderungen. Außerdem werden wieder sowohl die kurzfristigen als auch die mittel- und langfristigen Wirkungen[422] aufgezeigt.[423]

5.2. Das Modell

Der Staat tätigt Konsumausgaben G_t, Investitionsausgaben H_t und Zinszahlungen auf die bestehende Staatsschuld $(r_t-\delta)D_{t-1}$, die er über eine Einkommensteuer auf das Zinseinkommen und auf das produzierte Realeinkommen abzüglich der Abschreibungen auf das Realkapital $\tau_t(y_t-\delta k_{t-1}+(r_t-\delta)D_{t-1})$, über eine Konsumsteuer $\tau^c{}_t c_t$, über eine Pauschalsteuer T_t und über die Ausgabe von Schuldverschreibungen B_t finanzieren kann. Seine Budgetgleichung lautet somit:

(5.1) $G_t+H_t+(r_t-\delta)D_{t-1}=\tau_t(y_t-\delta k_{t-1}+(r_t-\delta)D_{t-1})+\tau^c{}_t c_t+T_t+B_t.$

Das Budgetdefizit erhöht den Schuldenstand gemäß folgender Akkumulationsgleichung:

(5.2) $\gamma D_t=B_t+D_{t-1}$

[422] Ludvigson (1996) betrachtet nur die kurzfristigen Effekte.

[423] Es soll also in umfassender Weise die Bedeutung, die der Finanzierungsart von zusätzlichen Staatsausgaben zukommt, herausgearbeitet werden, ganz im Sinne von Baxter/King (1993), S. 333, die dies als Aufgabe für die zukünftige Forschung sehen.

und die öffentlichen Investitionen erhöhen den öffentlichen Kapitalstock gemäß $\gamma ö_t = H_t + (1-\delta) ö_{t-1}$.

Als Produktionsfunktion wird wieder

(5.3) $y_t = k_{t-1}^{1-\alpha} N_t^{\alpha} ö_{t-1}^{\chi}$

unterstellt. Weiterhin wird angenommen, daß das produzierte Realeinkommen y_t vollständig den Haushalten zufließt.[424]

Die privaten Haushalte maximieren ihren Nutzen unter Zugrundelegung der Periodennutzenfunktion

(5.4) $u(c_t, 1-N_t) = \ln c_t + \frac{\theta}{1-\eta}\left[(1-N_t)^{1-\eta} - 1\right]$

und unter Beachtung folgender Budgetbedingung:

$(1+\tau^c_t)c_t + i_t + B_t = (1-\tau_t)w_t N_t + (1-\tau_t) r_t k_{t-1} + \tau_t \delta k_{t-1} + (1-\tau_t)(r_t - \delta) D_{t-1} - T_t$.

Unter Berücksichtigung von Gleichung (5.2) sowie $i_t = \gamma k_t - (1-\delta) k_{t-1}$ und $R^N_t = 1 + (1-\tau_t)(r_t - \delta)$ ergibt sich:

(5.5) $(1+\tau^c_t)c_t + \gamma(k_t + D_t) = (1-\tau_t) w_t N_t + R^N_t (k_{t-1} + D_{t-1}) - T_t$.

Im Marktgleichgewicht wird somit die Volkswirtschaft durch folgendes Gleichungssystem beschrieben:

(5.6) $\lambda_t = \frac{1}{(1+\tau^c_t)c_t}$,

(5.7) $\frac{\theta c_t}{(1-N_t)^{\eta}} = \frac{1-\tau_t}{1+\tau^c_t} w_t$,

(5.8) $\beta E_t \left[\frac{(1+\tau^c_t)}{(1+\tau^c_{t+1})} \frac{c_t}{c_{t+1}} R^N_{t+1} \right] = 1$,

(5.9) $R^N_t = 1 + (1-\tau_t)(r_t - \delta)$,

(5.10) $w_t = \alpha \frac{y_t}{N_t}$,

(5.11) $r_t = (1-\alpha) \frac{y_t}{k_{t-1}}$,

(5.12) $\gamma ö_t = H_t + (1-\delta) ö_{t-1}$,

(5.13) $\gamma k_t = i_t + (1-\delta) k_{t-1}$,

(5.14) $\gamma D_t = B_t + D_{t-1}$,

(5.15) $y_t = k_{t-1}^{1-\alpha} N_t^{\alpha} ö_{t-1}^{\chi}$,

(5.16) $y_t = c_t + i_t + G_t + H_t$,

(5.17) $G_t + H_t + (1-\tau_t)(r_t - \delta) D_{t-1} = \tau_t (y_t - \delta k_{t-1}) + \tau^c_t c_t + T_t + B_t$.

---

[424] Dies impliziert die Annahme, daß das öffentliche Kapital nicht entlohnt wird.

Das Modell wird geschlossen, indem n-2 „staatliche Variablen" exogen auf ihr Steady-State-Niveau festgelegt werden (z_t=z=const.) und für eine Variable x_t ein exogener stochastischer Prozeß der Form

$$(5.18)\ \ln x_t=(1-\rho)\ln x+\rho \ln x_{t-1}+\varepsilon_t$$

angenommen wird. Die n-te „staatliche Variable" ergibt sich dann aus der Budgetgleichung (5.17) endogen.

Dabei wird die grundsätzliche Vorgehensweise dergestalt sein, daß eine Form der öffentlichen Ausgaben (Staatskonsum oder öffentliche Investitionen) exogen erhöht wird, mithin also dem stochastischen Prozeß (5.18) folgt. Eine der Finanzierungsvariablen (Defizit, Einkommensteuersatz, Konsumsteuersatz, Pauschalsteuer) paßt sich dann endogen so an, daß die Budgetbedingung des Staates erfüllt wird.[425]
Allerdings ergibt sich bei dieser Vorgehensweise im Falle der Kreditfinanzierung ein Problem insofern, daß das Defizit endogen steigen und somit ein höherer Schuldenstand akkumuliert wird, was in Zukunft zu höheren Zinszahlungen des Staates führt. Diese können aber in diesem Modell, da nur eine staatliche Variable endogenisiert werden kann, nur wieder durch zusätzliche Schuldenaufnahme finanziert werden. Somit wachsen das Defizit und der Schuldenstand mit der Zeit ins Unendliche.[426] Das Modell muß deshalb so ausgestaltet werden, daß ein solches Anwachsen des Schuldenstandes verhindert wird. Dazu werden zwei unterschiedliche Vorgehensweisen vorgestellt: Erstens wird angenommen, daß nicht die öffentlichen Ausgaben, sondern das Defizit exogen erhöht wird und dem Prozeß (5.18) folgt. Die betreffende Ausgabenform (Staatskonsum oder öffentliche Investitionen) wird somit endogen steigen. Die aus dem höheren Schuldenstand resultierenden zusätzlichen Zinszahlungen in der Zukunft können so durch geringere Staatsausgaben aufgebracht werden, und ein weiteres Anwachsen des Schuldenstandes wird verhindert.[427] Die zweite Möglichkeit besteht darin, im Falle des endogenen Defizits eine „Reaktionsfunktion" des Staates einzuführen, die je nach Ausgestaltung Steuererhöhungen oder Ausgabensenkungen induziert, sobald der Schuldenstand ein gewisses Niveau überschreitet, womit ein stetiges Anwachsen des Defizits und des Schuldenstandes verhindert wird.

[425] Für die restlichen Variablen wird unterstellt, daß sie auf ihrem Steady-State-Niveau konstant bleiben.
[426] Deshalb ist es erforderlich, daß das Defizit zumindest in einer Periode nicht als (alleinige) endogene Variable fungiert. Vgl. Huber (1996), S. 51, Fn. 85. Dieses Problem ist eine Folge der Tatsache, daß die Kreditfinanzierung kein definitives Finanzierungsinstrument darstellt und deshalb ein Vergleich mit anderen Finanzierungsinstrumenten grundsätzlich schwierig ist.
[427] Die Probleme, die mit dieser (umgekehrten) Vorgehensweise verbunden sind, werden in Abschnitt 5.3.4. erläutert.

Parametrisierung
Für die nachfolgenden Simulationsrechnungen wird wieder α=0,63, γ=1,005, β=0,995 und N=0,2 gesetzt. Für die Nettorendite im Steady State $R^N=\gamma/\beta$ ergibt sich 1,01. Der Einkommensteuersatz wird auf 0,14 festgelegt, so daß die Einkommensteuereinnahmen bezogen auf den Output 0,107 ausmachen, was dem Anteil der Einkommensteuer+Körperschaftsteuer+Gewerbesteuer am Bruttoinlandsprodukt entspricht. Die Abschreibungsrate δ wird dann mit 0,02 so gesetzt, daß sich für den Kapitalkoeffizienten im Steady State mit $k/y=(1-\alpha)(1-\tau)/[(R^N-1)+\delta/(1-\alpha)]=11{,}68$ ein für die deutsche Wirtschaft plausibler Wert ergibt.[428] Für den Konsumsteuersatz wird wieder 0,18 angenommen und für die öffentliche Investitionsquote H/y ein Wert von 0,03. Für die Defizitquote wird B/y=0,012 unterstellt, so daß sich mit D/y=2,4 eine Schuldenstandsquote von 60% p.a. ergibt. Schließlich wird die Pauschalsteuerquote T/y so festgelegt, daß man für die Staatskonsumquote G/y ein Wert von 0,19 erhält.[429] Als Benchmark-Parameter werden außerdem ρ=0,95, η=1 und χ=0,05 angenommen. Diese drei Parameter werden aber variiert, um die Sensibilität der Modellergebnisse hinsichtlich Parameteränderungen herauszuarbeiten.

Linearisierung und Ableitung der Bestimmungsgleichungen für die makroökonomischen Größen
Nun werden wieder die Gleichungen der Modellökonomie (5.6) bis (5.18) linearisiert und die Bestimmungsgleichungen für die wichtigsten makroökonomischen Größen abgeleitet.
Linearisiert man Gleichung (5.6) und kombiniert diese mit der intratemporalen Optimalitätsbedingung (5.7), erhält man die Arbeitsangebotsgleichung, die die relative Abweichung des Arbeitseinsatzes von seinem Steady-State-Niveau determiniert:

$$(5.19)\ \hat{N}_t = \frac{1-N}{N\eta}\left[\hat{\lambda}_t - \frac{\tau}{(1-\tau)}\hat{\tau}_t + \hat{w}_t\right].$$

Der Arbeitseinsatz steigt, wenn der Einkommensteuersatz τ_t sinkt ($\hat{\tau}_t < 0$) und wenn der Reallohnsatz steigt ($\hat{w}_t$>0). In beiden Fällen erhöht sich tendenziell der Nettolohnsatz, was die Haushalte dazu veranlaßt, mehr Arbeit anzubieten, weil die Opportunitätskosten der Freizeit steigen. Steigt der Schattenpreis λ_t, so liegt ein negativer Vermögenseffekt vor, der im Falle der Arbeitsangebotsentscheidung in Richtung einer Reduktion der Freizeit und Erhöhung

---

[428] Auf ein Jahr bezogen entspricht dies einem Wert von 2,9.
[429] Zugegebenermaßen gibt es in Deutschland keine Pauschalsteuer. Würde man allerdings T=0 setzen, ergäbe sich im Steady State G/y=0,16, was etwas zu niedrig ist. Außerdem könnte man dann keinen direkten Vergleich mit der Pauschalsteuerfinanzierung vornehmen. Für die Pauschalsteuerquote wird deshalb T/y=0,037 angenommen.

des Arbeitseinsatzes wirkt. Unter Berücksichtigung von $\hat{\lambda}_t = E_t[\hat{\lambda}_{t+1} + \hat{R}^N{}_{t+1}]$ kann man die Gleichung (5.19) umformen zu:

$$(5.20)\ \hat{N}_t = \frac{1-N}{N\eta} E_t\left[\hat{\lambda}_{t+1} + \hat{R}^N{}_{t+1} - \frac{\tau}{(1-\tau)}\hat{\tau}_t + \hat{w}_t\right].$$

Hier zeigt sich die Abhängigkeit des Arbeitseinsatzes von der erwarteten Nettorendite $E_t[R^N{}_{t+1}]$ Es können wieder drei Effekte identifiziert werden, die auf den Arbeitseinsatz wirken: ein Vermögenseffekt, ein Nettozinseffekt und ein Nettolohneffekt. Zusätzlich hängt das Arbeitsangebot noch von der Grenznutzenelastizität η ab. Je größer η ist, desto geringer ist die Neigung zur intertemporalen Substitution, desto weniger wird also der Arbeitseinsatz auf Schocks reagieren.

Die relative Abweichung des Konsums von seinem Steady-State-Niveau ergibt sich aus der linearisierten intertemporalen Optimalitätsbedingung (5.8) unter Berücksichtigung von (5.6):

$$(5.21)\ \hat{c}_t = E_t\left[-\hat{\lambda}_{t+1} - \frac{\tau^c}{1+\tau^c}\hat{\tau}^c{}_t - \hat{R}^N{}_{t+1}\right].$$

Eine Erhöhung der erwarteten Nettorendite $R^N{}_{t+1}$ führt dazu, daß der Konsum heute unattraktiver wird. Eine Dämpfung des Konsums ist außerdem dann angezeigt, wenn der Konsumsteuersatz steigt. Eine erwartete Erhöhung des Schattenpreises zeigt einen negativen Vermögenseffekt an, was sich ebenfalls in einem niedrigeren Konsums niederschlägt.

Die Änderung des Outputs ergibt sich aus der linearisierten Produktionsfunktion:

$$(5.22)\ \hat{y}_t = \alpha\hat{N}_t + (1-\alpha)\hat{k}_{t-1} + \chi\hat{\delta}_{t-1},$$

und die relative Veränderung der privaten Investitionen kann man aus der Ressourcenbedingung (5.16) ableiten:

$$(5.23)\ \hat{i}_t = \frac{y}{i}\hat{y}_t - \frac{c}{i}\hat{c}_t - \frac{G}{i}\hat{G}_t - \frac{H}{i}\hat{H}_t.$$

Die Höhe der privaten Investitionen hängt somit davon ab, wie viele Ressourcen durch Konsum, Staatskonsum und öffentliche Investitionen beansprucht werden, und ob durch eine Outputerhöhung Spielräume für private Investitionen frei werden. Die Investitionen werden selbstverständlich auch von der Änderung der Nettorendite $R^N{}_{t+1}$ und damit von der intertemporalen Konsumentscheidung beeinflußt, was sich zeigen würde, wenn man (5.21) in (5.23) einsetzen würde.

Die Änderung von λ_t bzw. $E_t[\lambda_{t+1}]$ und damit der Vermögenseffekt kann wieder mit Hilfe der intertemporalen Budgetrestriktion der Haushalte abgeschätzt werden, die sich aus der Periodenbudgetrestriktion (5.5) durch sukzessives Einsetzen ergibt und die für diese Modellvariation folgendes Aussehen hat:

$$(5.24)\ E_t[\sum_{s=0}^{\infty} P^N{}_{t+s}(1+\tau^c{}_{t+s})c_{t+s}] = E_t[\sum_{s=0}^{\infty} P^N{}_{t+s}((1-\tau_{t+s})w_{t+s}N_{t+s} - T_{t+s}) + V_t] = W_t$$

mit $V_t = R^N{}_t(k_{t-1}+D_{t-1})$, $P^N{}_{t+s} = \prod_{j=1}^{s} \frac{\gamma}{R^N{}_j}$ und $P^N{}_{t+s}=1$ für s=0.

Wegen (5.6) kann man daraus ableiten: $\lambda_t = E_t[1/(W_t - W_{t+1})]$.[430]
Setzt man in die Periodenbudgetrestiktion (5.5) die Budgetgleichung des Staates (5.1) ein, erhält man die intertemporale „Nettobudgetrestriktion" der Haushalte, die darüber Auskunft gibt, wieviel „Nettovermögen" den Haushalten für den Nettokonsum (nach Abzug der Steuern) zur Verfügung steht:[431]

$$(5.25)\ E_t[\sum_{s=0}^{\infty} P_{t+s}c_{t+s}] = E_t[\sum_{s=0}^{\infty} P_{t+s}(w_{t+s}N_{t+s} - G_{t+s} - H_{t+s}) + V_t]$$

mit $V_t = R_t k_{t-1}$, $P_{t+s} = \prod_{j=1}^{s} \frac{\gamma}{R_j}$ und $P_{t+s}=1$ für s=0.

5.3. Zusätzliche öffentliche Investitionen

5.3.1. Einkommensteuerfinanzierung

Nun wird angenommen, daß eine Ausweitung der öffentlichen Investitionen durch eine Einkommensteuererhöhung finanziert wird. Für die öffentlichen Investitionen wird der stochastische Prozeß

$$(5.26)\ \ln H_t = (1-\rho)\ln H + \rho \ln H_{t-1} + \varepsilon_t$$

unterstellt, wobei ε_t gerade so festgelegt wird, daß eine Erhöhung der öffentlichen Investitionen um ein Prozent des Steady-State-Outputs y möglich wird.[432]
Der Staatskonsum, der Konsumsteuersatz, die Pauschalsteuer und das Budgetdefizit werden auf ihrem Steady-State-Niveau konstant gehalten, so daß sich aus der Budgetgleichung des Staates der Einkommensteuersatz endogen ergibt. In Tabelle 5.1 sind die unmittelbaren Reaktionen der wichtigsten Modellvariablen ablesbar.
Bei der Interpretation der Ergebnisse muß grundsätzlich darauf geachtet werden, daß eine Erhöhung der öffentlichen Investitionen einerseits durch die Erhöhung des öffentlichen Kapitalstocks in zukünftigen Perioden positiv auf die Produktion und damit auf das Einkommen wirkt (Angebotseffekt). Die für die Finanzierung der Mehrausgaben nötige Steuererhöhung bewirkt aber andererseits tendenziell eine Reduktion der zukünftigen Periodenarbeitseinkommen

---

[430] Vgl. dazu Abschnitt 2.9.
[431] Wenn der Konsumsteuersatz unverändert bleibt, kann auch diese Gleichung zur Abschätzung des Vermögenseffektes (Änderung von λ_t) herangezogen werden.
[432] Es findet also – vorausgesetzt der Output bliebe konstant – eine anfängliche Erhöhung der öffentlichen Investitionsquote von 0,03 auf 0,04 statt, was einem Anstieg der öffentlichen Investitionen um 33,33% entspricht. Diese Annahme wird getroffen, um später eine Vergleichbarkeit mit der Erhöhung der Staatskonsumausgaben zu gewährleisten, da dort ebenfalls eine Erhöhung der Staatskonsumquote um einen Prozentpunkt angenommen wird.

(Entzugseffekt) und damit des Humanvermögens (vgl. Gleichung (5.24)), so daß man hier zwei gegenläufige Effekte identifizieren kann. Welcher Effekt überwiegt, zeigt sich letztlich anhand des Schattenpreises λ_t, dessen Wert die Veränderungen der Modellvariablen in der Zukunft widerspiegelt. Ist die Produktionselastizität des öffentlichen Kapitals χ gering, führt ein höherer öffentlicher Kapitalstock nur in geringem Maße zu einer Mehrproduktion in der Zukunft, mithin überwiegt der Entzugseffekt den Angebotseffekt, und es liegt ein negativer Vermögenseffekt vor ($\hat{\lambda}_t$>0). Ist dagegen die Produktionselastizität χ relativ groß, z.B. 0,4, so ist die Erhöhung zukünftiger Periodeneinkommen durch den höheren Einsatz des öffentlichen Kapitals beträchtlich. Der Angebotseffekt überwiegt den Entzugseffekt, und es kommt zu einem positiven Vermögenseffekt, der sich tendenziell positiv auf Konsum und Freizeit sowie negativ auf den Arbeitseinsatz auswirkt. Der Vermögenseffekt ist zudem (betragsmäßig) um so größer, je länger der Schock andauert, je größer also der Parameter ρ ist.[433]

Tabelle 5.1: Kurzfristige Reaktionen der Modellvariablen bei einer Erhöhung der öffentlichen Investitionen und Einkommensteuerfinanzierung in % des jeweiligen Steady-State-Wertes

	ρ=0,95 η=1 χ=0,05	ρ=1 η=1 χ=0,05	ρ=0,95 η=0 χ=0,05	ρ=0,95 η=10 χ=0,05	ρ=0,95 η=1 χ=0,4	ρ=1 η=1 χ=0,4
Kapital	-0.1600	-0.1000	-0.2100	-0.0933	-0.4133	-0.5933
öffentliches Kapital	0.8300	0.8300	0.8300	0.8300	0.8300	0.8300
Schuldenstand	0	0	0	0	0	0
Konsum	-0.5467	-1.0000	-0.6933	-0.3467	1.4633	2.8833
Output	-1.1267	-0.6767	-1.7967	-0.2600	-3,1300	-4.5433
Arbeit	-1.7900	-1.0733	-2.8533	-0.4133	-4.9667	-7.2133
Nettorendite	-0.0467	-0.0333	-0.0667	-0.0233	-0.1000	-0.1400
Zinssatz	-1.1267	-0.6767	-1.7967	-0.2600	-3,1300	-4.5433
Reallohnsatz	0.6633	0.3967	1.0567	0.1767	1.8367	2.6700
private Investitionen	-6.3733	-4.0667	-8.4200	-3.7400	-16.5900	-23.8100
Einkommensteuersatz	10.1800	10.2333	10.7433	9.440	9.4400	9.7600
öff. Investitionen	33.3333	33.3333	33.3333	33.3333	33.3333	33.3333
kurzfristiger Multiplikator $\Delta y/\Delta H$	-1,127	-0,677	-1,797	-0,260	-3,130	-4,543
maximaler Multiplikator	0,371 in t=61	2,351 in t→∞	0,417 in t=62	0,348 in t=56	5,092 in t=43	21,743 in t→∞

Neben dem Vermögenseffekt sind aber hier auch die durch die Einkommensteuererhöhung induzierten Nettolohn- und Nettozinseffekte von herausragender Bedeutung. Ein höherer Einkommensteuersatz führt zu einer Reduktion des

[433] Zur Quantifizierung des Vermögenseffekts bei einer Erhöhung der öffentlichen Investitionen vgl. Abschnitt 3.3.

Nettolohnsatzes sowie der erwarteten Nettorendite und damit gemäß Gleichung (5.19) bzw. (5.20) zu einer Einschränkung des Arbeitsangebotes. Für kleine χ-Werte ist der Vermögenseffekt negativ, weshalb der Nettolohneffekt und der Vermögenseffekt entgegengesetzt auf den Arbeitseinsatz wirken. Somit ergibt sich z.B. für χ=0,05 eine geringere Einschränkung des Arbeitseinsatzes als für χ=0,4. Denn im letztgenannten Fall ist der Vermögenseffekt positiv, mithin wirken sowohl der positive Vermögenseffekt als auch der Nettolohneffekt in Richtung weniger Arbeit. Mit zunehmenden ρ wird für χ=0,05 der negative Vermögenseffekt betragsmäßig größer, weshalb der Arbeitseinsatz weniger stark eingeschränkt wird. Für χ=0,4 wächst der positive Vermögenseffekt mit zunehmender Persistenz, weshalb der Arbeitseinsatz in diesem Fall mit höheren ρ-Werten stärker sinkt.

Da der Output in der Periode des Schocks nur durch die Änderung der Arbeit beeinflußt wird, verhält er sich analog zum Arbeitseinsatz. Entsprechend fällt die Reduktion des Outputs kleiner aus, wenn die Arbeitsangebotselastizität für steigende Werte von η sinkt.
Die Reduktion der Nettorendite aufgrund des höheren Einkommensteuersatzes ruft tendenziell einen Anstieg des Konsums hervor (vgl. Gleichung (5.21)). Ist der Vermögenseffekt negativ (kleine χ-Werte), wirkt er bezüglich des Konsums dem Zinseffekt entgegen, was zu einer Reduktion des Konsums führt. Ein positiver Vermögenseffekt (große χ-Werte) wirkt dagegen in die gleiche Richtung wie der Zinseffekt, weshalb der Konsum für große Werte von χ sogar ansteigt (vgl. Tabelle 5.1). Es kommt also zu einem „Crowding in" des privaten Konsums.
Die privaten Investitionen sinken aufgrund des negativen Ressourceneffektes (geringerer Output) und der Wirkung des Zinseffektes. Der Rückgang fällt allerdings für χ=0,4 besonders groß aus, da in diesem Fall nicht nur der geringere Output und die zusätzlichen öffentlichen Investitionen für eine Verdrängung der privaten Investitionen sorgen, sondern auch der hier zu verzeichnende Anstieg des Konsums (vgl. Gleichung (5.23)).

Wieder kann man einen kurzfristigen Multiplikator ermitteln, der die Änderung der Produktion in der Periode des Schocks bei einer Erhöhung der öffentlichen Investitionen um eine Einheit beschreibt: $\Delta y/\Delta H = v_{yH}/(H/y)$. Da ein Anstieg der öffentlichen Investitionsquote um einen Prozentpunkt (bezogen auf den Steady State) angenommen wurde, stimmen die kurzfristigen Multiplikatorwerte mit den ausgewiesenen Outputreaktionen überein.[434]

---

[434] Eine Erhöhung der Investitionsquote von 0,03 auf 0,04 bedeutet eine Ausweitung der Investitionen um 33,33%, weshalb der Outputeffekt in Tabelle 5.1 ermittelt wird aus 33,33v_{yH}. Da außerdem H/y=0,03 gilt, muß sich für den Outputeffekt und für den Multiplikator der gleiche Wert ergeben.

Abbildung 5.1: Erhöhung der öffentlichen Investitionen - Einkommensteuerfinanzierung (chi=0,05)

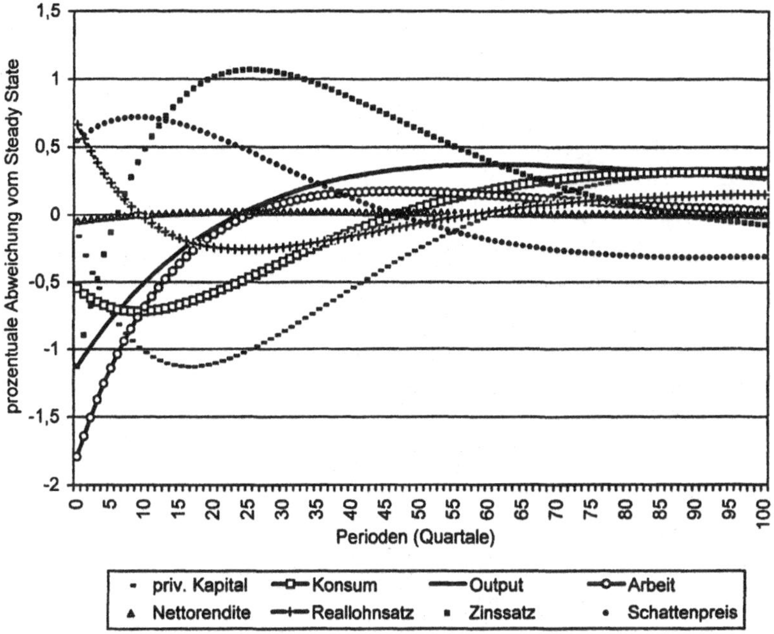

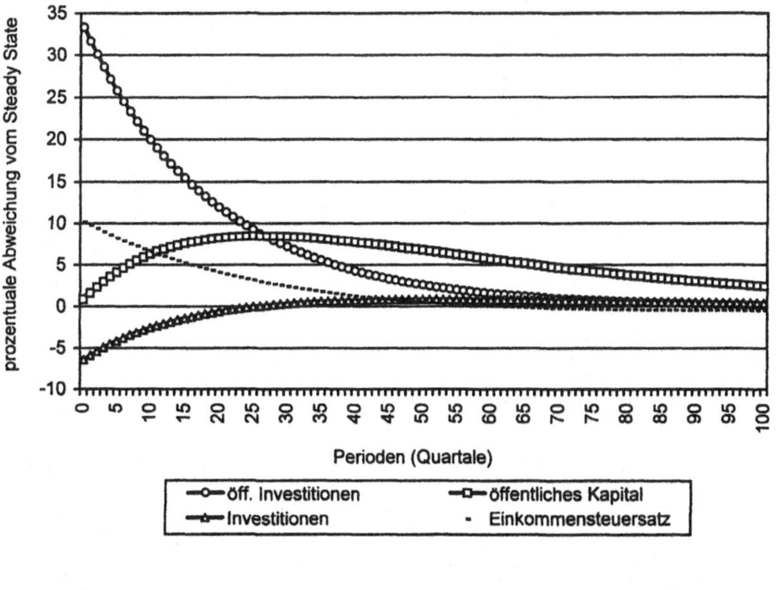

Abbildung 5.2: Erhöhung der öffentlichen Investitionen - Einkommensteuerfinanzierung (chi=0,4)

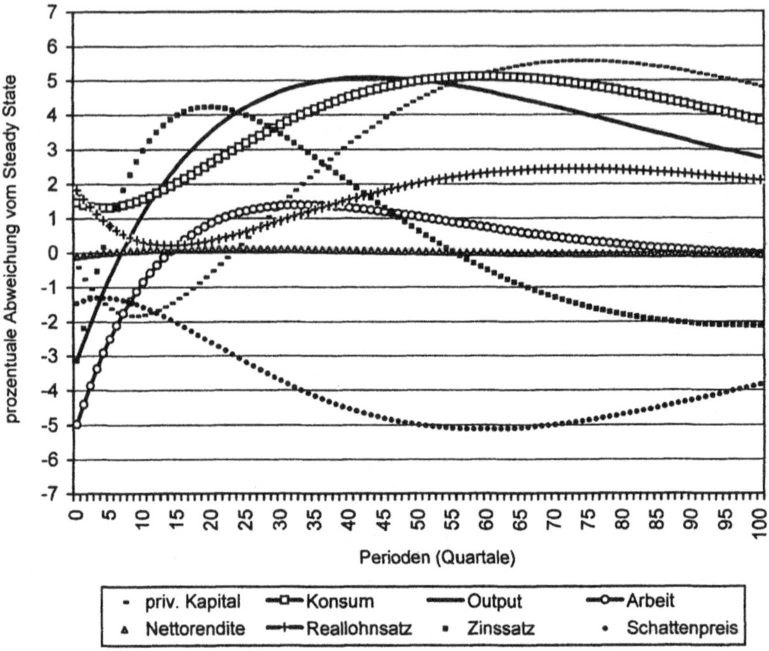

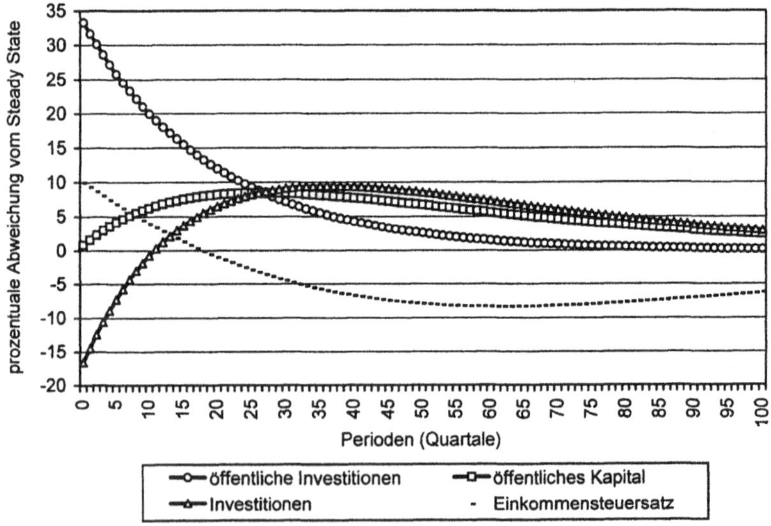

Der kurzfristige Multiplikator von einkommensteuerfinanzierten öffentlichen Investitionen ist immer negativ, wobei er – soweit ein negativer Vermögenseffekt vorliegt (z.B. bei χ=0,05) – mit zunehmender Persistenz des Schocks sowie mit zunehmender Grenznutzenelastizität η betragsmäßig kleiner wird. Ist der Vermögenseffekt positiv (z.B. bei χ=0,4), steigt der Betrag des Multiplikators mit zunehmender Persistenz an.

In Abbildung 5.1 sind die Impuls-Antwort-Folgen für χ=0,05 und ρ=0,95 abgetragen. Der Rückgang der privaten Investitionen sorgt im Zeitverlauf für einen Abbau des privaten Kapitalstocks, was sich dämpfend auf den Output auswirkt. Dieser Effekt wird aber durch die Akkumulation des öffentlichen Kapitalstocks überkompensiert, so daß es allmählich zu einem Wiederanstieg des Outputs kommt, sogar über das Ausgangsniveau hinaus. Mithin kann man auch bei einer Einkommensteuerfinanzierung einen positiven Outputeffekt verzeichnen. Dies führt letztlich zu einem positiven Vermögenseffekt der auch den Konsum über sein Ausgangsniveau erhöht. Ebenso steigt der Arbeitseinsatz wieder über seinen Ausgangswert, vor allem deshalb weil der Nettolohneffekt wegen des für ρ<1 sinkenden Steuersatzes schwächer wird. Dies verstärkt den positiven Outputeffekt und schafft Ressourcen für private Investitionen, die auch den privaten Kapitalstock ca. in Periode 60 über sein Ausgangsniveau steigen lassen. Der maximale Multiplikatorwert[435] wird in Periode 61 erreicht und ist mit 0,37 (vgl. Tabelle 5.1) allerdings relativ gering. Letztlich tendieren wegen ρ<1 alle Variablen wieder zum ursprünglichen Gleichgewichtsniveau.

Für χ=0,4 sehen die Anpassungsprozesse etwas anders aus (vgl. Abbildung 5.2), da hier der Outputanstieg wegen der großen Produktivität des öffentlichen Kapitals besonders hoch ist, so daß ein hinreichend großer Ressourceneffekt induziert wird, der im Zeitverlauf zu einem starken Anstieg der privaten Investitionen führt. Mithin wächst der private Kapitalstock schon sehr früh über sein Ausgangsniveau hinaus, was die Outputerhöhung verstärkt. Das höhere Einkommen und der von einem positiven Vermögenseffekt beflügelte Konsum führen zu höheren Steuereinnahmen, was bei wieder sinkenden staatlichen Investitionsausgaben eine enorme Senkung des Einkommensteuersatzes ermöglicht. Diese Steuersenkung wirkt wiederum stimulierend auf den Arbeitseinsatz und die Investitionen, was den Outputeffekt sogar noch verstärkt. Der maximale Multiplikator ist deshalb mit 5,1 recht groß (vgl. Tabelle 5.1). Einer anfänglich starken Steuererhöhung mit durchaus negativen Effekten stehen also – sofern die Produktivität der damit finanzierten zusätzlichen öffentlichen In-

[435] Der maximale Multiplikator gibt an, um wie viele Einheiten der Output im Laufe des Anpassungsprozesses maximal steigt, wenn man anfänglich die öffentlichen Investitionen um eine Einheit erhöht. Vgl. Abschnitt 3.3.3.4.

vestitionen groß ist – enorme Steuersenkungen in der Zukunft gegenüber, die äußerst positive Wirkungen für die Volkswirtschaft haben.

5.3.2. Konsumsteuerfinanzierung

Werden die zusätzlichen öffentlichen Investitionsausgaben durch eine höhere Konsumsteuer finanziert, ergeben sich die in Tabelle 5.2 aufgeführten Reaktionen der Modellvariablen unmittelbar nach der Maßnahme. Unterstellt wurde auch hier ein anfänglicher Anstieg der öffentlichen Investitionsquote um einen Prozentpunkt. Der Konsumsteuersatz ergibt sich endogen, während der Einkommensteuersatz, die Pauschalsteuer, das Defizit und der Staatskonsum konstant sind.

Tabelle 5.2: Kurzfristige Reaktionen der Modellvariablen bei Erhöhung der öffentlichen Investitionen und Konsumsteuerfinanzierung in % des jeweiligen Steady-State-Wertes

	ρ=0,95 η=1 χ=0,05	ρ=1 η=1 χ=0,05	ρ=0,95 η=0 χ=0,05	ρ=0,95 η=10 χ=0,05	ρ=0,95 η=1 χ=0,4	ρ=1 η=1 χ=0,4
Kapital	-0.0267	-0.0567	-0.0367	-0.0133	-0.2100	-0.4467
öffentliches Kapital	0.8300	0.8300	0.8300	0.8300	0.8300	0.8300
Schuldenstand	0	0	0	0	0	0
Konsum	-1.8400	-1.6033	-1.9967	-1.8233	-0.3867	1.5067
Output	-0.2067	-0.4400	-0.3433	-0.0433	-1.6500	-3.5267
Arbeit	-0.3267	-0.7000	-0.5433	-0.0700	-2.6167	-5.5967
Nettorendite	-0.0067	-0.0133	-0.0100	-0.0012	-0.0433	-0.0967
Zinssatz	-0.2067	-0.4400	-0.3433	-0.0433	-1.6500	-3.5267
Reallohnsatz	0.1200	0.2600	0.2000	0.0267	0.9667	2.0700
private Investitionen	-1.0533	-2.2533	-1.4800	-0.5300	-8.4267	-18.0200
Konsumsteuersatz	13.4000	13.3600	13.5367	13.2400	13.1700	12.8700
öffentl. Investitionen	33.3333	33.3333	33.3333	33.3333	33.3333	33.3333
kurzfr. Multiplikator $\Delta y/\Delta H$	-0,207	-0,440	-0,343	-0,043	-1,650	-3,527
maximaler Multiplikator	0,666 in t=35	2,548 in $t\to\infty$	0,717 in t=34	0,587 in t=37	5,341 in t=35	20,547 in $t\to\infty$

Der höhere Konsumsteuersatz beeinträchtigt den Konsum heute, wie aus Gleichung (5.21) hervorgeht. Außerdem bewirkt er, daß schon für χ=0,05 λ_t bzw. $E_t[\lambda_{t+1}]$ sinken, da der zusätzliche Nutzen einer für Konsum plus Mehrwertsteuer ausgegebenen marginalen Einkommenseinheit zurückgeht. Dies veranlaßt die Haushalte gemäß Gleichung (5.19) bzw. (5.20) dazu, weniger zu arbeiten. Für χ=0,4 ist der Vermögenseffekt noch größer, weshalb der Arbeitseinsatz stärker und der Konsum weniger stark beeinträchtigt werden. Da aufgrund des geringeren Arbeitseinsatzes auch die Produktion zurückgeht und für die öffentlichen Investitionen Ressourcen benötigt werden, wird weniger privat investiert. Dieser Rückgang der privaten Investitionen ist für hohe Werte

Abbildung 5.3: Erhöhung der öffentlichen Investitionen - Konsumsteuerfinanzierung (chi=0,05)

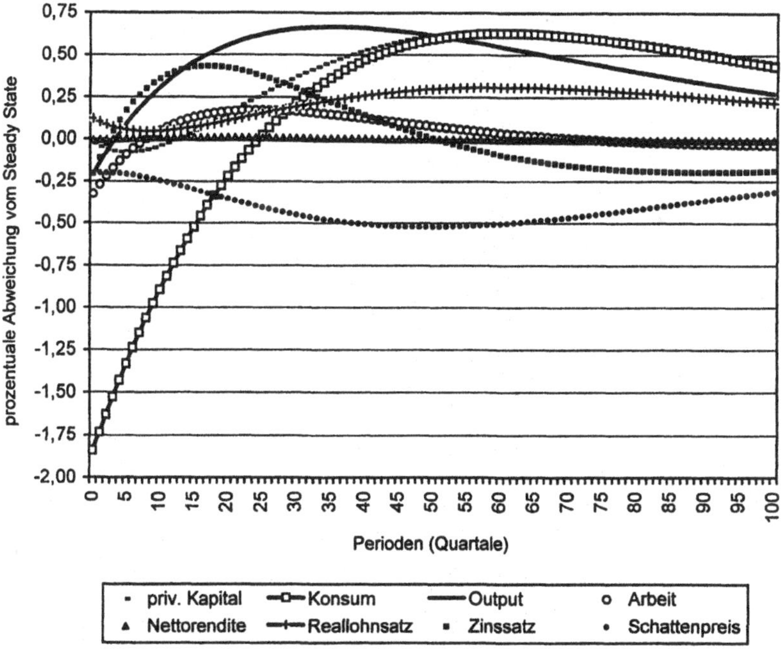

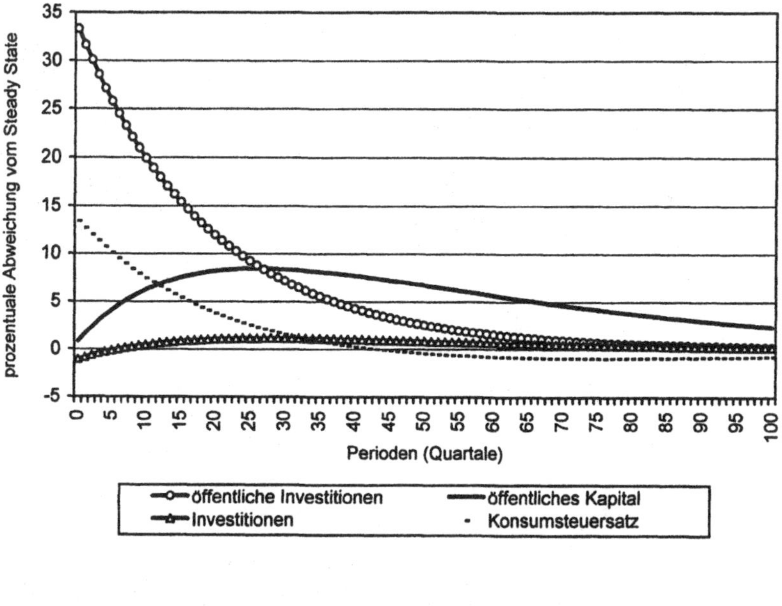

Abbildung 5.4: Erhöhung der öffentlichen Investitionen - Konsumsteuerfinanzierung (chi=0,4)

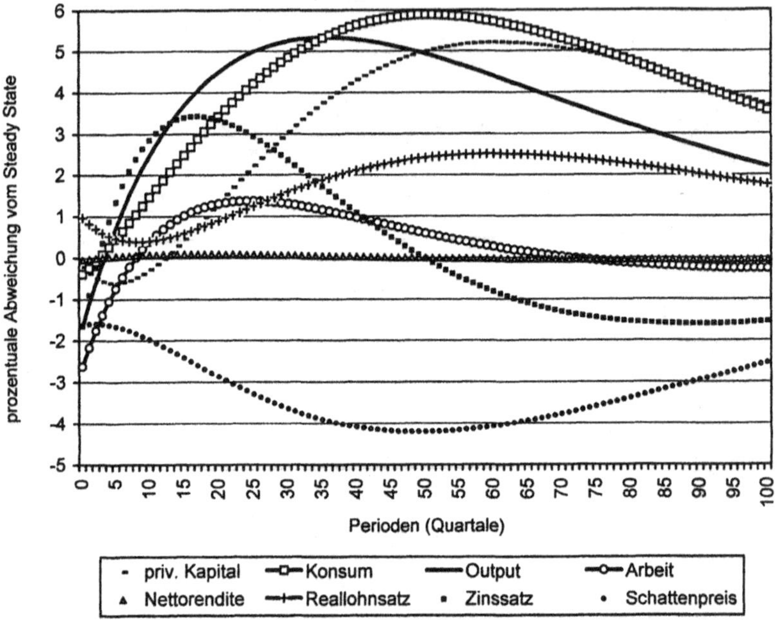

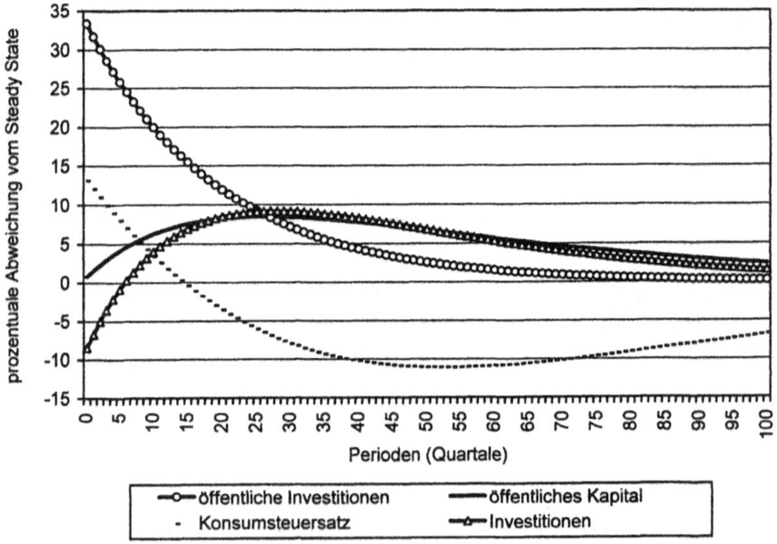

von χ besonders groß, da hier der Output stark sinkt, der Konsum dagegen in geringerem Ausmaß eingeschränkt wird (vgl. Gleichung (5.23)).

Der Rückgang der privaten Investitionen sorgt für einen vorübergehenden Abbau des privaten Kapitalstocks. Wie Abbildung 5.3 zeigt, kommt es aber auch hier aufgrund der Akkumulation des öffentlichen Kapitals zu Outputsteigerungen. Je nach Parameterkombination liegt der maximale Multiplikator für ρ=0,95 zwischen 0,67 und 5,34 (vgl. Tabelle 5.2). Selbst der Konsum wächst über sein Ausgangsniveau hinaus, da der Konsumsteuersatz für $\rho<1$ im Zeitablauf wieder sinkt und außerdem die Verstärkung des positiven Vermögenseffektes (aufgrund des Outputanstiegs) den Konsum positiv beeinflußt. Auch die privaten Investitionen steigen wegen des positiven Ressourceneffektes wieder an und bewirken eine Akkumulation des privaten Kapitalstocks über das Ausgangsniveau hinaus.

Wie Abbildung 5.4 zeigt, machen für eine sehr große Produktionselastizität des öffentlichen Kapitalstocks (χ=0,4) auch hier der starke Outputanstieg und die damit verbundenen höheren Steuereinnahmen im Laufe des Anpassungsprozesses eine enorme Senkung des Konsumsteuersatzes unter sein Ausgangsniveau möglich, was sich positiv auf die private Kapitalbildung auswirkt und den Outputeffekt noch verstärkt. Wie bei der Einkommensteuerfinanzierung stehen auch hier anfänglich negativen Effekten zukünftig positive Effekte gegenüber.

5.3.3. Kreditfinanzierung

Nun wird aufgezeigt, welche Wirkungen die Kreditfinanzierung von zusätzlichen öffentlichen Investitionen hat. Allerdings wirft ein analoges Vorgehen zu den beiden vorangegangenen Finanzierungsarten – exogene Erhöhung der öffentlichen Investitionen und endogene Anpassung des Defizits, so daß die Budgetgleichung des Staates erfüllt wird – Probleme auf. Dies führt nämlich dazu, daß die Zinszahlungen für den zusätzlich akkumulierten Schuldenstand wieder über höhere Defizite finanziert würden, mithin das Defizit und der Schuldenstand ins Unendliche stiegen. Um dies zu vermeiden, sind unterschiedliche Strategien vorstellbar. Zwei Alternativen sollen hier aufgezeigt und verglichen werden:

- Fall I (Defizit exogen):

Nicht die öffentlichen Investitionen, sondern das Defizit wird exogen erhöht und folgt dem stochastischen Prozeß (5.18). Die öffentlichen Investitionen passen sich dabei endogen an, so daß die Budgetgleichung des Staates erfüllt wird. Ein höheres Defizit bedeutet zunächst Mehreinnahmen des Staates, die für eine Erhöhung der staatlichen Investitionsausgaben verwendet werden.[436] Die höheren Zinsverpflichtungen in der Zukunft müssen dann aber durch eine Verringerung der öffentlichen Investitionsausgaben aufgebracht werden.

- **Fall II (Defizit endogen):**

Die öffentlichen Investitionen folgen dem stochastischen Prozeß (5.26), sind also exogen und das Defizit paßt sich endogen an. Die Tragfähigkeit der Verschuldung wird durch die Einführung einer „Reaktionsfunktion“ gewährleistet, die dafür sorgt, daß durch Reduktion der Ausgaben oder Erhöhung der Steuern die zusätzlichen Zinszahlungen (teilweise) aufgebracht werden, wodurch ein Anstieg des Defizits und des Schuldenstandes ins Unendliche verhindert wird. So könnte man Coenen (1998) folgend annehmen, daß die Staatskonsumausgaben immer dann sinken, wenn die Schuldenstandsquote ein bestimmtes vorher vorgegebenes Niveau überschreitet.[437] Hier wird aber angenommen, daß eine Erhöhung der Pauschalsteuer induziert wird, sobald die Defizitquote D_{t-1}/y_t ihr langfristiges Gleichgewichtsniveau D/y übersteigt:

$$(5.27)\; T_t = T + \varpi\left(\frac{D_{t-1}}{y_t} - \frac{D}{y}\right)y_t \qquad \text{mit } \varpi \geq 0.$$

Wächst die Schuldenstandsquote über ihr Steady-State-Niveau hinaus, findet eine Steuererhöhung statt, die das Anwachsen des Schuldenstandes bremst bzw. verhindert, sofern der Parameter ϖ genügend groß gewählt wird. Linearisiert man Gleichung (5.27), ergibt sich:

$$(5.28)\; \hat{T}_t = \varpi\frac{D}{T}\left(\hat{D}_{t-1} - \hat{y}_t\right).$$

Für den Parameter ϖ wird im folgenden ϖ=0,01 angenommen.

In Tabelle 5.3 sind die Wirkungen einer Erhöhung der öffentlichen Investitionen um einen Prozentpunkt des Steady-State-Outputs für die beiden Modellierweisen der Kreditfinanzierung („Fall I (Defizit exogen)“ und „Fall II (Defizit endogen)“) wiedergegeben.

Da weder die Verschuldung noch die öffentlichen Investitionen die Effizienzbedingungen (5.7) und (5.8) bzw. die Bestimmungsgleichungen (5.19) bis (5.21) direkt beeinflussen, ist für die makroökonomischen Wirkungen einer kreditfinanzierten Erhöhung der öffentlichen Investitionen der Vermögenseffekt von herausragender Bedeutung.

Das Vorzeichen des Vermögenseffektes hängt auch hier von der Produktionselastizität des öffentlichen Kapitals ab, also letztlich von der Frage, ob bezogen

---

436 Das Defizit wird dabei genau so erhöht bzw. ε_t wird genau so gesetzt, daß sich daraus eine anfängliche Erhöhung der öffentlichen Investitionen um einen Prozentpunkt des Steady-State-Outputs ergibt.

437 Vgl. Coenen (1998), S.6. Vgl. auch Abschnitt 6.4.5.

auf den gesamten Planungshorizont der Angebotseffekt des zusätzlichen Kapitalstocks den Entzugseffekt zur Finanzierung der öffentlichen Investitionen aufwiegen kann.

Tabelle 5.3: Kurzfristige Reaktionen der Modellvariablen bei Erhöhung der öffentlichen Investitionen und Kreditfinanzierung in % des jeweiligen Steady-State-Wertes

	ρ=0,95 η=1 χ=0,05	ρ=1 η=1 χ=0,05	ρ=0,95 η=0 χ=0,05	ρ=0,95 η=10 χ=0,05	ρ=0,95 η=1 χ=0,4[438]
			Fall I		
Kapital	-0.0585	-0.0251	-0.0497	-0.0681	---
Öffentliches Kapital	0.8300	0.8300	0.8300	0.8300	---
Schuldenstand	0.4178	0.4190	0.4138	0.4257	---
Konsum	-0.2173	-0.4524	-0.1788	-0.3065	---
Output	0.2256	0.4609	0.2979	0.0681	---
Arbeit	0.3510	0.7374	0.4717	0.1022	---
Nettorendite	0.0084	0.0084	0.0083	0.0034	---
Zinssatz	0.2505	0.4609	0.2979	0.0681	---
Reallohnsatz	-0.2256	-0.2681	-0.1738	-0.0426	---
Priv. Investitionen	-2.2980	-1.0809	-2.1102	-2.6905	---
Öffentl. Investitionen	33.3333	33.3333	33.3333	33.3333	---
Defizit	83.5631	83.7942	82.7541	85.1426	---
Pauschalsteuer	---	---	---	---	---
kurzfristiger Multiplikator $\Delta y/\Delta H$	0,226	0,461	0,298	0,068	---
maximaler Multiplikator	0,514 in t=22	-6,725 in $t \to \infty$	0,637 in t=20	0,309 in t=29	---
			Fall II (ϖ=0,01)		
Kapital	-0.0533	-0.0233	-0.0500	-0.0633	-0.2867
Öffentliches Kapital	0.8300	0.8300	0.8300	0.8300	0.8300
Schuldenstand	0.4200	0.4233	0.4133	0.4267	0.3900
Konsum	-0.2500	-0.4967	-0.1900	-0.3833	1.5833
Output	0.2533	0.5033	0.3233	0.0833	-1.6100
Arbeit	0.4000	0.8000	0.5133	0.1333	-2.5533
Nettorendite	0.0067	0.0133	0.0100	0.0033	-0.0433
Zinssatz	0.2533	0.5033	0.3233	0.0833	-1.6100
Reallohnsatz	-0.1500	-0.2967	-0.1900	-0.0500	0.9433
Priv. Investitionen	-2.1433	-0.8733	-2.0000	-2.4967	-11.5833
Öffentl. Investitionen	33.3333	33.3333	33.3333	33.3333	33.3333
Defizit	84.0900	84.8367	83.3600	85.7900	78.5267
Pauschalsteuer	-0.1633	-0.3267	-0.2100	-0.0533	1.0433
kurzfristiger Multiplikator $\Delta y/\Delta H$	0,253	0,503	0,323	0,083	-1,610
maximaler Multiplikator	0,624 in t=27	3,142 in $t \to \infty$	0,723 in t=23	0,437 in t=39	4,415 in t=35

438 Das Modell ist im Fall I für diese Parameterkombination nicht stabil, weshalb keine (aussagekräftigen) Modellreaktionen generiert werden können.

Für χ=0,05 z.B. ergibt sich ein negativer Vermögenseffekt ($\hat{\lambda}_t$>0), der tendenziell zu einem Rückgang des Konsums und zu einem Anstieg der Arbeit führt. Insgesamt kommt es somit aufgrund der Mehrarbeit zu einer Outputsteigerung. Für χ=0,4 hingegen ist der Vermögenseffekt positiv, was sich genau entgegengesetzt auf den Arbeitseinsatz auswirkt. Dieser sinkt nämlich und hat eine Outputreduktion zur Folge. Der Konsum steigt dagegen an.
Der Vermögenseffekt steigt betragsmäßig mit zunehmender Persistenz, weshalb für χ=0,05 mit zunehmenden ρ-Werten der Konsum stärker sinkt und der Arbeitseinsatz stärker steigt. Für χ=0,4 dagegen wird der Konsum um so eher ausgeweitet und das Arbeitsangebot um so stärker eingeschränkt, je größer ρ ist.

Sowohl für χ=0,05 als auch für χ=0,4 kommt es zu einem Rückgang der privaten Investitionen. Im ersten Fall (χ=0,05) ist dies auf die zusätzlichen öffentlichen Investitionen zurückzuführen, die die privaten Investitionen verdrängen, was auch die leichte Outputsteigerung nicht verhindern kann. Im zweiten Fall (χ=0,4) sorgen der geringere Output, der zusätzliche private Konsum und die öffentlichen Investitionen für einen starken Rückgang der privaten Investitionen (vgl. Gleichung (5.23)).

Mit steigender Grenznutzenelastizität η ist die Reaktion des Arbeitsangebotes geringer, weshalb die Summe der Periodenarbeitseinkommen in Gleichung (5.24) bzw. (5.25) weniger stark steigt und deshalb für χ=0,05 der negative Vermögenseffekt betragsmäßig größer ist. Somit sinkt der Konsum für η=10 stärker als für η=1 (vgl. Tabelle 5.3).

Da im Fall I die Zinsverpflichtungen über geringere öffentliche Investitionen und im Fall II letztlich über höhere Pauschalsteuern aufgebracht werden, ergeben sich mittel- und langfristig Unterschiede in den Anpassungspfaden der Modellvariablen. Dies führt in der Periode des Schocks zu geringfügigen Differenzen in der Größe des Vermögenseffektes und damit zu quantitativ leicht unterschiedlichen Modellreaktionen (vgl. Tabelle 5.3).

Ist der Vermögenseffekt negativ (kleine χ-Werte, z.B. χ=0,05), so steigt der kurzfristige Multiplikator mit zunehmender Persistenz und abnehmender Grenznutzenelastizität η. Bei einem positiven Vermögenseffekt dagegen (große χ-Werte, z.B. χ=0,4) ist der Multiplikator negativ und wird mit zunehmender Persistenz und abnehmender Grenznutzenelastizität betragsmäßig größer. Selbst bei einer Parameterkombination, bei der ein positiver Multiplikatorwert vorliegt, erreicht dieser nicht einmal annähernd den Wert von eins, so daß bei kurzfristiger Betrachtungsweise eine Kreditfinanzierung von zusätzlichen öffentlichen Investitionen negativ beurteilt werden muß, da eine Einheit zusätzlicher öffentlicher Investitionen kaum zur Hälfte in einem höheren Realeinkommen umgesetzt wird (vgl. Tabelle 5.3). Allerdings kommt bei einer kurzfristigen Betrachtung gerade die direkte outputsteigernde Wirkung des höheren öffentlichen Kapitalstocks („Angebotseffekt"), der ja mit dieser Maßnahme aufgebaut werden soll, gar nicht zum Tragen, da der Output in der Periode des Schocks nur durch die Änderung des Arbeitseinsatzes determiniert wird. Deshalb ist für eine Beurteilung auch eine Analyse der mittel- und langfristigen Effekte erforderlich.

Das Verhalten der Modellvariablen im Zeitablauf kann für den Fall I (Defizit exogen) und χ=0,05 sowie ρ=0,95 anhand der Impuls-Antwort-Folgen in Abbildung 5.5 betrachtet werden. So führt die Akkumulation des öffentlichen Kapitalstocks dazu, daß der Output nach dem anfänglichen Anstieg noch weiter steigt. Dieser positive Ressourceneffekt wirkt sich positiv auch auf die privaten Investitionen aus, die im Zeitablauf den privaten Kapitalstock über sein Ausgangsniveau hinaus erhöhen, was den Outputanstieg noch unterstützt. Ebenso steigt der Konsum mittelfristig weit über sein Anfangsniveau. Im Fall II (Defizit endogen) sind die Anpassungsprozesse sehr ähnlich (vgl. Abbildung 5.6). Allerdings verhindert hier die Erhöhung der Pauschalsteuer die Ausweitung der Verschuldung und nicht wie im Fall I die Reduktion der öffentlichen Investitionen.

Wie die Abbildung 5.6 und auch Tabelle 5.3 zeigen, ergibt sich im Fall II für χ=0,05 direkt nach dem Schock eine Reduktion der Pauschalsteuer. Dies ist auf den kurzfristig positiven Outputeffekt zurückzuführen, der die Schuldenquote D_{t-1}/y_t reduziert und gemäß der Reaktionsfunktion (5.27) bzw. (5.28) zu einem Rückgang der Pauschalsteuer führen muß. Der baldige starke Anstieg der Verschuldung führt aber dann zu einer Erhöhung der Pauschalsteuer, wie aus Abbildung 5.6 hervorgeht.

Für χ=0,4 sind die durch die starke Outputsteigerung erzeugten Mehreinnahmen des Staates sogar so groß, daß die Reaktionsfunktion schon bald für eine Pauschalsteuersenkung sorgt, wie Abbildung 5.7 zeigt. Auch das Defizit kann wegen der höheren Einkommensteuer- und Konsumsteuereinnahmen (bei konstantem Steuersatz ist die Bemessungsgrundlage jeweils gestiegen) gesenkt werden. Anders als bei der Einkommensteuer- oder Konsumsteuerfinanzierung, wo die Steuersenkungen über Nettolohn- und Nettozinseffekte die Arbeit und die Investitionen entlasten und somit den Outputeffekt verstärken, können die mittelfristig geringere Pauschalsteuer und die geringeren Defizite aber „nur" einen positiven Vermögenseffekt erzeugen, der einer weiteren Outputerhöhung eher entgegen wirkt. Somit fällt für ρ=0,95 der maximale Multiplikator mit 4,42 (vgl. Tabelle 5.3) auch entsprechend geringer aus, ist aber trotzdem recht bedeutend.

Abbildung 5.5: Erhöhung der öffentlichen Investitionen - Kreditfinanzierung Fall I (chi=0,05)

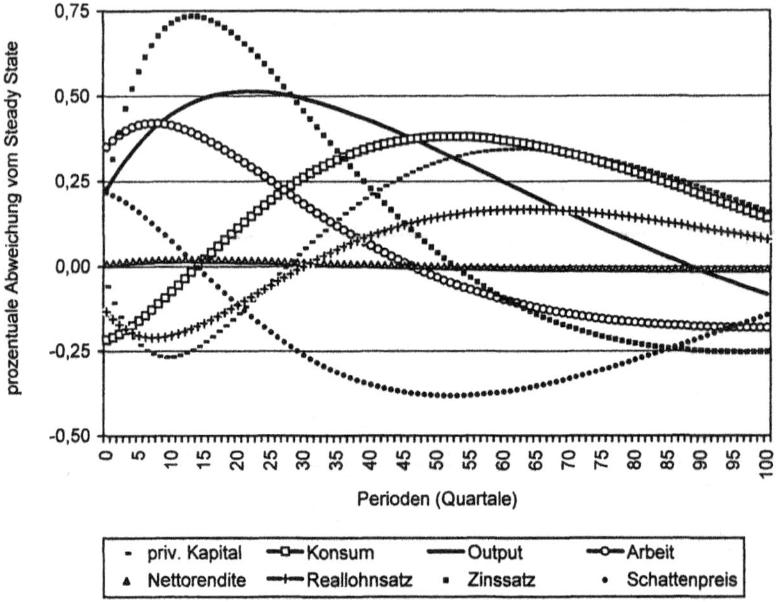

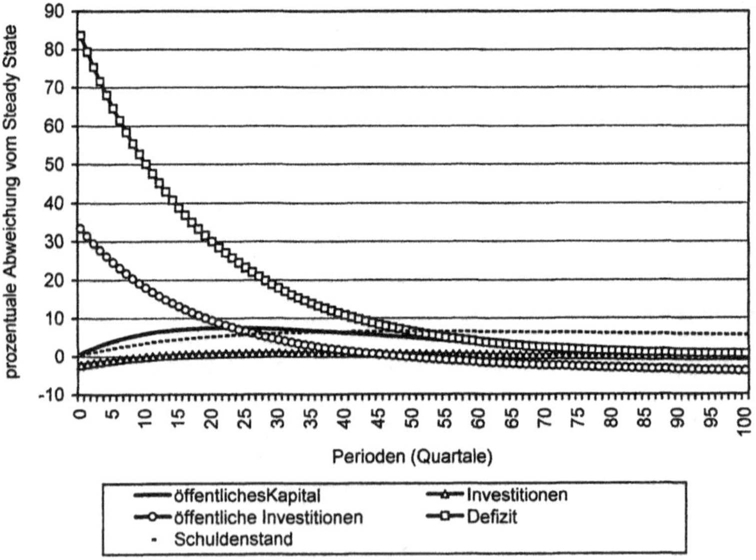

Abbildung 5.6: Erhöhung der öffentlichen Investitionen - Kreditfinanzierung Fall II (chi=0,05)

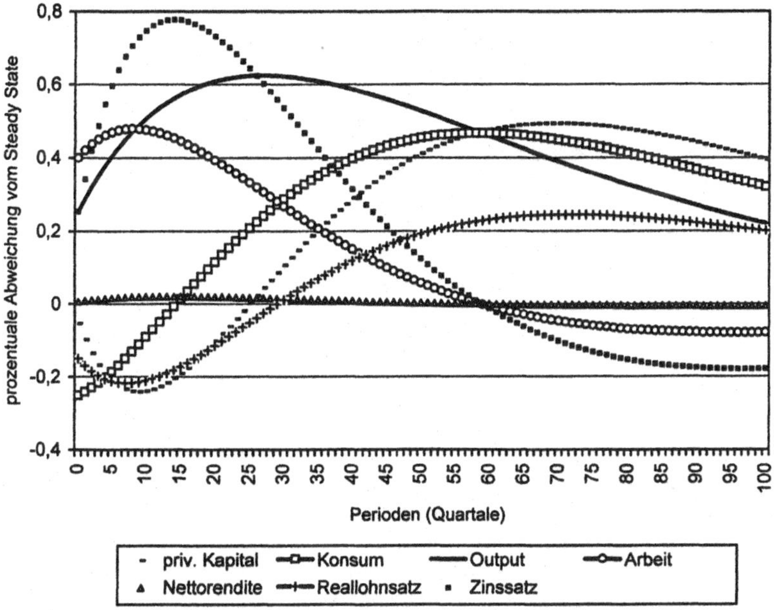

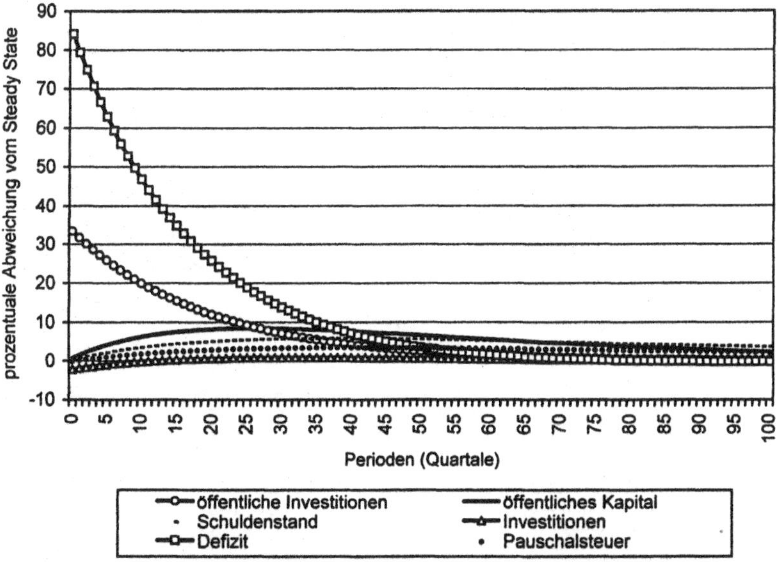

Abbildung 5.7: Erhöhung der öffentlichen Investitionen - Kreditfinanzierung Fall II (chi=0,4)

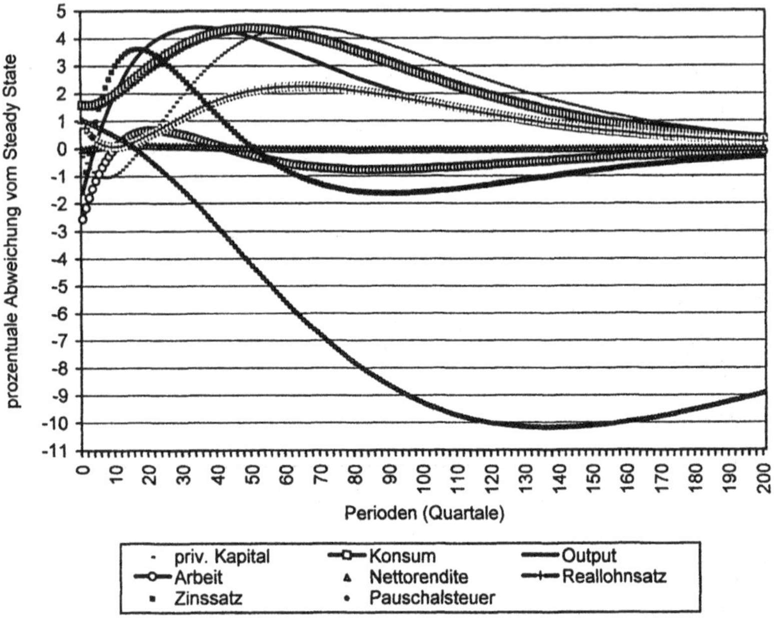

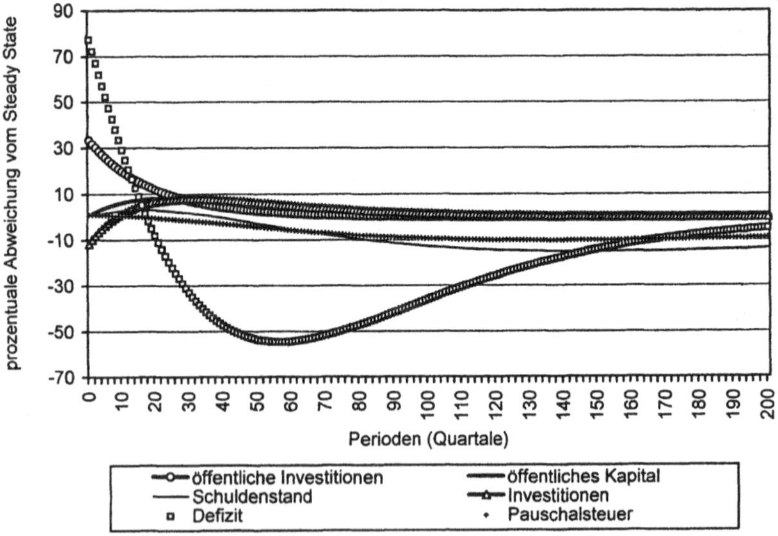

Mittelfristig kann also durchaus im Hinblick auf den erzeugten Outputeffekt eine positive Wirkung konstatiert werden. Denn gerade diese mittelfristig positiven Auswirkungen der Maßnahme führen ja letztlich für große χ-Werte zu dem positiven Vermögenseffekt, der in der Anfangsperiode für den Produktionsrückgang sorgt. Es zeigt sich somit, daß es nicht ausreicht, nur die kurzfristigen Effekte zu untersuchen; für eine umfassende Beurteilung sind vielmehr die mittel- und langfristigen Auswirkungen von gleich großer Bedeutung.

Als Ergebnis kann man festhalten, daß defizitfinanzierte öffentliche Investitionen kurzfristig keinesfalls immer zu einem positiven Outputeffekt führen. Im Gegenteil: Gerade dann, wenn die öffentlichen Investitionen besonders produktiv sind, kommt es zunächst aufgrund eines positiven Vermögenseffektes zu Produktionseinbrüchen. Dieser positive Vermögenseffekt entsteht aber nur aufgrund der Tatsache, daß es mittelfristig zu höheren Periodeneinkommen aufgrund des zusätzlich akkumulierten öffentlichen Kapitalstocks kommt. Es zeigt sich also hier ein Spannungsverhältnis zwischen kurz- und mittelfristigen Wirkungen und die besondere Bedeutung, die dem Vermögenseffekt in diesem Modell zukommt.

Tabelle 5.4: Kurzfristige Reaktionen der Modellvariablen bei Erhöhung der öffentlichen Investitionen und Pauschalsteuerfinanzierung in % des jeweiligen Steady-State-Wertes

	ρ=0,95 η=1 χ=0,05	ρ=1 η=1 χ=0,05	ρ=0,95 η=0 χ=0,05	ρ=0,95 η=10 χ=0,05	ρ=0,95 η=1 χ=0,4
Kapital	-0.5333	-0.0233	-0.0500	-0.0633	-0.2867
öff. Kapital	0.8300	0.8300	0.8300	0.8300	0.8300
Schuldenstand	0	0	0	0	0
Konsum	-0.2500	-0.4967	-0.1900	-0.3833	1.5833
Output	0.2533	0.5033	0.3233	0.0833	-1.6100
Arbeit	0.4000	0.8000	0.5133	0.1333	-2.5533
Nettorendite	0.0067	0.0133	0.0100	0.0033	-0.0433
Zinssatz	0.2533	0.5033	0.3233	0.0833	-1.6100
Reallohnsatz	-0.1500	-0.2967	-0.1900	-0.0500	0.9433
priv. Investitionen	-2.1433	-0.8733	-2.0000	-2.4967	-11.5833
öff. Investitionen	33.3333	33.3333	33.3333	33.3333	33.3333
Pauschalsteuer	4.5600	4.5733	4.5100	4.6700	4.4600
kurzfristiger Multiplikator $\Delta y/\Delta H$	0,253	0,503	0,323	0,083	-1,610

Beim Vergleich der Kreditfinanzierung mit der in Kapitel 3 analysierten Pauschalsteuerfinanzierung von öffentlichen Investitionen (vgl. Tabelle 5.4)[439] zeigt

[439] Gegenüber der in Kapitel 3 analysierten Pauschalsteuerfinanzierung von öffentlichen Investitionen besteht allerdings der Unterschied, daß hier aufgrund der im Anpassungsprozeß höheren Einkommen- und Konsumsteuereinnahmen mittelfristig eine Pauschalsteuersenkung

sich, daß die Ergebnisse für den Fall I (Defizit exogen) im Vergleich zur Pauschalsteuerfinanzierung sehr ähnlich und für den Fall II (Defizit endogen) sogar identisch sind. Eine Kreditfinanzierung von öffentlichen Investitionen ist also einer Pauschalsteuerfinanzierung äquivalent, sofern man annimmt, daß die zukünftigen Zinszahlungen letztlich über Pauschalsteuern aufgebracht werden. Werden die Zinszahlungen dagegen durch Ausgabensenkungen finanziert (Fall I), ist diese Äquivalenz nicht mehr gegeben.[440] Für die privaten Haushalte ist eine Finanzierung von öffentlichen Ausgaben über Kredite von der Wirkung her nicht viel anders als eine Pauschalsteuerfinanzierung. In beiden Fällen wird den Haushalten Einkommen entzogen, so daß sich ihr Budgetspielraum einschränkt. Werden die Zinszahlungen dann auch nur wieder über Defizite und Pauschalsteuererhöhungen finanziert (Fall II), stehen den Einnahmen gleich hohe Ausgaben gegenüber, so daß der Budgetspielraum bezogen auf die Zinszahlungen unverändert bleibt.
Erst bei einem sehr langfristigen Betrachtungszeitraum tauchen für den Fall I beträchtliche Differenzen zu Fall II bzw. zu der Pauschalsteuerfinanzierung auf, wenn nämlich für die Finanzierung der Schuldzinsen die öffentlichen Investitionen unter ihr Ausgangsniveau gesenkt werden müssen und dies negative Outputeffekte erzeugt (vgl. Abbildung 5.5).

5.3.4. Die Finanzierungsarten im Vergleich

Die drei in diesem Kapitel vorgestellten Finanzierungsarten von zusätzlichen Investitionen werden nun direkt miteinander und mit der Pauschalsteuerfinanzierung, deren Wirkungen schon in Abschnitt 3.3. analysiert wurden, verglichen. Der Vergleich erfolgt dabei anhand der Outputeffekte und anhand der Nutzenänderungen, die durch die unterschiedlichen Finanzierungsformen erzeugt werden.

Es soll hier aber nicht verschwiegen werden, daß ein direkter Vergleich der Finanzierungsarten nur bedingt möglich bzw. aussagekräftig ist, da die Tatsache, daß die Kreditfinanzierung eben kein definitives Finanzierungsinstrument des Staates ist, Probleme aufwirft. Damit der Schuldenstand nicht ins Unendliche wächst, kann das Defizit nicht über den gesamten Planungszeitraum als (alleinige) endogene Variable fungieren. Deshalb wurden oben zwei Modellierungsalternativen betrachtet, die aber beide Schwächen aufweisen.

---

möglich ist. Dies war in Kapitel 3 nicht der Fall, da dort keine Einkommen- oder Konsumsteuer berücksichtigt wurde.

440 Diese Äquivalenz würde sich auch nicht ergeben, wenn man im Fall II eine andere Reaktionsfunktion einführen würde, die z.B. durch eine Einkommensteuer- oder Konsumsteuererhöhung oder durch eine Ausgabensenkung die Tragfähigkeit der Verschuldung gewährleistet.

Im Fall I der Kreditfinanzierung wird das Defizit exogen erhöht und zwar so, daß damit ein anfänglicher Anstieg der öffentlichen Investitionen um 1 Prozent des Steady-State-Outputs verbunden ist. Diese Vorgehensweise führt aber dazu, daß bei der Kreditfinanzierung Fall I der Pfad der öffentlichen Investitionen von den entsprechenden Pfaden der anderen Finanzierungsarten abweicht, wie Abbildung 5.8 für ρ=0,95 und χ=0,05 zeigt. Bei der Kreditfinanzierung Fall I müssen die höheren Zinszahlungen aufgrund des höheren Schuldenstandes über die Kürzung von öffentlichen Investitionsausgaben finanziert werden, so daß langfristig die öffentlichen Investitionen unter ihrem Ausgangsniveau sind. Da die Abweichungen zwischen den Pfaden zumindest kurz- und mittelfristig relativ gering ausfallen, ist ein Vergleich für diese Zeiträume noch vertretbar.

Abbildung 5.8: Pfad der öffentlichen Investitionen für die einzelnen Finanzierungsformen

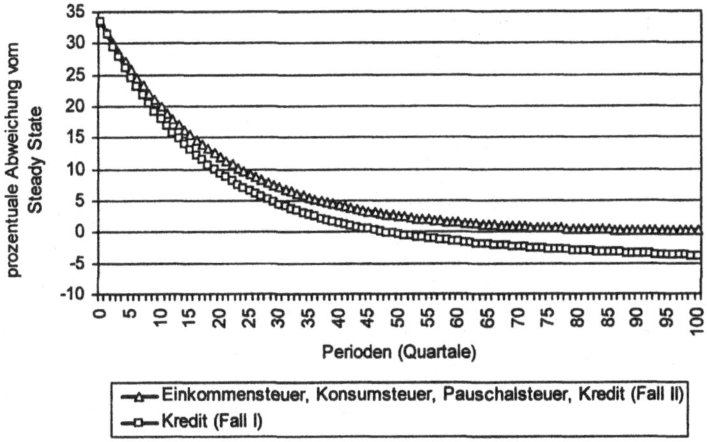

Im „Fall II" ist das Defizit wie auch bei den Steuerfinanzierungsarten endogen. Um aber die Tragfähigkeit der Verschuldung zu gewährleisten, wurde ad hoc eine „Reaktionsfunktion" eingeführt. Die Ausgestaltung dieser Reaktionsfunktion ist allerdings relativ beliebig. Man hätte, anstatt die Pauschalsteuer zu erhöhen, ebenso die Ausgaben senken oder die Einkommensteuer bzw. die Konsumsteuer erhöhen können. Die Tragfähigkeit der Verschuldung wäre auch dann – sofern man den Wert des Parameters ϖ entsprechend wählt – gewährleistet gewesen. Allerdings hätte dies zumindest quantitativ andere Ergebnisse zur Folge gehabt und die Kreditfinanzierung zusätzlicher öffentlicher Investitionen wäre nicht mit der Pauschalsteuerfinanzierung identisch gewesen. Setzt man aber – wie hier geschehen – für ϖ einen sehr kleinen Wert an, sind die Auswirkungen der Reaktionsfunktion nicht so groß, so daß sich auch bei einer anderen Ausgestaltung ähnliche Ergebnisse ableiten ließen. Somit ist auch hier ein Vergleich vertretbar.

Tabelle 5.5 zeigt die kurzfristigen Multiplikatorwerte für die unterschiedlichen Finanzierungsarten unter Zugrundelegung verschiedener Parameterkombinationen. In Tabelle 5.6 werden für ρ=0,95 die maximalen Multiplikatorwerte abgebildet, die sich im Verlauf des Anpassungsprozesses nach der Erhöhung der öffentlichen Investitionen ergeben, wobei die Zahl in Klammern die Periode angibt, in der die maximale Outputerhöhung auftritt.

Tabelle 5.5: Kurzfristiger Multiplikator bei unterschiedlichen Finanzierungsformen zusätzlicher öffentlicher Investitionen

	ρ=0,95 η=1 χ=0,05	ρ=1 η=1 χ=0,05	ρ=0,95 η=0 χ=0,05	ρ=0,95 η=10 χ=0,05	ρ=0,95 η=1 χ=0,4
Einkommensteuer	-1,127	-0,677	-1,797	-0,260	-4,543
Konsumsteuer	-0,207	-0,440	-0,343	-0,043	-1,650
Kredit (Fall I)	0,226	0,461	0,298	0,068	---
Kredit (Fall II)	0,253	0,503	0,323	0,083	-1,610
Pauschalsteuer	0,253	0,503	0,323	0,083	-1,610

Tabelle 5.6: Maximaler Multiplikator bei unterschiedlichen Finanzierungsformen zusätzlicher öffentlicher Investitionen

	ρ=0,95 η=1 χ=0,05	ρ=0,95 η=0 χ=0,05	ρ=0,95 η=10 χ=0,05	ρ=0,95 η=1 χ=0,4
Einkommensteuer	0,371 (61)	0,417 (62)	0,348 (56)	5,092 (43)
Konsumsteuer	0,666 (35)	0,717 (34)	0,587 (37)	5,341 (35)
Kredit (Fall I)	0,514 (22)	0,637(20)	0,309 (29)	---
Kredit (Fall II)	0,624 (27)	0,723 (23)	0,437 (39)	4,415 (35)
Pauschalsteuer	0,624 (27)	0,723 (23)	0,437 (39)	4,415 (35)

Tabelle 5.7: Langfristiger Multiplikator bei unterschiedlichen Finanzierungsformen zusätzlicher öffentlicher Investitionen

	ρ=1 η=1 χ=0,05	ρ=1 η=1 χ=0,4
Einkommensteuer	2,351	21,743
Konsumsteuer	2,548	20,547
Kredit (Fall I)	-6,725	---
Kredit (Fall II)	3,142	16,784
Pauschalsteuer	3,142	16,784

Legt man die kurzfristigen Multiplikatoren als Beurteilungsmaßstab zugrunde, zeigt sich zum einen, daß die Kredit- und die Pauschalsteuerfinanzierung eindeutig der Konsumsteuer- und der Einkommensteuerfinanzierung vorzuziehen sind. Zum anderen sind die Outputeffekte um so größer, je unproduktiver das öffentliche Kapital ist, womit die Ergebnisse aus den Abschnitten 3.3. und 3.4. bestätigt werden. Die positiven Outputeffekte eines höheren öffentlichen Kapitalstocks zeigen sich allerdings erst im Laufe des Anpassungsprozesses, was man anhand der maximalen und der langfristigen Multiplikatoren erkennen kann, die in den Tabellen 5.6 bzw. 5.7 aufgeführt sind. Sind die öffentlichen Investitionen nur wenig produktiv (χ=0,05), erweisen sich die Pauschalsteuerfinanzierung und die Kreditfinanzierung Fall II weiter als vorteilhaft. Je produktiver aber der öffentliche Kapitalstock ist, desto eher werden im Verlauf des Anpassungsprozesses Steuersenkungen durch die mit den positiven Outputeffekten verbundenen Steuermehreinnahmen möglich, was sich besonders bei den „verzerrenden" Steuern wie der Einkommensteuer und der Konsumsteuer positiv auswirkt und für eine Verstärkung des Outputeffektes sorgt. Mithin sind für χ=0,4 die Outputeffekte der Einkommensteuer- und der Konsumsteuerfinanzierung mittel- und langfristig größer als die der Pauschalsteuer- und Kreditfinanzierung Fall II.

Bei der Kreditfinanzierung Fall I macht sich langfristig die Tatsache bemerkbar, daß die höheren Zinszahlungen auf die Staatsschuld über eine Einschränkung der öffentlichen Investitionen aufgebracht werden müssen, was sich negativ auf den öffentlichen Kapitalstock und die Produktion auswirkt. Der langfristige Multiplikator ist mithin negativ. Fall II der Kreditfinanzierung ist mit der Pauschalsteuerfinanzierung identisch, weshalb sich positive Multiplikatorwerte ergeben. Je nach Modellierungsart der Kreditfinanzierung kommt man somit zu unterschiedlichen Ergebnissen.

Da die Outputeffekte als Beurteilungskriterium einer Politikmaßnahme nicht ausreichend sind und auch nicht zu einem eindeutigen Ergebnis führen, werden im folgenden die Nutzenänderungen betrachtet, die durch die Erhöhung der Investitionen bei den unterschiedlichen Finanzierungsarten auftreten. Dies geschieht wieder durch Ableitung der Konsumäquivalente, die in Abbildung 5.9 und 5.10 dargestellt sind.

Bei der Beurteilung anhand der Nutzenänderungen müssen zwei Fragen voneinander getrennt werden:

1. Welche Finanzierungsform stiftet im Vergleich zu den anderen den größten Nutzen?
2. Ist die Erhöhung der öffentlichen Investitionen überhaupt positiv zu beurteilen? Man fragt also, ob es Nutzensteigerungen gibt.

Bei der Beantwortung der ersten Frage zeigt sich, daß im Falle einer Produktionselastizität von χ=0,05 (Abbildung 5.9) die Einkommensteuerfinanzierung zunächst positive Nutzeneffekte aufgrund des starken Anstiegs der

Freizeit aufweist. Die anderen Finanzierungsformen induzieren dagegen zunächst einen Nutzenverlust, was bei der Pauschalsteuer- und Kreditfinanzierung auf den anfänglich niedrigeren Konsum und höheren Arbeitseinsatz und bei der Konsumsteuerfinanzierung auf den Rückgang des Konsums zurückzuführen ist. Bei der Einkommensteuerfinanzierung kommt es dann im Verlauf des Anpassungsprozesses aufgrund des geringeren Konsums und des allmählich über sein Ausgangsniveau steigenden Arbeitseinsatzes zu vorübergehenden Nutzenverlusten, während die anderen Finanzierungsformen einen Nutzenanstieg relativ zum Steady-State-Niveau verzeichnen können. Der anfänglich starke Konsumrückgang bei der Konsumsteuerfinanzierung sorgt dafür, daß zunächst die Kreditfinanzierung und die Pauschalsteuerfinanzierung[441] der Konsumsteuerfinanzierung vorgezogen werden müßten. Später allerdings kommt es auch im Falle der Konsumsteuerfinanzierung zu einem Anstieg des Konsums und damit letztlich zu einem höheren Konsumäquivalent, das sogar zeitweise über dem der Pauschalsteuerfinanzierung und der Kreditfinanzierung Fall I liegt. Die Konsumäquivalentkurven für die Kreditfinanzierung Fall I und die Pauschalsteuerfinanzierung sind fast deckungsgleich, so daß eine eindeutige Aussage, welche Finanzierungsform vorzuziehen ist, für diesen Betrachtungszeitraum nicht getroffen werden kann.[442]

Geht man von einer größeren Produktivität der öffentlichen Investitionen (χ=0,4) aus (vgl. Abbildung 5.10), sorgt der positive Vermögenseffekt in allen Fällen für einen anfänglichen Anstieg des Konsums, so daß für alle Finanzierungsformen sofort ein Nutzengewinn festgestellt werden kann. Da bei der Einkommensteuerfinanzierung wegen der stärkeren Belastung des Arbeitseinkommens die Freizeit ziemlich stark steigt, weist die Einkommensteuerfinanzierung anfänglich die größte Nutzensteigerung auf. Die Nutzenänderung ist zu Beginn bei der Konsumsteuer am geringsten, da der höhere Konsumsteuersatz den Konsum noch relativ stark dämpft. Wieder sind die Konsumäquivalentkurven der Kreditfinanzierung Fall I und der Pauschalsteuerfinanzierung fast deckungsgleich.

Da im Verlauf des Anpassungsprozesses jede Finanzierungsart mindestens einmal das größte Konsumäquivalent aufweist, ist bei einer bloßen Betrachtung der Konsumäquivalentkurven eine eindeutige Aussage darüber, welche Finanzierungsform die bessere ist, nicht möglich. Deshalb müssen die Barwerte der Periodenkonsumäquivalente berechnet werden, die in Tabelle 5.8 aufgeführt sind.

---

[441] Die Konsumäquivalentkurve der Pauschalsteuerfinanzierung ist mit der der Kreditfinanzierung Fall II identisch.

[442] Im weiteren Verlauf des Anpassungsprozesses machen sich bei der Kreditfinanzierung Fall I allerdings die negativen Effekte des Rückgang der öffentlichen Investitionen bemerkbar, so daß es ca. ab Periode 150 zu Nutzenverlusten kommt.

Abbildung 5.9: Konsumäquivalente bei Erhöhung der öffentlichen Investitionen (chi=0,05)

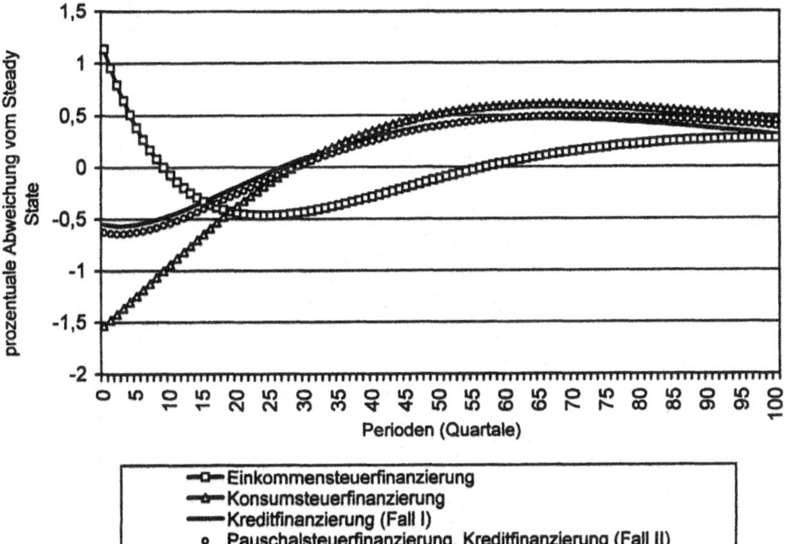

Abbildung 5.10: Konsumäquivalente bei Erhöhung der öffentlichen Investitionen (chi=0,4)

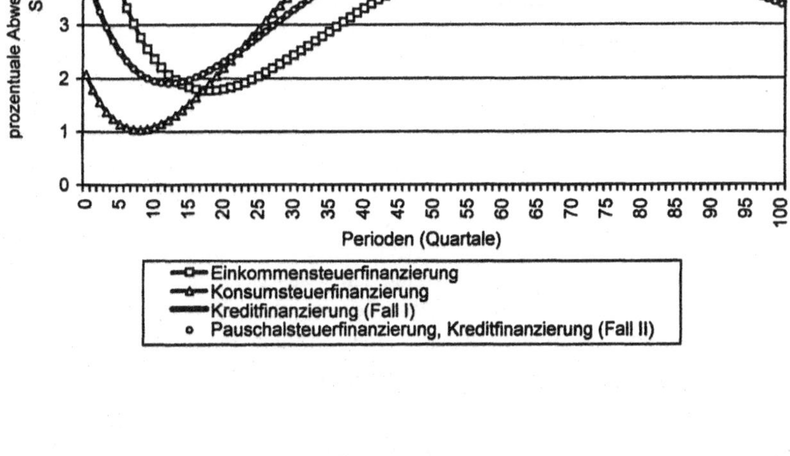

Es zeigen sich ähnliche Ergebnisse wie bei der Betrachtung der mittel- und langfristigen Outputeffekte: Für eine geringe Produktionselastizität des Kapitals (χ=0,05) sind die Pauschalsteuer- und Konsumsteuerfinanzierung sowie die Kreditfinanzierung Fall II hinsichtlich der Wohlfahrtseffekte fast gleichauf und besser als die Einkommensteuerfinanzierung. Bei der Kreditfinanzierung Fall I machen sich die zukünftig niedrigeren öffentlichen Investitionen zur Finanzierung der Zinsverpflichtungen negativ bemerkbar, weshalb diese Finanzierungsvariante am schlechtesten abschneidet.

Tabelle 5.8: Barwerte der Konsumäquivalente

	ρ=0,95; χ=0,05	ρ=0,95; χ=0,4	ρ=1; χ=0,05	ρ=1; χ=0,4
Einkommensteuer	9,20	395,44	157,66	4188,70
Konsumsteuer	16,29	396,69	159,51	4206,96
Kredit Fall I	-4,63	---	3,47	---
Kredit Fall II	19,23	373,31	217,68	3985,24
Pauschalsteuer	19,23	373,31	217,68	3985,24

Für eine große Produktionselastizität des öffentlichen Kapitals (χ=0,4) wirken sich bei der Einkommensteuerfinanzierung und der Konsumsteuerfinanzierung die positiven Effekte der im Anpassungsprozeß sinkenden Steuersätze aus, weshalb sie besser abschneiden als die Pauschalsteuerfinanzierung bzw. die Kreditfinanzierung Fall II. Insgesamt liefert die Konsumsteuerfinanzierung die besten Ergebnisse.

Nun ist auch die Beantwortung der zweiten Frage möglich: Da die Barwerte der Konsumäquivalente für alle Finanzierungsformen (bis auf Kreditfinanzierung Fall I) positiv sind, ist die Maßnahme eindeutig positiv zu bewerten und dies unabhängig davon, ob für die Produktivität des öffentlichen Kapitals χ=0,05 oder χ=0,4 angenommen wird. Allerdings zeigt sich, daß bei einer niedrigen Produktivität des öffentlichen Kapitals (Abbildung 5.9) eine Nutzensteigerung im Vergleich zur Ausgangssituation bei allen Finanzierungsarten (bis auf die Einkommensteuerfinanzierung) erst relativ spät eintritt. Für eine sehr große Produktivität des öffentlichen Kapitals (Abbildung 5.10) verlaufen alle Konsumäquivalentkurven dagegen sofort im positiven Bereich.

Als Endergebnis gilt es festzuhalten, daß die Kredit- und die Pauschalsteuerfinanzierung für die Fälle, in denen die Produktivität des öffentlichen Kapitals relativ gering ist, tendenziell Vorteile aufweisen, die aber mit steigenden Werten von χ verloren gehen. Bei einer mittel- und langfristigen Betrachtung zeigt die Konsumsteuerfinanzierung relative Vorteile. Die Kreditfinanzierung Fall I liefert kurz- und mittelfristig im Vergleich zur Pauschalsteuerfinanzierung sehr ähnliche Ergebnisse. Da die Kreditfinanzierung aber kein definitives Finanzierungsinstrument des Staates darstellt, machen sich langfristig die erforderlichen Zinszahlungen auf die Staatsschuld bemerkbar, die durch Ausgabensenkungen aufgebracht werden müssen, weshalb die Kreditfinanzierung Fall I als nachteilig beurteilt werden muß. Da sich diese Nachteile im Fall I erst sehr spät bemerkbar machen bzw. in Fall II gar nicht vorhanden sind und man kurz- und mittelfristig – sowohl bei der Betrachtung der Outputeffekte, als auch bei der Wohlfahrtsbetrachtung – sogar teilweise mit die besten Ergebnisse erhält, kann man mit Hilfe dieses Modells nachvollziehen, warum die Kreditfinanzierung von politischen Entscheidungsträgern gerne als Finanzierungsinstrument gewählt wird.

Ferner zeigt sich das nicht überraschende Ergebnis, daß die Erhöhung der öffentlichen Investitionen am ehesten dann durchgeführt werden sollte, wenn das öffentliche Kapital sehr produktiv ist, da dann Nutzen- und Outputerhöhungen induziert werden. Die Outputeffekte selbst sind mittel- und langfristig unabhängig von der Finanzierungsform sehr hoch.[443]

Weiterhin muß man festhalten, daß in diesem Modell und bei der hier gewählten Modellausgestaltung die Einkommensteuer- oder Konsumsteuerfinanzierung von öffentlichen Investitionen (mittel- und langfristig) relativ zu der als „ideal" angesehenen Pauschalsteuerfinanzierung gar nicht so schlecht abschneiden, ja sogar für sehr produktive Investitionen zu bevorzugen sind.

Außerdem zeigt sich, daß die Finanzierungsart bei weitem nicht so bedeutend ist wie die Produktivität der finanzierten Investitionen, da sowohl die Outputeffekte als auch die Wohlfahrtseffekte beim Übergang von einem wenig produktiven öffentlichen Kapitalstock zu einem sehr produktiven Kapitalstock viel größere Differenzen aufweisen als beim Übergang von einer Finanzierungsform zu einer anderen und gegebener Produktionselastizität des öffentlichen Kapitals.

Als wichtiges Ergebnis kann man schließlich festhalten, daß im Falle einer hinreichend großen Produktionselastizität des öffentlichen Kapitals eine Erhöhung der öffentlichen Investitionen bei allen Finanzierungsformen auch zu einem Anstieg des privaten Konsums führen kann. Deshalb ist es in einem um öffentliche Investitionen und um einen öffentlichen Kapitalstock erweiterten RBC-Modell durchaus möglich, das bei einer Staatsausgabenerhöhung empirisch beobachtete „Crowding in" des privaten Konsum[444] nachzuzeichnen.

---

[443] In diesem Sinne kann die von Baxter/King (1993), S. 327 und S. 333 hervorgehobene große Bedeutung der Finanzierungsart, zumindest für die öffentlichen Investitionen, nicht bestätigt werden.
[444] Vgl. Blanchard/Perotti (1999), S. 24.

5.4. Zusätzlicher Staatskonsum

5.4.1. Einkommensteuerfinanzierung

Im folgenden werden die Auswirkungen betrachtet, die eine Erhöhung des Staatskonsums bei den unterschiedlichen Finanzierungsformen hat. Der Staatskonsum folgt dem Prozeß

$\ln G_t = (1-\rho)\ln G + \rho \ln G_{t-1} + \varepsilon_t.$

Zunächst wird die Einkommensteuerfinanzierung analysiert, weshalb der Konsumsteuersatz, das Defizit und die Pauschalsteuer sowie die öffentlichen Investitionsausgaben konstant gehalten werden. Um eine bessere Vergleichbarkeit mit der Erhöhung der öffentlichen Investitionen zu gewährleisten, wird auch hier ein anfänglicher Anstieg der Staatskonsumausgaben in Höhe von 1 Prozent des Steady-State-Outputs unterstellt.[445] Der Einkommensteuersatz paßt sich endogen so an, daß die Budgetgleichung des Staates erfüllt ist. Die damit erzeugten Modellreaktionen unmittelbar nach dem Schock können in Tabelle 5.9 abgelesen werden.

Tabelle 5.9: Kurzfristige Reaktionen der Modellvariablen bei einer Erhöhung des Staatskonsums und Einkommensteuerfinanzierung in % des jeweiligen Steady-State-Wertes

	ρ=0,95 η=1 ψ=0	ρ=1 η=1 ψ=0	ρ=0,95 η=0 ψ=0	ρ=0,95 η=10 ψ=0	ρ=0,95 η=1 ψ=0,3	ρ=0,95 η=1 ψ=1
Kapital	-0.1221	-0.0311	-0.1563	-0.0758	-0.1253	-0.1316
öffentliches Kapital	0	0	0	0	0	0
Schuldenstand	0	0	0	0	0	0
priv. Konsum	-0.8342	-1.5563	-0.9626	-0.6384	-1.2037	-1.7416
zusammeng. Konsum	-0.8342	-1.5563	-0.9626	-0.6384	-0.6537	-0.2668
Output	-0.8421	-0.1226	-1.3063	-0.2042	-1.1232	-1.7232
Arbeit	-1.3368	-0.1947	-2.0737	-0.3237	-1.7832	-2.7383
Nettorendite	-0.0395	-0.0200	-0.0526	-0.0211	-0.0479	-0.0658
Zinssatz	-0.8421	-0.1226	-1.3063	-0.2042	-1.1232	-1.7232
Reallohnsatz	0.4947	0.0721	0.7647	0.1200	0.6600	1.0121
priv. Investitionen	-4.9158	-1.2447	-6.2916	-3.0568	-5.0258	-5.2821
Einkommensteuersatz	10.2137	10.3016	10.6268	9.6316	10.8058	12.0574
Staatskonsum	5.2632	5.2632	5.2632	5.2632	5.2632	5.2632
kurzfr. Multiplikator $\Delta y/\Delta G$	-0,842	-0,123	-1,306	-0,204	-1,123	-1,723

Aufgrund der höheren Steuer zur Finanzierung des Staatskonsums wird ein negativer Vermögenseffekt erzeugt, der für einen tendenziellen Rückgang des Konsums und einen Anstieg des Arbeitseinsatzes sorgt. Durch den höheren Einkommensteuersatz treten aber noch zusätzlich Nettolohn- und Nettozinseffekte

[445] Unter der Annahme, daß der Output konstant bleibt, bedeutet dies eine Erhöhung der Staatskonsumquote von 0,19 auf 0,2.

auf. So führt die Reduktion des Nettolohnsatzes und der erwarteten Nettorendite tendenziell zu einer Einschränkung der Arbeit. Die geringere Nettorendite induziert zudem eine intertemporale Substitution zugunsten des heutigen Konsums. Sowohl bezüglich des Konsums als auch bezüglich des Arbeitseinsatzes wirken der Vermögenseffekt und die Faktorpreiseffekte in entgegengesetzte Richtungen. Was den Konsum angeht, dominiert der negative Vermögenseffekt, und es kommt insgesamt zu einem Konsumrückgang. Hinsichtlich des Arbeitsangebots dominieren die Zins- und Lohneffekte, was eine Einschränkung des Arbeitsangebotes und einen Outputrückgang zur Folge hat. Auch die privaten Investitionen sinken, ausgelöst durch die größere Ressourcenbeanspruchung des Staates, durch die geringere Ressourcenausstattung aufgrund des geringeren Outputs und durch die geringere Attraktivität der Investitionen aufgrund der gesunkenen erwarteten Nettorendite. Der negative Outputeffekt ist zudem um so größer, je kleiner die Grenznutzelastizität η ist, je größer also die Arbeitsangebotselastizität ausfällt.

Geht man von einem zusammengesetzten Konsum $c_t=c^p_t+\psi G_t$ aus und nimmt an, daß der Staatskonsum in diesem Sinne Nutzen stiftet ($\psi>0$), fällt der negative Vermögenseffekt nicht so hoch aus, so daß der zusammengesetzte Konsum weniger stark sinkt. Der private Konsum dagegen wird um so deutlicher zurückgehen, je größer ψ ist, je eher der zusätzliche Staatskonsum also dazu geeignet ist, den privaten Konsum zu ersetzen.[446] Bezüglich des Arbeitseinsatzes werden der Nettolohneffekt und der Nettozinseffekt weniger gedämpft. Deshalb wird der negative kurzfristige Outputeffekt bedeutender und der kurzfristige Multiplikator weist einen höheren negativen Wert auf (vgl. die letzten beiden Spalten in Tabelle 5.9).

In Abbildung 5.11 sind die Anpassungsprozesse bei einer Erhöhung des Staatskonsums für $\rho=0{,}95$ abgetragen. Sie unterscheiden sich deutlich von denen der Erhöhung der öffentlichen Investitionen (vgl. Abbildung 5.1). Dies ist damit zu begründen, daß bei einem Anstieg des Staatskonsums mittelfristig kein outputsteigernder „Angebotseffekt" induziert wird, der bei der Erhöhung der öffentlichen Investitionen durch die Akkumulation des öffentlichen Kapitalstocks auftrat. Vielmehr sorgt die Einschränkung des privaten Kapitalstocks und die damit einhergehenden geringeren Periodenarbeitseinkommen[447] für eine Verstärkung des negativen Vermögenseffektes, was einen weiteren Rückgang des Konsums und einen Anstieg des Arbeitseinsatzes zur Folge hat. Für $\rho<1$ streben die Modellvariablen wieder ihrem alten Steady-State-Niveau entgegen.

---

[446] Vgl. Abschnitt 3.2.8.

[447] Ein kleinerer Kapitalstock hat eine geringere Arbeitsproduktivität und damit einen geringeren Reallohnsatz zur Folge.

Abbildung 5.11: Erhöhung des Staatskonsums-Einkommensteuerfinanzierung (rho=0,95)

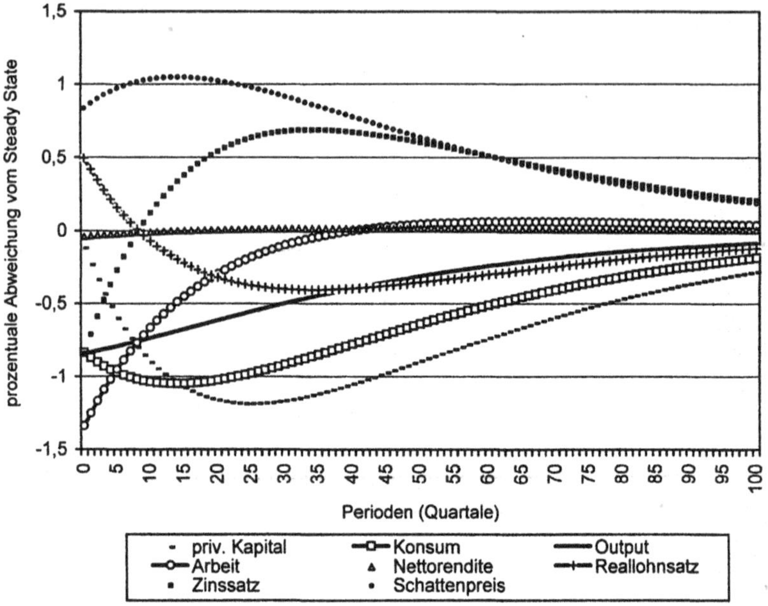

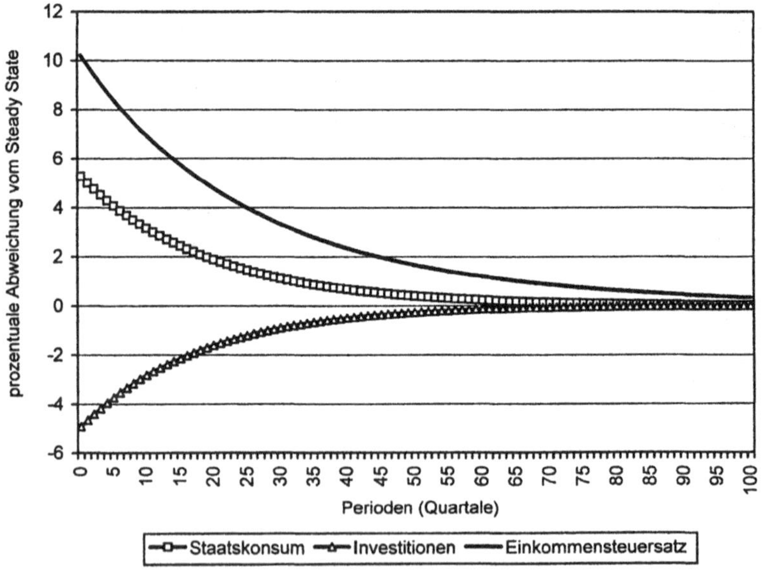

5.4.2. Konsumsteuerfinanzierung

Es zeigt sich, daß die Konsumsteuerfinanzierung zusätzlicher Staatskonsumausgaben bis auf die Reduktion des Konsums keine makroökonomischen Effekte hervorruft (vgl. Tabelle 5.10). Der private Konsum wird im gleichen Ausmaß eingeschränkt, wie der Staatskonsum erhöht wird.[448]

Tabelle 5.10: Kurzfristige Reaktionen der Modellvariablen bei einer Erhöhung des Staatskonsums und Konsumsteuerfinanzierung in % des jeweiligen Steady-State-Wertes

	ρ=0,95 η=1 ψ=0	ρ=1 η=1 ψ=0	ρ=0,95 η=0 ψ=0	ρ=0,95 η=10 ψ=0	ρ=0,95 η=1 ψ=0,3	ρ=0,95 η=1 ψ=1
Kapital	0	0	0	0	0.0074	0.0247
öffentliches Kapital	0	0	0	0	0	0
Schuldenstand	0	0	0	0	0	0
priv. Konsum	-2.0489	-2.0489	-2.0489	-2.0489	-2.3089	-2.6674
zusammeng. Konsum	-2.0489	-2.0489	-2.0489	-2.0489	-1.7584	-1.1926
Output	0	0	0	0	-0.1711	-0.5205
Arbeit	0	0	0	0	-0.2716	-0.8263
Nettorendite	0	0	0	0	-0.0047	-0.0142
Zinssatz	0	0	0	0	-0.1711	-0.5205
Reallohnsatz	0	0	0	0	0.1005	0.3058
private Investitionen	0	0	0	0	0.2995	0.9868
Konsumsteuersatz	13.4315	13.4315	13.4315	13.4315	12.6311	11.1789
Staatskonsum	5.2632	5.2632	5.2632	5.2632	5.2632	5.2632
kurzfr. Multiplikator $\Delta y/\Delta G$	0	0	0	0	-0,171	-0,521

Der höhere Konsumsteuersatz zur Finanzierung der höheren Staatsausgaben führt gemäß Gleichung (5.21) zu einer Einschränkung des Konsums. Da aber hier der höhere Konsumsteuersatz bei sinkendem Konsum c_t (für ψ=0) das für Bruttokonsum zur Verfügung stehende Vermögen W_t gemäß Gleichung (5.24) unverändert läßt, ist kein Vermögenseffekt wirksam. λ_t bzw. $E_t[\lambda_{t+1}]$ bleiben unverändert, so daß keine weiteren Reaktionen der Modellvariablen stattfinden. Der höhere Staatskonsum verdrängt im Ausmaß eins zu eins den privaten Konsum. Ansonsten bleiben die Variablen unverändert. Da nur diese Substitution von privaten Konsum durch Staatskonsum erfolgt und kein Vermögenseffekt auftritt, ist die Änderung des Steuersatzes unabhängig von den Parameterwerten, insbesondere unabhängig von der Persistenz ρ, gleich groß. Mithin ist auch der Rückgang des Konsums im Fall ψ=0 für alle Parameterwerte identisch.

[448] In Tabelle 5.10 unterscheiden sich betragsmäßig die prozentualen Änderungen, da der private Konsum und der Staatskonsum im Steady State unterschiedlich hoch sind. Die absoluten Änderungen sind aber betragsmäßig identisch.

Andere Ergebnisse ergeben sich, wenn der Staatskonsum Nutzen stiftet ($\psi>0$): Es wird nun ein positiver Vermögenseffekt erzeugt, der den Rückgang des zusammengesetzten Konsums c_t dämpft sowie für eine Einschränkung des Arbeitseinsatzes und somit für einen negativen kurzfristigen Outputeffekt sorgt (vgl. die letzten beiden Spalten in Tabelle 5.10). Dieser negative Outputeffekt ist um so größer, je eher der Staatskonsum dazu geeignet ist, den privaten Konsum zu ersetzen, je größer also der Parameter ψ ist. Entsprechend ist für positive Werte von ψ der kurzfristige Multiplikator negativ.

5.4.3. Kreditfinanzierung

Die Kreditfinanzierung von zusätzlichen Staatskonsumausgaben wird auch hier auf zwei unterschiedlichen Arten modelliert:

Fall I: Das Defizit wird exogen erhöht, was eine endogene Anpassung des Staatskonsums impliziert. Der Staatskonsum wird zunächst ansteigen, allerdings müssen langfristig die zusätzlichen Zinszahlungen in der Zukunft durch eine Reduktion des Staatskonsums finanziert werden.

Fall II: Die Erhöhung des Staatskonsums ist exogen und das Defizit paßt sich endogen an, wobei aber – um die Tragfähigkeit der Verschuldung zu gewährleisten – die „Reaktionsfunktion" (5.27) bzw. (5.28) eingeführt wird, die einen Anstieg der Pauschalsteuer induziert, sobald die Schuldenstandsquote ihr langfristiges Gleichgewichtsniveau übersteigt.

Werden die zusätzlichen Staatskonsumausgaben durch Kredite finanziert, ergibt sich ebenfalls ein negativer Vermögenseffekt, da in Gleichung (5.25) das für Nettokonsum zur Verfügung stehende Vermögen sinkt. Der Arbeitseinsatz wird weder durch die Verschuldung noch durch den Staatskonsum direkt beeinflußt (vgl. Gleichungen (5.19) und (5.20)), so daß es aufgrund des negativen Vermögenseffektes zu einem Anstieg der Arbeit und damit der Produktion sowie zu einem Rückgang des Konsums kommt. Dieser Rückgang fällt im Fall I geringer aus als im Fall II, da im Fall I zur Finanzierung der Zinsverpflichtungen in der Zukunft der Staatskonsum unter sein Ausgangsniveau gesenkt werden muß, was gemäß Gleichung (5.25) den negativen Vermögenseffekt etwas abschwächt.
Die Reaktion der Investitionen hängt davon ab, ob durch die Outputsteigerung und den Rückgang des Konsums genügend Ressourcen für einen Anstieg frei werden. Dies wiederum wird von der Größe des negativen Vermögenseffektes determiniert und ist deshalb eher für große Persistenzwerte zu erwarten. Tatsächlich wird für $\eta=1$ im Fall I ab einem Persistenzwert von $\rho=0{,}988$ und im Fall II ab $\rho=0{,}973$ ein Investitionsanstieg realisiert.[449]

[449] Anders als bei Ludvigson (1996), S. 39, kann es also zu einem Anstieg der Investitionen kommen.

Tabelle 5.11: Kurzfristige Reaktionen der Modellvariablen bei Kreditfinanzierung zusätzlicher Staatskonsumausgaben in % des jeweiligen Steady-State-Wertes

	ρ=0,95 η=1;ψ=0	ρ=1 η=1;ψ=0	ρ=0,95 η=0;ψ=0	ρ=0,95 η=10;ψ=0	ρ=0,95 η=1;ψ=1
			Fall I		
Kapital	-0.0334	0.0253	-0.0164	-0.0603	0
Öffentliches Kapital	0	0	0	0	0
Schuldenstand	0.4184	0.4211	0.4118	0.4307	0.4919
Privater Konsum	-0.3932	-0.8505	-0.3536	-0.4652	-1.4757
Zusg. Konsum	-0.3932	-0.8505	-0.3536	-0.4652	0
Output	0.4016	0.8674	0.6003	0.1034	0
Arbeit	0.6359	1.3726	0.9539	0.1637	0
Nettorendite	0.0084	0.0253	0.0164	0.0034	0
Zinssatz	0.4016	0.8674	0.6003	0.1034	0
Reallohnsatz	-0.2343	-0.5053	-0.3536	-0.0603	0
Private Investitionen	-1.3806	0.9684	-0.7648	-2.2999	0
Defizit	83.6750	84.2105	82.2368	86.1401	98.3768
Pauschalsteuer	0	0	0	0	0
Staatskonsum	5.2632	5.2632	5.2632	5.2632	5.2632
kurzfr. Multiplikator $\Delta y/\Delta G$	0,402	0,867	0,600	0,103	0
			Fall II (ϖ=0,01)		
Kapital	-0.0200	0.0453	-0.0047	-0.0437	0
Öffentliches Kapital	0	0	0	0	0
Schuldenstand	0.4221	0.4300	0.4147	0.4363	0.4895
Konsum	-0.5105	-1.0174	-0.4311	-0.6858	-1.4747
Output	-0.5105	-1.0174	-0.4311	-0.6858	0
Arbeit	0.5184	1.0337	0.7342	0.1505	0
Nettorendite	0.8232	1.6405	1.1658	0.2389	0
Zinssatz	0.0142	0.0279	0.0200	0.0042	0
Reallohnsatz	0.5184	1.0337	0.7342	0.1505	0
Priv. Investitionen	-0.3047	-0.6068	-0.4311	-0.0884	0
Öffentl. Investitionen	-0.7974	1.8153	-0.1889	-1.7637	0
Defizit	84.8832	86.4216	83.3942	87.7184	98.3332
Pauschalsteuer	-0.3368	-0.6711	-0.4768	-0.0979	0
kurzfristiger Multiplikator $\Delta y/\Delta H$	5.2632	5.2632	5.2632	5.2632	5.2632
maximaler Multiplikator	0.518	1,034	0,734	0,151	0

Der kurzfristige Outputeffekt wächst einerseits mit der Persistenz ρ, da dann der Vermögenseffekt betragsmäßig größer ausfällt, und andererseits mit sinkender Grenznutzenelastizität η, da dann der Arbeitseinsatz reagibler ist. Somit wird der größte kurzfristige Multiplikator für ρ=1 und η=0 erreicht. Für Fall I beträgt er 1,18 und für Fall II immerhin 1,34. Für die anderen Parameterkombinationen in Tabelle 5.11 werden fast ausschließlich Multiplikatorwerte kleiner eins erreicht, weshalb auch eine kreditfinanzierte Erhöhung des Staatskonsums eher abgelehnt werden muß.

Geht man von einem zusammengesetzten Konsum $c_t=c^p_t+\psi G_t$ aus, so wird mit zunehmenden ψ der negative Vermögenseffekt betragsmäßig kleiner. Für $\psi=1$ sind Staatskonsum und privater Konsum vollkommene Substitute, der Vermögenseffekt ist sowohl für Fall I als auch für Fall II gleich null und der private Konsum geht im gleichen Ausmaß zurück wie der Staatskonsum steigt.

Da der Outputeffekt unmittelbar nach dem Schock am größten ist, ändert sich die eher negative Beurteilung der Maßnahme auch bei mittelfristiger Betrachtung nicht und schon gar nicht, wenn man im Fall I (Defizit exogen) eine sehr langfristige Perspektive wählt. Dann sinkt nämlich der Staatskonsum unter sein Ausgangsniveau, um die zusätzlichen Zinszahlungen aufzubringen, wie Abbildung 5.12 zeigt, in der die Impuls-Antwort-Folgen für $\rho=0{,}95$, $\eta=1$ und $\psi=0$ abgetragen sind. Mithin wird ein positiver Vermögenseffekt erzeugt, der die Freizeit erhöht, den Arbeitseinsatz senkt und damit den Output, der schon aufgrund des gesunkenen Kapitalstocks beeinträchtigt wird, weiter reduziert.

Tabelle 5.12: Kurzfristige Reaktionen der Modellvariablen bei einer Erhöhung des Staatskonsums und Pauschalsteuerfinanzierung in % des jeweiligen Steady-State-Wertes

$\chi=0{,}05$	**$\rho=0{,}95$ $\eta=1$**	**$\rho=1$ $\eta=1$**	**$\rho=0{,}95$ $\eta=0$**	**$\rho=0{,}95$ $\eta=10$**
Konsum	-0.5105	-1.0174	-0.4311	-0.6858
Output	0.5184	1.0337	0.7342	0.1505
Arbeit	0.8232	1.6405	1.1658	0.2389
Nettorendite	0.0142	0.0279	0.0200	0.0042
Zinssatz	0.5184	1.0337	0.7342	0.1505
Reallohnsatz	-0.3047	-0.6068	-0.4311	-0.0884
priv. Investitionen	-0.7974	1.8153	-0.1889	-1.7637
Pauschalsteuer	27.2211	27.3863	26.5974	28.3805
Staatskonsum	5.2632	5.2632	5.2632	5.2632
kurzfr. Multiplikator $\Delta y/\Delta G$	0,518	1,034	0,734	0,151

Es zeigt sich auch hier, daß der Fall I der Kreditfinanzierung der in Tabelle 5.12 abgebildeten und schon im Abschnitt 3.2. ausführlich analysierten Pauschalsteuerfinanzierung sehr ähnlich und daß der Fall II der Kreditfinanzierung mit der Pauschalsteuerfinanzierung identisch ist.[450] Entsprechend gelten die Aus

[450] Auch hier würde diese Identität nicht auftreten, wenn die Reaktionsfunktion anders ausgestaltet wäre, wenn z.B. eine Erhöhung der Einkommensteuer angenommen werden würde, um die Tragfähigkeit der Verschuldung zu gewährleisten.

Abbildung 5.12: Erhöhung des Staatskonsums - Kreditfinanzierung Fall I (rho=0,95)

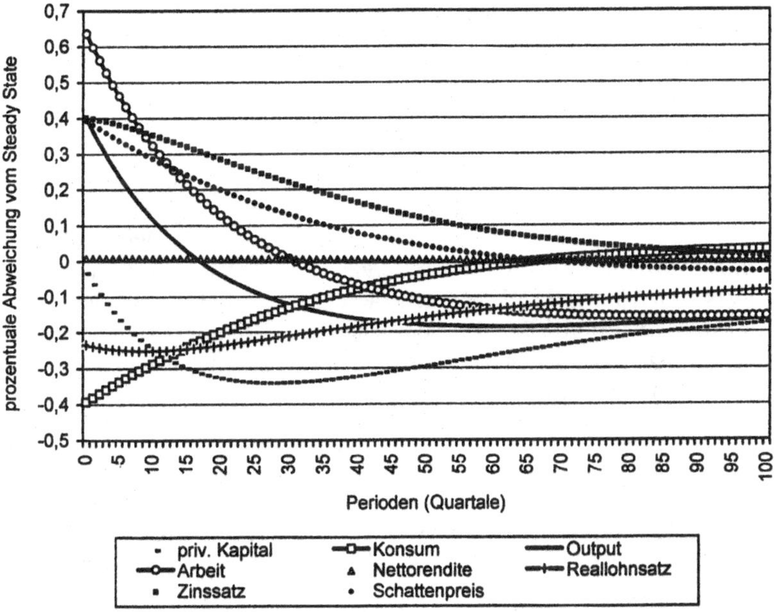

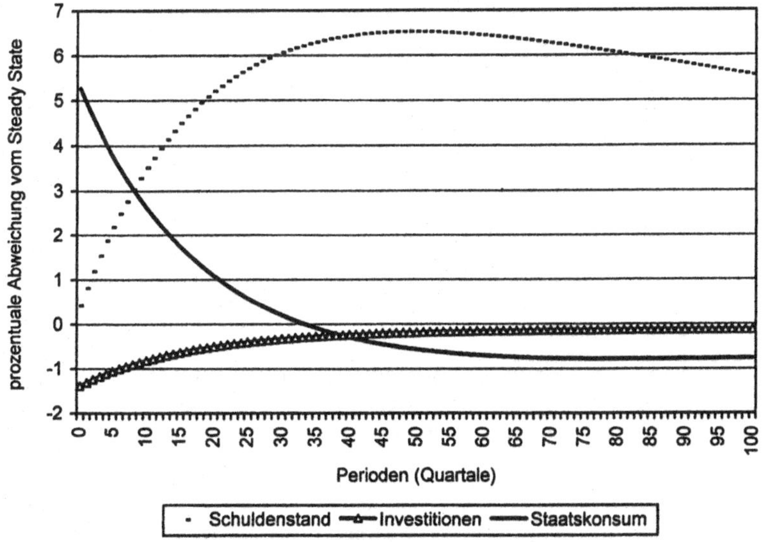

führungen und Ergebnisse aus Abschnitt 3.2. ebenso für die Kreditfinanzierung Fall II und müssen hier nicht näher erläutert werden.

5.4.4. Die Finanzierungsarten im Vergleich

Zum Vergleich der Outputeffekte der einzelnen Finanzierungsarten zusätzlicher Staatskonsumausgaben sind in den Tabellen 5.13 und 5.14 die kurz- bzw. langfristigen Multiplikatorwerte für die einzelnen Finanzierungsarten und für unterschiedliche Parameterwerte abgebildet.[451]

Zieht man den kurzfristigen Multiplikator als Beurteilungskriterium heran, kann man eine eindeutige Reihenfolge der einzelnen Finanzierungsformen aufstellen (vgl. Tabelle 5.13). Der kurzfristige Multiplikator ist bei der Pauschalsteuerfinanzierung und bei der Keditfinanzierung Fall II für alle Parameterkombinationen am größten. Die Kreditfinanzierung Fall I weist etwas kleinere aber noch positive Werte auf. Die Konsumsteuerfinanzierung hat (für ψ=0) keinen Outputeffekt und die Einkommensteuerfinanzierung ist sogar mit einem Rückgang der Produktion verbunden.

Tabelle 5.13: Kurzfristiger Multiplikator bei unterschiedlichen Finanzierungsformen zusätzlicher Staatskonsumausgaben

χ=0,05	ρ=0,95 η=1; ψ=0	ρ=1 η=1; ψ=0	ρ=0,95 η=0; ψ=0	ρ=0,95 η=10; ψ=0	ρ=0,95 η=1; ψ=1
Einkommensteuer	-0,842	-0,123	-1,306	-0,204	-1,723
Konsumsteuer	0	0	0	0	-0,521
Kredit Fall I	0,402	0,867	0,600	0,103	0
Kredit Fall II	0,518	1,034	0,734	0,151	0
Pauschalsteuer	0,518	1,034	0,734	0,151	0

Tabelle 5.14: Langfristiger Multiplikator bei unterschiedlichen Finanzierungsformen zusätzlicher Staatskonsumausgaben

χ=0,05	ρ=1 η=1
Einkommensteuer	-0,419
Konsumsteuer	0
Kredit Fall I[452]	-1,353
Kredit Fall II	1,205
Pauschalsteuer	1,205

[451] Die Darstellung eines maximalen Multiplikators macht bei der Erhöhung des Staatskonsums keinen Sinn, da – sofern überhaupt ein Outputanstieg vorliegt – für ρ<1 der größte Outputeffekt sofort nach dem Schock auftritt und für ρ=1 der langfristige Multiplikator der maximale ist.

[452] Die Vergleichbarkeit ist hier allerdings eingeschränkt, da das Modell so ausgestaltet wurde, daß das Defizit exogen ist. Entsprechend ist mit dieser Modellgestaltung keine permanente Erhöhung des Staatskonsums verbunden, sondern letztlich eine permanente Erhöhung des Defizits und eine permanente Reduktion des Staatskonsums (zur Finanzierung der höheren Zinszahlungen).

Die langfristigen Multiplikatorwerte in Tabelle 5.14 weisen ebenfalls eindeutig die Pauschalsteuerfinanzierung und den Fall II der Kreditfinanzierung als die besten Finanzierungsformen aus.

Auch hier erfolgt für ρ=0,95 und η=1 ein Vergleich der Nutzenänderungen anhand der Konsumäquivalentkurven, die in Abbildung 5.13 dargestellt sind. Dabei zeigt sich dass die Pauschalsteuerfinanzierung (die mit der Kreditfinanzierung Fall II identisch ist) nun relativ schlecht abschneidet und sogar über den gesamten Anpassungsprozeß zu einem Nutzenverlust führt, was auf den durch den negativen Vermögenseffekt hervorgerufenen höheren Arbeitseinsatz und geringeren Konsum zurückzuführen ist. Eine pauschalsteuerfinanzierte Erhöhung des Staatskonsums muß aus dieser Perspektive somit grundsätzlich abgelehnt werden. Das gleiche gilt für die Konsumsteuerfinanzierung. Die Einkommensteuerfinanzierung führt nur anfänglich aufgrund des Freizeitanstiegs zu positiven Wohlfahrtseffekten.

Abbildung 5.13: Konsumäquivalente bei Erhöhung des Staatskonsums

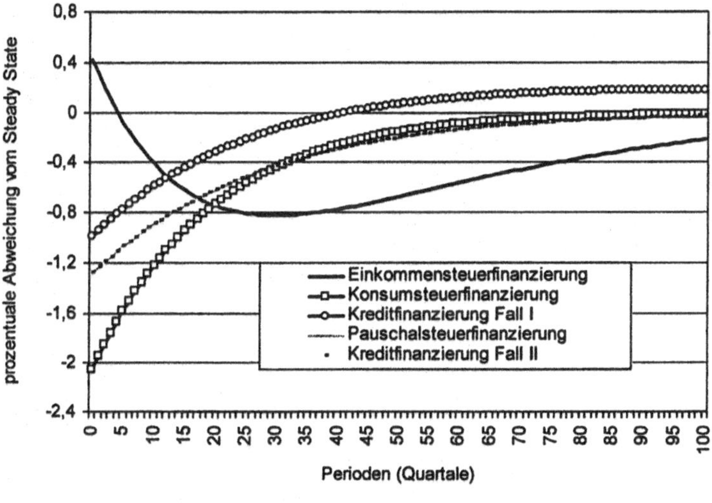

Da die Konsumäquivalentkurve der Kreditfinanzierung Fall I immer oberhalb der Kurven für die Konsumsteuerfinanzierung und für die Pauschalsteuerfinanzierung bzw. Kreditfinanzierung Fall II[453] verläuft, ist sie eindeutig diesen Finanzierungsarten vorzuziehen. Im Vergleich zur Einkommensteuer schneidet

[453] Bei der Kreditfinanzierung Fall I ist wegen des betragsmäßig geringeren Vermögenseffektes der Konsum höher als im Fall II, weshalb die Konsumäquivalentkurve auch „höher" verläuft.

die Kreditfinanzierung Fall I zunächst schlechter ab, ist aber mit zunehmender Zeit überlegen. Dies ist letztlich darauf zurückzuführen, daß die Zinszahlungen auf die Staatsschuld durch geringere Staatskonsumausgaben finanziert werden müssen, was einerseits Ressourcen für einen höheren Konsum der privaten Haushalte frei macht und andererseits einen positiven Vermögenseffekt erzeugt, der sich erhöhend auf die Freizeit auswirkt. Beides ist mit Nutzensteigerungen verbunden. Somit ist der Barwert der Konsumäquivalente im Fall I der Kreditfinanzierung positiv, während er für alle anderen Finanzierungsformen negativ ausfällt (vgl. Tabelle 5.15). Die Maßnahme ist also für diese Finanzierungsformen mit Wohlfahrtsverlusten verbunden.

Tabelle 5.15: Barwerte der Konsumäquivalente

χ=0,05	**ρ=0,95**	**ρ=1**
Einkommensteuer	-44,75	-420,79
Konsumsteuer	-37,42	-409,78
Kredit (Fall I)	2,32	12,19
Kredit (Fall II)	-31,50	-313,17
Pauschalsteuer	-31,50	-313,17

Die beiden Beurteilungskriterien Outputeffekte und Nutzenänderungen führen zu entgegengesetzten Ergebnissen: Während bei Betrachtung der Outputeffekte die Kreditfinanzierung Fall I zumindest bei langfristiger Betrachtungsweise klar abzulehnen ist, sorgt sie im Gegensatz dazu für den größten Nutzenanstieg, was sie vorteilhaft erscheinen läßt.[454] Die Pauschalsteuerfinanzierung dagegen ist beim Beurteilungskriterium „Outputeffekte" zu bevorzugen, während sie beim Nutzenvergleich eher abzulehnen ist.

Ein höherer Parameter ψ würde eine betragsmäßige Verringerung des negativen Vermögenseffektes bedeuten, was z.B. bei der Pauschalsteuer zu einer Verringerung der Outputeffekte, aber auch zu geringeren Nutzenverlusten führen würde. Die Ergebnisse der beiden Beurteilungskriterien würden sich also annähern.

5.5. Erhöhung der öffentlichen Investitionen vs. Erhöhung des Staatskonsums

Zum Abschluß sollen die Ergebnisse, die eine Erhöhung der öffentlichen Investitionen impliziert, mit denen einer Staatskonsumerhöhung verglichen werden. Da oben angenommen wurde, daß sich beide Ausgabenquoten um einen Prozentpunkt erhöhen, ist ein unmittelbarer Vergleich der Outputeffekte und der Nutzenänderungen möglich.

---

[454] Allerdings sei hier nochmals auf die Probleme bezüglich der Vergleichbarkeit hingewiesen, die bei den beiden Modellierweisen der Kreditfinanzierung auftreten und die in Abschnitt 5.3.4. erläutert wurden.

Tabelle 5.16: Multiplikatorwerte der beiden Staatsausgabenformen im Vergleich[455]

	kurzfristiger Multiplikator		langfristiger Multiplikator	
	öffentliche Investitionen	Staatskonsum	öffentliche Investitionen	Staatskonsum
Einkommensteuer-finanzierung	-1,127	-0,842	2,351	-0,419
Konsumsteuerfinanzierung	-0,207	0	2,548	0
Kredit (Fall I)	0,226	0,402	-6,725	-1,353
Kredit (Fall II)	0,253	0,518	3,142	1,205
Pauschalsteuer	0,253	0,518	3,142	1,205

Zieht man die Outputeffekte als Beurteilungskriterium heran, zeigt sich das schon in Abschnitt 3.4. abgeleitete Ergebnis: Eine Erhöhung des Staatskonsums sorgt kurzfristig für einen größeren Outputeffekt als die öffentlichen Investitionen, was auf die Wirkung des Vermögenseffektes zurückzuführen ist. Bei langfristiger Betrachtung ist das Ergebnis umgekehrt.

Tabelle 5.17: Barwerte der Konsumäquivalente für die beiden Staatsausgabenformen im Vergleich[456]

	Öffentliche Investitionen	Staatskonsum
Einkommensteuerfinanzierung	9,20	-44,75
Konsumsteuerfinanzierung	16,29	-37,42
Kredit (Fall I)	-4,63	2,32
Kredit (Fall II)	19,23	-31,50
Pauschalsteuer	19,23	-31,50

Beim Vergleich der Nutzenänderungen in den Abbildungen 5.9 und 5.13 ergibt sich zwar kein einheitliches Bild. Man kann aber festhalten, daß tendenziell die Erhöhung der öffentlichen Investitionen besser abschneidet als die Erhöhung des Staatskonsums. Mit zunehmender Produktivität des öffentlichen Kapitals wird diese Überlegenheit klarer. Für χ=0,4 wäre z.B. die Erhöhung der öffentlichen Investitionen für jede Finanzierungsart eindeutig der Staatskonsumerhöhung vorzuziehen, da die Konsumäquivalentkurven für die Investitionserhöhung über den gesamten Anpassungsprozeß oberhalb der Kurven für die Staatskonsumerhöhung liegen würden.
Besonders deutlich wird die Überlegenheit der Investitionserhöhung aber beim Vergleich der Barwerte der Nutzenänderungen in Tabelle 5.17: Die Investitionserhöhungen sind insgesamt mit positiven Wohlfahrtseffekten verbunden, während die Staatskonsumerhöhung zu Wohlfahrtsverlusten führt.[457] Der relative Vorteil der öffentlichen Investitionen wird noch größer, wenn man eine

[455] Für die Produktionselastizität des öffentlichen Kapitals wurde χ=0,05 unterstellt.
[456] Es wurde ρ=0,95, η=1, ψ=0 und χ=0,05 unterstellt.
[457] Im Fall I der Kreditfinanzierung ist aus den genannten Gründen das Ergebnis gerade umgekehrt.

größere Produktionselastizität des öffentlichen Kapitals (z.B. χ=0,4) unterstellt (vgl. Tabelle 5.8).

Auch zeigt sich, daß die beiden Beurteilungskriterien „Outputeffekte“ und „Wohlfahrtseffekte“ im Falle der zusätzlichen öffentlichen Investitionen eher zu einer gleichen Beurteilung der Finanzierungsformen führen, während im Falle des höheren Staatskonsums die beiden Kriterien entgegengesetzte Ergebnisse liefern.

Wollte man das Modell für wirtschaftspolitische Empfehlungen heranziehen, müßte man tendenziell eine Senkung der Staatskonsumausgaben und eine Erhöhung von produktiven öffentlichen Investitionen befürworten, allerdings nur dann, wenn man eine mittel- bzw. langfristige Perspektive wählt, was von den politischen Entscheidungsträgern nicht immer getan wird.

6. Energiepreisschocks, die Ökosteuer und Handlungsalternativen der Fiskalpolitik

6.1. Einleitung

Der immer wieder stark steigende Ölpreis ruft in Europa regelmäßig Forderungen nach staatlichen Interventionen zur Ölpreisreduktion bzw. zur Linderung der Belastungen hervor; insbesondere wird die Senkung der Mineralölsteuer und speziell in Deutschland die Abschaffung der Ökosteuer verlangt.

Nachfolgend wird nun das Modell zu einem umfangreichen RBC-Modell mit Staat ausgebaut[458] und bezogen auf die Situation in der Bundesrepublik Deutschland in einem ersten Teil untersucht, welche Wirkungen eine Energiesteuer (Ökosteuer) auf die volkswirtschaftlichen Aggregate hat. Dazu wird die Energiesteuer erhöht und alternativ die Einkommensteuer, die Konsumsteuer, der Beitragssatz zur Sozialversicherung (wie in Deutschland) und das Defizit gesenkt sowie die Staatsausgaben ausgeweitet. Diese verschiedenen Ausgestaltungsmöglichkeiten einer Ökosteuer werden sodann anhand ihrer Output- und Wohlfahrtseffekte verglichen.[459]

In einem zweiten Teil werden unter Zugrundelegung des gleichen Modells die Auswirkungen einer exogenen Energiepreiserhöhung für die Konjunktur aufgezeigt. Dabei werden verschiedene Politikmaßnahmen des Staates (Parallelpolitik, Built-in flexibility, expansive Fiskalpolitik) dargestellt und verglichen. In diesem Zusammenhang soll eine Politik der Energiepreisstabilisierung vorgeschlagen und vorgestellt werden. Die Idee besteht darin, starke Energiepreisänderungen durch eine Variation der Energiesteuer abzufangen. Zum Beispiel könnte man durch Reduktion der Mineralölsteuer den „Bruttoölpreis“, den die Verbraucher zahlen müssen, auf ein vorher festgelegtes Niveau stabilisieren und damit die Konjunktur positiv beeinflussen. In Zeiten niedriger Rohölpreise könnte man entsprechend durch Erhöhung der Mineralölsteuer den Bruttoölpreis ebenfalls auf dem gewünschten Niveau konstant halten und so eine umweltbeeinträchtigende Ausweitung des Energieverbrauchs verhindern. Durch graduelle Erhöhung des gewünschten Bruttoölpreisniveaus wäre es sogar möglich, auch umweltpolitischen Zielen Rechnung zu tragen, ohne die Konjunktur zu stark zu beeinträchtigen. Eine solche Politik wäre berechenbar, vom Ölpreis

---

[458] Da ein solches Modell in der Literatur noch nicht vorgestellt wurde, soll das Modell vollständig und relativ ausführlich dargestellt werden, weshalb im Vergleich zu den Modellen in den vorangegangenen Kapiteln durchaus Wiederholungen auftreten können, die aber im Interesse einer zusammenhängenden Darstellung in Kauf genommen werden.

[459] Es sei ausdrücklich betont, daß hier die umweltökonomischen Aspekte einer Energiesteuer nicht berücksichtigt werden. Betrachtet werden nur ihre Wirkungen auf die makroökonomischen Aggregate bzw. auf die Konjunktur.

ginge keine große Gefahr mehr für die Konjunktur aus, und eine umweltgerechte graduelle Verteuerung der Energie wäre auch möglich.[460]

6.2. Das Modell

6.2.1. Die Unternehmen

Kompetitive Unternehmen produzieren gemäß einer Produktionstechnologie mit konstanten Skalenerträgen den Output y_t unter Verwendung der Produktionsfaktoren Arbeit, Kapital und Energie. Die Produktionsfunktion lautet:

(6.1) $y_t=F(k_{t-1},N_t,e^U_t)$.

k_{t-1} bezeichnet den Kapitaleinsatz, N_t den Arbeitseinsatz und e^U_t die für den Produktionsprozeß benötigte Energie in der Periode t. Die Produktionsfunktion wird durch folgende Cobb-Douglas-Funktion spezifiziert:

(6.2) $y_t=k_{t-1}^{(1-\alpha-\phi)}N_t^{\alpha}(e^U_t)^{\phi}$,

wobei ϕ die Produktionselastizität des Faktors Energie bezeichnet.
Die Kapitalakkumulationsgleichung lautet:

(6.3) $\gamma k_t=(1-\delta)k_{t-1}+i_t$.

i_t sind die Bruttoinvestitionen und δ ist die konstante Abschreibungsrate des Kapitalstocks. Der Parameter γ stellt den Wachstumsfaktor der Modellökonomie dar.
Die Unternehmen maximieren ihren Gewinn, woraus folgt, daß die Brutto-Faktorpreise dem jeweiligen Grenzprodukt der eingesetzten Produktionsfaktoren entsprechen müssen:[461]

(6.4) $r_t=F_1(k_{t-1},N_t,e^U_t)=(1-\alpha-\phi)\dfrac{y_t}{k_{t-1}}$,

(6.5) $w_t=F_2(k_{t-1},N_t,e^U_t)=\alpha\dfrac{y_t}{N_t}$,

(6.6) $p_t+\tau^E_t=F_3(k_{t-1},N_t,e^U_t)=\phi\dfrac{y_t}{e^U_t}$,

wobei p_t den Energiepreis, τ^E_t den Energiesteuersatz, w_t den Reallohnsatz und r_t den Zinssatz bezeichnen.

6.2.2. Der Staat

Der Staat tätigt Konsumausgaben G_t und Zinszahlungen auf die akkumulierte Staatsschuld $(r_t-\delta)D_{t-1}$, die durch Erhebung einer Einkommensteuer auf das Lohn- und Zinseinkommen der Haushalte $\tau_t(w_tN_t+(r_t-\delta)k_{t-1}+(r_t-\delta)D_{t-1})$, einer Konsumsteuer auf die Energieausgaben der privaten Haushalte $\tau^c_tp_te^H_t$ und auf

[460] Allerdings dürfte die Mineralölsteuer dann weder hauptsächlich als Geldquelle verstanden werden, noch als „Pigou-Steuer" konzipiert sein. Auch dürfte für ihre Variation kein Gesetz erforderlich sein, sondern die Steueranpassungen müßten gleichsam automatisch erfolgen.

[461] F_i bezeichnet die erste Ableitung der Produktionsfunktion nach dem i-ten Argument.

den sonstigen Konsum $\tau^c_t c_t$, einer Energiesteuer auf die bei der Produktion verbrauchte und auf die von den privaten Haushalten verwendeten Energie $\tau^E_t(e^U_t+e^H_t)$ sowie durch ein Budgetdefizit B_t finanziert werden. Damit erhält man als Budgetgleichung des Staates:[462]

(6.7) $G_t+(r_t-\delta)D_{t-1}=\tau_t(w_tN_t+(r_t-\delta)k_{t-1}+(r_t-\delta)D_{t-1})+\tau^c_t(p_te^H_t+c_t)+\tau^E_t(e^U_t+e^H_t)+B_t$.

Für den Schuldenstand gilt folgende Akkumulationsgleichung:[463]

(6.8) $\gamma D_t=B_t+D_{t-1}$.

Außerdem werden Transferzahlungen $Ü_t$ an die privaten Haushalte durch einen proportionalen Beitragssatz τ^W_t auf das Lohneinkommen w_tN_t finanziert. Diese Transfers können als die Leistungen einer umlagefinanzierten Sozialversicherung interpretiert werden. Da eine Sozialversicherung grundsätzlich unabhängig vom Staatshaushalt ist, kann man neben der Budgetgleichung noch eine „Transfergleichung“ des Staates einführen:

(6.9) $Ü_t=\tau^W_tw_tN_t$.

Eine höhere Lohnsumme w_tN_t bewirkt also bei konstantem Beitragssatz ein höheres Transfervolumen oder bei konstantem Transfervolumen einen geringeren Beitragssatz.[464]

6.2.3. Die Haushalte

Der repräsentative Haushalt maximiert seinen erwarteten Nutzen, der sich ergibt aus:

(6.10) $U=E_0\sum_{t=0}^{\infty}\beta^t u(c_t,L_t,e^H_t)$ mit $\beta>0$,

wobei c_t den Konsum, L_t die Freizeit und e^H_t den Energiekonsum des privaten Haushalts bezeichnen.[465] Der Parameter β stellt den Diskontierungsfaktor dar,

---

462 Die makroökonomischen Größen in der Budgetgleichung des Staates sind wieder als aggregierte Pro-Kopf-Größen zu verstehen. Da im Marktgleichgewicht die aggregierten mit den individuellen Größen übereinstimmen, werden die aggregierten Größen hier nicht explizit gekennzeichnet.

463 Zusätzlich muß noch die No-Ponzi-Game-Bedingung für die Schuldenakkumulation erfüllt werden, die man aus der intertemporalen Budgetrestriktion des Staates ableiten kann: $\lim_{T\to\infty}E_0[P^N_TD_T]=0$. Vgl. auch Abschnitt 6.2.6.

464 In der Literatur werden allerdings meist diese Transfers und deren Finanzierung direkt in der Budgetgleichung berücksichtigt, so daß $G_t+Ü_t+(r_t-\delta)D_{t-1}=\tau_t(w_tN_t+(r_t-\delta)k_{t-1})+\tau^c_t(p_te^H_t+c_t)+\tau^E_t(e^U_t+e^H_t)+B_t+\tau^W_tw_tN_t$ gilt. Diese Vorgehensweise impliziert dann allerdings auch, daß alle Staatseinnahmen für die Finanzierung der Transfers verwendet werden können und mithin Gleichung (6.9) nicht erfüllt sein muß.

465 Zur Vereinfachung wird hier zunächst angenommen, daß die Staatsausgaben G_t keinen Nutzen stiften. Die Berücksichtigung eines zusammengesetzten Konsums $c_t=c^P_t+\psi G_t$ mit c^P_t als privaten Konsum erfolgt an den entsprechenden Stellen, an denen der Wert von ψ für die Modellergebnisse bedeutsam ist. Da der empirisch ermittelte Wert für ψ nur zwischen 0,2 und 0,4 liegt, ist die vorläufige Annahme von $\psi=0$ zur Vereinfachung vertretbar.

und E_0 steht für den bedingten Erwartungswert zum Zeitpunkt 0 gegebener Informationen. Der Nutzen sei eine steigende konkave Funktion der drei Argumente. Ferner stellen c_t und L_t sowie e^H_t normale Güter dar.
Die Periodennutzen werden durch folgende einfache, additiv separable Nutzenfunktion spezifiziert:

$$(6.11)\, u(c_t,L_t,e^H_t)=\ln c_t+\frac{\theta}{1-\eta}(L_t^{1-\eta}-1)+\frac{\upsilon}{1-\mu}\left[(e^H_t)^{1-\mu}-1\right].$$

Der Parameter μ stellt die konstante Grenznutzenelastizität des Energiekonsums und η die Grenznutzenelastizität der Freizeit dar. $1/\mu$ und $1/\eta$ sind die entsprechenden Substitutionselastizitäten. Für $\mu\rightarrow1$ und $\eta\rightarrow1$ ergibt sich eine logarithmische Nutzenfunktion.[466] Der Parameter υ ist ein Maß für den Anteil des Energieverbrauchs, der tatsächlich Nutzen stiftet. Meist entsteht der Nutzen des Energieverbrauchs indirekt aus dem Konsumgut, das mit Energie produziert wird. Es gibt allerdings auch einen direkten nutzenstiftenden Charakter des Energieverbrauchs, z.B. dann wenn Energie zum Heizen oder zur Erzeugung von Licht verwendet wird. Sicherlich entstehen durch Energieverbrauch auch Nutzenminderungen, wie z.B. Lärm oder Abgase. Diese können in diesem Modell erfaßt werden, indem sie den Parameter υ reduzieren. Allerdings wird unterstellt, daß als „Nettoeffekt" der Energieverbrauch einen positiven Nutzen stiftet, also $\upsilon>0$ gilt. Ferner wird angenommen, daß die Energie nicht im Inland produziert wird, sondern im Ausland[467] gekauft werden muß.[468]

Die Budgetrestriktion der Haushalte stellt sich wie folgt dar:

$$(6.12)\ (1+\tau^c_t)(p_te^H_t+c_t)+i_t+B_t=(1-\tau_t)(w_tN_t+r_tk_{t-1})$$
$$+\tau_t\delta k_{t-1}+(1-\tau_t)(r_t-\delta)D_{t-1}-\tau^E_te^H_t-\tau^W_tw_tN_t+\ddot{U}_t.$$

Der Haushalt kann gerade das für Konsum und Energie plus Mehrwertsteuer $(1+\tau^c_t)(p_te^H_t+c_t)$, für Investitionen i_t sowie für den Kauf von Staatsschuldverschreibungen B_t ausgeben, was er an Nettoarbeitseinkommen $(1-\tau_t)w_tN_t$, Nettokapitaleinkommen[469] $[(1-\tau_t)r_t+\tau_t\delta]k_{t-1}$, Nettozinserträgen $(1-\tau_t)(r_t-\delta)D_{t-1}$ aus den Staatsschuldtiteln und an Transfers $\ddot{U}_t$

---

466 Es sei darauf hingewiesen, daß $\mu\neq1$ nur dann mit einem gleichgewichtigen Wachstum vereinbar ist, wenn $\gamma=1$ gilt. Vgl. dazu z.B. King/Plosser/Rebelo (1988a), S. 201/202, und Uhlig (1997), S. 29, sowie Abschnitt 2.2. Da aber der Parameter μ letztlich die Elastizität des Energiekonsums bestimmt, soll auf die Darstellung der Abhängigkeit der Ergebnisse von unterschiedlichen Werten dieses Parameters nicht verzichtet werden.

467 Genaugenommen wird die Energie von einem modellexogenen Wirtschaftssubjekt bezogen, das man als „Ausland" bezeichnen kann.

468 Diese Annahme kann als relativ plausibel gelten, da der Anteil der Importenergien am Primärenergieverbrauch in Deutschland über 70% beträgt. Vgl. Institut der deutschen Wirtschaft (2000), Tabelle 116.

469 Abschreibungen sind von der Bemessungsgrundlage der Einkommensteuer abzugsfähig, was der Praxis in Deutschland entspricht.

abzüglich der Energiesteuern $\tau^E_t e^H_t$ sowie dem Beitrag zur Sozialversicherung $\tau^W_t w_t N_t$ zur Verfügung hat.

Wenn man $R^N_t=1+(1-\tau_t)(r_t-\delta)$ setzt und $i_t=\gamma k_t-(1-\delta)k_{t-1}$ sowie $B_t=\gamma D_t-D_{t-1}$ berücksichtigt, vereinfacht sich die Budgetrestriktion zu:

(6.13) $(1+\tau^c_t)(p_t e^H_t+c_t)+\gamma(k_t+D_t)=(1-\tau_t)w_t N_t+R^N_t(k_{t-1}+D_{t-1})-\tau^E_t e^H_t-\tau^W_t w_t N_t+\ddot{U}_t$.

Weiterhin ist der Haushalt in jeder Periode mit einer Einheit Zeit ausgestattet, die er in Arbeitszeit und in Freizeit aufteilen kann: $N_t+L_t=1$.

Der repräsentative Agent muß somit folgendes Problem lösen:

$$\text{Max } E_0 \sum_{t=0}^{\infty} \beta^t u(c_t, L_t, e^H_t)$$

u.d.N.: $N_t+L_t=1$,

$$(1+\tau^c_t)(p_t e^H_t+c_t)+\gamma(k_t+D_t)=(1-\tau_t)w_t N_t+R^N_t(k_{t-1}+D_{t-1})-\tau^E_t e^H_t-\tau^W_t w_t N_t+\ddot{U}_t.$$

Daraus ergeben sich unter Berücksichtigung der Nutzenfunktion (6.11) folgende Bedingungen erster Ordnung:[470]

(6.14) $u_1(c_t,L_t,e^H_t)=\lambda_t=\dfrac{1}{(1+\tau^c_t)c_t}$,

(6.15) $u_2(c_t,L_t,e^H_t)=\omega_t=\dfrac{\theta}{L_t^{\eta}}$,

(6.16) $u_3(c_t,L_t,e^H_t)=\lambda_t(\tau^E_t+(1+\tau^c_t)p_t)=\dfrac{\upsilon}{(e^H_t)^{\mu}}$,

(6.17) $\lambda_t(1-\tau_t-\tau^W_t)\,w_t=\omega_t$,

(6.18) $\beta E_t[\lambda_{t+1}R^N_{t+1}]=\gamma\lambda_t$,

(6.19) $(1+\tau^c_t)(p_t e^H_t+c_t)+\gamma(k_t+D_t)=(1-\tau_t)w_t N_t+R^N_t(k_{t-1}+D_{t-1})-\tau^E_t e^H_t-\tau^W_t w_t N_t+\ddot{U}_t$,

(6.20) $L_t+N_t=1$,

wobei λ_t und ω_t die Lagrangemultiplikatoren bezeichnen.

6.2.4. Das Marktgleichgewicht

Ein Marktgleichgewicht ist charakterisiert durch eine Zusammenstellung von individuellen und aggregierten Entscheidungsregeln sowie einen Preisvektor, so daß

1. das Optimierungsproblem der Haushalte gelöst wird,
2. die aggregierten mit den individuellen Variablen übereinstimmen,
3. Reallohnsatz, Zinssatz und Bruttoenergiepreis durch die Gleichungen (6.4) bis (6.6) gegeben sind,
4. die Unternehmen ihre Gewinne maximieren und

[470] Hinzu kommt noch die No-Ponzi-Game-Bedingung, die sich aus der intertemporalen Budgetrestriktion der Haushalte (6.36) ableiten läßt: $\lim_{T\to\infty} E_0[P^N_T k_T]=0$ mit $P^N_T=\prod_{j=1}^{T}\dfrac{\gamma}{R^N_j}$.

5. zu jeder Zeit die Budgetbedingung des Staates und die „Transfergleichung" (6.9) erfüllt sind.[471]

Dies berücksichtigend ergibt sich folgendes Gleichungssystem, das die Modellökonomie beschreibt:

$$(6.21)\ \lambda_t = \frac{1}{(1+\tau^c{}_t)c_t},$$

$$(6.22)\ \frac{\theta c_t}{(1-N_t)^\eta} = \frac{1-\tau_t-\tau^W{}_t}{1+\tau^c{}_t} w_t,$$

$$(6.23)\ \frac{\upsilon}{(e^H{}_t)^\mu} = \frac{\tau^E{}_t}{c_t(1+\tau^c{}_t)} + \frac{p_t}{c_t},$$

$$(6.24)\ \beta E_t\left[\frac{(1+\tau^c{}_t)}{(1+\tau^c{}_{t+1})}\frac{c_t}{c_{t+1}} R^N{}_{t+1}\right] = 1,$$

$$(6.25)\ R^N{}_t=1+(1-\tau_t)(r_t-\delta),$$

$$(6.26)\ w_t = \alpha \frac{y_t}{N_t},$$

$$(6.27)\ r_t = (1-\alpha-\phi)\frac{y_t}{k_{t-1}},$$

$$(6.28)\ p_t + \tau^E{}_t = \phi \frac{y_t}{e^U{}_t},$$

$$(6.29)\ \gamma k_t=i_t+(1-\delta)k_{t-1},$$

$$(6.30)\ \gamma D_t=B_t+D_{t-1},$$

$$(6.31)\ y_t=k_{t-1}{}^{(1-\alpha-\phi)}N_t{}^\alpha(e^U{}_t)^\phi.$$

$$(6.32)\ y_t=c_t+i_t+G_t+p_t(e^H{}_t+e^U{}_t),$$

$$(6.33)\ G_t+(r_t-\delta)D_{t-1}=\tau_t(w_tN_t+(r_t-\delta)k_{t-1}+(r_t-\delta)D_{t-1})+\tau^c{}_t(p_te^H{}_t+c_t)+\tau^E{}_t(e^U{}_t+e^H{}_t)+B_t,$$

$$(6.34)\ \ddot{U}_t=\tau^W{}_tw_tN_t.$$

Die Gleichungen (6.22) und (6.23) stellen die intratemporalen Optimalitätsbedingungen dar, die das Substitutionsverhältnis zwischen Konsum und Freizeit bzw. das Substitutionsverhältnis zwischen Energieverbrauch und Konsum in der Period t beschreiben.[472] Gleichung (6.24) ergibt sich aus (6.18) unter Berücksichtigung von (6.14) und stellt die intertemporale Optimalitätsbedingung dar, die die intertemporale Kosumentscheidung determiniert. Bedingung (6.32) ist die Ressourcenbedingung der Volkswirtschaft, die sich aus (6.19) ableiten läßt, wenn man die Budgetgleichung des Staates sowie Gleichung (6.34) berücksichtigt und weiterhin beachtet, daß $y_t-(\tau^E{}_t+p_t)e^U{}_t=w_tN_t+r_tk_{t-1}$ gilt. Da die Energie

---

[471] Vgl. Heer/Trede (1998), S. 144/145.

[472] Gleichung (6.22) ergibt sich durch Kombination der Gleichungen (6.14), (6.15) und (6.17). Gleichung (6.23) läßt sich aus (6.16) unter Berücksichtigung von (6.14) ableiten.

$e^H_t+e^U_t$ annahmegemäß aus dem Ausland bezogen wird, stellt $p_t(e^H_t+e^U_t)$ den Teil des Realeinkommens dar, der ins Ausland abfließt.[473]

Da durch die staatliche Budgetgleichung (6.33) und die „Transfergleichung" (6.34) nur zwei der n staatlichen Handlungsparameter endogenisiert werden können, müssen die restlichen n-2 staatlichen Variablen exogen vorgegeben werden. Im folgenden wird je nach unterstellter Politikvariante für eine dieser Variablen ein exogener stochastischer Prozeß der Form[474]

$$\ln x_t=(1-\rho)\ln x+\rho \ln x_{t-1}+\varepsilon_t \qquad \text{mit } 0\leq\rho\leq 1$$

unterstellt, und für die restlichen n-3 staatlichen Variablen wird angenommen, daß sie unverändert bleiben, mithin auf ihrem Steady-State-Niveau verharren ($z_t=z=$const.). Das Modell wird endgültig geschlossen, indem man für den Energiepreis ebenfalls annimmt, daß er konstant ist oder auch einem stochastischen Prozeß folgt. Mit einer einmaligen Änderung von ε_t kann so ein Fiskalschock oder ein Energiepreisschock simuliert werden. Der Parameter ρ ist ein Maß für die Persistenz der exogenen Änderung der Variable x_t. Für $\rho=0$ währt die Änderung nur eine Periode, für $\rho=1$ ist die Änderung permanent und für $0<\rho<1$ dauert sie unter Umständen länger an, verschwindet aber mit der Zeit wieder.
Um eine Lösung des Gleichungssystems zu generieren, muß es in der Umgebung des Steady States linearisiert werden. Die Steady-State-Größen erhält man durch Weglassen der Zeitindizes[475] in den Gleichungen (6.21) bis (6.34) und indem man die „Innovation" ε_t gleich ihrem Erwartungswert setzt: $\varepsilon_t=E(\varepsilon_t)=0$.

6.2.5. Parametrisierung

Für die nachfolgenden Simulationsrechnungen werden nun die Parameter so festgelegt, daß die vom Modell erzeugten Steady-State-Werte in etwa mit den entsprechenden langfristigen Größen in der Bundesrepublik Deutschland übereinstimmen.[476] Eine Periode im Modell entspricht dabei wieder einem Quartal.
Für γ wird 1,005, für $\alpha=0{,}63$ und für die Diskontrate β wird ein Wert von 0,995 angenommen, so daß sich aus (6.24) im Steady State $R^N=\gamma/\beta=1{,}01$ ergibt, was einer Jahresnettoverzinsung von 4% entspricht. Die Abschreibungsrate δ wird

---

[473] Genaugenommen fließt das Einkommen an ein modellexogenes Wirtschaftssubjekt, das man z.B. als „Ausland" bezeichnen kann.
[474] Die Variable x_t steht dabei stellvertretend für alle möglichen exogenen Zustandsvariablen und x ist die Steady-State-Größe dieser Variable.
[475] Buchstaben ohne Zeitindizes bezeichnen die jeweilige Steady-State-Größe der betreffenden Variablen.
[476] Grundlage für die Kalibrierung sind die Daten aus Institut der deutschen Wirtschaft (2000), Statistisches Bundesamt (1998) und Bundesministerium für Wirtschaft und Technologie (2000).

auf 0,017 festgesetzt und ist damit der Abschreibungsrate in Deutschland, die zwischen 6% und 7% liegt, gut angenähert. Der Anteil der Verbrauchsteuern ohne Energiesteuern am privaten Konsum beträgt ca. 15%, weshalb $\tau^c=0{,}15$ gesetzt wird. Der Anteil der Einkommensteuer + Körperschaftsteuer + Gewerbesteuer am Volkseinkommen macht ca. 14% aus, weshalb τ in dieser Größenordnung festgelegt wird. Es ergibt sich somit aus Gleichung (6.25) für den Kapitalkoeffizienten $k/y=[(R^N-1)/((1-\alpha-\phi)(1-\tau))+\delta/(1-a-\phi)]^{-1}$ aufs Jahr bezogen ein Wert von ca. 2,9, was durchaus plausibel ist. Für den Energiesteuersatz wird $\tau^E=0{,}36$ angenommen, da dies dem Anteil der Energiesteuereinnahmen an den gesamten Energieausgaben entspricht. Zur Vereinfachung wird der Energiepreis p auf 1 normiert,[477] und die Produktionselastizität der Energie ϕ wird auf 0,04 festgelegt, so daß man aus (6.28) $e^U/k=(\phi y/k)/(p+\tau^E)=0{,}0026$ erhält, was einen plausiblen Wert darstellt.[478] Der Parameter υ wird so festgelegt, daß $e^H/e^U=1$ im Steady State realisiert wird, was in etwa dem Verbrauchsverhältnis der privaten Haushalte zu den Unternehmen in Deutschland entspricht. Damit erhält man $(e^U+e^H)/k=0{,}005$ und $(e^U+e^H)/y=0{,}059$, was gut mit den realen Daten übereinstimmt.[479] Aus der Budgetgleichung des Staates ergibt sich somit mit $G/y=0{,}19$ eine für Deutschland plausible Staatskonsumquote. Für den Beitragssatz τ^W wird 0,4 angenommen und die Defizitquote mit $B/y=0{,}012$ so festgesetzt, daß $D/y=B/(\gamma-1)=2{,}4$ realisiert wird, was auf ein Jahr bezogen einer Schuldenstandsquote von 60% entspricht. Der Parameter θ wird so festgelegt, daß $N=0{,}2$ gilt, was in etwa dem Anteil der Arbeitsstunden an der gesamten verfügbaren Zeit entspricht. Für die Grenznutzenelastizität der Arbeit wird $\eta=1$ und für die Grenznutzenelastizität des Energiekonsums wird $\mu=1$ angenommen und mithin als „Benchmark" eine logarithmische Nutzenfunktion unterstellt. Allerdings werden im folgenden die Modellreaktionen für unterschiedliche Werte dieser Parameter dargestellt, um die diesbezügliche Sensitivität der Ergebnisse aufzuzeigen. In Tabelle 6.1 sind die wichtigsten Steady-State- und Parameterwerte noch einmal zusammengefaßt.

Tabelle 6.1: Steady-State- und Parameterwerte

N	α	ϕ	β	δ	R^N	τ	τ^c	τ^E	τ^W	G/y	D/y	k/y	υ	θ
0,2	0,63	0,04	0,995	0,017	1,01	0,14	0,15	0,36	0,4	0,19	2,4	11,5	0,08	2,04

[477] Die Annahme eines einheitlichen Energiepreises für private Haushalte und Unternehmen stellt eine erhebliche Vereinfachung des Modells dar, ist aber etwas problematisch, da die Energieausgaben der Unternehmen bei in etwa gleichem Verbrauch nur ca. 61% der Energieausgaben der privaten Haushalte ausmachen.

[478] Der Kapitalstock in Deutschland hat in etwa einen Wert von 8250 Mrd. DM (4218 Mrd. €) und die Unternehmen geben pro Quartal ca. 19 Mrd. DM (9,7 Mrd. €) für Energie aus, so daß man $e^U/k=0{,}0023$ erhält.

[479] Vgl. auch Kim/Loungani (1992), S. 180.

6.2.6. Bestimmungsgleichungen für die makroökonomischen Größen

Um die Reaktionen der Modellvariablen auf einen Schock verstehen zu können, wird nun aufgezeigt, wie die makroökonomischen Größen durch Vermögens-, Zins- und Lohneffekte determiniert werden.

Der Vermögenseffekt soll durch die Änderung des Schattenpreises λ_t bzw. des erwarteten Schattenpreises $E_t[\lambda_{t+1}]$ bestimmt werden. Steigt λ_t, so liegt ein negativer Vermögenseffekt vor; sinkt er, so ist der Vermögenseffekt positiv. Auskunft über die Richtung des Vermögenseffektes kann man anhand der intertemporalen Budgetrestriktion der Haushalte erhalten, die sich aus der Periodenbudgetrestriktion[480]

(6.35) $(1+\tau^c_t)(p_t e^H_t + c_t) + \tau^E_t e^H_t + \gamma(k_t + D_t) = (1-\tau_t) w_t N_t + R^N_t(k_{t-1} + D_{t-1})$

durch sukzessives Einsetzen ergibt:[481]

$$(6.36)\quad E_t\left[\sum_{s=0}^{\infty} P^N_{t+s}\left[(1+\tau^c_{t+s})c_{t+s} + (\tau^E_{t+s} + (1+\tau^c_{t+s})p_{t+s})e^H_{t+s}\right]\right]$$

$$= E_t\left[\sum_{s=0}^{\infty} P^N_{t+s}(1-\tau_{t+s})w_{t+s}N_{t+s} + V_t\right]$$

mit $P^N_{t+s} = \prod_{j=1}^{s} \frac{\gamma}{R^N_j}$, $P^N_{t+s}=1$ für $s=0$ und $V_t = R^N_t(k_{t-1} + D_{t-1})$.

Das für Bruttokonsum und Bruttoenergiekonsum zur Verfügung stehende Vermögen W_t setzt sich aus dem Barwert aller Nettoarbeitseinkommen (Humanvermögen) und der Anfangsausstattung in der Periode t mit Finanzvermögen V_t zusammen:

$$(6.37)\quad W_t \equiv E_t\left[\sum_{s=0}^{\infty} P^N_{t+s}(1-\tau_{t+s})w_{t+s}N_{t+s} + V_t\right].$$

Gemäß Gleichung (6.21) gilt $(1+\tau^c_t)c_t = 1/\lambda_t$ und wenn man zur Vereinfachung $\mu=1$ annimmt, gilt wegen (6.23) $e^H_t(\tau^E_t + (1+\tau^c_t)p_t) = \upsilon/\lambda_t$. Eingesetzt in (6.36) ergibt sich unter Berücksichtigung von Gleichung (6.37):

$$E_t\left[\sum_{s=0}^{\infty} P^N_{t+s}\frac{1+\upsilon}{\lambda_{t+s}}\right] = W_t, \text{ woraus folgt: } E_t\left[P^N_t\frac{1+\upsilon}{\lambda_t} + \sum_{s=1}^{\infty} P^N_{t+s}\frac{1+\upsilon}{\lambda_{t+s}}\right] = W_t.$$

Wegen $P^N_{t+s}=1$ für $s=0$ erhält man daraus schließlich:

$$(6.38)\quad \lambda_t = E_t\left[\frac{1+\upsilon}{W_t - W_{t+1}}\right],$$

wobei $W_t > W_{t+1}$ gilt, da der Konsum bzw. das Arbeitseinkommen immer positiv ist. Hier zeigt sich nun die Abhängigkeit der Größe λ_t vom Vermögen. Es gilt

---

480 Diese Gleichung ergibt sich aus (6.13), wenn man berücksichtigt, daß $\tau^W_t w_t N_t - \ddot{U}_t = 0$ gilt.

481 Aus dieser intertemporalen Budgetrestriktion kann man auch die beiden No-Ponzi-Game-Bedingungen $\lim_{T\to\infty} E_0[P^N_T k_T] = 0$ und $\lim_{T\to\infty} E_0[P^N_T D_T] = 0$ ableiten.

$\partial\lambda_t/\partial W_t<0$; wenn also die Vermögensgröße W_t steigt, sinkt λ_t, und es liegt ein positiver Vermögenseffekt vor. Da W_t letztlich von allen heutigen und zukünftigen Variablen determiniert wird, bietet λ_t eine Verbindung zwischen heutigen und zukünftigen Entscheidungen und repräsentiert die Entwicklung aller zukünftigen Variablen.[482]

Unter Berücksichtigung der Budgetgleichung des Staates kann man als intertemporale „Netto-Budgetrestriktion"[483] auch noch ableiten:

$$(6.39)\ E_0\left[\sum_{t=0}^{\infty} P_t(c_t + p_t e^H{}_t)\right] = E_0\left[\sum_{t=0}^{\infty} P_t(w_t N_t - G_t + \tau^E{}_t e^U{}_t) + V_0\right]$$

mit $P_t = \prod_{j=1}^{t} \frac{\gamma}{R_j}$ für t>0, P_t=1 für t=0 und $V_0=R_t(k_{t-1}+D_{t-1})$.

Hier zeigt sich, daß bei konstanten Staatsausgaben G_t z.B. eine Energiesteuererhöhung bei gleichzeitiger Senkung einer anderen Steuer tendenziell einen positiven Vermögenseffekt hervorruft, da die Energiesteuererhöhung teilweise von den Unternehmen aufgebracht werden muß, die Steuersenkung aber vollständig den privaten Haushalten zugute kommt.

Linearisiert man Gleichung (6.21) und kombiniert diese mit der ersten intratemporalen Optimalitätsbedingung (6.22), ergibt sich die Arbeitsangebotsgleichung, die die prozentuale Abweichung des Arbeitseinsatzes von seinem Steady-State-Niveau beschreibt:

$$(6.40)\ \hat{N}_t = \frac{1-N}{N\eta}\left[\hat{\lambda}_t - \frac{1}{(1-\tau-\tau^W)}(\tau\hat{\tau}_t + \tau^W\hat{\tau}^W{}_t) + \hat{w}_t\right].$$

Der Arbeitseinsatz steigt also, wenn der Einkommensteuersatz τ_t oder der Beitragssatz $\tau^W{}_t$ sinken ($\hat{\tau}_t < 0, \hat{\tau}^W{}_t < 0$) und wenn der Reallohnsatz steigt ($\hat{w}_t$>0). In allen drei Fällen erhöht sich tendenziell der Nettolohnsatz, was die Haushalte dazu veranlaßt, mehr Arbeit anzubieten, weil die Opportunitätskosten der Freizeit steigen. Der zweite Effekt auf den Arbeitseinsatz wird durch die Änderung des Schattenpreises λ_t erzeugt: Gilt $\hat{\lambda}_t$>0, so liegt ein negativer Vermögenseffekt vor, der im Falle der Arbeitsangebotsentscheidung in Richtung einer Reduktion der Freizeit und Erhöhung des Arbeitseinsatzes wirkt, wie Gleichung (6.40) zeigt.
Durch Kombination der Gleichungen (6.21) mit (6.24) und Linearisierung ergibt sich der Zusammenhang

$$(6.41)\ \hat{\lambda}_t = E_t[\hat{\lambda}_t + R^N{}_{t+1}],$$

[482] Vgl. Kim (1993), S. 447.
[483] Diese Gleichung spiegelt wider, wieviel Nettovermögen (nach Abzug von Steuern) für den Nettokonsum zur Verfügung steht.

mit dem man eingesetzt in (6.40) alternativ für die Änderung des Arbeitseinsatzes erhält:

$$(6.42)\ \hat{N}_t = \frac{1-N}{N\eta} E_t\left[\hat{\lambda}_{t+1} + \hat{R}^N{}_{t+1} + \hat{w}_t - \frac{1}{(1-\tau-\tau^W)}(\tau\hat{\tau}_t + \tau^W\hat{\tau}^W{}_t)\right].$$

Hier zeigt sich wieder, daß man die Reaktion des Arbeitseinsatzes auf einen Vermögenseffekt, einen Nettozinseffekt und einen Nettolohneffekt zurückführen kann. Zusätzlich hängt das Arbeitsangebot noch von der Grenznutzenelastizität η ab. Je größer η ist, desto geringer ist die Neigung zur intertemporalen Substitution, desto weniger wird also der Arbeitseinsatz auf Schocks reagieren.

Aus der intertemporalen Optimalitätsbedingung (6.24) und Gleichung (6.21) ergibt sich nach Linearisierung für die Änderung des Konsums:

$$(6.43)\ \hat{c}_t = E_t\left[-\hat{\lambda}_{t+1} - \frac{\tau^c}{1+\tau^c}\hat{\tau}^c{}_t - \hat{R}^N{}_{t+1}\right].$$

Eine Erhöhung der erwarteten Nettorendite $E_t[R^N{}_{t+1}]$ führt dazu, daß der Konsum heute unattraktiver wird. Eine Dämpfung des Konsums ist außerdem dann angezeigt, wenn der Konsumsteuersatz steigt. Eine erwartete Erhöhung des Schattenpreises zeigt einen negativen Vermögenseffekt an, was sich ebenfalls in einer Reduktion des Konsums niederschlägt.

Aus der zweiten intratemporalen Effizienzbedingung (6.23) und Gleichung (6.21) erhält man entsprechend die Gleichung für die relative Änderung des Energiekonsums:

$$(6.44)\ \hat{e}^H{}_t = \frac{1}{\mu}\left[-\hat{\lambda}_t - \frac{1}{\tau^E + (1+\tau^c)p}(\tau^E\hat{\tau}^E{}_t + (1+\tau^c)p\hat{p}_t + \tau^c p\hat{\tau}^c{}_t)\right].$$

Ein negativer Vermögenseffekt ($\hat{\lambda}_t$>0) wirkt sich dämpfend auf den Energiekonsum aus. Eine Erhöhung des Energiesteuersatzes, des Konsumsteuersatzes oder des Energiepreises verteuert den Energiekonsum und löst „Bruttoenergiepreiseffekte" aus, die den Energiekonsum beeinträchtigen. Die relative Änderung des Energiekonsums hängt außerdem von der Grenznutzenelastizität μ ab. Sie determiniert das Ausmaß der Konsumglättung hinsichtlich des Energiekonsums. Je größer μ ist, desto weniger wird der Energiekonsum auf einen Schock reagieren, desto stärker ist die Konsumglättung.

Die Veränderung des Energieverbrauchs der Unternehmen ergibt sich, wenn man Gleichung (6.28) unter Berücksichtigung von (6.31) linearisiert:

$$(6.45)\ \hat{e}^U{}_t = \frac{1}{1-\phi}\left[\alpha\hat{N}_t + (1-\alpha-\phi)\hat{k}_{t-1} - \frac{p\hat{p}_t + \tau^E\hat{\tau}^E{}_t}{p+\tau^E}\right].$$

Eine Erhöhung des Energiepreises sowie der Energiesteuer wirken sich negativ, eine Erhöhung des Arbeitseinsatzes und des Kapitalstocks positiv auf den Energieverbrauch aus. In der Periode des Schocks gilt $\hat{k}_{t-1}=0$, weshalb für die unmittelbare Reaktion des Energieverbrauchs nur die Änderungen des Bruttoenergiepreises und der Arbeitsmenge verantwortlich sind. Der Energieverbrauch reagiert um so stärker, je höher die Produktionselastizität des Energieeinsatzes ϕ ist.

Die Änderung des Outputs ergibt sich aus der linearisierten Produktionsfunktion:

$$(6.46)\ \hat{y}_t = \alpha\hat{N}_t + (1-\alpha-\phi)\hat{k}_{t-1} + \phi\hat{e}^U{}_t,$$

und die relative Veränderung der Investitionen kann man aus der Ressourcenbedingung (6.32) ableiten:

$$(6.47)\ \hat{i}_t = \frac{y}{i}\hat{y}_t - \frac{c}{i}\hat{c}_t - \frac{G}{i}\hat{G}_t - \frac{p(e^U+e^H)}{i}\hat{p}_t - \frac{pe^U}{i}\hat{e}^U{}_t - \frac{pe^H}{i}\hat{e}^H{}_t.$$

Die Höhe der Investitionen hängt somit davon ab, wie viele Ressourcen durch Konsum, Staatskonsum und Energieverbrauch beansprucht werden und ob durch eine Outputerhöhung Spielräume für Investitionen frei werden. Durch Einsetzen von (6.43) in (6.47) läßt sich zudem noch die Abhängigkeit der Investitionen von der erwarteten Nettorendite darstellen. Wenn $E_t[R^N{}_{t+1}]$ steigt, werden Investitionen attraktiver und erhöhen sich deshalb tendenziell.

6.3. Makroökonomische Effekte der Energiesteuer

6.3.1. Energiesteuererhöhung und Einkommensteuersenkung

Ein Vorteil der Ökosteuer wird darin gesehen, daß durch sie mit den erzielten Steuereinnahmen andere verzerrende Steuern gesenkt werden können. Es wird deshalb nun innerhalb des vorgestellten Modellrahmens zunächst der Fall betrachtet, in dem die Einnahmen aus einer Energiesteuererhöhung zur Senkung der Einkommensteuer benutzt werden. Dazu wird für den Energiesteuersatz $\tau^E{}_t$ der stochastische Prozeß

$$(6.48)\ \ln\tau^E{}_t=(1-\rho)\ln\tau^E+\rho\ln\tau^E{}_{t-1}+\varepsilon_t \qquad \text{bzw.} \quad \hat{\tau}^E{}_t = \rho\hat{\tau}^E{}_{t-1} + \varepsilon_t$$

unterstellt, wobei die „Innovation“ ε_t so gesetzt wird, daß es zu einer (anfänglichen) Erhöhung des Energiesteuersatzes um 1% kommt. G_t, B_t, $\tau^W{}_t$ und $\tau^c{}_t$ sowie p_t werden auf ihrem Steady-State-Niveau konstant gehalten. Der Einkommensteuersatz ergibt sich dann aus der Budgetgleichung des Staates (6.33) endogen und die Übertragungen $\ddot{U}_t$ aus der „Transfergleichung“ (6.34).

In Tabelle 6.2 kann abgelesen werden, wie eine Energiesteuererhöhung für unterschiedliche Parameterwerte von ρ, η und μ die makroökonomischen Größen unmittelbar nach der Maßnahme verändert, wobei jeweils die prozentuale Änderung in der Periode des Schocks bei einer Erhöhung des Energiesteuersatzes um 1% angezeigt wird (v-Werte). In der Abbildung 6.2 ergeben sich diese Elastizitäten als Schnittpunkte der Impuls-Antwort-Folgen mit der Ordinate.

Tabelle 6.2: Kurzfristige Reaktionen auf eine Energiesteuererhöhung bei endogenem Einkommensteuersatz in % des jeweiligen Steady-State-Wertes

	ρ=0,95 μ=1 η=1	ρ=1 μ=1 η=1	ρ=0,95 μ=10 η=1	ρ=0,95 μ=1 η=0	ρ=0,95 μ=1 η=10
Konsum	0.0134	0.0232	0.0135	0.0200	0.0058
Output	0.0141	0.0031	0.0264	0.0301	-0.0055
Arbeit	0.0383	0.0215	0.0571	0.0627	0.0084
Nettorendite	0.0006	0.0003	0.0010	0.0010	0.0001
Investitionen	0.0847	0.0222	0.1083	0.1328	0.0254
Reallohn	-0.0242	-0.0184	-0.0306	-0.0326	-0.0139
Zinssatz	0.0141	0.0031	0.0264	0.0301	-0.0055
H-Energie	-0.2250	-0.2152	-0.0225	-0.2184	-0.2327
U-Energie	-0.2506	-0.2617	-0.2383	-0.2346	-0.2702
Transfers	0.0141	0.0031	0.0264	0.0301	-0.0055
Einkommensteuer	-0.1550	-0.1544	-0.1920	-0.1727	-0.1337
Konsumsteuer	---	---	---	---	---
Beitragssatz	---	---	---	---	---
Staatskonsum	---	---	---	---	---
Defizit	---	---	---	---	---

Tabelle 6.2 zeigt, daß die Einkommensteuer sowie der Energieverbrauch der Unternehmen (U-Energie) und der Haushalte (H-Energie) sinken, während Output, Konsum, Investitionen und der Arbeitseinsatz steigen.

Die Erhöhung des Bruttoenergiepreises veranlaßt die Unternehmen dazu, weniger Energie nachzufragen, was dämpfend auf die Produktion wirkt, wie aus Gleichung (6.46) hervorgeht. Da die Energie wegen des höheren Energiesteuersatzes teuerer geworden ist, schränken die Haushalte den Energiekonsum ein, wie Gleichung (6.44) zeigt. Insgesamt ist die Reduktion des Energieverbrauchs aber nicht so hoch, daß die Energiesteuereinnahmen des Staates zurückgehen, sondern es kommt vielmehr zu Mehreinnahmen, die zur Senkung des Einkommensteuersatzes verwendet werden können. Die Einkommensteuersenkung führt zu einem Ansteigen des Nettolohnsatzes und der erwarteten Nettorendite $E_t[R^N_{t+1}]$, was die Haushalte gemäß Gleichung (6.42) tendenziell zu einer Ausweitung des Arbeitsangebots veranlaßt. Es wirkt also ein positiver Nettolohn- und ein positiver Nettozinseffekt.

Der heute und auch in zukünftigen Perioden geringere Einkommensteuersatz führt zu einem tendenziellen Anstieg des Nettoarbeitseinkommens und damit des Humanvermögens (vgl. intertemporale Budgetrestriktion (6.36) bzw. (6.37)), weshalb λ_t sinkt ($\hat{\lambda}_t$<0). Ein solcher positiver Vermögenseffekt wirkt der oben aufgezeigten tendenziellen Erhöhung des Arbeitseinsatzes etwas entgegen (Gleichung (6.40)). Der Vermögenseffekt ist um so größer, je länger der Schock andauert (ρ-Wert), je länger sich die Einkommensteuersenkung also auf die makroökonomischen Größen der Folgeperioden auswirkt und mithin das Nettoarbeitseinkommen in diesen Perioden erhöht. Ist der Schock permanent (ρ=1), ergibt sich die größte betragsmäßige Änderung von λ_t, womit begründet werden kann, daß der Arbeitseinsatz mit zunehmender Persistenz der Ökosteuererhöhung weniger stark steigt. Trotzdem kommt es insgesamt zu einer Ausweitung des Arbeitseinsatzes, was sich in Richtung einer Outputerhöhung niederschlägt und somit dem produktionseinschränkenden Effekt des reduzierten Energieeinsatzes entgegenwirkt.[484] Welcher Effekt überwiegt, hängt letztlich von den unterstellten Parameterwerten ab. Je größer ρ gewählt wird, desto geringer ist die Mehrarbeit und desto geringer ist auch der positive Effekt für den Output. Fest steht allerdings, daß aufgrund dieser gegenläufigen Effekte die quantitativen Auswirkungen auf den Output nicht sehr groß sein werden.

Die Senkung des Einkommensteuersatzes hat eine Erhöhung der erwarteten Nettorendite $E_t[R^N_{t+1}]$ zur Konsequenz, was gemäß Gleichung (6.43) den Konsum heute dämpft und die Investitionen begünstigt. Allerdings überwiegt hier der positive Vermögenseffekt, so daß es insgesamt zu einem Anstieg des Konsums kommt.

Die Investitionen werden einerseits durch den oben angesprochenen leichten Nettozinseffekt aufgrund der gestiegenen Nettorendite begünstigt, andererseits führt auch die Outputsteigerung dazu, daß tendenziell mehr Ressourcen für Investitionen frei werden, was sich ebenfalls positiv auf die Kapitalakkumulation auswirkt (Gleichung (6.47)).
Da durch die Ausweitung des Arbeitseinsatzes die Lohnsumme w_tN_t ansteigt, erhöhen sich sogar die Transferzahlungen an die Haushalte etwas. Man hätte somit Spielraum für eine Beitragssatzsenkung.[485]

Wie Gleichung (6.44) zeigt, determiniert die Grenznutzenelastizität μ letztlich die Elastizität des Energiekonsums. Je höher μ gewählt wird, desto geringer ist die Reaktion des Energiekonsums auf Schocks. Diese geringere Reaktion bewirkt einerseits, daß die Energiesteuereinnahmen stärker steigen, da insgesamt der Energieverbrauch weniger zurückgeht. Es ist mithin eine größere Reduktion

---

[484] Da in der Periode des Schocks $\hat{k}_{t-1}=0$ gilt, wird die Outputänderung in dieser Periode ausschließlich von der Änderung des Arbeitseinsatzes und der Änderung des Energieeinsatzes determiniert (vgl. Gleichung (6.46)).

[485] Eine solche Beitragssatzsenkung wird hier nicht unterstellt, da diese selbst Substitutionseffekte auslösen würde und somit eine isolierte Darstellung der differentiellen Wirkungen einer Ökosteuererhöhung bei gleichzeitiger Einkommensteuersenkung nicht möglich wäre.

des Einkommensteuersatzes möglich (vgl. Tabelle 6.2), die vor allem aufgrund des stärker ansteigenden Nettolohnsatzes das Arbeitsangebot positiv beeinflußt. Dies wiederum hat einen positiven Outputeffekt. Auch der Nettozins kann stärker steigen, was sich negativ auf den Konsum, aber positiv auf die Investitionen auswirkt. Diese erhöhen sich deshalb und aufgrund des größeren „Ressouceneffektes" für μ=10 stärker als für μ=1, obwohl der wenig reduzierte Energiekonsum auch zur Folge hat, daß ein entsprechend großer Teil des Einkommens für private Energie ausgegeben wird, was sich eher dämpfend auf die Investitionen niederschlägt.

Variiert man die Grenznutzenelastizität der Freizeit η, so verändert sich die Reagibilität des Arbeitseinsatzes. Für η=0 ist die Arbeitsangebotselastizität maximal, weshalb es zu größeren Output- und Investitionssteigerungen kommt. Für größere Werte von η reagiert dagegen der Arbeitseinsatz nicht mehr so stark auf den Schock, so daß es durchaus zu Produktionseinschränkungen kommen kann, da dann der dämpfende Effekt des geringeren Energieeinsatzes überwiegt, wie Tabelle 6.2 für η=10 zeigt.

Die Impuls-Antwort-Folgen in Abbildung 6.2 zeigen, wie die Modellvariablen mittel- bzw. langfristig auf die Energiesteuererhöhung bei gleichzeitiger Reduktion der Einkommensteuer reagieren, wobei ρ=0,95, unterstellt wurde und mithin der Energiesteuersatz den in Abbildung 6.1 dargestellten Verlauf nimmt.[486] Grundsätzlich ist hier zu beachten, daß sich für ρ<1 der Schock im Zeitablauf immer mehr abschwächt. Dies führt letztlich dazu, daß die Variablen wieder ihrem alten Steady-Sate-Niveau – repräsentiert durch die Nullinie in Abbildung 6.2 – entgegen streben. Für ρ=1 ist dagegen die Änderung dauerhaft, was einen neuen Steady State induziert.

Durch die zusätzlichen Investitionen unmittelbar nach dem Schock kommt es zu einer Ausweitung des Kapitalstocks, was sich positiv auf den Output auswirkt und eine Verstärkung des Vermögenseffekts bedeutet. Dieser leitet den Rückgang des Arbeitseinsatzes ein und sorgt für einen leichten weiteren Anstieg des Konsums. Mit der Zeit nimmt aber der Einfluß des Schocks ab, d.h. der Energiesteuersatz sinkt und der Einkommensteuersatz steigt wieder. Es kommt zu einer Erhöhung der Freizeit sowie des Energiekonsums (H-Energie) und damit zu einer Einschränkung der Investitionen, was den „zu großen" Kapitalstock mit der Zeit wieder abbaut. Schließlich streben alle Variablen ihrem alten Steady-State-Niveau entgegen. Ist die Energiesteuererhöhung permanent (ρ=1) und gilt η=1, dann streben Kapitalstock, Konsum, Output, Arbeitseinsatz und Investitionen einem höheren Steady-State-Niveau entgegen. Für η=10 allerdings wird der Output im neuen langfristigen Gleichgewicht ein geringeres Niveau haben.

[486] Es gilt außerdem μ=1 und η=1.

Abbildung 6.1: Entwicklung des Energiesteuersatzes für rho=0,95

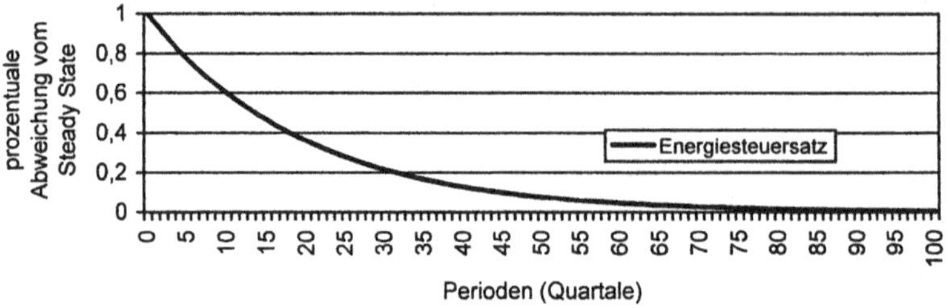

Abbildung 6.2: Erhöhung der Energiesteuer und Senkung der Einkommensteuer

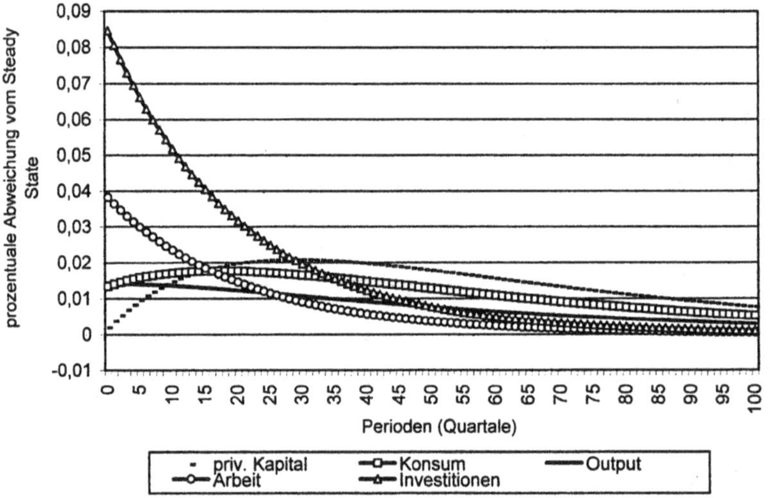

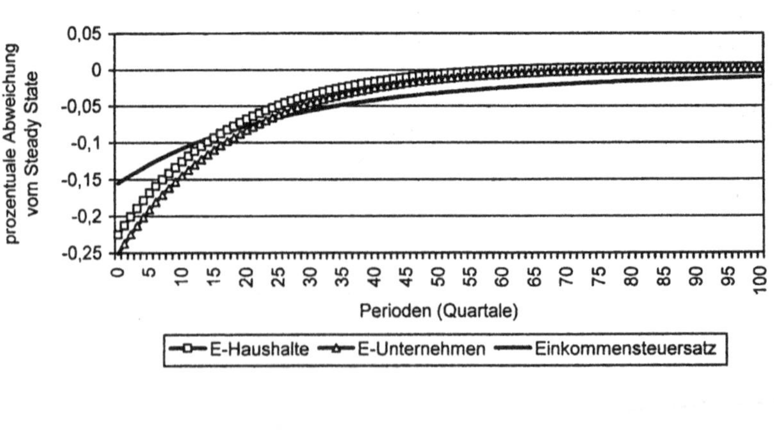

Zusammenfassend kann man festhalten, daß durch die vorgenommene aufkommensneutrale Ersetzung einer verzerrenden Steuer durch eine andere teilweise entgegengesetzte Kräfte auf die makroökonomischen Größen wirken und somit die Nettoeffekte zum einen von den unterstellten Parameterwerten abhängen und zum anderen nicht sehr groß sind. Für die hier angenommen Parameterwerte ergibt sich aber
meist eine leichte Outputsteigerung, womit die Maßnahme – sofern man die Größe der Outputeffekte als Bewertungsmaßstab heranzieht[487] – eher positiv beurteilt werden kann.

6.3.2. Energiesteuererhöhung und Konsumsteuersenkung

Wie oben gezeigt, ist auch die Konsumsteuer besonders bei variablem Arbeitseinsatz eine verzerrende Steuer, weshalb hier der Fall einer Ökosteuererhöhung bei endogenem Konsumsteuersatz betrachtet werden soll. G_t, τ_t, $\tau^W{}_t$, B_t und p_t werden konstant gehalten.

Die höheren Energiesteuereinnahmen führen zu einem Rückgang des Konsumsteuersatzes, was sich positiv auf den Konsum auswirkt, wie Tabelle 6.3 zeigt. In Gleichung (6.40) bzw. (6.42) beeinflußt die Änderung des Konsumsteuersatzes das Arbeitsangebot nicht direkt; es gilt vielmehr:[488]

$$(6.49)\ \hat{N}_t = \frac{1-N}{N\eta}\left[\hat{\lambda}_t + \hat{w}_t\right].$$

Mit dem geringeren Energieeinsatz in der Produktion sinkt die Arbeitsproduktivität und damit der Reallohnsatz, was das Arbeitsangebot dämpft. Es kommt in der Periode des Schocks und, sofern die Energiesteuererhöhung länger andauert ($\rho>0$), auch in den Folgeperioden zu einem Rückgang des Arbeitseinkommens, weshalb das Humanvermögen sinkt (vgl. Gleichung (6.36) bzw. (6.37)) und folglich ein negativer Vermögenseffekt induziert wird. λ_t steigt also an ($\hat{\lambda}_t>0$) und wirkt damit dem Rückgang des Arbeitseinsatzes etwas entgegen. Es kann aber durch den negativen Vermögenseffekt kein Anstieg des Arbeitseinsatzes induziert werden, da die Auswirkungen des gesunkenen Reallohns überwiegen. Insgesamt kommt es somit zu einer Outputreduktion.

Auch die Investitionen werden eingeschränkt, da wegen der gesunkenen Kapitalproduktivität ein geringerer Anreiz zur Kapitalbildung gegeben ist und außerdem aufgrund des höheren Konsums und des geringeren Outputs weniger

---

[487] Eine Betrachtung der Nutzenänderungen findet in Abschnitt 6.3.6. statt.

[488] Diese Gleichung erhält man aus (6.40), wenn man berücksichtigt, daß der Einkommensteuersatz und der Beitragssatz auf ihrem Steady-State-Niveau konstant bleiben und deshalb $\hat{\tau}_t=0$ und $\hat{\tau}^W{}_t=0$ gilt.

„Ressourcen“ für Investitionen vorhanden sind. Da sowohl w_t als auch N_t sinken, kommt es zu einem Rückgang der Transfers an die privaten Haushalte.

Tabelle 6.3: Kurzfristige Reaktionen auf eine Energiesteuererhöhung bei endogenem Konsumsteuersatz in % des jeweiligen Steady-State-Wertes

	ρ=0,95 μ=1 η=1	ρ=1 μ=1 η=1	ρ=0,95 μ=10 η=1	ρ=0,95 μ=1 η=0	ρ=0,95 μ=1 η=10
Konsum	0.0208	0.0168	0.0223	0.0193	0.0228
Output	-0.0187	-0.0143	-0.0138	-0.0231	-0.0128
Arbeit	-0.0117	-0.0049	-0.0043	-0.0184	-0.0028
Nettorendite	-0.0005	-0.0003	-0.0003	-0.0006	-0.0003
Investitionen	-0.0555	-0.0303	-0.0631	-0.0695	-0.0372
Reallohnsatz	-0.0070	-0.0093	-0.0096	-0.0047	-0.0101
Zinssatz	-0.0187	-0.0143	-0.0138	-0.0231	-0.0128
H-Energie	-0.2236	-0.2275	-0.0223	-0.2248	-0.2218
U-Energie	-0.2834	-0.2790	-0.2785	-0.2878	-0.2775
Transfers	-0.0187	-0.0143	-0.0138	-0.0231	-0.0128
Einkommensteuer	---	---	---	---	---
Konsumsteuer	-0.1906	-0.1910	-0.2358	-0.1842	-0.1993
Beitragssatz	---	---	---	---	---
Staatskonsum	---	---	---	---	---
Defizit	---	---	---	---	---

Eine größere Persistenz (ρ-Wert) der Energiesteuererhöhung verstärkt den negativen Vermögenseffekt, so daß der Konsum weniger stark steigt und der Arbeitseinsatz nicht so stark sinkt. Analog zum Arbeitseinsatz verhält sich auch der Output. Eine größere Grenznutzenelastizität des Energiekonsums und eine größere Grenznutzenelastizität der Freizeit wirken sich mutatis mutandis in gleicher Weise aus wie im Falle der Einkommensteuersenkung.

Die Anpassungsprozesse bei der Konsumsteuersenkung (Abbildung 6.3) unterscheiden sich deutlich vom Fall der Einkommensteuersenkung (Abbildung 6.2), denn bei der Konsumsteuersenkung kommt es wegen des Investitionsrückgangs zunächst zu einem Abbau des Kapitalstocks, der aber für $\rho<1$ durch Mehrarbeit und Konsumverzicht wieder aufgebaut werden muß, was durch den bedeutender werdenden negativen Vermögenseffekt (der Schattenpreis λ_t steigt an) ausgelöst wird. Deshalb und weil der Konsumsteuersatz mit der Zeit wieder ansteigt, sinkt der Konsum ca. in Periode 22 unter sein Ausgangsniveau repräsentiert durch die Nullinie in Abbildung 6.3. Die Investitionen dagegen erhöhen sich langsam wieder, ebenso wie der Kapitalstock.
Für $\rho=1$ würde die Wirtschaft einem neuen langfristigen Gleichgewicht mit geringerem Kapitalstock und niedrigerem Output entgegen streben.

Abbildung 6.3: Erhöhung der Energiesteuer und Senkung der Konsumsteuer

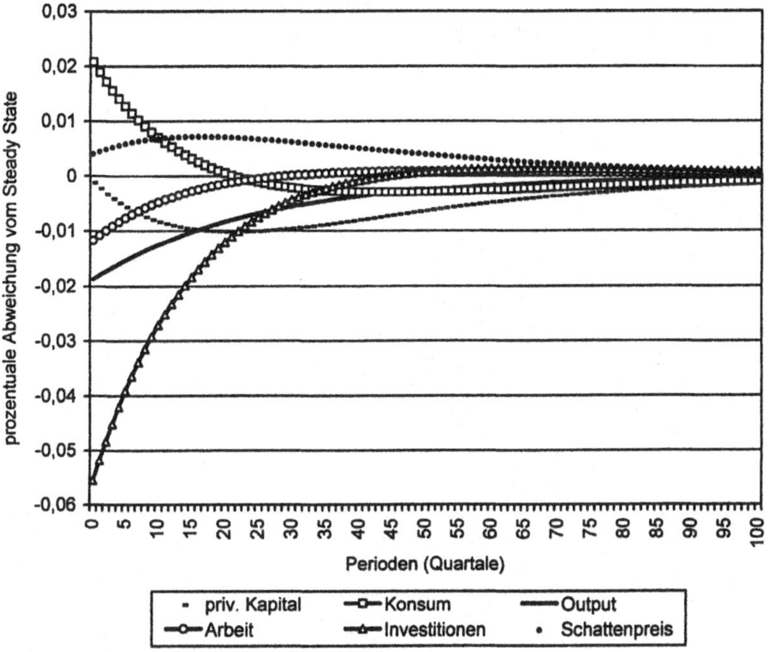

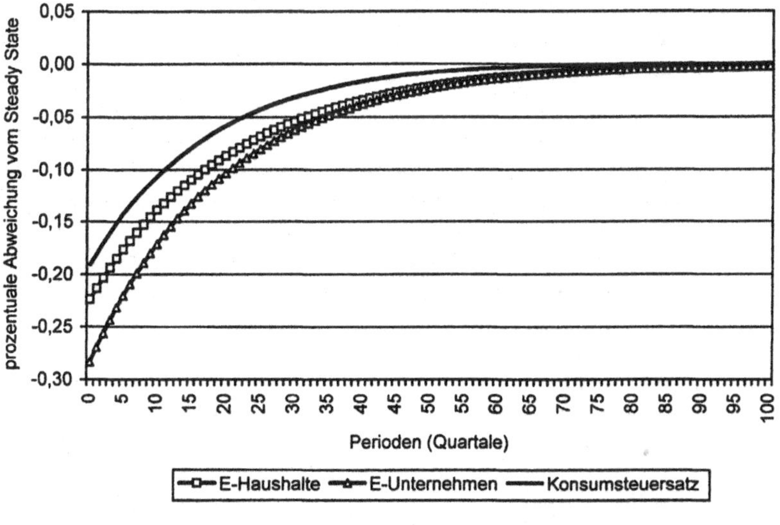

6.3.3. Energiesteuererhöhung und Senkung der Beitragssätze zur Sozialversicherung – die Ökosteuer in Deutschland

In Deutschland wurde 1999 unter der Bezeichnung „Ökosteuer" eine spezielle Energiesteuer eingeführt, deren Einnahmen zur Finanzierung der Rentenversicherung verwendet werden. Bei gegebenen Ausgaben ist damit eine Senkung des Beitragssatzes verbunden. Unter der Annahme von konstanten Transfers an die privaten Haushalte bedeutet dies im vorliegenden Modell, daß die folgende Gleichung erfüllt sein muß:[489]

$$(6.50)\ \hat{\tau}^{W}_{t} = -\frac{\tau^{E}}{\tau^{W} wN}\left[(e^{H} + e^{U})\hat{\tau}^{E}_{t} + e^{H}\hat{e}^{H}_{t} + e^{U}\hat{e}^{U}_{t}\right].$$

Die Mehreinnahmen aus der höheren Energiesteuer dienen also der Senkung des Beitragssatzes. Um die Vergleichbarkeit mit den oben dargestellten fiskalpolitischen Handlungsalternativen zu gewährleisten, wird angenommen, daß die über die zusätzlichen Energiesteuereinnahmen hinausgehenden weiteren Staatseinnahmenänderungen zur Änderung des Transfervolumens $\ddot{U}_t$ verwendet werden.[490]

Genauso wie bei der Senkung der Einkommensteuer sorgt der niedrigere Beitragssatz für höhere Nettoarbeitseinkommen, so daß der Vermögenseffekt positiv ist.[491] Der geringere Beitragssatz τ^{W}_{t} hat eine Erhöhung des Nettolohnsatzes und folglich tendenziell die Ausweitung des Arbeitseinsatzes zur Konsequenz, wie Gleichung (6.42) zeigt. Je größer ρ ist, desto länger liegt der Beitragssatz unterhalb seines Ausgangsniveaus, desto länger dauert auch die Erhöhung des Arbeitseinkommens an. Mithin steigt der positive Vermögenseffekt mit zunehmender Persistenz ($E_t[\lambda_{t+1}]$ sinkt stärker), was sich gemäß Gleichung (6.42) in einem mit höheren ρ-Werten geringeren Arbeitsanstieg ausdrückt. Entsprechend ist aufgrund von Gleichung (6.43) die positive Reaktion des Konsums für größere ρ-Werte auch größer (vgl. Tabelle 6.4).

Die Reduktion des Energieeinsatzes aufgrund der Ökosteuer und das größere Arbeitsangebot wirken entgegengesetzt auf die Produktion, so daß der Nettoeffekt wieder relativ gering ist. Allerdings zeigt sich für ρ=0,95 und μ=1 eine Outputsteigerung, die im Vergleich zu den beiden vorher analysierten Ausgestaltungsmöglichkeiten der Ökosteuer quantitativ bedeutender ist. Mit zu-

---

[489] Diese Gleichung erhält man durch Linearisierung von $\ddot{U}_t=\tau^{W}_{t}w_tN_t+\tau^{E}_{t}(e^{H}_{t}+e^{U}_{t})$ unter der Annahme, daß die Übertragungen $\ddot{U}_t$ sowie w_t und N_t konstant sind.

[490] Dies und die Verwendung der Energiesteuer für Beitragssatzänderungen bedeutet allerdings, daß hier die strikte Trennung zwischen Staatsbudget und Sozialversicherung aufgehoben wird.

[491] Da nun nicht mehr $\ddot{U}_t=\tau^{W}_{t}w_tN_t$ gilt, ist Gleichung (6.35) nicht mehr gültig. Mithin müssen der Beitragssatz τ^{W}_{t} und die Transfers $\ddot{U}_t$ in der intertemporalen Budgetrestriktion (6.36) berücksichtigt werden.

nehmender Persistenz steigt allerdings der Arbeitseinsatz nicht mehr so stark und der Outputeffekt wird kleiner. Für ein weniger elastischen Arbeitsangebot (η=10), reicht der Arbeitsanstieg nicht mehr aus, um den Produktionsrückgang aufgrund des geringeren Energieeinsatzes zu kompensieren, so daß insgesamt der Output sogar leicht sinkt, wie das auch im Falle der Einkommensteuersenkung zu beobachten war.

Tabelle 6.4: Kurzfristige Reaktionen auf eine Energiesteuererhöhung bei endogenem Beitragssatz in % des jeweiligen Steady-State-Wertes

	ρ=0 μ=1 η=1	ρ=0,95 μ=1 η=1	ρ=1 μ=1 η=1	ρ=0,95 μ=10 η=1	ρ=0,95 μ=1 η=0	ρ=0,95 μ=1 η=10
Konsum	0.0024	0.0166	0.0317	0.0159	0.0207	0.0093
Output	0.0361	0.0203	0.0036	0.0295	0.0368	-0.0030
Arbeit	0.0718	0.0478	0.0224	0.0618	0.0729	0.0122
Nettorendite	0.0009	0.0005	0.0001	0.0007	0.0009	-0.0001
Investitionen	0.1918	0.1020	0.0070	0.1155	0.1568	0.0276
Reallohn	-0.0357	-0.0275	-0.0187	-0.0323	-0.0361	-0.0152
Zinssatz	0.0361	0.0203	0.0036	0.0295	0.0368	-0.0030
H-Energie	-0.2360	-0.2218	-0.2067	-0.0222	-0.2177	-0.2291
U-Energie	-0.2286	-0.2444	-0.2611	-0.2352	-0.2279	-0.2678
Transfers	0.0115	0.0110	0.0104	0.0135	0.0171	0.0018
Einkommensteuer	---	---	---	---	---	---
Konsumsteuer	---	---	---	---	---	---
Beitragssatz	-0.0645	-0.0644	-0.0644	-0.0732	-0.0653	-0.0632
Staatskonsum	---	---	---	---	---	---
Defizit	---	---	---	---	---	---

Ist der Energiekonsum weniger elastisch (μ größer), kommt es zu höheren Energiesteuereinnahmen, was stärkere Beitragssatzsenkungen und somit auch einen größeren Nettolohneffekt erzeugt, der für einen stärkeren Anstieg des Arbeitseinsatzes und letztlich auch des Outputs sorgt. Je unelastischer also die Energienachfrage der privaten Haushalte ist, desto größer ist der Outputeffekt der Ökosteuererhöhung und in diesem Sinne auch vorteilhafter. Das was aus umweltpolitischen Gesichtspunkten also eher unerwünscht ist, ist unter konjunkturellen Aspekten (zumindest in diesem Modell) zu begrüßen.

Die Investitionen nehmen aufgrund des höheren Outputs und wegen des geringeren Energiekonsums zu. Für größere Persistenzwerte sorgt allerdings der geringere Outputanstieg dafür, daß der Ressourceneffekt kleiner ausfällt und deshalb die Investitionen kaum noch steigen. Da aufgrund der Konsumerhöhung die Konsumsteuereinnahmen und wegen der für fast alle Parameterkombinationen höheren Produktion auch die Einkommensteuereinnahmen steigen, kommt es auch hier zu einer Ausweitung der Transferzahlungen an die privaten Haushalte.

Abbildung 6.4: Erhöhung der Energiesteuer und Senkung des Beitragssatzes

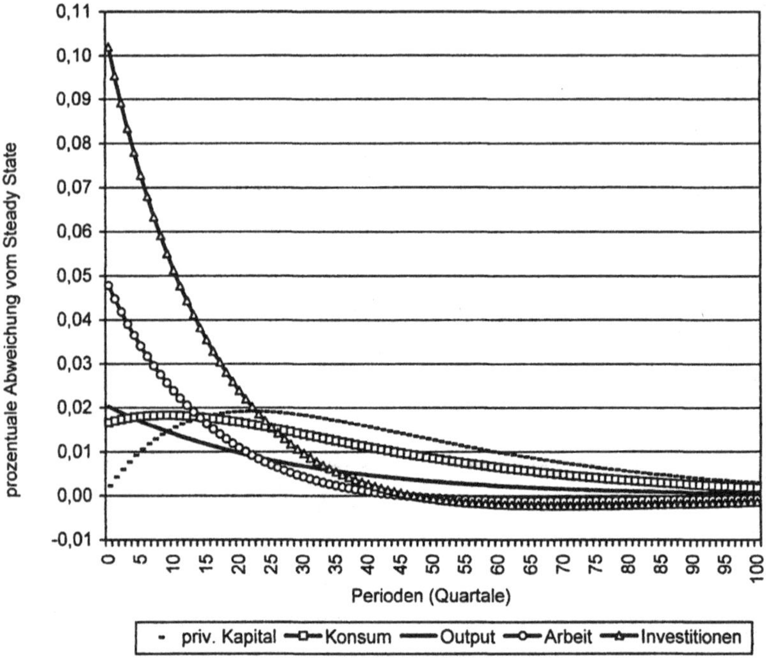

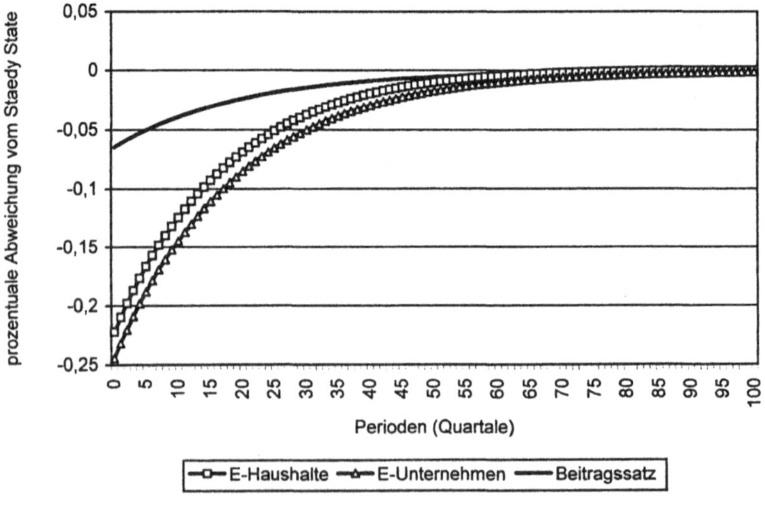

Da in diesem Modell der Sozialversicherungsbeitrag nichts anderes als eine proportionale Lohnsteuer darstellt, gestalten sich die Anpassungsprozesse für $\rho=0{,}95$ in Abbildung 6.4 ähnlich wie im Fall der Einkommensteuersenkung (Abbildung 6.2). Allerdings sind die Reaktionen etwas ausgeprägter, da die Mehreinnahmen aus der Energiesteuer voll zur Entlastung des Arbeitseinkommens eingesetzt werden können, was einen entsprechend starken Anstieg des Arbeitseinsatzes und des Outputs hervorruft. Dies wiederum sorgt letztlich für den relativ starken Anstieg der Investitionen und somit des Kapitalstocks. Auch hier muß aber, sofern $\rho<1$ gilt, der „zu große" Kapitalstock wieder abgebaut werden. Dies geschieht unter anderem durch einen Anstieg des Energiekonsums auf Kosten der Investitionen. Der Energieverbrauch der privaten Haushalte steigt sogar leicht über sein Ausgangsniveau hinaus an und somit kommt es im Verlauf des Anpassungsprozesses dazu, daß von den privaten Haushalten zeitweise mehr Energie verbraucht wird als vor der Energiesteuererhöhung. Ist die Energiesteuererhöhung permanent ($\rho=1$), so streben für $\eta=1$ die makroökonomischen Größen Arbeitseinsatz, Konsum, Investitionen, Kapital und Output einem höheren Niveau entgegen. Für $\eta=10$ dagegen kommt es langfristig zu einer Outputreduktion und aufgrund dieses negativen „Ressourceneffekts" auch zu geringeren Investitionen und damit zu einem kleineren Kapitalstock.

6.3.4. Energiesteuererhöhung und Ausweitung des Staatskonsums

Eine vierte Verwendungsmöglichkeit der Energiesteuereinnahmen besteht in der Erhöhung der Staatskonsumausgaben G_t. In Tabelle 6.5 sind die unmittelbaren Reaktionen der Modellvariablen auf diese Politikmaßnahme abgetragen.

Wie aus den Gleichungen (6.21) bis (6.24) oder auch aus (6.40) bis (6.43) hervorgeht, hat die Änderung des Staatskonsums für sich genommen keinen direkten Einfluß auf das optimale Entscheidungskalkül der Haushalte. Die Auswirkungen der Staatsausgabenerhöhung selbst können deshalb zunächst nur über einen Vermögenseffekt erfolgen. Der Einfluß der energiesteuerfinanzierten Staatskonsumerhöhung auf das Vermögen kann am besten anhand der intertemporalen „Netto-Budgetrestriktion" (6.39) gezeigt werden:

$$E_0\left[\sum_{t=0}^{\infty} P_t(c_t + p_t e^H{}_t)\right] = E_0\left[\sum_{t=0}^{\infty} P_t(w_t N_t - G_t + \tau^E{}_t e^U{}_t) + V_0\right].$$

Der Anstieg des Energiesteuersatzes erhöht und der höhere Staatskonsum G_t reduziert die rechte Seite der Gleichung (6.39) tendenziell. Da die höheren Staatsausgaben nicht nur von der zusätzlichen Energiebesteuerung bei den Unternehmen, sondern auch durch die höhere Besteuerung des Energiekonsums der privaten Haushalte finanziert werden, fällt der Anstieg von G_t höher aus als der von $\tau^E{}_t e^U{}_t$. Mithin sind die Haushalte steuerlich stärker belastet, so daß insgesamt ein negativer Vermögenseffekt erzeugt wird.

Auf den Arbeitseinsatz wirken somit zwei entgegengesetzte Kräfte: Einerseits induziert der geringere Reallohnsatz (erzeugt durch die wegen des geringeren Energieeinsatzes gesunkene Arbeitsproduktivität) eine tendenzielle Senkung des Arbeitseinsatzes, andererseits wirkt der negative Vermögenseffekt ($\hat{\lambda}_t$>0) gemäß Gleichung (6.40) eher stimulierend auf das Arbeitsangebot. Da der erste Effekt überwiegt, kommt es zu einem geringeren Arbeitseinsatz. Dieser Rückgang fällt für ρ=1 geringer aus, weil dann der Vermögenseffekt betragsmäßig größer ist.

Wegen des negativen Vermögenseffektes sinkt auch der private Konsum, und die Investitionen leiden unter der reduzierten Kapitalproduktivität sowie unter dem negativen „Ressourceneffekt" aufgrund der Outputreduktion und unter dem zusätzlichen Zugriff des Staates auf diesen Output.[492]

Tabelle 6.5: Kurzfristige Reaktionen auf eine Energiesteuererhöhung bei endogenem Staatskonsum in % des jeweiligen Steady-State-Wertes

	ρ=0,95 μ=1 ψ=0	**ρ=1 μ=1 ψ=0**	**ρ=0,95 μ=10 ψ=0**	**ρ=0,95 μ=1 ψ=0,3**	**ρ=0,95 μ=1 ψ=1**
zusammeng. Konsum	-0.0041	-0.0081	-0.0089	-0.0020	0.0018
priv. Konsum	-0.0041	-0.0081	-0.0089	-0.0097	-0.0201
Output	-0.0187	-0.0143	-0.0134	-0.0210	-0.0252
Arbeit	-0.0117	-0.0049	-0.0036	-0.0152	-0.0216
Nettorendite	-0.0005	-0.0003	-0.0003	-0.0005	-0.0006
Investitionen	-0.0555	-0.0303	-0.0643	-0.0512	-0.0433
Reallohn	-0.0070	-0.0093	-0.0098	-0.0058	-0.0036
Zinssatz	-0.0187	-0.0143	-0.0134	-0.0210	-0.0252
H-Energie	-0.2425	-0.2465	-0.0247	-0.2404	-0.2366
U-Energie	-0.2834	-0.2790	-0.2781	-0.2857	-0.2899
Transfers	-0.0187	-0.0143	-0.0134	-0.0210	-0.0252
Einkommensteuer	---	---	---	---	---
Konsumsteuer	---	---	---	---	---
Beitragssatz	---	---	---	---	---
Staatskonsum	0.0660	0.0661	0.0833	0.0630	0.0574
Defizit	---	---	---	---	---

Ist der Energiekonsum weniger elastisch (z.B. μ=10), fallen die Energiesteuereinnahmen höher aus und erlauben einen stärkeren Anstieg des Staatskonsums. Der negative Vermögenseffekt wird bedeutender, was sich tendenziell positiv auf den Arbeitseinsatz und konsequenterweise auch auf den Output auswirkt, so

[492] Im übrigen sind die Reaktionen einer Staatskonsumerhöhung bis auf die Reduktion des Konsums mit den Reaktionen der Konsumsteuererhöhung aus Abschnitt 6.3.2. identisch (vgl. Tabelle 6.5 mit Tabelle 6.3), womit indirekt die Ergebnisse aus Abschnitt 5.4.2. bestätigt werden.

Abbildung 6.5: Erhöhung der Energiesteuer und Ausweitung des Staatskonsums

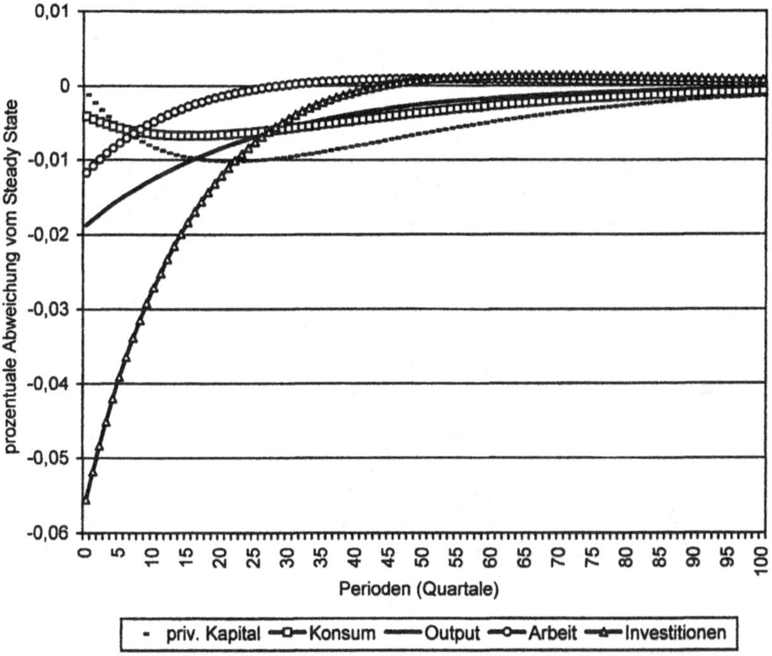

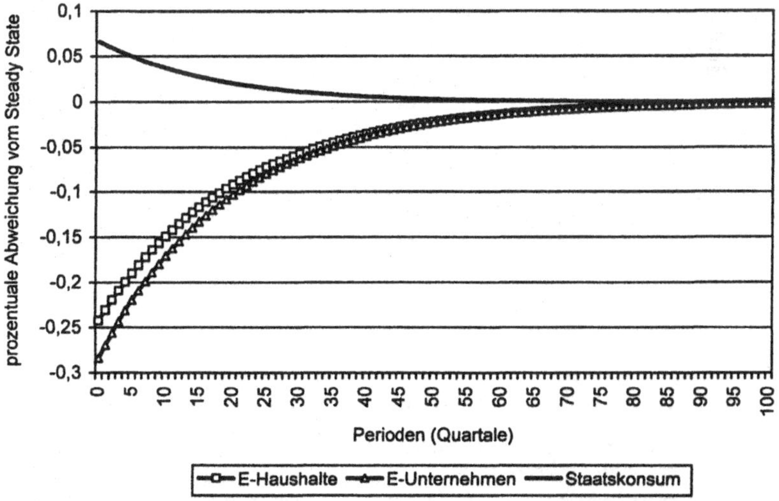

daß beide Größen weniger stark sinken. Für die Investitionen bedeutet allerdings die noch größere Ressourcenbeanspruchung durch den Staat einen stärkeren Rückgang.

Geht man davon aus, daß die Staatskonsumausgaben ebenfalls Nutzen stiften, unterstellt man also einen zusammengesetzten Konsum $c_t = c^P_t + \psi G_t$, wobei c^P_t den privaten Konsum darstellt und ψ den Anteil des Staatskonsums beschreibt, der geeignet ist, private Konsumausgaben zu ersetzen, dann wird der negative Vermögenseffekt um so stärker abgeschwächt, je größer ψ ist. Es kann sogar ein positiver Vermögenseffekt induziert werden,[493] der die Abhängigkeit der Modellvariablen von der Persistenz umkehren kann.

Durch den Einbruch der Investitionen wird der Kapitalstock im Verlauf des Anpassungsprozesses abgebaut, wie Abbildung 6.5 zeigt. Dies verstärkt den negativen Vermögenseffekt, der dann zu einem weiteren Rückgang des Konsums und zu einem Wiederanstieg des Arbeitseinsatzes führt. Für $\rho<1$ sorgen die gestiegenen Zinsen dafür, daß sich Investitionen wieder lohnen und mithin der Kapitalstock allmählich wieder seinem Ausgangsniveau entgegen strebt. Ist die Energiesteuererhöhung und damit der Anstieg des Staatskonsums permanent ($\rho=1$), streben Output, Konsum, Investitionen und Kapital einem niedrigeren Niveau entgegen.

6.3.5. Energiesteuererhöhung und Reduktion des Defizits

Schließlich wird noch der Fall betrachtet, in dem die Ökosteuereinnahmen zur Senkung des Defizits verwendet werden. Eine Reduktion des Defizits beeinflußt ebensowenig wie die vorher betrachtete Erhöhung des Staatskonsums das optimale Entscheidungskalkül der Haushalte, wie die Gleichungen (6.40) bis (6.43) zeigen, sondern vergrößert vielmehr den Budgetspielraum der privaten Haushalte. Durch die höhere Energiesteuer wird aber dieser Budgetspielraum nicht im gleichen Ausmaß wieder eingeschränkt, da ein Teil der höheren Energiesteuer durch die Unternehmen getragen wird, so daß es zu einem leicht positiven Vermögenseffekt unmittelbar nach der Steuererhöhung kommt.[494]

---

493 Zeigen läßt sich dies wieder anhand der intertemporalen „Netto-Budgetrestriktion“: $E_0\left[\sum_{t=0}^{\infty} P_t (c_t + p_t e^H{}_t)\right] = E_0\left[\sum_{t=0}^{\infty} P_t (w_t N_t - (1-\psi) G_t + \tau^E{}_t e^U{}_t) + V_0\right]$. Für $\psi=1$ z.B. hat eine Erhöhung von G_t gar keinen negativen Einfluß mehr auf das Vermögen. Da $\tau^E{}_t e^U{}_t$ steigt, ist der Vermögenseffekt entsprechend positiv.

494 In der „Netto-Budgetrestriktion“ (6.39) steigt $\tau^E{}_t e^U{}_t$, weshalb das Vermögen tendenziell positiv beeinflußt wird.

λ_t bzw. $E_t[\lambda_{t+1}]$ sinken also, und es ergibt sich damit gemäß Gleichung (6.43) eine Erhöhung des Konsums (vgl. Tabelle 6.6), die mit zunehmender Persistenz stärker ausfällt, da der positive Vermögenseffekt mit ρ steigt. Auch hier sorgt der gesunkene Reallohnsatz für einen Rückgang des Arbeitsangebotes, im Gegensatz zur Staatskonsumerhöhung bewirkt aber der mit ρ steigende positive Vermögenseffekt, daß mit zunehmender Persistenz der Rückgang des Arbeitseinsatzes ausgeprägter ist (vgl. Tabelle 6.6). Die Einschränkung des Arbeits- und des Energieeinsatzes ist für die Outputreduktion verantwortlich. Diese wiederum sorgt für einen negativen Ressourceneffekt, der zu einem Investitionsrückgang führt. Wegen der Reduktion der Lohnsumme kommt es entsprechend auch zu einer Verringerung der Transferzahlungen.

Tabelle 6.6: Kurzfristige Reaktionen auf eine Energiesteuererhöhung bei endogener Reduktion des Defizits in % des jeweiligen Steady-State-Wertes

	ρ=0,95 μ=1; η=1	ρ=1 μ=1; η=1	ρ=0,95 μ=10; η=1	ρ=0,95 μ=1; η=10
Konsum	0.0015	0.0035	0.0017	0.0047
Output	-0.0248	-0.0270	-0.0214	-0.0147
Arbeit	-0.0211	-0.0244	-0.0158	-0.0055
Nettorendite	-0.0006	-0.0007	-0.0005	-0.0004
Investitionen	-0.0399	-0.0523	-0.0452	-0.0074
Reallohn	-0.0038	-0.0026	-0.0056	-0.0091
Zinssatz	-0.0248	-0.0270	-0.0214	-0.0147
H-Energie	-0.2369	-0.2350	-0.0240	-0.2337
U-Energie	-0.2896	-0.2917	-0.2861	-0.2794
Transfers	-0.0248	-0.0270	-0.0214	-0.0147
Einkommensteuer	---	---	---	---
Konsumsteuer	---	---	---	---
Beitragssatz	---	---	---	---
Staatskonsum	---	---	---	---
Defizit	-1.0664	-1.0655	-1.3380	-1.1632

Da sowohl bei dieser Politikvariante als auch im Falle der Staatskonsumsenkung die Modellreaktionen primär durch einen Vermögenseffekt und durch die Änderung des Energiesteuersatzes determiniert werden, ergibt sich hinsichtlich der Anpassungsprozesse für diese beiden Ausgestaltungsformen der Ökosteuer ein sehr ähnliches Bild. Der einzige Unterschied besteht darin, daß bei der Defizitsenkung in Abbildung 6.6 zunächst ein leichter Anstieg des Konsums auftritt, während bei der Staatskonsumerhöhung in Abbildung 6.5 ein Rückgang des Konsum zu verzeichnen ist. Aufgrund des durch den geringeren Kapitalstock im Zeitablauf induzierten negativen Vermögenseffekts sinkt jedoch auch im Fall der Defizitfinanzierung der Konsum unter sein Ausgangsniveau. Die Kurvenverläufe sind für ρ=0,95 ansonsten aber mit dem Fall der Staatskonsumerhöhung qualitativ identisch. Für ρ=1 streben die makroökonomischen Größen einem niedrigeren Steady-State-Niveau entgegen.

Abbildung 6.6: Erhöhung der Energiesteuer und Senkung des Defizits

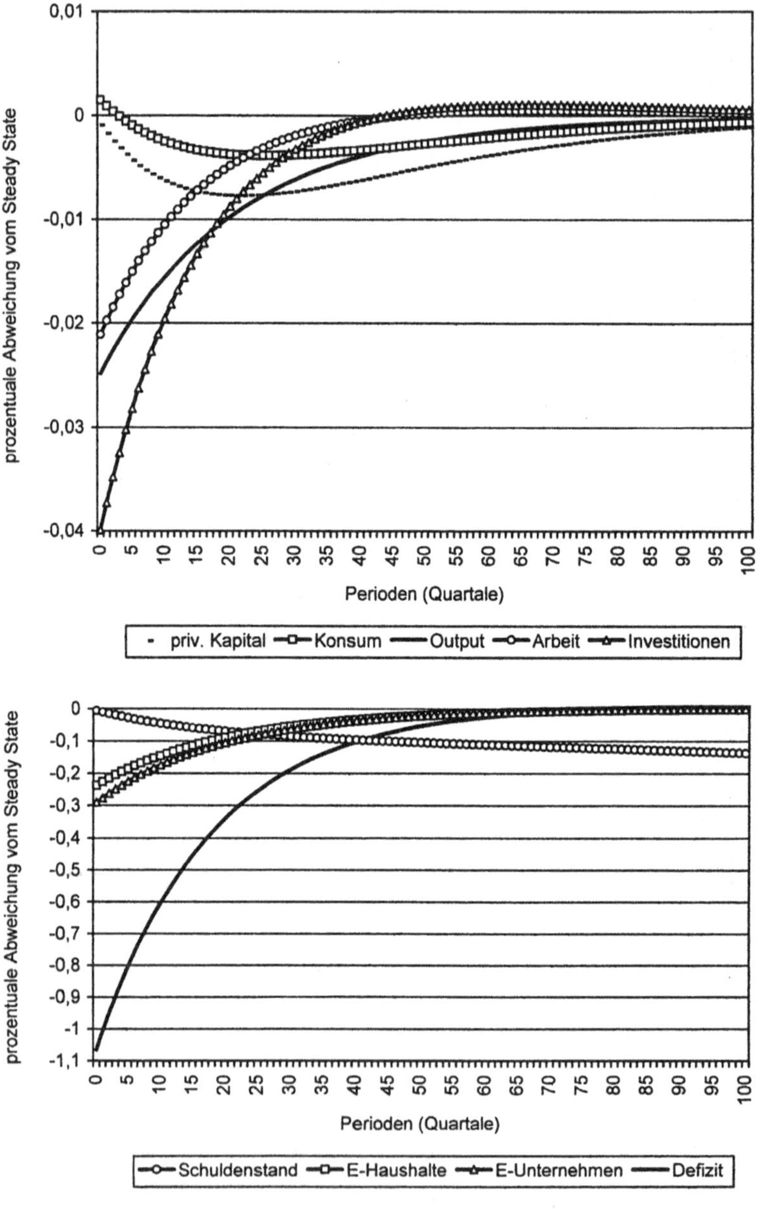

Will man also die verschiedenen Ausgestaltungsmöglichkeiten einer Energiesteuererhöhung anhand der Arbeits- und Outputeffekte beurteilen, zeigt sich in diesem Modell, daß die Politikvarianten der Einkommensteuersenkung und der Beitragssatzsenkung am besten abschneiden, was nicht verwundert, da diese Steuern über eine Reduktion des Nettolohnsatzes den Arbeitsanreiz direkt beeinflussen und somit eine Reduktion der Steuersätze sofort positive Arbeits- und damit letztlich auch positive Outputeffekte hervorruft.

6.3.6. Bewertung der Politikalternativen durch Nutzenvergleich

Bisher wurde ein Vergleich der fünf Politikmaßnahmen nur anhand der Outputeffekte vorgenommen. Alternativ kann man aber auch eine Wohlfahrtsbetrachtung anhand des Konsumäquivalents m_t durchführen, das für jede Periode den Anteil des Steady-State-Konsums c angibt, den man dem Haushalt in jeder Periode t der Steady-State-Situation (Referenzsituation) zusätzlich geben müßte ($m_t>0$) bzw. abnehmen müßte ($m_t<0$), damit er denselben Nutzen hat wie mit der Erhöhung der Energiesteuer. Für die hier unterstellte Nutzenfunktion (6.11) wird das Konsumäquivalent für jede Periode t anhand folgender Gleichung ermittelt:

$$\ln(c + cm_t) + \frac{\theta}{1-\eta}((1-N)^{1-\eta} - 1) + \frac{\upsilon}{1-\mu}(e^H - 1)^{1-\mu} =$$

$$\ln c_t + \frac{\theta}{1-\eta}((1-N_t)^{1-\eta} - 1) + \frac{\upsilon}{1-\mu}(e^H{}_t - 1)^{1-\mu}.$$

Zur Vereinfachung wird $\eta=1$ und $\mu=1$ angenommen und man erhält:[495]

$$(6.51)\ m_t = \hat{c}_t - \theta\frac{N}{(1-N)}\hat{N}_t + \upsilon\hat{e}^H{}_t.$$

Das Konsumäquivalent und damit die Nutzenänderung hängt also positiv von der Veränderung des Energiekonsums sowie des sonstigen Konsums und negativ von der Veränderung des Arbeitseinsatzes ab.

In Abbildung 6.7 sind für die vorher analysierten fünf Politikmaßnahmen jeweils die Konsumäquivalente für jede Periode nach einer Energiesteuererhöhung mit einer Persistenz von ρ=0,95 abgetragen. Die Kurvenverläufe spiegeln die Entwicklung des Arbeitseinsatzes, des Energiekonsums und des sonstigen Konsums bei den einzelnen Maßnahmen wider. Dabei gibt die Lage einer Konsumäquivalentkurve relativ zur Nullinie Auskunft darüber, ob die Politikmaßnahme überhaupt durchgeführt werden sollte und der Verlauf der Kurve im Vergleich zur Konsumäquivalentkurve einer anderen Politikmaßnahme zeigt an, wie die Maßnahme relativ zu ihren Alternativen bewertet werden muß.

---

[495] Dieses Ergebnis ergibt sich unter Berücksichtigung von: $\ln c_t - \ln c = \hat{c}_t$, $\ln e^H{}_t - \ln e^H = \hat{e}^H{}_t$ und $\ln(1+m_t) \approx m_t$. Weiterhin muß $N_t=(1-L_t)$, $\hat{L}_t = -N/(1-N)\,\hat{N}_t$ und $\hat{N}_t = N_t/N - 1$ beachtet werden.

Unmittelbar nach der Energiesteuererhöhung ruft die Senkung der Einkommensteuer und die Senkung des Beitragssatzes den größten Nutzenverlust hervor, was vor allem auf die relativ starke Erhöhung des Arbeitseinsatzes und damit auf den Rückgang der Freizeit zurückzuführen ist. Da aber mit der Zeit der Arbeitseinsatz wieder sinkt, der Konsum relativ lange auf hohem Niveau bleibt und auch der Energiekonsum wieder ansteigt, kommt es mittelfristig zu Nutzensteigerungen über das Ausgangsniveau hinaus. Die Politik des niedrigeren Beitragssatzes weist dabei gegenüber der Einkommensteuersenkung einen leicht höheren Nutzen auf, im Verlauf des Anpassungsprozesses ist die Nutzensteigerung bei der Politik der Einkommensteuersenkung größer, was auf die Tatsache zurückzuführen ist, daß der niedrige Einkommensteuersatz nicht nur das Arbeitseinkommen, sondern auch das Kapitaleinkommen entlastet, mithin ist das Einkommen und damit auch der Konsum im fortgeschrittenen Stadium des Anpassungsprozesses höher.

Abbildung 6.7: Konsumäquivalente für die unterschiedlichen fiskalpolitischen Handlungsalternativen

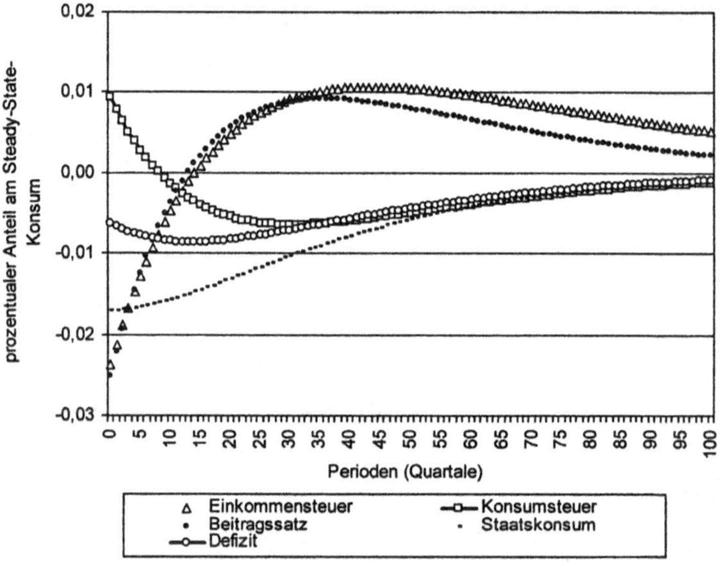

Zu Nutzensteigerungen unmittelbar nach der Energiesteuererhöhung kommt es nur bei der Konsumsteuersenkung. Hier macht sich der Anstieg des sonstigen Konsums bemerkbar (vgl. Abbildung 6.3). Allerdings ergibt sich bei dieser Politikvariante mittelfristig gegenüber der Ausgangssituation ein Nutzenverlust (die Kurve des Konsumäquivalents verläuft unterhalb der Nullinie), was mit dem späteren Rückgang des Konsums, dem Anstieg der Arbeit und dem über längere Zeit niedrigen Energiekonsum begründet werden kann.

Während es also bei einigen Politikvarianten zunächst zu Nutzenverlusten und dann zu Nutzengewinnen kommt, ist es bei anderen genau umgekehrt, so daß eine eindeutige Aussage, welche die beste Variante darstellt, nicht möglich ist. Allerdings kann man festhalten, daß die Senkung der Konsumsteuer die Politik des höheren Staatskonsums und die Politik des geringeren Defizits über weite Strecken dominiert, da die Konsumäquivalentkurve oberhalb der anderen beiden Kurven verläuft. Gegenüber der Einkommensteuersenkung und der Beitragssenkung weist die Politik der Konsumsteuersenkung zunächst Vorteile auf, die aber dann in relativ beträchtliche Nutzendifferenzen umschlagen. Um hier zu einer abschließenden Beurteilung zu gelangen, wird der Barwert der Nutzenänderungen berechnet. Das Ergebnis dieser Berechnungen für die hier unterstellte Parameterkombination ist in Tabelle 6.7 aufgeführt.[496]

Tabelle 6.7: Barwerte der Konsumäquivalente

Einkommensteuer	Konsumsteuer	Beitragssatz	Staatskonsum	Defizit
0,499	-0,266	0,290	-0,654	-0,414

Es zeigt sich, daß nur für die Politikvarianten der Beitragssatzsenkung und der Einkommensteuersenkung positive Barwerte der Konsumäquivalente vorliegen, also nur sie Wohlfahrtsgewinne induzieren und somit vorteilhaft sind.

Zusammenfassend kommt man zu dem vielleicht etwas überraschenden Ergebnis, daß die in Deutschland praktizierte „Ökosteuer" und eine Politik der Energiesteuererhöhung bei gleichzeitiger Einkommensteuersenkung zumindest in diesem Modell die besten Politikmaßnahmen darstellen.[497]

6.4. Makroökonomische Effekte eines Energiepreisschocks und Handlungsalternativen der Fiskalpolitik

6.4.1. Einleitung

Das Modell wird nun dazu benutzt, die Auswirkungen einer exogenen Energiepreiserhöhung auf die Konjunktur und das Staatsbudget zu analysieren. Gleichzeitig werden die Handlungsalternativen der Fiskalpolitik hinsichtlich ihrer Wirkungen auf den Output und die Wohlfahrt miteinander verglichen. Es wird eine Energiepreissteigerung um 1% angenommen. Da sich aufgrund dieses Energiepreisschocks alle makroökonomischen Größen verändern, werden auch die Staatseinnahmen variieren, weshalb endogen ein Handlungsparameter des Staates angepaßt werden muß, damit die Budgetgleichung weiterhin erfüllt ist.

---

[496] In Tabelle 6.7 wurde β=0,995 angenommen. Vgl. Abschnitt 6.2.5.

[497] Es sei nochmals darauf hingewiesen, daß die Frage, ob die Ökosteuer aus umweltökonomischer Sichtweise Sinn macht, in dieser Analyse keine Rolle spielt.

Zunächst werden Reaktionen des Staates betrachtet, die man als Parallelpolitik bezeichnen kann, nämlich eine Einkommensteuererhöhung, eine Konsumsteuererhöhung und eine Staatsausgabenreduktion. Dann wird angenommen, daß der Staat die durch den Energiepreisschock induzierten Mindereinnahmen hinnimmt und durch zusätzliche Verschuldung ausgleicht. Man läßt also die automatischen Stabilisatoren wirken („Built-in flexibility"). In einem dritten Schritt soll der am Anfang des Kapitels erwähnte Vorschlag der Stabilisierung des Energiepreises in eine „Politikfunktion" des Staates umgesetzt werden, die dafür sorgt, daß bei der Energiepreiserhöhung der Energiesteuersatz gerade so angepaßt wird, daß der „Bruttoenergiepreis" konstant bleibt. Schließlich wird diese Form der Stabilisierungspolitik verglichen mit den „traditionellen" Möglichkeiten einer expansiven Fiskalpolitik: Erhöhung der Staatsausgaben finanziert durch eine höhere Verschuldung einerseits und Reduktion der Einkommensteuer bei Erhöhung des Defizits andererseits.

Im folgenden wird angenommen, daß der Energiepreis p_t einem AR(1)-Prozeß folgt:

(6.52) $\ln p_t = (1-\rho)\ln p + \rho \ln p_{t-1} + \varepsilon_t$ bzw. $\hat{p}_t = \rho \hat{p}_{t-1} + \varepsilon_t$.

Durch die Variation des Persistenzparameters ρ kann die Dauer der Energiepreiserhöhung simuliert werden. Für $\rho=1$ ist die Erhöhung permanent und für $\rho<1$, kehrt der Preis letztlich wieder auf sein Ausgangsniveau zurück. Nachfolgend werden drei Fälle betrachtet:

- $\rho=0{,}2$. Dies entspricht einer Situation, in der der Energiepreis nach ca. 4 Perioden (1 Jahr) wieder auf sein altes Niveau zurückgekehrt ist.
- $\rho=0{,}95$. Hierbei handelt es sich um eine persistente Erhöhung. Der Energiepreis kehrt langfristig aber wieder zu seinem Ausgangsniveau zurück.
- $\rho=1$. Der Energiepreis verharrt permanent auf seinem neuen Niveau.

Ferner soll die Grenznutzenelastizität des Energiekonsums μ variiert werden, um ihre Auswirkungen auf die ökonomischen Größen herauszuarbeiten.

6.4.2. Parallelpolitik I: Erhöhung der Einkommensteuer

Der Energiepreisschock für sich genommen hat ganz ähnliche Folgen wie die Ökosteuererhöhung: Es kommt zu einem Rückgang des Energieeinsatzes in der Produktion, weshalb der Output tendenziell sinkt. Dies reduziert die Arbeitsproduktivität und damit den Reallohnsatz, was das Arbeitsangebot negativ beeinflußt. Der Rückgang der Periodenarbeitseinkommen reduziert das Humanvermögen und sorgt tendenziell für einen negativen Vermögenseffekt, der den Konsum dämpft. Dies alles führt zu Mindereinnahmen des Staates, was diesen zur Variation seiner Handlungsparameter zwingt.

Zunächst wird angenommen, daß der Staat den Einkommensteuersatz τ_t erhöht, um seine Budgetrestriktion zu erfüllen. Diese Einkommensteuererhöhung hat aber weitere negative Folgen für die Volkswirtschaft wie Tabelle 6.8 zeigt: Der Nettolohnsatz sinkt, weshalb ein weiterer Anreiz zur Einschränkung des Arbeitsangebotes besteht. Dies dämpft die Produktion zusätzlich. Auch die Investitionen lohnen sich weniger, da die erwartete Nettorendite $E_t[R^N_{t+1}]$ aufgrund der Steuererhöhung ebenfalls sinkt und weil ein negativer „Ressourceneffekt" wirkt. Letztlich muß auch das Übertragungsvolumen angepaßt werden, da die Lohnsumme gesunken ist. Mit der endogenen Anpassungen der Einkommensteuer liegt demnach eine Parallelpolitik vor, die die negative konjunkturelle Wirkung des Energiepreisschocks noch verstärkt.

Ist die Energiepreissteigerung nur vorübergehend (ρ=0,2), kommt es zur stärksten Outputreduktion, da der negative Vermögenseffekt bei geringerer Persistenz des Schocks betragsmäßig kleiner ist. Somit kann auch der Vermögenseffekt, wie aus Gleichung (6.42) hervorgeht, bezüglich des Arbeitseinsatzes dem negativen Nettolohneffekt nicht so stark entgegenwirken. Aufgrund dieses großen Outputeffekts ist auch der Rückgang der Investitionen am größten.

Tabelle 6.8: Kurzfristige Reaktionen nach einem Energiepreisschock bei Parallelpolitik I in % des jeweiligen Steady-State-Wertes

	ρ=0,2 μ=1	ρ=0,95 μ=1	ρ=1 μ=1	ρ=0,95 μ=10
Konsum	-0.0094	-0.0455	-0.0779	-0.0453
Output	-0.1372	-0.0965	-0.0598	-0.0521
Arbeit	-0.1624	-0.1003	-0.0445	-0.0326
Nettorendite	-0.0038	-0.0028	-0.0019	-0.0015
Investitionen	-0.5653	-0.3345	-0.1269	-0.2490
Reallohn	0.0252	0.0039	-0.0153	-0.0194
Zinssatz	-0.1372	-0.0965	-0.0598	-0.0521
H-Energie	-0.7710	-0.8071	-0.8395	-0.0807
U-Energie	-0.8725	-0.8318	-0.7951	-0.7874
Transfers	-0.1372	-0.0965	-0.0598	-0.0521
Einkommensteuer	0.2470	0.2445	0.2422	0.1118
Konsumsteuer	---	---	---	---
Beitragssatz	---	---	---	---
Staatskonsum	---	---	---	---
Defizit	---	---	---	---

Der negative Outputeffekt schwächt sich ab, wenn der Energiekonsum nur wenig elastisch ist (z.B. μ=10): Die Energiesteuereinnahmen sind dann entsprechend höher, weshalb der Einkommensteuersatz nicht so stark steigen muß und mithin dessen negative Folgen für den Arbeitseinsatz, die Investitionen und die Produktion nicht so stark spürbar sind.

6.4.3. Parallelpolitik II: Erhöhung der Konsumsteuer

Eine zweite Form der Parallelpolitik stellt die Erhöhung der Konsumsteuer dar. Die Reaktionen auf diese Politik sind in Tabelle 6.9 wiedergegeben.

Tabelle 6.9: Kurzfristige Reaktionen nach einem Energiepreisschock bei Parallelpolitik II in % des jeweiligen Steady-State-Wertes

	ρ=0,2 μ=1	ρ=0,95 μ=1	ρ=1 μ=1	ρ=0,95 μ=10
Konsum	-0.0420	-0.0506	-0.0617	-0.0452
Output	-0.0616	-0.0519	-0.0396	-0.0346
Arbeit	-0.0472	-0.0324	-0.0137	-0.0060
Nettozins	-0.0015	-0.0013	-0.0010	-0.0008
Investitionen	-0.2090	-0.1541	-0.0840	-0.1823
Reallohn	-0.0144	-0.0195	-0.0259	-0.0286
Zinssatz	-0.0616	-0.0519	-0.0396	-0.0346
H-Energie	-0.7942	-0.8029	-0.8139	-0.0802
U-Energie	-0.7969	-0.7872	-0.7749	-0.7699
Transfers	-0.0616	-0.0519	-0.0396	-0.0346
Einkommensteuer	---	---	---	---
Konsumsteuer	0.3019	0.3011	0.3002	0.1388
Beitragssatz	---	---	---	---
Staatskonsum	---	---	---	---
Defizit	---	---	---	---
Schattenpreis	0.0026	0.0113	0.0225	0.0271

Da der Konsum nun noch mehr durch Steuern belastet wird, sinkt er relativ stark. Die Reduktion des Arbeitseinsatzes fällt nicht so hoch aus wie im Fall der Parallelpolitik I, da die Erhöhung der Konsumsteuer gemäß Gleichung (6.42) den Arbeitseinsatz nicht direkt beeinflußt. Entsprechend ist die Einschränkung des Outputs nicht so groß, was dazu führt, daß gemäß Gleichung (6.47) der negative „Ressourceneffekt" geringer ausfällt und somit auch der Rückgang der Investitionen kleiner ist.

Auch hier bewirkt für ρ=0,2 der geringere negative Vermögenseffekt, daß die Outputdämpfung unmittelbar nach dem Energiepreisschock bei einer vorübergehenden Energiepreiserhöhung sogar noch größer ist als bei einer dauerhaften.

Eine Grenznutzenelastizität des Energiekonsums von μ=10 führt im Vergleich zu μ=1 wieder zu einer geringeren Einschränkung des Energiekonsums und zu höheren Energiesteuereinnahmen, weshalb der Konsumsteuersatz nicht so stark steigen muß und damit der Rückgang des Konsums geringer ist. Allerdings sinkt der Konsum für μ=10 fast genauso stark wie für μ=1, da der negative Vermögenseffekt betragsmäßig größer ausfällt. Dieser größere negative Vermögenseffekt kann die Reduktion des Arbeitseinsatzes etwas stärker abschwächen, so daß auch der Output für μ=10 weniger zurückgeht. Trotzdem sinken die

Investitionen für μ=10 mehr als für μ=1, da durch die höheren Energieausgaben den privaten Haushalten weniger „Ressourcen" für Investitionen zur Verfügung stehen.

6.4.4. Parallelpolitik III: Reduktion der Staatsausgaben

Die dritte Form der Parallelpolitik besteht in der Anpassung der Staatsausgaben. Da die Änderung der Staatsausgaben selbst das optimale Entscheidungskalkül nicht beeinflußt, entstehen die Wirkungen aus den Substitutionseffekten der Energiepreiserhöhung und dem negativen Vermögenseffekt, der aber abgeschwächt wird, da durch die Staatsausgabensenkung die Periodeneinkommen weniger durch Steuern belastet werden und dies für sich genommen einen positiven Vermögenseffekt auslöst,[498] der den insgesamt negativen Vermögenseffekt etwas dämpft. Es ergeben sich für μ=1 quantitativ fast die gleichen Auswirkungen wie bei der Konsumsteuererhöhung (vgl. Tabelle 6.10). Unterschiede treten nur für diejenigen Größen auf, die die Änderung des Konsumsteuersatzes direkt beeinflußt: Der Energiekonsum geht im Falle der höheren Konsumsteuer stärker zurück, da sie direkt den Energiekonsum dämpft wie Gleichung (6.44) zeigt. Der gleiche Effekt tritt bezüglich des sonstigen Konsums auf, wie aus Gleichung (6.43) hervorgeht.

Tabelle 6.10: Kurzfristige Reaktionen nach einem Energiepreisschock bei Parallelpolitik III in % des jeweiligen Steady-State-Wertes

	ρ=0,2 μ=1 ψ=0	ρ=0,95 μ=1 ψ=0	ρ=1 μ=1 ψ=0	ρ=0,95 μ=10 ψ=0	ρ=0,95 μ=1 ψ=0,3	ρ=0,95 μ=1 ψ=1
zusg. Konsum	-0.0026	-0.0114	-0.0225	-0.0267	-0.0140	-0.0190
priv. Konsum	-0.0026	-0.0114	-0.0225	-0.0267	-0.0039	0.0101
Output	-0.0616	-0.0519	-0.0396	-0.0350	-0.0490	-0.0435
Arbeit	-0.0472	-0.0324	-0.0137	-0.0067	-0.0279	-0.0196
Nettorendite	-0.0015	-0.0013	-0.0010	-0.0009	-0.0012	-0.0011
Investitionen	-0.2090	-0.1541	-0.0840	-0.1825	-0.1601	-0.1714
Reallohn	-0.0144	-0.0195	-0.0259	-0.0283	-0.0210	-0.0239
Zinssatz	-0.0616	-0.0519	-0.0396	-0.0350	-0.0490	-0.0435
H-Energie	-0.7642	-0.7730	-0.7841	-0.0788	-0.7756	-0.7806
U-Energie	-0.7969	-0.7872	-0.7749	-0.7703	-0.7843	-0.7788
Transfers	-0.0616	-0.0519	-0.0396	-0.0350	-0.0490	-0.0435
Einkommensteuer	---	---	---	---	---	---
Konsumsteuer	---	---	---	---	---	---
Beitragssatz	---	---	---	---	---	---
Staatskonsum	-0.1044	-0.1042	-0.1038	-0.0490	-0.1002	-0.0929
Defizit	---	---	---	---	---	---

---

498 Gleichung (6.39) zeigt, daß eine Reduktion von G_t für sich genommen das Vermögen erhöht.

Für μ=10 ist der Energiekonsum unelastischer als für μ=1. Die Energieausgaben der privaten Haushalte und damit die Energie- und Konsumsteuereinnahmen des Staates gehen somit weniger stark zurück, weshalb die Einschränkung der Staatsausgaben geringer ausfallen kann. Mithin ist die Steuerbelastung der privaten Haushalte größer, was den negativen Vermögenseffekt betragsmäßig steigen läßt. Dies führt dazu, daß für μ=10 der Arbeitseinsatz sowie der Output weniger stark und der Konsum stärker sinken als für μ=1.

Stiftet der Staatskonsum Nutzen (ψ>0), so ist bei einem Rückgang der Staatskonsumausgaben im Vergleich zum Fall ψ=0 der negative Vermögenseffekt betragsmäßig größer, was dazu führt, daß der Arbeitseinsatz nicht so stark sinkt und der Outputrückgang nicht so groß ausfällt.

Zusammenfassend zeigt sich also, daß von den drei Formen der Parallelpolitik die Einkommensteuererhöhung (Parallelpolitik I) für den größten Outputrückgang sorgt.

6.4.5. Built-in flexibility I: Erhöhung der Verschuldung und proportionale Einkommensteuer

Ein auch heute noch anerkanntes Rezept zur Dämpfung von Konjunkturschwankungen ist die stabilitätspolitische Einflußnahme über sog. automatische Stabilisatoren. Sinken aufgrund eines negativen Schocks z.B. die privaten Konsumausgaben oder das Einkommen, so werden (bei konstanten Steuersätzen) die Steuereinnahmen und damit deren restriktiver Effekt (automatisch) zurückgehen (Built-in flexibility). Reagiert der Staat auf diesen Steuerausfall nicht mit Ausgabensteigerungen oder Steuererhöhungen, sondern mit der Aufnahme von zusätzlichen Krediten, so läßt er die automatischen Stabilisatoren wirken.[499]

Übertragen auf das Modell bedeutet dies, daß sich bei einer eventuellen Dezimierung der Bemessungsgrundlagen der Steuern das Budgetdefizit B_t endogen anpaßt, damit der Staatshaushalt ausgeglichen bleibt. Weitere Anpassungen der fiskalpolitischen Handlungsparameter werden unterlassen.
Allerdings hat ein höheres Defizit einen höheren Schuldenstand zur Folge, was höhere Zinszahlungen erforderlich macht. Diese höheren Zinszahlungen können aber aufgrund der Tatsache, daß das Budgetdefizit die endogene Variable darstellt, die in jeder Periode die Budgetgleichung des Staates zum Ausgleich bringt, nur wieder über ein höheres Defizit aufgebracht werden. Dies führt letztlich dazu, daß die Verschuldung und das Defizit ins Unendliche wachsen und das Modell mithin nicht stabil ist. Um dies zu vermeiden, wird eine „Reaktionsfunktion" des Staates eingeführt, die eine Reduktion der Staatsausgaben

[499] Vgl. z.B. Andel (1998), S. 483.

induziert, sobald die Defizitquote D_{t-1}/y_t das langfristige Gleichgewichtsniveau D/y überschreitet:[500]

$$(6.53)\; G_t = G - \varphi\left(\frac{D_{t-1}}{y_t} - \frac{D}{y}\right) y_t .$$

Nach der Linearisierung ergibt sich:

$$(6.54)\; \hat{G}_t = \varphi \frac{D}{G} (\hat{y}_t - \hat{D}_{t-1}).$$

Wird der Parameter φ genügend groß gewählt, wird ein Anwachsen des Schuldenstandes ins Unendliche verhindert, dadurch daß die Ausgaben sinken, wenn die Verschuldung „zu hoch" ist. Es wird im folgenden als Benchmark-Wert φ=0,01 angenommen.[501]

Tabelle 6.11: Kurzfristige Reaktionen nach einem Energiepreisschock bei „Built-in flexibility I" in % des jeweiligen Steady-State-Wertes

	ρ=0,2, μ=1;φ=0,01	ρ=0,95, μ=1;φ=0,01	ρ=1, μ=1;φ=0,01	ρ=0,95, μ=10;φ=0,01	ρ=0,95, μ=1; φ=0,1
Konsum	-0.0037	-0.0202	-0.0393	-0.0316	-0.0127
Output	-0.0604	-0.0422	-0.0210	-0.0296	-0.0505
Arbeit	-0.0454	-0.0176	0.0146	0.0017	-0.0302
Nettorendite	-0.0015	-0.0010	-0.0005	-0.0007	-0.0012
Investitionen	-0.2768	-0.1747	-0.0559	-0.1866	-0.1780
Reallohn	-0.0150	-0.0246	-0.0357	-0.0312	-0.0202
Zinssatz	-0.0604	-0.0422	-0.0210	-0.0296	-0.0505
H-Energie	-0.7653	-0.7818	-0.8009	-0.0793	-0.7743
U-Energie	-0.7957	-0.7775	-0.7563	-0.7648	-0.7858
Transfers	-0.0604	-0.0422	-0.0210	-0.0296	-0.0505
Einkommensteuer	---	---	---	---	---
Konsumsteuer	---	---	---	---	---
Beitragssatz	---	---	---	---	---
Staatskonsum	-0.0075	-0.0052	-0.0026	-0.0036	-0.0623
Defizit	1.5716	1.6001	1.6332	0.7275	0.6786

Der Vermögenseffekt ist negativ[502] und wird mit zunehmender Persistenz betragsmäßig größer, weshalb der Rückgang des Arbeitseinsatzes und des Outputs für höhere Persistenzwerte geringer (vgl. Tabelle 6.11) ausfällt. Es kommt sogar

500 Vgl. Coenen (1998), S. 5/6. Es sei hier nochmals darauf hingewiesen, daß bei der Wahl der Reaktionsfunktion eine gewisse Beliebigkeit besteht. Vgl. dazu auch die Abschnitte 5.3.3. und 5.4.3.

501 Coenen (1998) geht von φ=0,1 aus. Damit die Wirkungen einer Ausgabenreduktion die Wirkungen des Defizitanstiegs nicht zu stark überlagern (vgl. Tabelle 6.11, letzte Spalte), wird der Parameter φ hier nicht so groß gewählt.

502 Durch den geringeren Energieeinsatz sinkt die Arbeitsproduktivität und damit der Reallohnsatz. Dies führt in Gleichung (6.37) zu einem Rückgang der Summe der Arbeitseinkommen und damit zu einem geringeren Humanvermögen.

zu einem Vorzeichenwechsel der Reaktion des Arbeitseinsatzes, wenn die Persistenz ρ=0,9855 überschreitet.[503] Trotzdem kann aber in diesen Fällen der höhere Arbeitseinsatz den Rückgang der Produktion, der durch den geringeren Energieeinsatz induziert wurde, nicht umkehren.
Ist der Energiekonsum weniger elastisch (μ=10), sind die Energiesteuereinnahmen höher und deshalb das Defizit geringer. Der negative Vermögenseffekt ist allerdings bedeutender, was einerseits zu einer stärkeren Einschränkung des Konsums und andererseits zu einer weniger starken Reduktion des Arbeitseinsatzes führt, weshalb hier schon bei ρ=0,95 ein Anstieg des Arbeitseinsatzes erreicht wird. Die Investitionen gehen allerdings wegen der Tatsache, daß ein großer Teil des Einkommens für Energie ausgegeben wird und weil die Kapitalproduktivität sinkt, stärker zurück.

6.4.6 Built-in flexibility II: Erhöhung der Verschuldung und progressive Einkommensteuer

Bisher wurden nur die Effekte der automatischen Stabilisatoren in einer Modellwirtschaft mit proportionaler Einkommensteuer betrachtet. In der tatsächlichen Wirtschaft sind aber die automatischen Stabilisatoren, die über eine progressive Einkommensteuer wirksam werden, von besonderer Bedeutung. Sinkt das Einkommen, so sinkt bei einer progressiven Einkommensteuer (automatisch) der Grenzsteuersatz, was tendenziell positive Lohn- und Zinseffekte hervorruft, die den Arbeitseinsatz begünstigen und somit der Outputreduktion entgegenwirken. In diesem Modell kann eine progressive Einkommensteuer – wie in Abschnitt 4.1.6. gezeigt – simuliert werden, wenn man den Einkommensteuersatz durch folgende Gleichung beschreibt:

(6.55) $\tau_t=\nu(y_t-\delta k_{t-1})^{\kappa}$ bzw. $\hat{\tau}_t = \frac{\kappa}{y-\delta k}(y\hat{y}_t - \delta k\hat{k}_{t-1})$,

wobei der Parameter κ den Progressionsverlauf bestimmt[504] und der Parameter ν so festgelegt wird, daß der Steady-State-Steuersatz τ=0,14 erreicht wird.

Wie Tabelle 6.12 zeigt, macht sich wie erwartet die progressive Einkommensteuer dadurch bemerkbar, daß im Vergleich zur „Built-in flexibility I" mit proportionaler Einkommensteuer der Rückgang der Produktion etwas mehr gedämpft wird. Der durch den Energiepreisschock erzeugte Einkommensrückgang führt gemäß Gleichung (6.55) zu einem Rückgang des Einkommensteuersatzes, was für sich genommen positive Nettolohn- und Nettozinseffekte auslöst, die sich auf den Arbeitseinsatz und über einen betragsmäßig geringeren negativen Vermögenseffekt auf den Konsum auswirken: Das Arbeitsangebot geht weniger stark zurück und der Konsum wird weniger eingeschränkt.

---

[503] Dies gilt für μ=1 und φ=0,01.
[504] Vgl. Abschnitt 4.1.6.

Für κ=1 ist die Progression im relevanten Bereich größer als für κ=0,5, so daß der Energiepreisschock noch stärker abgefangen wird, da der Einkommensteuersatz stärker sinkt (vgl. Tabelle 6.12).

Tabelle 6.12: Kurzfristige Reaktionen nach einem Energiepreisschock bei „Built-in flexibility II" in % des jeweiligen Steady-State-Wertes

	ρ=0,2 μ=1 φ=0,01;κ=0,5	ρ=0,95 μ=1 φ=0,01;κ=0,5	ρ=1 μ=1 φ=0,01;κ=0,5	ρ=0,95 μ=10 φ=0,01;κ=0,5	ρ=0,95 μ=1 φ=0,01;κ=1
Konsum	-0.0032	-0.0188	-0.0379	-0.0307	-0.0177
Output	-0.0504	-0.0362	-0.0187	-0.0253	-0.0317
Arbeit	-0.0301	-0.0084	0.0181	0.0081	-0.0015
Nettorendite	-0.0012	-0.0008	-0.0004	-0.0006	-0.0007
Investitionen	-0.2403	-0.1549	-0.0503	-0.1726	-0.1402
Reallohn	-0.0203	-0.0277	-0.0369	-0.0334	-0.0301
Zinssatz	-0.0504	-0.0362	-0.0187	-0.0253	-0.0317
H-Energie	-0.7648	-0.7804	-0.7995	-0.0792	-0.7793
U-Energie	-0.7857	-0.7715	-0.7540	-0.7606	-0.7669
Transfers	-0.0504	-0.0362	-0.0187	-0.0253	-0.0393
Einkommenst.	-0.0313	-0.0225	-0.0116	-0.0157	-0.0393
Konsumsteuer	---	---	---		---
Beitragssatz	---	---	---		---
Staatskonsum	-0.0062	-0.0045	-0.0023	-0.0031	-0.0039
Defizit	1.8062	1.7666	1.7181	0.8451	1.8915

Damit kann man zusammenfassend folgendes festhalten: Läßt man die automatischen Stabilisatoren wirken, werden die Outputschwankungen etwas stärker gedämpft als bei den oben dargestellten Formen der Parallelpolitik. Diese Stabilisierungswirkung ist um so eher gegeben, je größer die Progression des Einkommensteuertarifs ist.

6.4.7. Stabilisierung des Energiepreises

Nun soll die oben angesprochene Strategie einer Stabilisierung des Bruttoenergiepreises in das Modell integriert werden, indem eine „Politikfunktion" des Staates eingeführt wird. Der Staat setzt sich zum Ziel, durch Variation der Energiesteuer den Bruttoenergiepreis auf einem von ihm vorher festgesetzten Niveau $\bar{p}^B_t$ konstant zu halten: $\bar{p}^B_t = \tau^E_t + p_t$. Mithin muß bei einer exogenen Erhöhung des Energiepreises gelten:

$$(6.56)\ \hat{\tau}^E_t = -\frac{p}{\tau^E}\hat{p}_t .$$

Der Staat paßt also bei einem Energiepreisschock seinen Energiesteuersatz so an, daß der Bruttopreis insgesamt konstant bleibt.[505] Da eine Reduktion der

[505] Eine solche Politik ist grundsätzlich nur möglich, wenn der Energiesteuersatz relativ hoch ist, wenn er also einen recht großen Teil des Bruttopreises ausmacht. Dies ist in den meisten

Energiesteuer Einnahmeausfälle verursacht, wird zum Budgetausgleich das Defizit variiert. Es handelt sich also insgesamt um nichts anders als eine schuldenfinanzierte Energiesteuersenkung. Auch hier muß allerdings die „Reaktionsfunktion" des Staates (6.53) bzw. (6.54) berücksichtigt werden, um die Tragfähigkeit der Verschuldung zu gewährleisten.

In Tabelle 6.13 sind die unmittelbaren Reaktionen der Modellvariablen auf den Energiepreisschock bei einer Politik der Energiepreisstabilisierung wiedergegeben.
Durch die Stabilisierung des Bruttoenergiepreises entstehen den Unternehmen keine höheren Kosten, weshalb kein Anlaß zu einem geringeren Energieeinsatz existiert. Der Output wird also von dieser Seite her nicht belastet.

Tabelle 6.13: Kurzfristige Reaktionen nach einem Energiepreisschock bei „Energiepreisstabilisierung" in % des jeweiligen Steady-State-Wertes

	ρ=0,2 μ=1;φ=0,01	ρ=0,95 μ=1;φ=0,01	ρ=1, μ=1;φ=0,01	ρ=0,95 μ=10;φ=0,01
Konsum	-0.0025	-0.0222	-0.0466	-0.0241
Output	0.0028	0.0246	0.0515	0.0266
Arbeit	0.0042	0.0374	0.0785	0.0405
Nettorendite	0.0001	0.0006	0.0013	0.0006
Investitionen	-0.2053	-0.0831	0.0682	-0.0845
Reallohn	-0.0015	-0.0129	-0.0270	-0.0139
Zinssatz	0.0028	0.0246	0.0515	0.0266
H-Energie	-0.1018	-0.1216	-0.1460	-0.0123
U-Energie	0.0028	0.0246	0.0515	0.0266
Transfers	0.0028	0.0246	0.0515	0.0266
Einkommensteuer	---	---	---	---
Konsumsteuer	---	---	---	---
Beitragssatz	---	---	---	---
Staatskonsum	0.0003	0.0030	0.0064	0.0033
Defizit	4.6046	4.1813	3.6570	4.0026
Energiesteuer	-2.7778	-2.7778	-2.7778	-2.7778

Da die Energiekonsumausgaben der privaten Haushalte mit der Konsumsteuer belegt sind, führt der höhere Energiepreis p_t zu einer höheren Mehrwertsteuerbelastung, so daß gemäß Gleichung (6.57) der Energiekonsum etwas eingeschränkt wird. Es gilt nämlich:[506]

$$(6.57)\ \hat{e}^H{}_t = \frac{1}{\mu}\left[-\hat{\lambda}_t - \frac{\tau^c p\hat{p}_t}{\tau^E + (1+\tau^c)p}\right].$$

Ländern aber (zumindest was den Benzinpreis betrifft) bekanntlich der Fall, so daß es in dieser Hinsicht keine Hindernisse geben dürfte.

[506] Diese Gleichung erhält man aus (6.44), wenn man (6.56) und $\hat{\tau}^c{}_t = 0$ berücksichtigt.

Abbildung 6.8: Impuls-Antwort-Folgen nach einem persistenten Energiepreisschock und Energiepreisstabilisierung

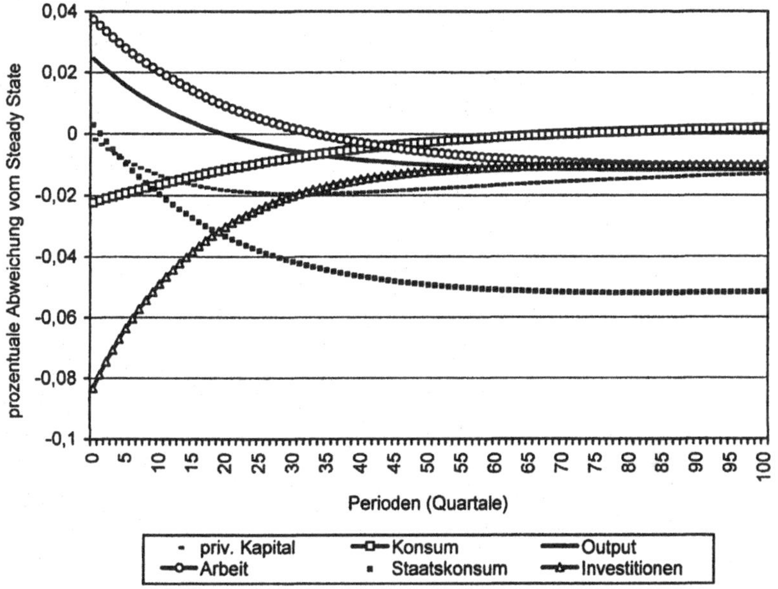

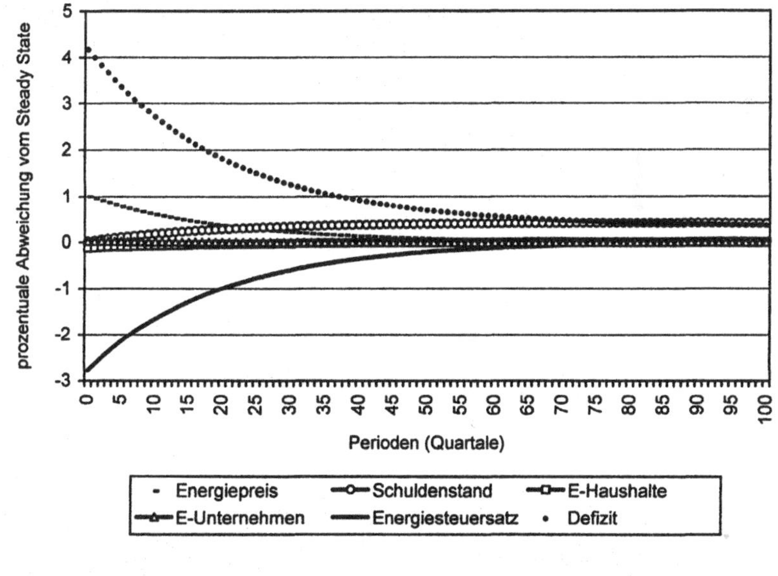

Dämpfend auf den Energiekonsum wirkt sich auch der negative Vermögenseffekt ($\hat{\lambda}_t$>0) aus, der zugleich den Rückgang des sonstigen Konsums determiniert (Gleichung (6.43)). Dieser Effekt ist um so bedeutender, je länger der Schock andauert. Auch der Arbeitseinsatz wird hauptsächlich durch den Vermögenseffekt determiniert: Für ρ=0,2 ist der Vermögenseffekt betragsmäßig kleiner, weshalb der Arbeitseinsatz und damit der Output nicht so stark steigen. Für ρ=1 kommt es dagegen zu einem starken Anstieg des Arbeitsangebotes und des Outputs, was unterstützt durch den stark sinkenden Konsum Ressourcen für höhere Investitionen frei macht. Bei kleinen Persistenzwerten reicht dagegen der Ressourceneffekt für eine Erhöhung der Investitionen nicht aus, im Gegenteil: Aufgrund der höheren Energieausgaben sinken sie sogar. Hinsichtlich der Reaktionen der Investitionen gibt es also mit zunehmender Persistenz einen Vorzeichenwechsel (vgl. Tabelle 6.13), weshalb sich entsprechend auch die Anpassungsprozesse unterscheiden.
Eine geringere Elastizität des Energiekonsums wirkt sich hier auf die Ergebnisse nicht so stark aus, da wegen der Energiepreisstabilisierung die Reduktion von e^H_t sowieso nicht so hoch ausfällt.

In Abbildung 6.8 sind die Impuls-Anwort-Folgen nach einem persistenten Energiepreisschock (ρ=0,95) und einer Politik der Energiepreisstabilisierung abgetragen. Es kommt zu keiner Einschränkung der Produktion, sondern im Gegenteil zu einem Outputanstieg. Der für ρ=0,95 gegebene Investitionseinbruch sorgt aber für einen zeitweise geringeren Kapitalstock, was im Verlauf des Anpassungsprozesses auch den Output negativ beeinflußt. Da ρ<1 gilt, werden alle Variablen aber letztlich wieder in ihr Ausgangsgleichgewicht zurückkehren.[507]

Als Ergebnis kann man festhalten, daß eine Politik der Energiepreisstabilisierung in diesem Modell nicht nur eine sofortige Outputreduktion verhindert, sondern zeitweise sogar für einen Anstieg der Produktion sorgt. In diesem Sinne ist die Politikmaßnahme also positiv zu beurteilen. Dieses Urteil bleibt bestehen, wenn man die in Abbildung 6.9 aufgeführten Konsumäquivalente der Politikmaßnahmen betrachtet.[508] Die Konsumäquivalentkurve der Energiepreisstabilisierung verläuft immer oberhalb der anderen Kurven und ist somit dominant. Es kommt sogar zeitweise zu einem Nutzenanstieg im Vergleich zur Ausgangssituation. Eine Politik der Energiepreisstabilisierung stellt also die beste der betrachteten Politikmaßnahmen dar.

---

[507] Da mit φ=0,01 ein sehr kleiner Wert für diesen Parameter unterstellt wurde, dauert dies für den Staatskonsum, das Defizit und den Schuldenstand entsprechend lange.

[508] Dabei wurde ρ=0,95, η=1 und μ=1 unterstellt.

Abbildung 6.9: Konsumäquivalente für die verschiedenen Politikmaßnahmen

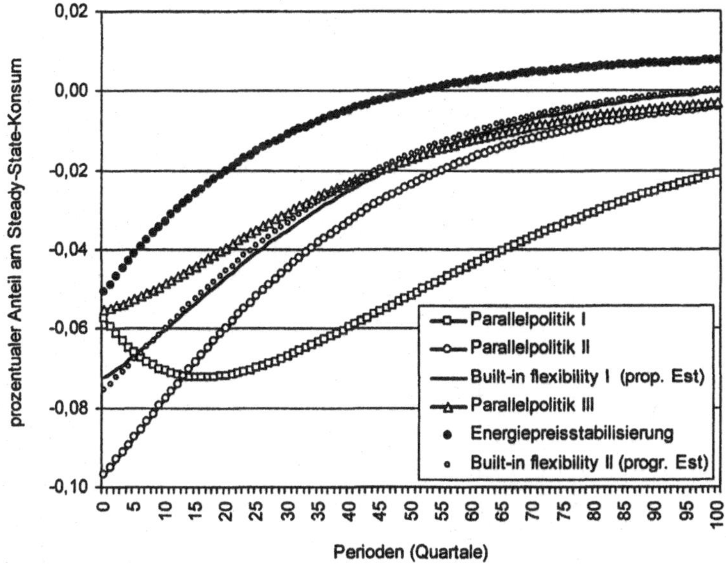

6.4.8. Expansive Fiskalpolitik

Man kann nun aber fragen, wie die Politik der Energiepreisstabilisierung (Estab) im Vergleich zu den traditionellen (keynesianischen) Ansätzen einer expansiven Fiskalpolitik zu bewerten ist. Solche Politikmöglichkeiten sind:

1. Das Deficit-spending (expansive Fiskalpolitik I): Erhöhung der Staatsausgaben finanziert durch höhere Verschuldung und
2. Senkung der Einkommensteuer finanziert durch höhere Verschuldung (expansive Fiskalpolitik II).

Um die Vergleichbarkeit herzustellen, wird angenommen, daß die Stabilisierungspolitik genau so durchgeführt wird, daß trotz Energiepreisschock der Output konstant bleibt, also $\hat{y}_t=0$ gilt. Eine solche Annahme hat in diesem Modell zur Folge, daß wegen $\hat{r}_t = \hat{y}_t - \hat{k}_{t-1}$ und wegen $\hat{k}_{t-1}=0$ in der Periode des Schocks auch der Zinssatz r_t in dieser Periode konstant bleibt. Weiterhin wird sich der Reallohn gemäß $\hat{w}_t = \hat{y}_t - \hat{N}_t$ genau entgegengesetzt zur Änderung des Arbeitseinsatzes verhalten.

In den Fällen expansive Fiskalpolitik II und Energiepreisstabilisierung wird die Tragfähigkeit der Verschuldung durch die Berücksichtigung der Reaktionsfunktion (6.54) gewährleistet.[509] Im Falle der defizitfinanzierten Staatsausgabenerhöhung werden entsprechend die Staatskonsumausgaben so angepaßt, daß übermäßige Defizite und damit ein unendlich wachsender Schuldenstand verhindert wird.[510]

Tabelle 6.14: Kurzfristige Reaktionen nach einem Energiepreisschock bei „expansive Fiskalpolitik I" in % des jeweiligen Steady State-Wertes

	ρ=0,2 μ=1 η=1 ψ=0	ρ=0,95 μ=1 η=1; ψ=0	ρ=1 μ=1 η=1; ψ=0	ρ=0,95 μ=10 η=1; ψ=0	ρ=0,95 μ=1 η=10; ψ=0	ρ=0,95 μ=1 η=1 ψ=0,3
zusammeng. Konsum	-0.0584	-0.0584	-0.0584	-0.0584	-0.1634	-0.0584
priv. Konsum	-0.0584	-0.0584	-0.0584	-0.0584	-0.1634	-0.1250
Output	0	0	0	0	0	0
Arbeit	0.0467	0.0467	0.0467	0.0467	0.0467	0.0467
Nettorendite	0	0	0	0	0	0
Investitionen	-3.1400	-0.1963	0	-0.1963	-0.2009	-0.1963
Reallohn	-0.0467	-0.0467	-0.0467	-0.0467	-0.0467	-0.0467
Zinssatz	0	0	0	0	0	0
H-Energie	-0.8199	-0.8199	-0.8199	-0.0820	-0.9250	-0.8199
U-Energie	-0.7353	-0.7353	-0.7353	-0.7353	-0.7353	-0.7353
Transfers	0	0	0	0	0	0
Einkommensteuer	---	---	---	---	---	---
Staatskonsum	4.1661	0.3362	0.0808	0.2246	0.6246	0.5052
Defizit	69.2002	7.1153	2.9763	4.3841	12.5705	10.2672
Energiesteuersatz	---	---	---	---	---	---

Wird die Politik des Deficit-spending (expansive Fiskalpolitik I) durchgeführt, zeigt sich, daß unabhängig von der Persistenz des Schocks für eine gegebene Grenznutzenelastizität des Energiekonsums die Reaktion des Konsums, der Arbeit und des Energiekonsums jeweils gleich sind (vgl. Tabelle 6.14). Da der Rückgang des Energieverbrauchs der Unternehmen in allen drei Fällen identisch ist, ist auch die Wirkung auf die Produktion gleich. Damit nun aber der Output stabilisiert werden kann, ist für alle drei Persistenzwerte der gleiche Anstieg des Arbeitseinsatzes erforderlich. Um diesen Anstieg zu gewährleisten, bedarf es gemäß Gleichung (6.42) eines großen negativen Vermögenseffektes. Je kleiner die Persistenz, desto geringer ist c.p. betragsmäßig der negative Vermögenseffekt durch die Energiepreiserhöhung, desto mehr müssen deshalb der Staatskonsum und damit das Defizit steigen, um den Vermögenseffekt zu verstärken und mithin den gewünschten Anstieg des Arbeitseinsatzes zu gewährleisten. Dies ist somit die Begründung dafür, daß mit zunehmender Dauer-

[509] Es wird φ=0,04 angenommen.

[510] Hierbei wurde die Reaktionsfunktion (6.54) in die Budgetgleichung integriert und φ so gesetzt, daß der Schuldenstand in etwa die gleiche Anpassungsgeschwindigkeit zum Gleichgewicht aufweist wie bei den beiden anderen Politikmaßnahmen.

haftigkeit des Schocks die Erhöhung des Defizits und des Staatskonsums geringer ausfallen. Bei einer schnell vorübergehenden Energiepreiserhöhung sind also kurzfristig sehr drastische Maßnahmen erforderlich, um die Konjunktur zu stabilisieren, während bei einem dauerhaften Schock die Änderungen der fiskalpolitischen Parameter nicht so groß sind, aber über längere Zeit vollzogen werden müssen. Die privaten Investitionen werden im Fall einer geringen Persistenz stark gesenkt, da der stark steigende Staatskonsum Ressourcen beansprucht.

Stiftet der Staatskonsum Nutzen $\psi>0$, dann ist im Vergleich zum Fall $\psi=0$ ein stärkerer Anstieg des Staatskonsums und des Defizits erforderlich (vgl. Tabelle 6.14), um den für die Erhöhung des Arbeitseinsatzes benötigten negativen Vermögenseffekt zu erzeugen, da ein höherer ψ-Wert für sich genommen den negativen Vermögenseffekt abschwächt.

Für ein weniger variables Arbeitsangebot ($\eta=10$) ist ein größerer negativer Vermögenseffekt erforderlich, um den benötigten Anstieg des Arbeitseinsatzes zu gewährleisten. Mithin ist der Rückgang des Konsums stärker und der Anstieg des Staatskonsums sowie des Defizits größer als für $\eta=1$.

Tabelle 6.15: Kurzfristige Reaktionen nach einem Energiepreisschock bei „expansive Fiskalpolitik II" in % des jeweiligen Steady-State-Wertes

	$\rho=0,2$ $\mu=1; \eta=1$	$\rho=0,95$ $\mu=1; \eta=1$	$\rho=1$ $\mu=1; \eta=1$	$\rho=0,95$ $\mu=10; \eta=1$	$\rho=0,95$ $\mu=1; \eta=10$
Konsum	0.0005	0.0031	0.0104	-0.0142	0.0105
Output	0	0	0	0	0
Arbeit	0.0467	0.0467	0.0467	0.0467	0.0467
Nettorendite	0.0003	0.0003	0.0004	0.0002	0.0009
Investitionen	-0.0596	-0.0648	-0.0799	-0.1102	-0.0802
Reallohn	-0.0467	-0.0467	-0.0467	-0.0467	-0.0467
Zinssatz	0	0	0	0	0
H-Energie	-0.7610	-0.7585	-0.7512	-0.0776	-0.7511
U-Energie	-0.7353	-0.7353	-0.7353	-0.7353	-0.7353
Transfers	0	0	0	0	
Einkommensteuer	-0.1935	-0.2018	-0.2258	-0.1451	-0.5715
Staatskonsum	0	0	0	0	0
Defizit	3.0184	3.0764	3.2437	1.8069	6.4389
Energiesteuersatz	---	---	---	---	---

Senkt man dagegen die Einkommensteuer und gleicht die Mindereinnahmen durch höhere Verschuldung aus (expansive Fiskalpolitik II), kommt es für $\mu=1$ aufgrund des höheren Nettoarbeitseinkommens sogar zu einem positiven Vermögenseffekt, der letztlich für einen leichten Anstieg des Konsums sorgt (vgl. Tabelle 6.15). Der für die Outputstabilisierung benötigte Anstieg des

Arbeitseinsatzes wird nun durch einen positiven Nettolohn- und einen positiven Nettozinseffekt gewährleistet.

Auch hier sinken die Investitionen, da durch den etwas höheren Konsum und die höheren Energieausgaben weniger Ressourcen zur Verfügung stehen. Der Rückgang verstärkt sich, wenn der Energiekonsum unelastischer ist (z.B. μ=10). Denn dann geht der Energieverbrauch der Haushalte nicht so stark zurück und ein großer Teil des Einkommens wird für Energie ausgegeben, so daß für zusätzliche Investitionen nichts mehr übrig bleibt.

Die Ergebnisse einer Politik der Energiepreisstabilisierung, die im vergangenen Abschnitt ausführlich analysiert wurden, sind in Tabelle 6.16 wiedergegeben, wobei hier allerdings berücksichtigt werden muß, daß wegen der für die Vergleichbarkeit notwendigen Annahme von $\hat{y}_t=0$ eine vollständige Energiepreisstabilisierung nicht möglich ist. Gleichung (6.56) wird also nicht ganz erfüllt, weshalb es z.B. für μ=1 zu einem (leichten) Rückgang des Energieeinsatzes der Unternehmen kommt.

Tabelle 6.16: Kurzfristige Reaktionen nach einem Energiepreisschock bei „Energiepreisstabilisierung" in % des jeweiligen Steady-State-Wertes

	ρ=0,2 μ=1;η=1	ρ=0,95 μ=1;η=1	ρ=1 μ=1;η=1	ρ=0,95 μ=10;η=1	ρ=0,95 μ=1;η=10
Konsum	-0.0015	-0.0138	-0.0299	0.0001	-0.0149
Output	0	0	0	0	0
Arbeit	0.0012	0.0111	0.0239	-0.0001	0.0042
Nettorendite	0	0	0	0	0
Investitionen	-0.2135	-0.1539	-0.0759	-0.2317	-0.1754
Reallohn	-0.0012	-0.0111	-0.0239	0.0001	-0.0042
Zinssatz	0	0	0	0	0
H-Energie	-0.1182	-0.2700	-0.4686	-0.0098	-0.1744
U-Energie	-0.0192	-0.1741	-0.3768	0.0016	-0.0669
Transfers	0	0	0	0	0
Einkommensteuer	---	---	---	---	---
Staatskonsum	0	0	0	0	0
Defizit	4.5803	3.9499	3.1252	4.5552	4.4572
Energiesteuersatz	-2.7052	-2.1200	-1.3544	-2.7840	-2.5251

Will man nun die drei Möglichkeiten der Stabilisierungspolitik miteinander vergleichen ergeben sich Schwierigkeiten, da der Outputeffekt per Annahme als Bewertungsmaßstab wegfällt. Die Politik des Deficit-spending (expansive Fiskalpolitik I) scheint am schlechtesten abzuschneiden, da sie zu einem relativ hohen Rückgang des Konsums und der Investitionen führt bei starker Erhöhung des Defizits. Die Politik der Energiepreisstabilisierung hat einen geringeren Rückgang des Konsums und der Investitionen sowie eine geringere Erhöhung des Defizits zur Folge, ist also in diesem Sinne vorteilhafter. Bei der Politik der

Einkommensteuersenkung (expansive Fiskalpolitik II) steigt der Konsum sogar an und das Defizit fällt geringer aus. Allerdings ist die Reduktion des Energieverbrauchs der Haushalte im Vergleich zur Politik der Energiepreisstabilisierung viel stärker, was man ja aus ökologischen Gesichtspunkten begrüßen kann. Der Energieverbrauch stiftet aber Nutzen, und seine Reduktion bedeutet somit einen Nutzenverlust, was negativ zu beurteilen ist. Um also zu einer abschließenden Bewertung der drei Politikmaßnahmen zu kommen, ist es erforderlich, die Wohlfahrtsveränderungen miteinander zu vergleichen.

Abbildung 6.10: Konsumäquivalente für unterschiedliche Stabilisierungsmaßnahmen

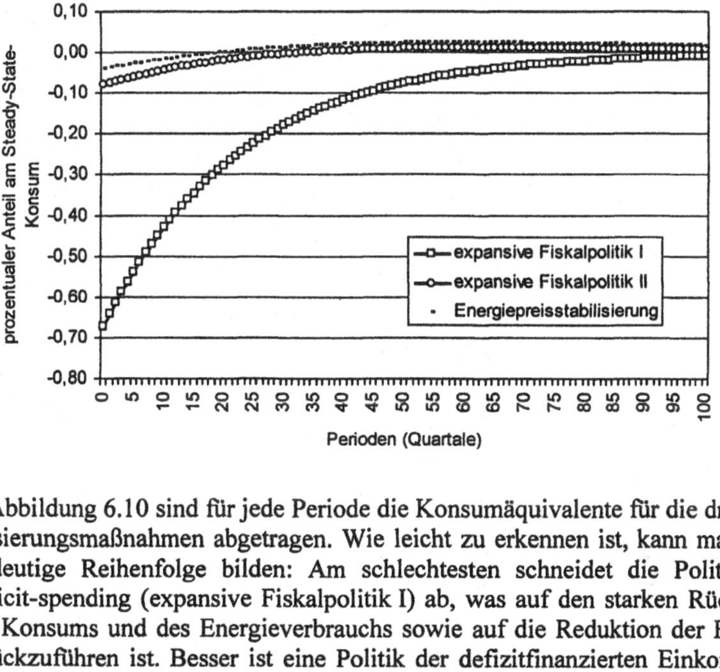

In Abbildung 6.10 sind für jede Periode die Konsumäquivalente für die drei Stabilisierungsmaßnahmen abgetragen. Wie leicht zu erkennen ist, kann man eine eindeutige Reihenfolge bilden: Am schlechtesten schneidet die Politik des Deficit-spending (expansive Fiskalpolitik I) ab, was auf den starken Rückgang des Konsums und des Energieverbrauchs sowie auf die Reduktion der Freizeit zurückzuführen ist. Besser ist eine Politik der defizitfinanzierten Einkommensteuersenkung (expansive Fiskalpolitik II) einzuschätzen. Doch auch sie schneidet schlechter ab als die Politik der Energiepreisstabilisierung, was vor allem darauf zurückzuführen ist, daß bei dieser die Freizeit und der Energiekonsum nicht so stark eingeschränkt werden.

Es ist also festzuhalten, daß bei einem Energiepreisschock eine über die Senkung der Energiesteuer bewirkte Dämpfung des Bruttoenergiepreisanstiegs zumindest in diesem Modell die beste Stabilisierungspolitik darstellt.

Insgesamt ergeben sich in diesem Kapitel einige vielleicht etwas unerwartete Ergebnisse: Die in Deutschland praktizierte Ausgestaltung der Ökosteuer ist aus konjunkturellen und nutzenmäßigen Aspekten (zumindest in diesem Modell) eine recht gute Politikalternative und eine Politik der Energiepreisstabilisierung bei einem Energiepreisschock sorgt im Vergleich zu den traditionellen expansiven fiskalpolitischen Maßnahmen für den geringsten Nutzenverlust. Will man aus diesen Ergebnissen Politikempfehlungen ableiten, ist aber in Anbetracht des hohen Aggregationsgrades und einiger anderer vereinfachenden Annahmen des Modells große Vorsicht geboten. Zudem muß betont werden, daß eine Politik der Energiepreisstabilisierung in der Praxis mit enormen Umsetzungsschwierigkeiten verbunden sein dürfte.

7. Zusammenfassung und kritische Würdigung

Das sog. „stochastic neoclassical growth model" ist in den letzten Jahren ein wichtiger Bestandteil der makroökonomischen Theorie geworden. Es bildet die Grundlage für die Real Business Cycle-Theorie, die das Konjunkturphänomen auf reale stochastische Schocks zurückführt. Das Ziel dieser Arbeit besteht darin, innerhalb dieses Modellrahmens die makroökonomischen Wirkungen der Fiskalpolitik herauszuarbeiten. Dazu wird zunächst das Grundmodell der RBC-Theorie dargestellt, um einige grundsätzliche Mechanismen und Zusammenhänge aufzuzeigen, die für die spätere Analyse der Fiskalpolitik wichtig sind. So wird eine Ansatz entwickelt, der zeigt, wie die Reaktionen einzelner Modellvariablen auf Schocks gleichsam in verschiedene quantifizierbare Einzeleffekte zerlegt werden können, was für die Beschreibung der makroökonomische Wirkungen der Fiskalpolitik von großer Bedeutung ist. Da die Linearisierung und Lösung des Modells regelmäßig große Probleme bereitet, wird zusätzlich aufgezeigt, daß man die Linearisierung der Modellgleichungen unter Beachtung einiger weniger, einfacher „Regeln" vornehmen kann. Außerdem wird eine Möglichkeit vorgestellt, wie man das Grundmodell der RBC-Theorie gleichsam „per Hand" ohne große Matrizenoperationen und mathematische Kenntnisse lösen kann.

Nach der Darstellung des grundlegenden Modells folgt dann eine Analyse der Fiskalpolitik, wobei die Vorgehensweise derart ist, daß in Kapitel 3 zunächst die Wirkungen der Staatsausgaben und in Kapitel 4 die Effekte der Staatseinnahmen behandelt werden, bevor in den Kapiteln 5 und 6 gleichsam eine Zusammenführung der beiden Budgetseiten stattfindet, um verschiedene ökonomische Fragestellungen zu untersuchen, nämlich: Welche Wirkungen haben die unterschiedlichen Finanzierungsmöglichkeiten von zusätzlichen Staatsausgaben und welche Finanzierungsform ist vorzuziehen? Welche Wirkungen haben die verschiedenen Ausgestaltungsmöglichkeiten einer aufkommensneutralen Ökosteuerreform und welche Variante weist die größten Vorteile auf? Und schließlich: Welche Möglichkeiten bestehen für die Fiskalpolitik, auf einen Energiepreisschock zu reagieren?
Als Beurteilungskriterien für die einzelnen Politikmaßnahmen dient dabei erstens ein kurzfristiger und ein langfristiger Multiplikator, mit denen die entsprechenden Outputeffekte gemessen werden. Zweitens wird das Konzept der Konsumäquivalentkurven entwickelt, um einen Vergleich einzelner Politikmaßnahmen hinsichtlich ihrer Auswirkungen auf die Wohlfahrt der Wirtschaftssubjekte durchzuführen. In den verschiedenen Modellversionen werden die Modellparameter immer gerade so gewählt, daß die Steady-State-Größen der Modellökonomie in etwa mit den entsprechenden langfristigen Durchschnittsgrößen in der Bundesrepublik Deutschland übereinstimmen.

Im dritten Kapitel werden die Wirkungen der Staatsausgaben untersucht. Hierbei kann gezeigt werden, daß entgegen anders lautenden Aussagen in der Literatur bei einer temporären Erhöhung der Staatskonsumausgaben durchaus ein anfänglicher Anstieg der privaten Investitionen möglich ist. Weiterhin wird bei der Untersuchung der Wirkungen der öffentlichen Investitionen herausgearbeitet, daß die Produktivität des öffentlichen Kapitalstocks eine entscheidende Rolle einnimmt. Auch stellt sich als ein vielleicht etwas überraschendes Ergebnis heraus, daß die Staatskonsumausgaben kurzfristig einen größeren Multiplikator erzeugen als die öffentlichen Investitionen, was letztlich auf die Wirkungen eines negativen Vermögenseffektes zurückgeführt werden kann und mithin die herausragende Bedeutung des Vermögenseffekts in diesem Modell aufzeigt. Je nach gewählter Parameterkombination führt so die Umschichtung einer Staatsausgabeneinheit von den öffentlichen Investitionen hin zu einem höheren Staatskonsum zu einer Outputerhöhung von bis zu 3,3 Einheiten. Dieser positive Outputeffekt der Staatsausgabenstrukturänderung kann über 2 Jahre andauern.

Im vierten Kapitel werden zunächst die Wirkungen einer Lohnsteuer, einer Kapitaleinkommensteuer und einer synthetischen Einkommensteuer dargestellt. Dabei zeigt sich, daß bei bestimmten Parameterkombinationen eine Erhöhung der Einkommensteuer zu einem Konsumanstieg direkt nach der Maßnahme führen kann. Weiterhin wird in Abschnitt 4.1.6. ein Vorschlag präsentiert, wie man in ein solches Modell eine progressive Einkommensteuer integrieren kann. Ferner werden die Wirkungen einer Änderung der Steuerstruktur, im Sinne einer Verschiebung von der Einkommensteuer hin zur Konsumsteuer, untersucht. Dabei können, je nach unterstellter Nutzenfunktion, teilweise genau gegensätzliche Ergebnisse abgeleitet werden: Unterstellt man „Standardpräferenzen“, ergibt sich bei dieser Änderung der Steuerstruktur eine Outputsteigerung direkt nach der Maßnahme. Unterstellt man dagegen die Präferenzen des Modells von Greenwood/Hercowitz/Huffmann (1988), ergibt sich kurzfristig ein negativer Outputeffekt. Somit kann gezeigt werden, welch große Bedeutung die Wahl der Nutzenfunktion in dieser Modellklasse haben kann.

Führt man die Staatsverschuldung in das Modell ein, kann man zunächst feststellen, daß unter bestimmten Bedingungen Staatsschuldenneutralität gegeben ist, was sich aber ändert, wenn man z.B. eine kreditfinanzierte Einkommensteuersenkung modelliert. Diese Änderung in der Einnahmenstruktur führt zunächst aufgrund des geringeren Einkommensteuersatzes zu einem Anstieg des Arbeitseinsatzes und der Investitionen. Da aber die höheren Schulden mit höheren Zinszahlungen in der Zukunft verbunden sind, die letztlich über eine Einkommensteuererhöhung finanziert werden müssen, kommt es mittelfristig zu negativen Outputeffekten und zu einem Abbau des Kapitalstocks. Dies ist letztlich auch der Grund dafür, daß bei einer Wohlfahrtsbetrachtung anhand der Konsumäquivalente nicht für alle Parameterkombinationen ein positiver Nutzeneffekt der kreditfinanzierten Einkommensteuersenkung beobachtet werden kann. Da die Steuer- und die Kreditfinanzierung nun keinesfalls äquivalent in dem Sinne sind, daß eine Änderung der Einnahmenstruktur keine makroökonomischen Effekte verursacht, ist die Staatsschuldenneutralität nicht mehr gegeben.

In Kapitel 5 wird die Frage analysiert, welche Wirkungen verschiedene Finanzierungsformen zusätzlicher öffentlicher Investitionen einerseits und zusätzlicher Staatskonsumausgaben andererseits auf die Modellökonomie haben. Gleichzeitig wird untersucht, welche Finanzierungsform vorzuziehen ist und ob die Maßnahme überhaupt durchgeführt werden sollte. Hierzu wird eine Modellvariante entwickelt, in der der Staat öffentliche Investitionen sowie Staatskonsumausgaben tätigt und diese über eine Konsumsteuer, über eine Einkommensteuer, über Defizite und – um einen Vergleich mit der Pauschalsteuerfinanzierung vornehmen zu können – über eine Pauschalsteuer finanziert.

Beim Vergleich der Finanzierungsformen zusätzlicher Investitionen stellt sich zunächst die enorme Bedeutung heraus, die der Größe der Produktionselastizität des öffentlichen Kapitals zukommt. Ist diese relativ niedrig, kommt es zunächst zu einem negativen Vermögenseffekt. Ist sie dagegen relativ hoch, wird ein positiver Vermögenseffekt induziert, weshalb sich die Modellreaktionen je nach Wahl dieses Parameterwertes unterscheiden. Zweitens zeigt sich, daß bei einer genügend großen Produktionselastizität des öffentlichen Kapitals die Einkommensteuerfinanzierung öffentlicher Investitionen zumindest mittel- und langfristig überraschend gut (besser als die Pauschalsteuerfinanzierung) abschneidet, was darauf zurückzuführen ist, daß mit dem größeren produktiven öffentlichen Kapitalstock Einkommenssteigerungen induziert werden, die zu höheren Steuereinnahmen führen und mittelfristig die Senkung des Einkommensteuersatzes erlauben. Dies wiederum hat (im Gegensatz zu einer Pauschalsteuersenkung) über induzierte Nettolohn- und Nettozinseffekte positive Auswirkungen auf den Faktoreinsatz, was die Outputsteigerungen noch verstärkt. Mithin kommt man insgesamt zu dem bemerkenswerten Ergebnis, daß es weniger auf die Finanzierungsform der zusätzlichen öffentlichen Investitionen ankommt als vielmehr auf die Produktivität der wie auch immer finanzierten öffentlichen Investitionen selbst. Außerdem kann hier gezeigt werden, daß im Falle einer hohen Produktionselastizität des öffentlichen Kapitals eine Erhöhung der öffentlichen Investitionen bei fast allen Finanzierungsformen (außer Konsumsteuerfinanzierung) zu einem Anstieg des privaten Konsums führt. Deshalb ist es in einem um öffentliche Investitionen und einem öffentlichen Kapitalstock erweiterten RBC-Modell durchaus möglich, den empirisch beobachteten positiven Zusammenhang zwischen Staatsausgaben und privatem Konsum nachzuvollziehen.

Eine Erhöhung des Staatskonsums erzeugt nur bei der Kredit- und bei der Pauschalsteuerfinanzierung positive kurz- und langfristige Outputeffekte, was im wesentlichen auf einen negativen Vermögenseffekt zurückzuführen ist. Betrachtet man allerdings die Nutzeneffekte, stellt man für alle Finanzierungsarten Nutzenverluste fest, so daß man aus dieser Perspektive eine Erhöhung des Staatskonsums ablehnen muß.
Ferner kann hier das Ergebnis aus Kapitel 3, nämlich daß öffentliche Investitionen einen geringeren kurzfristigen Multiplikator aufweisen als der Staatskonsum, bestätigt werden. Dieses Ergebnis gilt also unabhängig von der Finanzierungsform.

Da bei einer exogenen Erhöhung einer Staatsausgabenart sich die entsprechende Finanzierungsvariable endogen anpassen muß, um die Budgetgleichung des Staates zu erfüllen, treten bei der Modellierung einer Kreditfinanzierung zusätzlicher Staatsausgaben Probleme auf. Denn bei endogenem Defizit müssen zukünftige Zinszahlungen durch höhere Verschuldung finanziert werden, was zu einem Anwachsen des Defizits und des Schuldenstandes ins Unendliche führen würde. Um dies zu vermeiden, werden unterschiedliche Vorgehensweisen vorgestellt. Eine besteht darin, ad hoc eine Reaktionsfunktion des Staates einzuführen, die je nach Ausgestaltung eine Steuererhöhung oder eine Ausgabensenkung induziert. Da mit den verschiedenen Ausgestaltungsmöglichkeiten dieser Reaktionsfunktion auch teilweise unterschiedliche makroökonomische Effekte der Kreditfinanzierung verbunden sein können, muß der Vergleich der Kreditfinanzierung mit den anderen Finanzierungsformen mit Vorbehalten betrachtet werden.

Zum Abschluß wird in Kapitel 6 untersucht, welche Antworten das Modell auf aktuelle wirtschaftspolitische Fragestellungen geben kann. Dazu wird eine Modellvariante mit einem Produktionsfaktor Energie und – was bisher in der RBC-Literatur noch nicht berücksichtigt wurde – mit der Energie auch als Konsumgut entwickelt. Somit können die Wirkungen einer Energiesteuer und eines Energiepreisschocks sowohl auf der Produktionsebene als auch auf der Konsumebene simuliert werden. Es wird sodann gefragt, welche Ausgestaltung einer aufkommensneutralen Steuerreform mit Energiesteuererhöhung – beurteilt nach den Kriterien Outputeffekt und Nutzeneffekt – die beste Politikalternative darstellt. Dabei zeigt sich, daß eine Energiesteuererhöhung bei gleichzeitiger Einkommensteuersenkung und eine Energiesteuererhöhung bei gleichzeitiger Senkung der Sozialversicherungsbeiträge – also eine Ausgestaltungsvariante, die der deutschen „Ökosteuer" sehr nahe kommt – die besten Ergebnisse liefern.

Im zweiten Teil des Kapitels werden die Effekte eines Energiepreisschocks untersucht sowie unterschiedliche Möglichkeiten, wie die Fiskalpolitik auf einen solchen Schock reagieren kann. Dabei wird die Idee einer Politik der Energiepreisstabilisierung in das Modell integriert: Der Staat senkt (erhöht) die Energiesteuer, sobald der Energiepreis ohne Steuern steigt (sinkt) und hält damit das Bruttoenergiepreisniveau konstant. Diese Politikalternative stellt in diesem Modell die beste Möglichkeit für den Staat dar, auf einen Energiepreisschock zu reagieren, denn sie ist sowohl bei einer Betrachtung der Outputeffekte als auch bei einer Betrachtung der Nutzeneffekte eindeutig einer „Politik der Built-in flexibility" oder den „traditionellen" expansiven fiskalpolitischen Maßnahmen (Deficit spending und kreditfinanzierte Einkommensteuersenkung) überlegen.

Sicherlich können diese Ergebnisse zunächst nur als die Ergebnisse dieses Modells interpretiert und nicht ohne weiteres auf eine real existierende Wirtschaft übertragen werden. Dies schon alleine deshalb, weil der Aggregationsgrad des Modells sehr groß ist und weiterhin die einem solchen neoklassischen Modell mit repräsentativen Agenten eigenen problematischen Annahmen getroffen wurden, wie z.B. die völlig flexiblen Löhne und Preise und die ständige Markträumung. Letztlich hängt die praktische Relevanz allerdings davon ab, ob ein RBC-Modell entwickelt werden kann, das die ökonomischen Prozesse der tatsächlichen Wirtschaft gut abbilden oder zumindest die „stilisierten Fakten der Konjunktur" nachzeichnen kann. Ein solches Modell ist jedoch bislang noch nicht vorhanden. Allerdings müßte der Staat, ob seiner enormen Bedeutung für die Ökonomie, in einem solchen „reicheren" Modell berücksichtigt werden. Dazu können die hier entwickelten Modellvariationen hilfreich sein. Auch können die „Analysemethoden", wie z.B. die Zerlegung in Vermögens-, Zins- und Lohneffekte und die Ableitung von Konsumäquivalentkurven, für die Analyse dieses oder ähnlicher Modelle benutzt werden. Aber selbst wenn die Entwicklung eines umfassenden RBC-Modells nicht gelingt, kann diese Arbeit zumindest das Verständnis der Modellmechanismen verbessern und die Bedeutung einer „dynamischen Sichtweise" hervorheben.

Ferner kann diese Arbeit einen Eindruck von den „Gestaltungsspielräumen" vermitteln, die einem Modellbauer hier zufallen. So kann er zunächst die Produktions- und Nutzenfunktion mehr oder weniger frei wählen. Er hat außerdem bei der Wahl der Parameterwerte recht große Freiheiten, da die Bandbreite der empirischen Schätzungen für bestimmte Parameterwerte recht groß ist. Zudem werden die Parameter oft so festgelegt, daß ein gewünschter Steady-State-Wert realisiert wird. Bei der Modellausgestaltung ist der Modellbauer ferner frei in der Wahl der Komponenten, die er berücksichtigt. Auf die fiskalpolitischen Komponenten bezogen heißt das: Er kann sich aussuchen, ob er z.B. eine Konsumsteuer, eine Einkommensteuer oder öffentliche Investitionen berücksichtigt. „Selbstverständlich" wird er die Wahl so treffen, daß sie im Hinblick auf ein gewünschtes Ergebnis (z.B. die Generierung bestimmter stilisierter

Fakten) besonders günstig ist. Selbst hier kann diese Arbeit nützlich sein, da der „zielorientierte“ Modellbauer die Wirkungen der einzelnen fiskalpolitischen Komponenten kennen muß, um eine „adäquate“ Auswahl zu treffen.

Um die Tauglichkeit des Modells zu beurteilen, sind aber nicht nur diese offensichtlichen Ausgestaltungsfreiheiten relevant, sondern auch die Robustheit der Modellergebnisse gegenüber scheinbar geringfügigen Modellmodifikationen. Hier sind jedoch die abgeleiteten Aussagen zwiespältig. So erweist sich z.B. die Tatsache, daß der Staatskonsum in diesem Modell kurzfristig einen größeren Multiplikator erzeugt als die öffentlichen Investitionen, als äußerst robust gegenüber Modellvariationen (Änderungen der Finanzierungsform, sogar Änderung der Nutzenfunktion). Auch kann die Frage, ob man die Abschreibungen von der Bemessungsgrundlage der Einkommensteuer abzieht oder nicht, für bestimmte Fragestellungen relativ unbedeutend sein (z.B. bei der Analyse des Laffer-Effektes in Abschnitt 4.1.5.2. bzw. 4.1.5.3.). An anderen Stellen dagegen ist dies für den Charakter der Ergebnisse von großer Bedeutung: Werden die Abschreibungen – anders als hier (weitgehend) unterstellt – nicht von der Bemessungsgrundlage abgezogen, so kann es im Einkommensteuermodell bei einer Grenznutzenelastizität von $\eta=1$ und hohen Persistenzwerten zu einem Konsumanstieg bei einer Einkommensteuererhöhung kommen, was bei der in Abschnitt 4.1.5.1. diskutierten Modellvariante nicht zu beobachten ist.

Als Fazit kann man festhalten, daß sich das RBC-Modell dank seines klaren und präzisen Aufbaus sehr gut für eine theoretische Wirkungsanalyse fiskalpolitischer Maßnahmen eignet. Es können dabei, vor allem was die dynamischen Aspekte angeht, recht interessante Ergebnisse gewonnen werden. Ein Ziel der Arbeit bestand darin, die Modellmechanismen aufzuzeigen, die zu diesen Ergebnissen führen, um damit etwas Licht in die oft als „black box“ erscheinenden Modelle zu bringen. Die abgeleiteten Erkenntnisse können von Befürwortern und Kritikern der RBC-Modelle gleichermaßen genutzt werden.

Literaturverzeichnis

Ahmed, Shaghil (1986):
Temporary and Permanent Government Spending in an Open Economy, in: Journal of Monetary Economics, 17, 1986, S. 197-224.

Aiyagari, Rao S. / Christiano Lawrence J. / Eichenbaum, Martin (1992):
The output, employment, and interest rate effects of government consumption, in: Journal of Monetary Economics, 30, 1992, 73-86.

Ambler, Steve / Paquet, Alain (1994):
Stochastic Depreciation and the Business Cycle, in: International Economic Review, 35, 1994, S. 101-117.

Ambler, Steve / Paquet, Alain (1996):
Fiscal spending shocks, endogenous government spending, and real business cycles, in: Journal of Economic Dynamics and Control, 20, 1996, S. 237-256.

Andel, Norbert (1998):
Finanzwissenschaft, Tübingen 1998.

Arrow, Kenneth J. (1965):
Aspects of the Theory of Risk Bearing, in: Essays in the Theory of Risk Bearing, (Wiederabdruck), Chicago 1971.

Arrow, Kenneth J./ Kurz, Mordecai (1970):
Public Investment, The Rate of Return, and optimal Fiscal Policy, Baltimore, London 1970.

Aschauer, David Alan (1985):
Fiscal Policy and Aggregate Demand, in: The American Economic Review, 75, 1985, S. 117-127.

Aschauer, David Alan (1988):
The Equilibrium Approach to Fiscal Policy, in: Journal of Money, Credit, and Banking, 20, 1988, S. 41-62.

Aschauer, David Alan (1989):
Is Public Expenditure Productive?, in: Journal of Monetary Economics, 23, 1989, S. 177-200.

Auerbach, Alan J. / Kotlikoff, Laurence J. (1987):
Dynamic fiscal policy, Cambridge 1987.

Azariadis, Costas (1993):
Intertemporal Macroeconomics, Cambridge 1993.

Bailey, Martin J. (1971):
National Income and the Price Level: A Study in Macroeconomic Theory, New York 1971.

Barro, Robert J. (1981):
Output Effects of Government Purchases, in: Journal of Political Economy, 89, 1981, S. 1086-1121.

Barro, Robert J. (1989):
The Neoclassical Approach to Fiscal Policy, in: Barro, Robert J. (Hrsg.): Modern Business Cycle Theory, Cambridge Mass. 1989, S. 178-235.

Barro, Robert J. (1992):
Makroökonomie, 3. Auflage, München 1992.

Barro, Robert J. (Hrsg.) (1989):
Modern Business Cycle Theory, Cambridge Mass. 1989.

Barro, Robert J. / Sala-i-Martin, Xavier (1992):
Covergence, in: Journal of Political Economy, 100, 1992, S. 223-251.

Barro, Robert J. / Sala-i-Martin, Xavier (1998):
Wirtschaftswachstum, München 1998.

Bartsch, Peter/ Tolkemitt, Georg (1990):
Did Growth Theory Deliver any Prescriptions, upon which Public Finance can Rely?, in: Krause-Junk, Gerold (Hrsg.): Public Finance and Steady Economic Growth, The Hague 1990, S. 85-95.

Baxter, Marianne / King, Robert G. (1990):
Fiscal Policy in General Equilibrium, (University of Rochester, Working Paper, No. 244), 1990.

Baxter, Marianne / King, Robert G. (1993):
Fiscal Policy in General Equilibrium, in: The American Economic Review, 83, 1993, S. 315-334.

Benhabib, Jess / Rogerson Richard / Wright, Randall (1991):
Homework in Macroeconomics: Household Production and Aggregate Fluctuations, in: Journal of Political Economy, 99, 1991, S. 1166-1187.

Blanchard, Oliver J. / Fischer, Stanley (1989):
Lectures in Macroeconomics, Cambridge Mass. 1989.

Blanchard, Oliver J. / Perotti, Roberto (1999):
An Empirical Characterization of the Dynamic Effects of Changes in Government Spending and Taxes on Output, (NBER Working Paper Series, Working Paper 7269), Cambridge Mass., July 1999.

Braun, Anton R. (1994):
Tax disturbances and real economic activity in the postwar United States, in: Journal of Monetary Economics, 33, 1994, S. 441-462.

Bundesministerium für Wirtschaft und Technologie (2000):
Zahlen und Fakten – Energie Daten 2000, Berlin, Juli 2000.

Burnside, Craig / Eichenbaum, Martin / Fisher, Jonas D.M. (1999):
Assessing the Effects of Fiscal Shocks, Working Paper, November 1999.

Burnside, Craig / Eichenbaum, Martin / Rebelo, Sergio (1993):
Labor hoarding and the Business Cycle, in: Journal of Political Economy, 101, 1993, S. 245-273.

Campbell, John J. (1994):
Inspecting the mechanism – An analytical approach to the stochastic growth model, in: Journal of Monetary Economics, 33, 1994, S. 463-506.

Carlberg, Michael (1985):
Langfristige Grenzen der Staatsverschuldung. Ein Beitrag zur Theorie der optimalen Finanzpolitik, in: Jahrbuch für Sozialwissenschaft, 36, 1985, S. 262-273.

Cass, David (1965):
Optimum Growth in an Aggregate Model of Capital Accumulation, in: Review of Economic Studies, 32, 1965, S. 233-240.

Chiang, Alpha C. (1984):
Fundamental Methods of Mathematical Economics, Auckland u.a.O. 1984.

Chiang, Alpha C. (1992):
Elements of Dynamic Optimization, New York 1992.

Chow, Gregory C. (1997):
Dynamic Economics, New York 1997.

Christiano, Lawrence J. (1988):
Why does Inventory Investment fluctuate so much?, in: Journal of Monetary Economics, 21, 1988, S. 247-280.

Christiano, Lawrence J. (1998):
Solving Dynamic Equilibrium Models by a Method of Undetermined Coefficients, Working Paper, October 1998.

Christiano, Lawrence J. / Eichenbaum, Martin (1992):
Current Real Business Cycle Theories and Aggregate Labor-Market Fluctuations, in: The American Economic Review, 82, 1992, S. 430-450.

Clemens, Christiane (1999):
Endogenes Wachstum, Einkommensunsicherheit und Besteuerung, Marburg 1999.

Coenen, Günter (1997):
Intertemporale Substitution in der Realen Konjunkturtheorie, Frankfurt/M 1997.

Coenen, Günter (1998):
Intertemporale Effekte einer fiskalischen Konsolidierung in einem RBC-Modell, (Diskussionspapier / Volkswirtschaftliche Forschungsgruppe der Deutschen Bundesbank), Frankfurt am Main 1998.

Cooley, Thomas F. (Hrsg.) (1995):
Frontiers of Business Cycle Research, Princeton 1995.

Cooley, Thomas F. / Prescott, Edward C. (1995):
Economic Growth and Business Cycles, in: Cooley, Thomas F. (Hrsg.): Frontiers of Business Cycle Research, Princeton 1995, S. 1-38.

Correia, Isabel / Neves, Joao / Rebelo, Sergio (1995):
Business cycles in a small open economy, in: European Economic Review, 39, 1995, S.1089-1113.

Danthine, Jean-Pierre / Donaldson, John B. (1995):
Computing Equilibria of Nonoptimal Economies, in: Cooley, Thomas F. (Hrsg.): Frontiers of Business Cycle Research, Princeton 1995, S. 65-97.

Deutsche Bundesbank (1999):
Entwicklung und Finanzierungsaspekte der öffentlichen Investitionen, in: Deutsche Bundesbank Monatsbericht, April 1999, S. 29-46.

Devereux, Michael B. / Gregory, Allan W. / Smith, Gregor, W. (1992):
Realistic cross-country consumption correlations in a two-country, equilibrium, business cycle model, in: Journal of International Money and Finance, 11, 1992, S. 3-16.

Dixit, Avinash K. (1990):
Optimization in Economic Theory, Second Edition, Oxford 1990.

Dotsey, Michael / Mao, Ching Sheng (1992):
How well do linear approximations work?, in: Journal of Monetary Economics, 29, 1992, S. 25-58.

Dotsey, Michael / Mao, Ching Sheng (1994):
The Effects of Fiscal Policy in a Neoclassical Growth Model, (Working Paper 94-03, Federal Reserve Bank of Richmond), 1994.

Ehrlicher, Werner (1977):
Öffentliche Sachausgaben, in Fritz Neumark (Hrsg.): Handbuch der Finanzwissenschaft, Band I, 3. Auflage, 1977, S. 753-795.

Elmendorf, Douglas W. / Mankiw, Gregory N. (1998):
Government Debt, (NBER Working Paper Series, Working Paper 6470), Cambridge Mass., March 1998.

Fairise, Xavier / Langot, Francois (1995):
A RBC Model for Explaining cyclical Labor Market Features, in: Henin, Pierre-Yves (Hrsg.): Advances in Business Cycle Research, Berlin, Heidelberg 1995, S. 55-106.

Farmer, Roger E. A. (1993):
The Macroeconomics of Self-Fulfilling Prophecies, Cambridge Mass. 1993.

Finn, Mary G. (1995):
Variance properties of Solow's productivity residual and their cyclical implications, in: Journal of Economic Dynamics and Control, 19, 1995, S. 1249-1281.

Frisch, Ragnar (1959):
A Complete Scheme for Computing All Direct and Cross Demand Elasticities in a Modell with Many Sectors, in: Econometrica, 27, 1959, S. 177-196.

Fullerton, Don (1982):
On the Possibility of an Inverse Relationship between Tax Rates and Government Revenues, in: Journal of Public Economics 19, 1982, S. 3-22.

Gasche, Martin (1998):
Staatsverschuldung in einem „Solow-Wachstumsmodell": Anpassungsprozesse und Optimalität, unveröffentlichte Diplomarbeit, Frankfurt/M 1998.

Gasche, Martin (2001):
Outputeffekte des Staatskonsums und der öffentlichen Investitionen in einem RBC-Modell, (Frankfurter Volkswirtschaftliche Diskussionsbeiträge, 105), Februar 2001.

Genser, Bernd (1996):
Hat Österreich seit 1993 eine duale Einkommensteuer?, in: Tichy, Geiserich E./Matis, Herbert/Schleuch, Fritz (Hrsg.): Wege zur Ganzheit, (Festschrift für J. Hanns Pichler zum 60. Geburtstag), Berlin 1996, S. 399-409.

Greenwood, Jeremy / Hercowitz, Zvi / Huffman, Gregory W. (1988):
Investment, Capacity Utilization, and the Real Business Cycle, in: The American Economic Review, 78, 1988, S. 402-417.

Greenwood, Jeremy / Huffman, Gregory W. (1991):
Tax analysis in a real business-cycle model – On measuring Harberger triangles and Okun gaps, in: Journal of Monetary Economics, 27, 1991, S. 167-190.

Greenwood, Jeremy / Rogerson Richard / Wright Randall (1995):
Household Production in Real Business Cycle Theory, in: Cooley, Thomas F. (Hrsg.): Frontiers of Business Cycle Research, Princeton 1995, S. 157-174.

Grill, Romeo (1989):
Der Staat im Modell optimalen Wachstums, Frankfurt/M 1989.

Hairault, Jean-Olivier (1995):
Presentation and Evaluation of the Real Business Cycles Approach, in: Henin, Pierre-Yves (Hrsg.): Advances in Business Cycle Research, Berlin, Heidelberg 1995, S. 21-54.

Hall, Robert E. (1980):
Labor supply and aggregate fluctuations, in: Brunner, Karl / Meltzer, Allan (Hrsg.): On the state of macroeconomics, Carnegie-Rochester Conference series on Public Policy, Vol. 12, 1980.

Hamilton, James D. (1994):
Time Series Analysis, Princeton 1994.

Hansen, Gary D. (1985):
Indivisible Labor and the Business Cycle, in: Journal of Monetary Economics, 16, 1985, S. 309-327.

Hansen, Gary D. / Wright, Randall (1992):
The Labor Market in Real Business Cycle Theory, in: Federal Reserve Bank of Minneapolis Quarterly Review, Spring 1992, S. 2-12.

Harjes, Thomas (1997):
Real Business Cycles in an Open Economy: An Application to Germany, in: Weltwitschaftliches Archiv, 133, 1997, S. 635-655.

Hartley, James E. / Hoover, Kevin D. / Salyer, Kevin D. (1998):
A user's guide to solving real business cycle models, in: Hartley, James E. / Hoover, Kevin D. / Salyer, Kevin D. (Hrsg.): Real Business Cycles – A Reader, London, New York 1998, S. 43-54.

Hartley, James E. / Hoover, Kevin D. / Salyer, Kevin D. (Hrsg.) (1998):
Real Business Cycles – A Reader, London, New York 1998.

Heer, Burkard / Trede, Mark (1998):
How Did the German Government Parties Succeed in Stabilizing Cyclical Fluctuations?, in: Finanzarchiv N.F., 55, 1998, S. 139-162.

Heinemann, Maik (1995):
Die Erklärung der konjunkturellen Bewegungen am Arbeitsmarkt durch die Theorie realer Konjunkturzyklen, Regensburg 1995.

Hellner, Ute (1995):
Der Investitionsbegriff im Rahmen der Verschuldungsdiskussion, Working Papers, No. 259, Wirtschafts- und Sozialwissenschaftliches Institut, Universität Freiburg, Schweiz, Fribourg 1995.

Henin, Pierre-Yves (1995):
Advances in Business Cycle Research, Berlin u.a.O. 1995.

Hicks, John R. (1965):
Capital and growth, New York 1965.

Hodrick, Robert J. / Prescott, Edward C. (1980):
Post-War U.S. Business Cycles: An empirical Investigation, Carnegie Mellon University Working Paper, 1980.

Holstein, Michael (1998):
Moderne Konjunkturtheorie: Reale Schocks, multiple Gleichgewichte und die Rolle der Geldpolitik, Marburg 1998.

Huber, Bernd (1996):
Optimale Finanzpolitik und zeitliche Inkonsistenz, Heidelberg 1996.

Institut der deutschen Wirtschaft (2000):
Zahlen zur wirtschaftlichen Entwicklung in der Bundesrepublik Deutschland, Köln 2000.

Jonsson, Gunnar / Klein, Paul (1996):
Stochastic fiscal policy and the Swedish business cycle, in: Journal of Monetary Economics, 38, 1996, S. 245-268.

Judd, Kenneth L. (1987):
Dynamic Models of Taxation. A Dynamic Theory of Factor Taxation, in: The American Economic Review, Papers and Proceedings, 77, 1987, S. 42-48.

Kim, H. Youn (1993):
Frisch Demand Functions and Intertemporal Substitution in Consumption, in: Journal of Money, Credit, and Banking, 25, 1993, S. 445-454.

Kim, In-Moo /Loungani, Prakash (1992):
The role of energy in real business cycle models, in: Journal of Monetary Economics, 29, 1992, S. 173-189.

King, Robert G. (1989):
Value and Capital in the Equilibrium Business Cycle Program, (The University of Rochester, Working Paper No. 207), 1989.

King, Robert G. (1991):
Value and Capital in the Equilibrium Business Cycle Programme, in: McKenzie, Lionel W. / Zamagni Stefano (Hrsg.): Value and Capital: Fifty Years Later, Houndmills 1991, S. 279-309.

King, Robert G. / Plosser, Charles I. / Rebelo, Sergio T. (1988a):
Production Growth and Business Cycles I. The Basic Neoclassical Model, in: Journal of Monetary Economics, 21, 1988, S.195-232.

King, Robert G. / Plosser, Charles I. / Rebelo, Sergio T. (1988b):
Production Growth and Business Cycles II. New Directions, in: Journal of Monetary Economics, 21, 1988, S. 309-341.

King, Robert G. / Rebelo, Sergio (1998):
Resuscitating Real Business Cycles, Working Paper, July 1998, (überarbeitete Version erschienen als NBER Working Paper 7534, February 2000, und als Working Paper No. 467, Rochester Center of Economic Research, January 2000).

Kitterer, Wolfgang (1994):
Tax- versus Debt-Financing of Public Investment: A Dynamic Simulation Analysis, in: Kredit und Kapital, 27, 1994, S. 163-187.

Koopmans, Tjalling C. (1965):
On the concept of optimal economic growth, in: The Econometric Approach to Development Planning, Chicago 1965, S. 225-300.

Kormendi, Roger C. (1983):
Government Debt, Government Spending, and Private Sector Behavior, in: The American Economic Review, 83, 1983, S. 994-1010.

Kronenberger, Stefan (1988):
Die Investitionen im Rahmen der Staatsausgaben, Frankfurt/M 1988.

Kydland, Finn E. (Hrsg.) (1995):
Business Cycle Theory, Aldershot 1995.

Kydland, Finn E. / Prescott, Edward C. (1982):
Time to Build and Aggregate Fluctuations, in: Econometrica, 50, 1982, S. 1345-1370.

Lenz, Carlos (1995):
Reale Konjunkturmodelle und aggregierte Fluktuationen in der Schweiz, Bern u.a.O. 1995.

Lessat, Vera (1994):
Endogenes Wirtschaftswachstum, Frankfurt/M. 1994.

Long, John B. / Plosser, Charles I. (1983):
Real Business Cycles, in: Journal of Political Economy, 91, 1983, S. 39-69.

Lucke, Bernd (1998):
Theorie und Empirie realer Konjunkturzyklen, Heidelberg 1998.

Ludvigson, Sydney (1996):
The macroeconomic effects of government debt in a stochastic growth model, in: Journal of Monetary Economics, 38, 1996, S. 25-45.

Marimon, Ramon / Scott, Andrew (Hrsg.) (1999):
Computational Methods for the Study of Dynamic Economies, Oxford 1999.

Maußner, Alfred (1994):
Konjunkturtheorie, Berlin 1994.

Maußner, Alfred/ Klump, Rainer (1996):
Wachstumstheorie, Berlin, Heidelberg 1996.

McCallum, Bennett T. (1983):
On non-uniqueness in rational expectations models, in: Journal of Monetary Economics, 11, 1983, S. 139-168.

McCallum, Bennett T. (1989):
Real Business Cycle Models, in: Barro, Robert J. (Hrsg.): Modern Business Cycle Theory, Cambridge Mass. 1989, S. 16-50.

McGrattan, Ellen R. (1994):
The macroeconomic effects of distortionary taxation, in: Journal of Monetary Economics, 33, 1994, S. 573-601.

McGrattan, Ellen R. / Rogerson, Richard / Wright, Randall (1997):
An Equilibrium Model of the Business Cycle with Household Production and Fiscal Policy, in: International Economic Review, 38, 1997, S. 267-290.

Michaelis, Jochen (1989):
Optimale Finanzpolitik im Modell überlappender Generationen, Frankfurt/M 1989.

Müller, Klaus (1990):
Staatsausgaben und wirtschaftliche Entwicklung: Eine Analyse des Zusammenhangs zwischen Staatsausgaben und wirtschaftlicher Entwicklung für unterschiedliche Entwicklungsstände, Frankfurt/M 1990.

Müller, Klaus (1991):
Staatsausgaben und wirtschaftliche Entwicklung, in: WISU, Heft 8-9, 1991, S. 571-573.

Niepelt, Dirk (1997):
Prognosefehler eines realen Konjunkturmodells für die Schweiz, Diss. Universität St. Gallen, Scheßlitz 1997.

Plosser, Charles I. (1989):
Understanding Real Business Cycles, in: Journal of Economic Perspectives, 3, 1989, S. 51-77.

Pratt, John W. (1964):
Risk Aversion in the Small and in the Large, in: Econometrica, 32, S. 122-136.

Prescott, Edward C. (1986):
Theory Ahead of Business Cycle Measurement, in: Brunner, Karl / Melzer, Allan H. (Hrsg.): Real Business Cycles, Real Exchange Rates and Actual Policies, Carnegie-Rochester Conference Series on Public Policy, Vol. 25, Autumn 1986, S. 11-44.

Rauch, Bernhard (1995):
Die Reale Konjunkturtheorie, in: WiSt, Heft 8, 1995, S. 403-407.

Richter, Wolfram F. / Wiegard, Wolfgang (1993):
Zwanzig Jahre „Neue Finanzwissenschaft" - Teil II: Steuern und Staatsverschuldung, in: Zeitschrift für Wirtschafts- und Sozialwissenschaften (ZWS), 113, 1993, S. 337-400.

Romer, David (1996):
Advanced Macroeconomics, New York 1996.

Rotemberg, Julio J. / Woodford, Michael (1995):
Dynamic General Equilibrium Models with Imperfectly Competitive Product Markets, in: Cooley, Thomas F. (Hrsg.): Frontiers of Business Cycle Research, Princeton 1995, S. 243-293.

Sargent, Thomas J. (1987):
Dynamic Macroeconomic Theory, Cambridge Mass. 1987.

Seater, John J. (1993):
Ricardian Equivalence, in: Journal of Economic Literature, 31, 1993, S. 142-190.

Solow, Robert M. (1956):
A Contribution to the Theory of Economic Growth, in: Quarterly Journal of Economics, 70, 1956, S. 65-94.

Solow, Robert M. (1957):
Technical change and the aggregate production function, in: Review of Economics and Statistics, 39, 1957, S. 312-320.

Statistisches Bundesamt (1998):
Fachserie 4, Reihe 4.3. Produzierendes Gewerbe, Wiesbaden 1998.

Stokey, Nancy L. / Lucas, Robert E. (1989):
Recursive Methodes of Economic Dynamics, Cambridge Mass., London 1989.

Swan, Trevor W. (1956):
Economic Growth and Capital Accumulation, in: Economic Record, 32, 1956, S. 334-361.

Toillie', Barbara (1980):
Öffentliche Investitionen, Berlin 1980.

Turnovsky, Stephen J. (1995):
Methods of Macroeconomic Dynamics, Cambridge Mass. 1995.

Turnovsky, Stephen J. / Fisher, Walter (1995):
The composition of government expenditure and its consequences for macroeconomic performance, in: Journal of Economic Dynamics and Control, 19, 1995, S. 747-786.

Uhlig, Harald (1997):
A Toolkit for Analyzing Nonlinear Dynamic Stochastic Models Easily, (Working Paper), 1997.

Uhlig, Harald (1999):
A Toolkit for Analyzing Nonlinear Dynamic Stochastic Models Easily , in: Marimon, Ramon / Scott, Andrew (Hrsg.):Computational Methods for Study of Dynamic Economies, Oxford 1999, S. 30-61.

Varian, Hal R. (1999):
Grundzüge der Mikroökonomik, 4. Auflage, München, Wien 1999.

Wiegard, Wolfgang (1987):
Direkte versus indirekte Besteuerung: Einfluß des Steuersystems auf die wirtschaftliche Entwicklung, in: Beihefte zur Konjunkturpolitik, 33, 1987, S. 55-91.

Wenzel, Heinz-Dieter (1986):
Öffentliche Kreditaufnahme und öffentliche Investitionen im Wachstumsgleichgewicht, in: Kredit und Kapital, 19, 1986, S. 496-521.

Wenzel, Heinz-Dieter/ Wrede, Matthias (1993):
Golden Rule Fiscal Policy, Schweizerische Zeitschrift für Volkswirtschaft und Statistik, 129, 1993, S.123-150.

Williamson, Stephen D. (1996):
Real business cycle research comes of age: A review essay, in: Journal of Monetary Economics, 38, 1996, S. 161-170.

Wissenschaftlicher Beirat beim Bundesministerium der Finanzen (1980):
Gutachten zum Begriff der öffentlichen Investitionen - Abgrenzungen und Folgerungen im Hinblick auf Art. 115 Grundgesetz - vom 26. April 1980, Bundesministerium der Finanzen (Hrsg.): Gutachten und Stellungnahmen 1974-1987, Tübingen 1988, S. 313-359.

Zimmermann, Klaus (1984):
Der Beitrag des öffentlichen Sektors zur Entwicklung der Produktivität, in: Konjunkturpolitik, 30, 1984, S. 93-118.

FINANZWISSENSCHAFTLICHE SCHRIFTEN

Band 1 Werner Steden: Finanzpolitik und Einkommensverteilung. Ein Wachstums- und Konjunkturmodell der Bundesrepublik Deutschland. 1979.

Band 2 Rainer Hagemann: Kommunale Finanzplanung im föderativen Staat. 1976.

Band 3 Klaus Scherer: Maßstäbe zur Beurteilung von konjunkturellen Wirkungen des öffentlichen Haushalts. 1977.

Band 4 Brita Steinbach: "Formula Flexibility" - Kritische Analyse und Vergleich mit diskretionärer Konjunkturpolitik. 1977.

Band 5 Hans-Georg Petersen: Personelle Einkommensbesteuerung und Inflation. Eine theoretisch-empirische Analyse der Lohn- und veranlagten Einkommensteuer in der Bundesrepublik Deutschland. 1977.

Band 6 Friedemann Tetsch: Raumwirkungen des Finanzsystems der Bundesrepublik Deutschland. Eine Untersuchung der Auswirkungen der Finanzreform von 1969 auf die Einnahmenposition der untergeordneten Gebietskörperschaften und ihrer regionalpolitischen Zieladäquanz. 1978.

Band 7 Wilhelm Pfähler: Normative Theorie der fiskalischen Besteuerung. Ein methodologischer und theoretischer Beitrag zur Integration der normativen Besteuerungstheorie in der Wohlfahrtstheorie. 1978.

Band 8 Wolfgang Wiegard: Optimale Schattenpreise und Produktionsprogramme für öffentliche Unternehmen. Second-Best Modelle im finanzwirtschaftlichen Staatsbereich. 1978.

Band 9 Hans P. Fischer: Die Finanzierung des Umweltschutzes im Rahmen einer rationalen Umweltpolitik. 1978.

Band 10 Rainer Paulenz: Der Einsatz finanzpolitischer Instrumente in der Forschungs- und Entwicklungspolitik. 1978.

Band 11 Hans-Joachim Hauser: Verteilungswirkungen der Staatsverschuldung. Eine kreislauftheoretische Inzidenzbetrachtung. 1979.

Band 12 Gunnar Schwarting: Kommunale Investitionen. Theoretische und empirische Untersuchungen der Bestimmungsgründe kommunaler Investitionstätigkeit in Nordrhein-Westfalen 1965-1972. 1979.

Band 13 Hans-Joachim Conrad: Stadt-Umland-Wanderung und Finanzwirtschaft der Kernstädte. Amerikanische Erfahrungen, grundsätzliche Zusammenhänge und eine Fallstudie für das Ballungsgebiet Frankfurt am Main. 1980.

Band 14 Cay Folkers: Vermögensverteilung und staatliche Aktivität. Zur Theorie distributiver Prozesse im Interventionsstaat. 1981.

Band 15 Helmut Fischer: US-amerikanische Exportförderung durch die DISC-Gesetzgebung. 1981.

Band 16 Günter Ott: Einkommensumverteilungen in der gesetzlichen Krankenversicherung. Eine quantitative Analyse. 1981.

Band 17 Johann Hermann von Oehsen: Optimale Besteuerung. *(Optimal Taxation)*. 1982.

Band 18 Richard Kössler: Sozialversicherungsprinzip und Staatszuschüsse in der gesetzlichen Rentenversicherung. 1982.

Band 19 Hinrich Steffen: Zum Handlungs- und Entscheidungsspielraum der kommunalen Investitionspolitik in der Bundesrepublik Deutschland. 1983.

Band 20 Manfred Scheuer: Wirkungen einer Auslandsverschuldung des Staates bei flexiblen Wechselkursen. 1983.

Band 21 Christian Schiller: Staatsausgaben und crowding-out-Effekte. Zur Effizienz einer Finanzpolitik keynesianischer Provenienz. 1983.

Band 22 Hannelore Weck: Schattenwirtschaft: Eine Möglichkeit zur Einschränkung der öffentlichen Verwaltung? Eine ökonomische Analyse. 1983.

Band 23 Wolfgang Schmitt: Steuern als Mittel der Einkommenspolitik. Eine Ergänzung der Stabilitätspolitik? 1984.

Band 24 Wolfgang Laux: Erhöhung staatswirtschaftlicher Effizienz durch budgetäre Selbstbeschränkung? Zur Idee einer verfassungsmäßig verankerten Ausgabengrenze. 1984.

Band 25 Brita Steinbach-van der Veen: Steuerinzidenz. Methodologische Grundlagen und empirisch-statistische Probleme von Länderstudien. 1985.

Band 26 Albert Peters: Ökonomische Kriterien für eine Aufgabenverteilung in der Marktwirtschaft. Eine deskriptive und normative Betrachtung für den Allokationsbereich. 1985.

Band 27 Achim Zeidler: Möglichkeiten zur Fortsetzung der Gemeindefinanzreform. Eine theoretische und empirische Analyse. 1985.

Band 28 Peter Bartsch: Zur Theorie der längerfristigen Wirkungen 'expansiver' Fiskalpolitik. Eine dynamische Analyse unter besonderer Berücksichtigung der staatlichen Budgetbeschränkung und ausgewählter Möglichkeiten der öffentlichen Defizitfinanzierung. 1986.

Band 29 Konrad Beiwinkel: Wehrgerechtigkeit als finanzpolitisches Verteilungsproblem. Möglichkeiten einer Kompensation von Wehrungerechtigkeit durch monetäre Transfers. 1986.

Band 30 Wolfgang Kitterer: Effizienz- und Verteilungswirkungen des Steuersystems. 1986.

Band 31 Heinz Dieter Hessler: Theorie und Politik der Personalsteuern. Eine Kritik ihrer Einkommens- und Vermögensbegriffe mit Blick auf die Leistungsfähigkeitstheorie. 1994.

Band 32 Wolfgang Scherf: Die beschäftigungspolitische und fiskalische Problematik der Arbeitgeberbeiträge zur Rentenversicherung. Eine Auseinandersetzung mit der Kritik an der lohnbezogenen Beitragsbemessung. 1987.

Band 33 Andreas Mästle: Die Steuerunion. Probleme der Harmonisierung spezifischer Gütersteuern. 1987.

Band 34 Günter Ott: Internationale Verteilungswirkungen im Finanzausgleich der Europäischen Gemeinschaften. 1987.

Band 35 Heinz Haller: Zur Frage der zweckmäßigen Gestalt gemeindlicher Steuern. Ein Diskussionsbeitrag zur Gemeindesteuerreform. 1987.

Band 36 Thomas Kuhn: Schlüsselzuweisungen und fiskalische Ungleichheit. Eine theoretische Analyse der Verteilung von Schlüsselzuweisungen an Kommunen. 1988.

Band 37 Walter Hahn: Steuerpolitische Willensbildungsprozesse in der Europäischen Gemeinschaft. Das Beispiel der Umsatzssteuer-Harmonisierung. 1988.

Band 38 Ulrike Hardt: Kommunale Finanzkraft. Die Problematik einer objektiven Bestimmung kommunaler Einnahmemöglichkeiten in der gemeindlichen Haushaltsplanung und im kommunalen Finanzausgleich. 1988.

Band 39 Jochen Michaelis: Optimale Finanzpolitik im Modell überlappender Generationen. 1989.

Band 40 Bernd Raffelhüschen: Anreizwirkungen der sozialen Alterssicherung. Eine dynamische Simulationsanalyse. 1989.

Band 41 Berend Diekmann: Die Anleihe- und Darlehenstransaktionen der Europäischen Gemeinschaften. 1990.

Band 42 Helmut Kaiser: Konsumnachfrage, Arbeitsangebot und optimale Haushaltsbesteuerung. Theoretische Ergebnisse und mikroökonometrische Simulation für die Bundesrepublik Deutschland. 1990.

Band 43 Rüdiger von Kleist: Das Gramm-Rudman-Hollings-Gesetz. Ein gescheiterter Versuch der Haushaltskonsolidierung. 1991.

Band 44 Rolf Hagedorn: Steuerhinterziehung und Finanzpolitik. Ein theoretischer Beitrag unter besonderer Berücksichtigung der Hinterziehung von Zinserträgen. 1991.

Band 45 Cornelia S. Behrens: Intertemporale Verteilungswirkungen in der gesetzlichen Krankenversicherung der Bundesrepublik Deutschland. 1991.

Band 46 Peter Saile: Ein ökonomischer Ansatz der Theorie der intermediären Finanzgewalten – Die Kirchen als Parafisci. 1992.

Band 47 Peter Gottfried: Die verdeckten Effizienzwirkungen der Umsatzsteuer. Eine empirische allgemeine Gleichgewichtsanalyse. 1992.

Band 48 Andreas Burger: Umweltorientierte Beschäftigungsprogramme. Eine Effizienzanalyse am Beispiel des "Sondervermögens Arbeit und Umwelt". 1992.

Band 49 Jeanette Malchow: Die Zuordnung verteilungspolitischer Kompetenzen in der Europäischen Gemeinschaft. Eine Untersuchung aufgrund einer Fortentwicklung der ökonomischen Theorie des Föderalismus. 1992.

Band 50 Barbara Seidel: Die Einbindung der Bundesrepublik Deutschland in die Europäischen Gemeinschaften als Problem des Finanzausgleichs. 1992.

Band 51 Ralph Wiechers: Markt und Macht im Rundfunk. Zur Stellung der öffentlich-rechtlichen Rundfunkanstalten im dualen Rundfunksystem der Bundesrepublik Deutschland. 1992.

Band 52 Klaus Eckhardt: Probleme einer Umweltpolitik mit Abgaben. 1993.

Band 53 Oliver Schwarzkopf: Die Problematik unterschiedlicher Körperschaftsteuersysteme innerhalb der EG. 1993.

Band 54 Thorsten Giersch: Bergson-Wohlfahrtsfunktion und normative Ökonomie. 1993.

Band 55 Li-Fang Chou: Selbstbeteiligung bei Arzneimitteln aus ordnungspolitischer Sicht. Das Beispiel der Bundesrepublik Deutschland. 1993.

Band 56 Harald Schlee: Einkommensteuerliche Behandlung von Transferzahlungen. Zur Neuordnung der Familienbesteuerung sowie der Besteuerung von Versicherungsleistungen und Sozialtransfers. 1994.

Band 57 Alexander Spermann: Kommunales Krisenmanagement. Reaktionen baden-württembergischer Stadtkreise auf steigende Sozialhilfekosten und Einnahmenausfälle (1980-92). 1993.

Band 58 Otto Roloff / Sibylle Brander / Ingo Barens / Claudia Wesselbaum: Direktinvestitionen und internationale Steuerkonkurrenz. 1994.

Band 59 Claudia Wesselbaum-Neugebauer: Internationale Steuerbelastungsvergleiche. 1994.

Band 60 Stephanie Miera: Kommunales Finanzsystem und Bevölkerungsentwicklung. Eine Analyse des kommunalen Finanzsystems vor dem Hintergrund der sich abzeichnenden Bevölkerungsentwicklung am Beispiel Niedersachsens unter besonderer Berücksichtigung des Landkreises Wolfenbüttel und seiner Gemeinden. 1994.

Band 61 Wolfgang Scherf: Die Bedeutung des kaldorianischen Verteilungsmechanismus für die gesamtwirtschaftlichen Wirkungen der staatlichen Neuverschuldung. 1994.

Band 62 Rainer Volk: Vergleich der Vergünstigungseffekte der verschiedenen investitionsfördernden Maßnahmen. 1994.

Band 63 Hans-Georg Napp: Kommunale Finanzautonomie und ihre Bedeutung für eine effiziente lokale Finanzwirtschaft. 1994. 2., unveränderte Auflage 1994.

Band 64 Bernd Rahmann / Uwe Steinborn / Günter Vornholz: Empirische Analyse der Autonomie lokaler Finanzwirtschaften in der Europäischen Gemeinschaft. 1994.

Band 65 Carsten Kühl: Strategien zur Finanzierung der Altlastensanierung. 1994.

Band 66 Stephan Boll: Intergenerationale Umverteilungswirkungen der Fiskalpolitik in der Bundesrepublik Deutschland. Ein Ansatz mit Hilfe des Generational Accounting. 1994.

Band 67 Karl Justus Bernhard Neumärker: Finanzverfassung und Staatsgewalt in der Demokratie. Ein Beitrag zur konstitutionellen Finanztheorie. 1995.

Band 68 Christian Haslbeck: Zentrale versus dezentrale Internalisierung externer Effekte bei unvollständiger Information. 1995.

Band 69 Regina Müller: Horizontale oder vertikale Transfers zur Durchsetzung eines horizontalen Finanzausgleichs. 1995.

Band 70 Christian Hockenjos: Öffentliche Sportförderung in der Bundesrepublik Deutschland. Darstellung und finanztheoretische Analyse. 1995.

Band 71 Manfred Rosenstock: Die Kontrolle und Harmonisierung nationaler Beihilfen durch die Kommission der Europäischen Gemeinschaften. 1995.

Band 72 Christian Rüsch: Wohnungsbau- und Wohneigentumspolitik im Rahmen der Einkommensteuer. Eine Analyse unter steuersystematischen, verteilungspolitischen und fiskalischen Aspekten. 1996.

Band 73 Stephan Winters: Die kollektive Vorsorge für den Pflegefall im Alter. Eine Untersuchung am Beispiel der gesetzlichen Pflegeversicherung in den Niederlanden. 1996.

Band 74 Knut Blind: Allokationsineffizienzen auf Sicherheitsmärkten: Ursachen und Lösungsmöglichkeiten. Fallstudie: Informationssicherheit in Kommunikationssystemen. 1996.

Band 75 Barbara Petrick-Rump: Ökonomische Wirkungen von Steueramnestien. Untersuchung konkreter Erfahrungen ausgewählter Länder mit dem Einsatz von Steueramnestien anhand eines effizienten Steueramnestieprogramms. 1996.

Band 76 Georg Hirte: Effizienzwirkungen von Finanzausgleichsregelungen. Eine Empirische Allgemeine Gleichgewichtsanalyse für die Bundesrepublik Deutschland. 1996.

Band 77 Ulrike Kirchhoff: Die rheinland-pfälzischen Gemeinden im System des Finanzausgleichs. 1996.

Band 78 Kerstin Keil: Der soziale Mietwohnungsbau: Mängel und Alternativen. 1996.

Band 79 Bernhard Manzke: Kinderlastenausgleich versus verstärkte Einwanderung. Alternative Ansätze zur langfristigen Sicherung der Gesetzlichen Rentenversicherung. 1997.

Band 80 Hariolf M. Wenzler: Institutionenökonomik und öffentliche Finanzkontrolle. Eine Analyse am Beispiel der Europäischen Union. 1997.

Band 81 Joachim Nagel: Supply-Side Policy in den USA. Eine theoretische und empirische Analyse der angebotsorientierten Wirtschaftspolitik Reagans unter besonderer Berücksichtigung steuerlicher Aspekte. 1997.

Band 82 Heinz Lampert: Krise und Reform des Sozialstaates. 1997.

Band 83 Monika Hanswillemenke / Bernd Rahmann: Zwischen Reformen und Verantwortung für Vollbeschäftigung. Die Finanz- und Haushaltspolitik der sozial-liberalen Koalition von 1969 bis 1982. 1997.

Band 84 Berthold Fürst: Die Maastrichter Budgetkriterien im Konflikt mit der Verschuldungsautonomie der deutschen Gebietskörperschaften. 1997.

Band 85 Burkhard Pahnke: Einkommensorientierte Förderung des sozialen Mietwohnungsbaues. Bestandsaufnahme und Kritik. 1998.

Band 86 Judith Safford: Staatsverschuldung im Vereinigten Königreich. Die öffentliche Verschuldung unter der Konservativen Regierung von 1979-1994. Ursachen und Auswirkungen. 1998.

Band 87 Ralf Oberheide: Die Bekämpfung der Steuerumgehung. 1998.

Band 88 Achim Truger: Die neue Finanzwissenschaft zwischen Realitätsferne und Irrelevanz der Annahmen. Eine methodologische Analyse potentieller Verteidigungsstrategien der neuen Finanzwissenschaft gegen den Vorwurf der Realitätsferne ihres entscheidungstheoretischen Fundamentes. 1998.

Band 89 Karin Bickel: Familienbezogene Elemente im System der gesetzlichen Rentenversicherung. Unter besonderer Berücksichtigung von Ein-Eltern-Familien. 1999.

Band 90 Wolfgang Scherf: Schlüsselzuweisungen und Kreisumlage. Die Problematik der Finanzierung der Landkreise am Beispiel des kommunalen Finanzausgleichs von Rheinland-Pfalz. 1998.

Band 91 Sandra Ehmann: Familienpolitik in Frankreich und Deutschland – ein Vergleich. 1999.

Band 92 Hendrik Suermann: Einkommensteuerliche Behandlung von Währungsgewinnen und -verlusten. Eine finanzwissenschaftliche Analyse des Steuerrechts in den USA und in Deutschland. 1999.

Band 93 Rolf Bösinger: Die Neuordnung des bundesstaatlichen Finanzausgleichs 1995. Eine theoretische und empirische Analyse unter Berücksichtigung von allokationstheoretischen und polit-ökonomischen Gesichtspunkten. 1999.

Band 94 Ulrich Ermschel: Finanzwirtschaftliche Konsequenzen beim Übergang auf das Ursprungslandprinzip im Europäischen Binnenmarkt. Eine Untersuchung am Beispiel des unvollkommenen oligopolistischen Neufahrzeugmarktes. 1999.

Band 95 Ute Hansen: Überwälzte Leistungen der Administration. Eine empirische und theoretische Analyse. 2000.

Band 96 Hans-Werner Seiler: Zur Durchsetzung der Einmalbesteuerung deutscher Körperschaftsgewinne. Strategien zur Vermeidung der im deutschen Körperschaftsteuersystem angelegten Benachteiligung ausländischer Anteilseigner. Eine finanzwissenschaftliche Analyse. 2000.

Band 97 Steffen Meyer: Zwischenstaatliche Finanzzuweisungen im zusammenwachsenden Europa. Zur Gestaltung eines Finanzausgleichs für die Europäische Union. 2000.

Band 98 Marion Hübner: Ökodumping? Umweltpolitik in internationalen Oligopolmärkten. 2000.

Band 99 Christhart Bork: Steuern, Transfers und private Haushalte. Eine mikroanalytische Simulationsstudie der Aufkommens- und Verteilungswirkungen. 2000.

Band 100 Norbert Eichler: Die Probleme des Gemeindefinanzausgleichs im Kooperativen Föderalismus. Eine ökonomische Analyse am Beispiel des Bundeslandes Nordrhein-Westfalen. 2000.

Band 101 Wolfgang Scherf: Der Länderfinanzausgleich in Deutschland. Ungelöste Probleme und Ansatzpunkte einer Reform. 2000.

Band 102 Stefan Dietrich Josten: Staatsverschuldung, intertemporale Allokation und Wirtschaftswachstum. Eine theoretische Analyse staatlicher Verschuldungspolitik in Modellen exogenen und endogenen Wachstums. 2000.

Band 103 Axel Breitbach: Steuerhinterziehung und Schattenwirtschaft aus gesamtwirtschaftlicher Sicht. 2000.

Band 104 Alexander Spermann: Negative Einkommensteuer, Lohnsubventionen und Langzeitarbeitslosigkeit. 2001.

Band 105 Michael Broer: Der kommunale Finanzausgleich in Hessen. Historische Darstellung und ökonomische Analyse unter besonderer Berücksichtigung der Schlüsselzuweisungen. 2001.

Band 106 Jan-Paul Ritscher: Der Einsatz von Finanzderivaten unter einer modernisierten Schuldenstrukturpolitik des Bundes. 2002.

Band 107 Martin Gasche: Dynamische Fiskalpolitik. Makroökonomische Wirkungen der Fiskalpolitik in einem Real Business Cycle-Modell. 2003.

Kolibri 360 GmbH
Ferdinand-Jühlke-Straße 7
99095 Erfurt, Deutschland
produktsicherheit@kolibri360.de

Druck:
CPI Druckdienstleistungen GmbH
im Auftrag der
Kolibri 360 GmbH
Ferdinand-Jühlke-Str. 7
99095 Erfurt